公共部门绩效管理

（第二版）

胡税根　翁列恩　著

ZHEJIANG UNIVERSITY PRESS
浙江大学出版社

图书在版编目(CIP)数据

公共部门绩效管理 / 胡税根,翁列恩著. — 2 版.
—杭州:浙江大学出版社,2021. 9(2025.10 重印)
ISBN 978-7-308-20931-1

Ⅰ.①公… Ⅱ.①胡… ②翁… Ⅲ.①国家行政机关
—行政管理 Ⅳ.①D035.1

中国版本图书馆 CIP 数据核字(2020)第 271101 号

公共部门绩效管理(第二版)
胡税根　翁列恩　著

责任编辑	傅百荣　李海燕	
责任校对	梁　兵	
封面设计	周　灵	
出版发行	浙江大学出版社	
	(杭州市天目山路 148 号　邮政编码 310007)	
	(网址:http://www.zjupress.com)	
排　版	杭州隆盛图文制作有限公司	
印　刷	杭州钱江彩色印务有限公司	
开　本	710mm×1000mm　1/16	
印　张	22	
字　数	419 千	
版 印 次	2021 年 9 月第 2 版　2025 年 10 月第 9 次印刷	
书　号	ISBN 978-7-308-20931-1	
定　价	58.00 元	

目　录

第一章　导论:公共行政机构的责任与绩效

　　马克斯·韦伯提出的"官僚制"概念建构起了以理性—法理权威为基础和以效率为核心的传统公共行政体制,尽管"官僚制"在行政学研究和实践领域可能有着截然不同的看法。官僚制为遵守理性法理权威而设置正式、合规的程序以保证决策的合理性,而这实际上也衍生出大量繁文缛节。二战后,政府职能范围进一步扩大,政府在社会中的行政性作用发挥至更大范围,美国行政学家沃尔多将这一现象称为"行政国家"(The Administrative State)现象。公共部门或者说公共行政机构规模扩张引起了现代政治制度中的基本问题,即政府做什么和政府怎么做的问题。菲斯勒和凯特尔在《行政过程的政治》一书中指出,这些问题都围绕着"官僚责任"这一主题,即如何界定这种责任和如何实现这种责任。他们认为官僚责任有两种基本要素:一是责任,指的是忠实地服从法律、高级官员的指令、效率和经济标准;二是符合伦理的行为,指的是遵从道德标准,避免出现不道德的行为[①]。20世纪70年代后,将公共部门的经济效率视为官僚机构运行职责的观点日渐流行起来,成为80年代至今公共行政机构改革的关键词之一。正如 Hood(1995)所说,对政府在各个层次上的更高期望、对利益主体提出要求的更多满足以及增加政府运作的效率与效益也增加了对绩效评估的关注度。事实上,绩效评估和项目评估的核心内容都驱使政府转变为一个更有效率和更负责任的公共部门(Guthrie,1997)。Louise Kloot,John Martin(2000)提出,在关于世界性公共部门改革的研究中,研究注意力已开始转移到公共部门或公共组织的绩效评估上来[②]。这也

---

　　① [美]詹姆斯·W.菲斯勒,唐纳德·F.凯特尔.行政过程的政治——公共行政学新论[M].北京:中国人民大学出版社,2002:367-368.

　　② Louise Kloot, John Martin. Strategic Performance Management: A Balanced Approach to Performance Management Issues in Local Government[M]. Management Accounting Research, 2000, 11:231-251.

意味着公共部门评估不再仅仅是预算或财政范畴的评价技术,它逐渐成为衡量公共行政机构责任的标准、政府部门战略目标实现程度的测评机制以及政府活动正当性的重要评估维度,也是现代公共部门在更加开放和富有竞争性的环境之下衡量与提升治理能力的管理变革措施。

可以说,以"效率或绩效"为核心战略的改革几乎主导了 20 世纪 80 年代以来公共行政部门改革的发展方向,成为区别于传统公共行政的新公共管理"典范"①。Robert B. Denhardt,Janet Vinzant Denhardt(2000)就指出,"在过去的 20 年,基于公共选择假设和视角",公共行政部门和公共管理者"开始注重问责制和绩效评估",寻找能够提高生产力的替代服务供给机制,"并且希望能够重构官僚机构,重新定义组织的使命,精简机构流程,分散决策",通过开创新的衡量结果和效率的模式以重组部门体系,从而建立更有效的问责体系。② 他们论证了新公共管理改革中政府绩效评估技术的商业管理取向和"受个人利益支配"的公共选择理论基础,提出公共部门的责任不是单一的。因此,公共部门不仅要关注市场和效率准则,也应关注宪法和法律、社区价值观念、政治准则、职业标准、公民利益等价值。因此,尽管公共行政部门的绩效测量存在诸多挑战,但无论在学术界还是公共管理实践中,"绩效概念"已取得了和传统"责任"概念同等的地位,成为评估行政机构责任的标准③,而责任也直接成为绩效评估的指示物,两者之间搭建起技术与政治的关系,提高了绩效在现代民主决策和官僚机构责任践行方面的地位。由此,公共部门绩效管理在现代公共行政领域以惊人的速度流行起来,在机构决策、政府责任、技术运用、公民导向等方面,公共部门绩效管理结合现代技术路径和行政管理体制改革,促进了 21 世纪公共管理领域的治理创新。

---

① Hughes 通过比较传统公共行政和新公共管理,提出由于传统公共行政是过时的概念,已经有效地被新公共管理这一模式所取代,这一变化代表了一种"典范的转变"。参见 Owen E. Hughes. Public management and administration:an introduction[M].北京:中国人民大学出版社,2004:256.

② Robert B. Denhardt,Janet Vinzant Denhardt. The New Public Service:Serving Rather than Steering[J]. Public Administration Review,2000,60(6):549-559.

③ [美]威廉姆·T.格姆雷,斯蒂芬·J.巴拉.官僚机构与民主——责任与绩效[M].上海:复旦大学出版社,2007:12.

第一节　绩效及其相关概念

一、绩效观念的形成与发展

作为绩效管理的产物,近几十年来绩效观念的迅速发展逐渐代表了现代组织生产、管理和发展过程的主要理念,成为现代社会发展中不可或缺的重要观念。然而,从绩效及其相关理念的发展状况看,对于生产率、效率、效能、成绩的需求其实是人类一直持之以恒追求的目标之一,也是衡量组织能力和是否长期可维持的重要指标。从总体看,绩效观念的诞生与效率、效能、生产率等概念紧密相关。

(一)效率与效能——组织管理的对象

从经济学视角看,人类社会中的所有资源都具有稀缺性的特点,这决定了经济活动运行的准则就是提高效率或效能。当然,效率和效能这两个概念有着一些区别。

所谓效率,指的是产出与投入的比率,即投入产出比。在相当长一段时间内,成本—收益分析法都是衡量组织生产效率的主要评估方式,而效率也就成为测量组织经济效益的标准。"预示着人类文明新纪元来临"的工业革命通过机械的发明和使用"为工厂提供了更便宜和更有效的动力",早期的工厂管理者也逐渐意识到在竞争日益激烈的市场环境中组织需要创新,"取得预料的合理的经济成果"①。19世纪后半叶,随着技术进步、能源更新、劳资关系发展,资源性因素和工厂经济效果等问题开始显现。此后,20世纪早期大量管理研究和实践都指向了如何提高效率的管理制度设计,认为工作效率低下导致了物质资源浪费。科学管理之父泰勒在《科学管理原理》一书中引用了罗斯福总统在白宫的讲话,"提高全国性效率"对国家整体都具有必要性,"财富最大化只能是生产率最大化的结果"②。换言之,科学管理原理设计的管理原则正是通过管理制度设计诸如工时研究、差别计件工资制、职能工厂制等以减少工人"磨洋工"的效率损失和达到提高工作效率的效果。尽管泰勒对科学管理和追

---

① [美]丹尼尔·A.雷恩.管理思想的演变[M].北京:中国社会科学出版社,2000:44-47,72.
② [美]弗雷德里克·泰勒.科学管理原理[M].北京:机械工业出版社,2009:2.

求效率这两者进行了严格区分,他对那些大量削减成本和提高效率的"效率专家"的做法表示担心,反复强调"科学管理不是一场效率革命,而是心理革命",认为科学管理要强调以双方长期的增长来保证各自的利益,确保双方最大限度的利益①,但在实际管理中,科学管理的确通过提高劳动生产率为企业发展尤其是雇主、雇员双方带来了更多利益。泰勒以后或者说与泰勒几乎同一时期,管理研究实质上进入了一个"效率主义"的时代,如扩大动作研究和重视管理心理的吉尔布雷思夫妇,还有强调通过组织来实现效率的埃默森等人。科学管理时期的研究反映了研究者对效率尤其是劳动生产率的诉求,当然也受到了工厂管理者的支持。其间,美国一些市政、教育等公共行政机构也倾向于采纳效率主义的主张,以改善公共部门的产出。20世纪中期后,随着"社会人"思想的提出和"激励理论"的完善,组织管理开始注重"人的因素"在提高生产效率中的作用。如以梅奥的"霍桑实验"、马斯洛的"人类动机理论"、赫茨伯格的"双因素激励理论"、麦格雷戈的"Y因素理论"等为代表的行为主义研究,打破了科学管理时期的生产效率观念,强调建立激励机制,通过员工工作积极性和工作满意感的提升以提高生产效率。行为主义研究丰富了效率的概念,提出了创造生产效率的过程中"人"这一最为关键的因素,是绩效观念发展中重要的研究阶段。

所谓效能,指的是组织明确的或暗含的目标的完成程度,特别是在组织发展所需要的主要领域。因此,既有可能出现有效率而无效能的情况,也有可能出现无效率而有效能的情况。20世纪70年代,系统管理理论的兴起将组织视为结构性和整体性的活动,卡斯特和罗森茨威克把管理界定为组织系统的主要子系统,提出管理的内容之一就是"协调人力、物力和资金,旨在有效而高效地实现组织目的"②。这一过程和结果直接体现为"组织工作成绩",他们也因此提出了工作成绩的计算公式:

工作成绩=效能+效率+工作满意度

工作成绩或成效决定了组织长期可持续发展的基础。首先,该组织应该具有减少资源消耗、有效使用人力资源的效率提升机制;其次,组织应将各种子系统有机结合起来创造卓越,实现组织目标,这是提升效率所致力达到的结果;最后,提高生产效率和效能的同时应赋予组织中的个人更有价值的期望,而不是更不满意,形成组织系统中相互高度依赖性和满意感为实现组织战略

① [美]丹尼尔·A.雷恩.管理思想的演变[M].北京:中国社会科学出版社,2000:168-169.
② [美]弗莱蒙特·E.卡斯特,詹姆斯·E.罗森茨威克.组织与管理:系统方法与全变方法[M].北京:中国社会科学出版社,2000:5.

目标营造良好氛围。

　　(二)绩效观念的兴起与发展

　　在英文语境中,绩效(Performance)这个词并非晚近几十年出现的词汇,Currie 甚至认为绩效管理可以追溯到 13 世纪。也有一些学者认为绩效评估研究在 19 世纪晚期就已出现。一个真实的评估研究案例是 1897 年 J. M. Rice 采用标准化测试法来评估学生的拼写成绩(Achievement)①。Theodore H. Poister, Gregory Streib(1999)也指出,"绩效衡量是一个旧的观念,但已经呈现出它新的重要性"②。20 世纪 80 年代以前,传统的绩效及其绩效评估体系主要关注经济性或财政性标准,以投入、成本方面的效率指标为主。无论是企业组织还是公共部门,传统意义上绩效观念的切入点都是组织活动的输入、输出的经济性效率。因此,早期的绩效评估研究事实上是传统行政模式的延续,又被称为"效率研究"③。行政学家古利克(1937)就说过,"在行政科学中(不管是公共组织还是私人组织的行政)最基本的'善'就是效率",这表明效率是公共行政的目标和指导原则。当然,对于效率原则并不乏质疑和批判的声音。马歇尔·莫迪克(1936)就认为机械式的效率只是冷冰冰的、缺乏人性的算计,而成功的行政管理是富有热情、生气和人性的管理活动。"对于政府工作人员来说,满足公众的共同需求就是对他们行动的最终检验和评价"④。对"效率原则"和"效率主义"的批判在一定程度上激发了绩效观念的兴起与发展。

　　尽管很多人认为绩效观念属于企业管理的范畴,近年来的研究显示,正如 P. C. Smith, M. Goddard 所说,"和别的管理趋势不同,绩效渗透到公共领域和渗透到经济领域几乎在同一时间,其为理念和实践的交融提供了良机"⑤。20 世纪末期,市场竞争环境发生了巨大变化,全球市场的形成、竞争的激烈以及对创新的需求,使企业组织意识到单纯地追求生产效率已不能充分适应激烈市场竞争的需要。现代意义上的绩效观念以能力和可持续发展为导向,需要迎接现代复杂市场竞争各种挑战。在公共部门层面,20 世纪 70 年代末 80

---

①　[美]詹姆斯·P.莱斯特,小约瑟夫·斯图尔特.公共政策导论[M].北京:中国人民大学出版社,2004:126.

②　Theodore H. Poister, Gregory Streib. Performance Measurement in Municipal Government: Assessing the State of the Practice[J]. Public Administration Review, 1999,59(4):325-335.

③　蓝志勇,胡税根.中国政府绩效评估:理论与实践[J].政治学研究,2008(3):107-115.

④　[美]罗伯特·B.登哈特.公共组织理论[M].北京:中国人民大学出版社,2003:69.

⑤　P. C. Smith, M. Goddard . Performance Management and Operational Research: A Marriage Made in Heaven? [J]. The Journal of the Operational Research Society, 2002,53(3):247-255.

年代初由于公共财政危机和公民信任危机，兴起了充分吸纳绩效观念和采取商业管理技术的新公共管理运动。特别是 Kaplan，Norton（1992，1996）设计了平衡计分卡，主张绩效考评应将财政性维度和非财政性维度结合起来，这也意味着突破传统绩效观念的现代绩效评估方法开始逐步确立起来。到 90 年代中期，绩效观念和概念在公共部门和私人部门都达到了空前繁盛的状况。

伴随工商管理方法和市场竞争机制的引入，20 世纪 90 年代公共部门改革形成了"一个通用的方法"。经济合作与发展组织（OECD）在 1994 年指出，这个通用的方法就是打造新公共管理典范，旨在在一个集权程度较低的公共部门中形成以绩效为导向的文化①。这也意味着，从 90 年代中期开始，绩效观念深入公共部门管理改革系统，并逐渐产生了以绩效及其标准为依据的行政问责方式，且这种新型标准化和以行政效率为基础的问责一直呈上升趋势（Loughlin，1994），这也对当代公共管理形成了巨大挑战。

二、绩效的定义与理解

（一）绩效的定义

在 21 世纪的今天，绩效观念已深入人心，对绩效的关注也日益增加，相应的绩效管理技术也实现了长足发展。然而，目前学术界和实践管理界并未确定对绩效概念的准确性定义。这一方面是因为绩效涉及财政性和非财政性两个主要维度，不同的维度对绩效有着截然不同的理解；另一方面，绩效在私人部门和公共部门等不同类型的组织中的界定也有所不同。除此以外，从 20 世纪中期开始，随着时间推移绩效的定义亦发生了显著变化，从预算领域的专有词汇转向管理职能、战略管理、组织可持续发展等领域。

"绩效"最早来源于经济方面的定义，主要以可计算的利润来表达，其最广泛的应用是在会计预算领域，以组织的经济性指标为主。随着经济社会发展和组织管理发展需求的变化，绩效的含义也逐渐拓展为"组织对资源的有效、高效及安全的运用，与运营与功能的有效性相关"，广义上还包括了组织的可持续发展能力。因此，绩效既可以指效率（Efficiency），也可以指工作结果（Results，Outcome）或者生产力（Productivity）。从字面意义上看，绩效表现为一种产出或结果的状态与能力，反映了组织运行是否有效、结果产出的能力以及这种结果是否令人满意的价值判断。一般认为，效率是一个单向度的概

念,侧重于量化结果(比如利润、成本)的评估。而绩效作为一个多维的概念,不仅蕴含经济性能力的评价,也包括了组织运行、服务质量、可持续发展能力等范畴。当然,20世纪中期在预算管理领域普遍采用的"绩效概念"实际上并未突破"效率、效益"界限,仍然是单一维度的概念。进入90年代以后,绩效概念的分析维度得以拓展。如Emmanuel等人(1990)认为,组织的成功是一个多维概念,它随着时间和利益相关者的变化而变化。Fitzgerald等人(1991)提出绩效除了财政上的成功,还包括了实现成功的决定因素(或者说作为"过程"的绩效),如质量、灵活性、资源的利用以及创新①。Palmer(1993)研究发现,组织往往会集中精力去评估"容易评估"的方面,而这会导致评估偏差,即着重评估经济方面或效率方面的绩效,如成本、服务的质量、资源的利用率、时间目标以及产出等,而忽略了最有意义的成效层面。与此同时,一些学者还发现,传统的绩效概念可能过多的是"内向型"的,而90年代中后期以后,绩效概念的外向型特征趋于明显。无论从财政的经济性维度还是非财政的维度,无论从最终结果产出还是过程角度衡量,都表明绩效这一概念的复杂度。

结合上述研究角度,笔者认为,所谓绩效,就是指组织立足于长远发展的战略目标,覆盖组织资源的经济性利用、个人能力的积极发挥、组织的有效产出、服务质量以及组织服务对象的满意等衡量指标的对组织结果的一种综合界定与衡量。

(二)对绩效的理解

基于绩效概念的复杂性,我们试图从不同的角度深入剖析绩效的概念,以便了解绩效概念兴起的原因和测量的多维度性。相较于传统的效率概念,绩效的涵义更为广泛,特别是绩效观念输入到公共部门以后,绩效的内涵与外延都扩大了。当前,我们主要可以从以下四个方面来理解绩效。

其一,绩效与资源有限性相关。经济学中资源稀缺性的命题决定了组织生存发展的第一准则是保证资源使用的高效率,这不仅是组织提高收益率的基础,也是现代组织履行社会责任的体现。是否能在资源有限的条件下提高收益率,使有限的资源通过组织运作实现更多产出。这一方面取决于组织的运行效率、生产方式、管理成本等内容,另一方面也对组织的预算管理提出了结果导向的要求。在私营部门中,以预算削减为主要方式的绩效提升计划效果显著,而公共部门在预算削减方面的降低成本和提高效率的做法还不能达

---

① Louise Kloot, John Martin. Strategic performance management: A balanced approach to performance management issues in local government[J]. Management Accounting Research, 2000,11: 231-251.

到私营部门的水平,至少降低成本的动力不够明显,比如20世纪70年代末瑞典推行了2%的全面预算削减政策。预算削减主要靠公共部门生产力的提高来弥补,而这一比例的确定主要是基于私营部门的经验来弥补,因为根据估计,私营部门生产率每年以4%的比率提高①。很显然,组织的绩效结果在很大程度上需要通过资源的限制性使用或有效地管理使用来实现,这也就降低了运行成本。削减组织运行成本也是现代很多组织,包括私营部门和公共部门实施绩效管理改革的主要方向之一。

其二,绩效与人力资源管理相关。组织绩效归根到底是由组织中的个人来完成的。正如Hughes所言,"人力资源管理是组织管理中最为关键的一部分,因为其服务质量有赖于那些从事业务的人员"②。由此,绩效意味着要以人力资源有效使用为基础,充分提高人员的工作积极性,最大限度发挥人员的工作能力和创新精神。只有提升组织中人力资源效率,增强对人力资源的激励水平,才能让组织处于提高绩效的可持续发展状态。在人才竞争的时代,人力资源作为无穷无尽的资源已然成为市场竞争的重要筹码。对公共部门而言,提高人力资源绩效水平的意义不仅在于市场竞争力,还在于人力资源制度改革能让"随波逐流的人"(Timeserver)转变为积极创新和富有工作激情的人,这也是组织绩效持续提高的源泉和动力所在。

其三,绩效与组织战略规划相关。如前所述,界定组织成功的标准不尽相同,究其原因其实在于不同类型组织的不同战略定位。绩效的结果导向应该与组织的发展战略和组织使命相吻合,与此同时,大量的绩效评估指标应围绕组织发展战略加以细化。1961年,美国肯尼迪总统时期的国防部引入了"计划—规划—预算"系统(Planning, Programming, Budgeting,简称PPB),其意义就在于将预算指标与组织规划目标相结合,强调组织战略规划的重要性。Nutt和Backoff(1992)指出,有效率的公共管理者能够运用战略来聚焦并致力于优先目标排序,提供规划框架来指导决策和行动,促使组织形成有序的目标意识③。组织战略规划提供组织绩效的远景目标,能为管理决策和行动决定组织长期绩效。战略管理意义上的"绩效"结合了资源使用、过程控制、人力资本、服务管理等要素,从根本上规定了个人绩效和组织绩效的内容。从

---

① 周志忍. 当代国家行政改革比较研究[M]. 北京:国家行政学院出版社,1999:10-11.

② Owen E. Hughes. Public management and administration: an introduction[M]. 北京:中国人民大学出版社,2004:150.

③ Theodore H. Poister, David W. Pitts, Lauren Hamilton Edwards. Strategic Management Research in the Public Sector: A Review, Synthesis, and Future Directions[J]. The American Review of Public Administration,2010, 40(5):522-544.

1993年美国《政府绩效与结果法》颁布实施以后,公共部门战略规划、组织机构使命、绩效目标分解三者之间建立起了更为密切的联系,并以法律制度的形式固定下来,足见组织战略规划之于绩效的重要性。

其四,绩效与顾客导向的满意度相关。传统的效率实则是组织内部生产运行的结果,具有封闭性的特点。比如韦伯提出的官僚制,其高效性也正是建立在封闭而缺乏开放系统的基础之上。而大量私营部门(尤其是规模庞大的私营部门)、公共部门,其组织结构大都是按照官僚制的方式设计和运行的。随着市场竞争机制的完善和发展,现代组织系统的开放性日益明显,组织生产运行的"结果"不再仅仅是内部管理要素整合的结果,也与组织的服务对象密切相关。私营部门是最先打破这种关系壁垒的组织,因此其通过建立顾客导向的满意度评价机制作为衡量组织绩效的重要基础。顾客满意原则也成为现代企业的重要准则与目标。围绕顾客满意,把顾客满意度纳入组织绩效评估的内容,这也使得绩效这一概念与传统的效率界定明显区分开来。

总之,绩效克服了传统相对狭隘的收益或者效率概念的局限性,在组织长期可持续发展问题上,提供了管理的新观念和新方法。它不仅与资源有效使用、人力资源管理相关,也与组织战略规划和顾客导向的满意度相关,充分体现了绩效观念对于组织可持续发展的重要性以及对自然生态、公众服务和组织激励的重要意义。

第二节 公共部门绩效管理的兴起

尽管从20世纪60年代伊始,公共行政机构(政府)就对以财政预算为基础的绩效产生了浓厚兴趣,但在全球公共管理领域,"毫无疑问作为新典范的新公共管理的出现,成为评估实践增长的主要推动力"。在过去几十年里,新公共管理产生了以绩效管理为主要管理机制的结果导向型管理范式,促进公共部门"为了结果而管理",并在经济合作与发展组织国家以及第三世界国家得以普遍推广[1]。根据格姆雷和巴拉的观点,90年代绩效的推动力在于官僚机构责任评价面临的挑战。为什么一些官僚机构做得更好?什么因素有助于

---

① Steffen Bohni Nielsen, Nicolaj Ejler. Improving Performance? Exploring the Complementarities between Evaluation and Performance Management[J]. Evaluation ,2008,14(2): 171-192.

解释官僚机构行为及其结果的差异？"绩效成为公共官僚机构一个值得期望、甚至是必备的特征"①。也正是因为公共部门产生了评估的实际需求，包括更有效、更负责的公共部门发展目标，政治支持的强大推动以及绩效优劣的监督反馈需求等，这些都推动了公共部门绩效管理在 90 年代后成为公共部门改革的一项重要战略。

一、公共部门绩效管理兴起与发展的背景

在现代社会运转过程中，随着市场经济的发展，从国家安全和安全战略到经济管理、社会服务，公共部门（政府）都会以某种方式介入，承担着广泛的公共管理职能与职责。与政府职责相对应而产生的重要问题是，政府在承担这些管理职能过程中是否完成了所预定的目标？职责履行的结果如何？以及政府的整体绩效是怎样的？这些问题的核心是现代政府能力的建构，而政府的能力建构永远与其价值分配导向确立、职能实现以及治理绩效紧密联系在一起②。作为衡量现代政府责任的一个核心指标，政府能力的评估、衡量与判断就需要建立起一个系统性的绩效管理框架，以全面诊断、监督政府职责的履行状况。20 世纪 90 年代以后，如何提高政府政策制定和执行公共政策的能力、如何提高公共部门的治理绩效、如何提高公共服务供给的效率与质量等问题逐渐成为世界各国政府改革的重心，成为政治学、经济学领域普遍关注的问题，也是公共行政学从传统行政学向以效率、市场、管理主义为方向转型的主要依据。

尽管公共部门绩效管理一开始仅仅是作为一种管理技术或程序运行而被引入公共部门的，但随着绩效管理方法的普遍开展，尤其是公共部门战略管理、绩效信息系统技术的推广，绩效管理对于公共部门管理改革的意义已突破了"管理主义"的范畴，其兴起和发展有着深层次的原因。

第一，现代政府管理环境更具开放性与互动性的特点。现代信息技术（IT）的进步发展、民主化程度和国际市场激烈竞争的环境变化，政府管理环境特征的变化促使政府必须要对自身所追求的目标、价值、职责作出明确的界定，这些变化也对建立更有回应性、更有责任心和更富有效率的政府提出了现实要求。大量研究表明，公共部门的目标具有复杂性的特点，目标复杂性、分

---

① ［美］威廉姆·T.格姆雷，斯蒂芬·J.巴拉.官僚机构与民主——责任与绩效[M].上海：复旦大学出版社，2007：190-191.
② 孙柏瑛.社会管理与政府能力建构[J].南京社会科学，2012(8)：87-94.

散性和模糊性配合传统公共部门封闭的"内向型"特点,使得公共管理人员自身很难感受到他们工作产生的影响,也就降低了管理人员的责任感和工作满意度。在封闭的管理系统中,公共部门缺乏清晰的目标和工作表现的衡量标准[①],也缺乏对外部需求的回应、反馈机制。然而,现代政府管理环境随着信息化、市场经济、民主化等条件的发展,政府管理系统与外部环境之间开始呈现开放性、互动性的显著特点。一方面,社会公众期望在市场经济条件下政府能够以最经济的手段、最迅速的方式提供最优质的服务;另一方面,政府为社会大众提供各种公共服务必须由社会公众支付所需成本,因此政府功能扩张必将增大政府的施政成本。所以,无论是社会公众层面,还是政府内部管理层面,两者在公共项目的经济成本及其所产生的结果方面具有相对一致的结论,即应采取公共部门绩效管理的管理手段来提高组织资源使用的有效性,提升公共服务供给的效率和质量。政府管理环境的开放性和互动性也使现代政府为更好地回应公众需求而主动推行绩效评估技术,塑造更有效率和负责任的政府形象。有研究者估计,自从 1994 年以来,每 5 个小时就会出现一篇关于绩效管理的新闻或文章,仅仅在美国,每周就会有一本关于绩效管理的新书上市[②]。政府的外部系统,公众、企业和研究者对绩效的关注也极大地触动了政府管理中绩效观念的发展。而信息技术的发展更为绩效信息系统、绩效评估标准化提供了基础应用平台。

近几年来,"互联网+"、大数据技术和云计算的更新发展,更是推动了现代管理环境的完全互动性和兼容性。海量数据挖掘技术、行动结果的预测分析,这些都意味着公共部门绩效管理技术支持的进一步完善,也意味着绩效信息、过程控制、监督反馈等管理机制能在新的技术平台应用中得以充分实施与拓展,推动了数字治理创新。

第二,新公共管理运动成为公共部门绩效管理的直接推动力。20 世纪 70 年代末到 80 年代中期,西方发达国家面临政府角色不断膨胀、公民对政府的态度和期望发生转变、预算赤字和财政恶化导致政府能力下降的困境,以英国和美国为典型,出现了新右派与保守意识形态结合的改革[③]。这场改革的主轴是市场化,追求弹性、效率、效能,以更好地回应新技术变革、全球国际竞争和公民期望的挑战。由于不同于传统行政管理的范式,这场以市场为取向的、

① [美]海尔·G. 瑞尼. 理解和管理公共组织[M]. 北京:清华大学出版社,2002:138-139.
② P. C. Smith, M. Goddard. Performance Management and Operational Research: A Marriage Made in Heaven? [J]. The Journal of the Operational Research Society, 2002,53(3):247-255.
③ 范祥伟. 英国公共管理与文官制度改革新论[M]. 台北:华泰总经销,2008:17.

借鉴工商管理技术的政府改革运动被称为"新公共管理"典范。Hughes 认为,新公共管理运动就是实施"管理主义方案"(the Managerial Programme)的过程。根据 OECD(1991)总结的观点,这场以"管理主义"为主的新公共管理改革的要义在于以下两点:一是提高公共部门的产出绩效;二是更大限度地使用私营部门来建立更具效率、竞争力和开放性的公共部门管理服务系统①。尽管在传统的公共行政理念中,效率也是衡量行政服务优劣的一个重要方面,如,公共行政学者罗森布卢姆(Rosenbloom,1986)就认为:"公共行政是采用管理的、政治的和法律的理论和过程以完成立法的、执行的和司法的政府指令,为整个社会或其某个部分的需要行使管制和服务的职能。"②但到了 20 世纪末期,许多公共行政学者都转变了公共行政的理念,不仅将行政和管理相区别,而且提倡公共部门管理应通过市场化走向公平、可靠、顾客导向和效率。

随着新公共管理运动在 OECD 国家和其他国家的推进,一方面绩效管理的概念得以逐步发展,另一方面公共部门绩效管理的工具、衡量系统也都发生了根本性变化。绩效管理带给公共部门的刺激及其广泛传播,使绩效评估、项目评价等成为公共部门向高效、有效、负责的方向发展的直接驱动力。事实上,作为新公共管理运动的核心改革内容,绩效管理几乎渗透到公共管理的所有领域,推动了从以财政预算为主的绩效衡量向以战略管理为导向的绩效管理模式转变的改革。

第三,传统绩效评估工具的失效推动了绩效管理实践的战略发展。政府部门对绩效的关注可以追溯到泰勒的科学管理时代,这样以效率为核心的管理评估活动在政府部门中就开始兴起了。一般认为,20 世纪公共部门绩效评估起始于 1938 年国际城市管理协会的执行理事里德利和诺贝尔经济学奖获得者西蒙在《评估市政活动》(Measuring Municipal Activities)中提出的评估政府绩效的方法。他们两人基于"一项工作或活动的结果表明了该项工作或活动的结果表明了该项工作或活动在完成其目标过程中的影响"的主张,提出效率也应当"根据其与支出、影响及绩效的关系来进行评估",并设计了包括教育、卫生、市政工程、治安、消防以及图书馆在内的所有市政服务的评估指标。他们设计的市政指标体系突破了投入产出的生产率范畴,引入了政府绩效的概念。例如,他们认为对教育的评估不应只局限于对学生成绩进步的测评,还

---

① Owen E. Hughes. Public management and administration: an introduction[M]. 北京:中国人民大学出版社,2004:51.

② [澳]欧文·E. 休斯. 公共管理导论[M]. 北京:中国人民大学出版社,2001:8.

应包括对学生的不法行为、旷课发生率、社区文化水平等过程性、公平性指标①。

　　而在政府管理实践层面，20 世纪中期出现了大量与绩效相关的联邦预算改革。1949 年，美国杜鲁门总统任命的胡佛委员会主张实行"绩效预算"，提出政府预算应建立在职能、活动及项目基础上，进而将投入与取得的成就联系起来，使成本与结果同步挂钩。1965 年，约翰逊总统要求所有联邦政府机构全面实施"规划—项目—预算"制度，对项目的成本、效益、产出有更明确的制度性规定。1973 年，尼克松总统时期提出了目标管理的预算改革，即要根据部门完成的工作来设置政府部门目标，且这些目标应围绕"总统的目标"。1977 年，卡特总统要求所有部门负责人在编制 1979 财政年度预算时都使用零基预算制度，但这项削减成本和提高效益的改革因为过于复杂而告终。可以说，20 世纪中期一直不断进行的预算改革不管是由于政治原因还是执行技术方面的原因，都使公共管理者对政府绩效评估产生了挫败感。与此同时，许多公共管理实践者认为评估报告的结果对于改进管理而言太迟了，且不是很有用②。以预算改革为核心的传统政府绩效评估或许是失效的，但也因此培养了从联邦到州、地方政府的政策评估分析人员，也渐渐树立了绩效观念。80年代后，新公共管理运动的推进使人们重新燃起了对绩效评估的兴趣。越来越多的研究者和公共管理者将绩效管理与绩效评估活动加以区分，认为绩效管理不仅包括评估，也包括绩效的计划、监督、反馈等机制。到 90 年代后，战略问题被纳入绩效管理中，绩效"管理"而不是绩效"评估"的观念被提上日程，绩效研究的焦点是"管理"，融合了组织战略目标的实现，事关利益相关者的利益和组织的高效运作。绩效管理与战略管理的融合，也推动绩效管理实践的战略式发展，使其成为现代公共部门改革的核心战略。

二 、公共部门绩效管理的发展阶段

　　公共部门绩效管理是当代行政体制改革的重要内容，涉及政府管理的各个方面，并经历了一个较长的发展时期。最早的公共部门绩效管理实践可以追溯到一百年前，其发展过程大致可以分为五个阶段。

---

　　①　[美]达尔·E. 福赛斯. 美国政府的管理绩效[M]. 南京：江苏人民出版社，2014：37.
　　②　Steffen Bohni Nielsen, Nicolaj Ejler. Improving Performance? Exploring the Complementarities between Evaluation and Performance Management[J]. Evaluation, 2008,14(2)：171-192.

第一阶段:萌芽阶段,20 世纪初至 20 世纪 40 年代。早期的绩效管理实践发源于美国,美国行政学家吉特·波科特在《公共生产力的历史演变》中将这一时期的公共行政称为"效率政府"时期。早在 19 世纪末,当时美国许多城市政府腐化无能的事件陆续被媒体曝光,公众对城市政府的信任度逐渐下降,通过财政预算控制地方政府绩效的呼声便开始出现。1906 年,美国的布鲁尔(Bruere)等人发起成立了纽约市政研究院(The New York Bureau of Municipal Research),该研究院的宗旨是:(1)促进政府效率的提高;(2)促进政府部门接收并使用成本核算和市政绩效报告等科学方法;(3)促进市政业务的真正公开和透明;(4)收集、整理、分析并解释与市政管理有关的现实问题。1907 年,纽约市政研究院率先开始了对纽约市政府绩效评估实践,并运用社会调查、市政统计和成本核算等方法和技术,建立了三种类型的绩效评估:一是评估政府活动的成本与投入;二是评估政府活动的产出;三是评估社会条件。纽约市绩效评估的实践是政府绩效评估的先导,对政府绩效评估的发展起到了关键作用。此后,联邦政府相继规定了一些评估标准。在 1912—1940 年期间,美国成立了较多的专业研究政府绩效的组织,如经济和效率委员会(the Committee on Economy and Efficiency)、布鲁金斯研究院(Brookings Institute)等。在这些专业学术团体和组织机构的努力下,早期政府绩效评估研究突破了政府主导的绩效评估,从一开始就为政府绩效评估主体的多元化创造了条件。1927 年,国际城市协会主席科来恩·瑞德利(Clarence Ridley)出版了《评估城市政府》(*Measuring Municipal Activities*)一书。该书被称为绩效评估发展史上的杰作,也是早期政府绩效评估研究的经典。在这本书中,瑞德利以公共服务为主要对象,设计了大量应用质量指标对公共服务的结果进行评估,同时,他将这些指标应用于实际,对消防、卫生、警察和公共工程等四个部门公共服务的有效性和结果进行了绩效评估[①]。

在早期萌芽阶段,公共部门绩效管理的理论根基整体上是传统行政模式。受到科学管理运动和一般管理理论的影响,西方国家对公共部门绩效管理的研究大多采用基于技术效率(机械效率)的研究方法,而当时的政府绩效评估事实上主要是指财政效率等测算性指标研究。早期的政府绩效评估发展比较缓慢,以美国为主,但以萌芽形式出现的公共部门绩效管理至少在传统行政模式中创造了一种评估政府的观念,并出现了一些专门研究政府绩效的组织和学术团体,为后来公共部门绩效管理的发展奠定了坚实的基础。

第二阶段:起步阶段,20 世纪 40 年代至 70 年代。美国行政学家尼古拉

---

① 朱立言,张强. 美国政府绩效评估的历史演变[J]. 湘潭大学学报(哲学社会科学版),2005(1):3.

斯·亨利在《公共行政与公共事务》一书中将 1940—1964 年这一阶段称为"绩效预算"时期,我们通常把 20 世纪 40 年代至 70 年代概括为绩效评估的起步阶段。不同于萌芽时期,早期的绩效评估研究事实上是传统行政模式的延续,又被称为"效率研究"。40 年代,在胡佛委员会的推动下,理论界与政府部门对绩效评估与绩效预算的关注都进一步提升。"政府的行政机构,特别是预算署,开始制订工作绩效考核办法和工作绩效标准"①。1949 年,胡佛委员会将自己的报告称为绩效预算,从而开创了政府绩效预算的新时代。所谓绩效预算,尼古拉斯·亨利将其定义为"按照运作和方案来组织,并把运作和方案的绩效水平和具体的预算数额联系起来的预算"。这里主要有两层含义:一是方案预算,强调要制订方案,并按照具体的方案制订预算;二是注重机构实际的绩效和考核,要将最后的考核结果与预算额进行比较。这两者在绩效预算中缺一不可。在传统行政模式中,政府也往往需要考虑财政支出情况,不同于财政预算,绩效预算涵盖的意义更为广泛,包括了政府在执行职能过程中的所有管理活动,如财政控制、工作成本、行动方案的合理性等。在绩效预算的基础上,20 世纪 60 年代末至 80 年代初,美国政府又相继实行了计划—规划—预算(PPB)、目标管理(MBO)和零基预算(ZBB)。相对于美国,其他国家的政府绩效评估实践起步比较晚。英国于 1968 年开始应用政府绩效评估,当时英国的王室土地监督局、国内税务局以及就业局发布各部门的整体生产率指数,并拟定各种绩效指标用以衡量下属部门的工作。因此,在 20 世纪 40 年代至 70 年代,整体上各个国家的政府绩效管理处于起步状态。

　　在公共部门绩效管理的起步阶段,仍以美国的绩效评估理论研究和实践发展最受瞩目。这一时期的典型特征是政府通过预算手段,把行政目标、行政计划和行政活动与预算资源的分配联系起来,以控制预算支出的方式达到提高政府效率的目的。与萌芽阶段的绩效评估不同,起步阶段的绩效预算以投入/产出、行政过程、经济和效率为衡量指标,对行政活动的效益和结果则不进行评估。后期的目标管理、零基预算也都着重于整个行政过程、经济和效率,这对提高服务质量、控制成本、提高生产率和解决特殊问题都有着重要作用。从这个意义上看,绩效预算和目标管理的思想不仅是公共部门绩效管理发展的基础,也为政府应用绩效评估创造了条件。

　　第三阶段:发展阶段,20 世纪 70 年代至 80 年代。这一时期是公共部门绩效管理大规模发展的阶段,尽管经历的时间不长,但该时期却是政府绩效管理最具里程碑意义的发展阶段。70 年代,在民选官员的积极推动下,美国联

---

① ［美］尼古拉斯·亨利.公共行政与公共事务[M].项龙,译.北京:华夏出版社,2002:209.

邦政府的生产率改进工作得到大力支持。1970 年,参议员威廉·普罗克斯迈尔要求对联邦政府的效率进行评估,总审计署着手这项工作。随后,国会通过了一系列法案以适应生产率改进的发展要求。1973 年,尼克松政府出台了"联邦政府生产率测定方案",试图将政府绩效评估系统化、规范化、制度化。在这个方案的指导下,有关部门制订了 3000 多个绩效评估指标,由劳工统计局负责收集绩效信息和统计工作。同时,各联邦行政机构也积极增设项目评价部门,注重对绩效结果的评价。20 世纪 70 年代末至 80 年代,由于经济滞胀等各种原因,美国的政府绩效评估发展处于较长时间的缓慢期,甚至是停滞不前。当然,在缓慢发展阶段,美国政府绩效评估在全面质量管理、以后果为导向的评估等研究和实践的基础上还是取得了显著成就,如评估重心的转移、评估方式的转变等。70 年代末,英国在面临各种危机和压力的情况下实施了较为彻底的行政变革。1979 年,撒切尔夫人上台后开始了英国"新公共管理"的改革,其私有化、竞争机制、分权化、服务质量、绩效评估的改革理念使英国当仁不让地成为当代行政体制改革的先驱。在"效率战略"的指导下,撒切尔政府相继推行了雷纳评审、部长管理信息系统、财务管理新方案等改革措施,极大地推动了绩效评估在政府部门中的应用。英国的行政体制改革措施具有延续性和拓展性,从最初的项目审查,到后来的绩效指标设计、建立计算机信息系统和绩效承诺等措施,都为政府绩效评估走向规范化、信息化和制度化做出了贡献。以全面改善政府绩效为目标,英国政府绩效评估的改革体现了现代绩效管理的理念,是"融合目标管理、绩效评价等现代管理方法和技术而设计的信息收集和处理系统",也是一种推进政府绩效的"管理工具"。

　　20 世纪 70 年代至 80 年代的发展阶段最显著的特征是绩效指标在政府管理各个领域得以广泛应用。如撒切尔政府投入了大量资金来开发必备的计算机系统,设置了 1800 多个具体绩效指标,绩效评估逐渐成为政府必要的观念。这一时期虽然美国的绩效评估发展较为缓慢,但作为政府绩效评估的先行者,它对政府绩效评估理论和实践的贡献是不言而喻的。英国是政府绩效评估活动的后来居上者,直至现在,英国仍以成功的政府绩效评估赢得了一致公认。因此,英国政府的绩效评估是 70 年代至 80 年代发展阶段的主要特色,诸如计算机信息技术的应用、绩效指标的大量设计、绩效团队的建立、绩效协议的签订、绩效衡量标准的制订等,都是政府绩效评估研究领域的重要内容。

　　第四阶段:深化阶段,20 世纪 90 年代至 21 世纪初。20 世纪 80 年代英国政府绩效评估的成功实践以及后期的"下一步"行动方案、"公民宪章"运动、为质量而竞争等改革措施,都促进了英国政府绩效评估活动的展开。进入 90

年代以后，政府绩效评估的发展出现了新的趋势①。

　　一是绩效评估逐步走向制度化、规范化和法制化。英国1983年即颁布了《国家审计法》，规定成立国家审计署以确保主审计长履行其职责，首次从法律的角度表述了绩效审计。1997年，英国颁布了《地方政府法》，规定地方政府必须实行最佳绩效评价制度，各部门每年都要进行绩效评估工作，要有专门的机构和人员及固定的程序。1993年，面对公众要求强化对政府进行监督和提高政府工作效率的压力，美国第103届国会通过了一项重要的法案，即政府绩效与结果法（The Government Performance and Results Act，GPRA）。1999年4月，日本内阁会议根据《中央省厅等改革关联法案》的相关措施为内容，制订了《关于推进中央省厅等改革的基本方针》，将总务省的行政监察局改为行政评价局，行政评价局可超越各府、省的界限，行使包含政策评价职能在内的行政评价和检查职能；2002年又出台了《政府政策评价法》，在整个政府范围内实施②。

　　二是绩效评估技术不断发展。以信息技术的应用为显著特征，推动了绩效评估技术发展。现代化的信息技术、量化技术的广泛应用，不仅为绩效指标的筛选、绩效信息输入提供了方便，同时也包含了绩效考核过程的公平性。信息技术正在成为现代政府绩效评估的主要手段。

　　三是对评估主体多元化和公民参与评议逐渐达成共识。随着公民社会的公民参政议政意识的加强，政府也在不断考虑公民参政议政的形式。公民参与绩效评价作为现阶段较为合理、公正的一种参政形式获得了广泛认可。

　　四是绩效评估的理念、方法和技术在世界上其他国家之间广泛流行。除了英美等国家以外，日本、澳大利亚、加拿大、德国等国家都纷纷实行政府绩效评估。从20世纪80年代中期开始，新西兰政府逐渐提倡要放松对经济的管制，结束政府对大部分经济的直接控制与干预，并建议精简、打碎、激进地改革公共部门官僚体制。澳大利亚于1997年公布公务员条例，削减高级公务员的特权，出台财政管理和会计法案，推行权责会计计划，其战略目标是，到2000年基本实现现金制政府会计制向权责会计制转变。日本于1997年开始行政评价改革，涉及政策评价、行政活动评价等。此间，韩国、新加坡、马来西亚、印度尼西亚等国相继开展了政府绩效评估活动。

　　第五阶段：拓展与反思阶段，21世纪初至今。进入21世纪后，随着公共

---

　　①　桑助来，等.政府绩效评估研究[M].北京：中国人事出版社，2005：4-5.

　　②　《加强政府绩效管理，深化行政管理体制改革》，http://www.eceb.com.cn/articleview/2006
-05-26

部门绩效管理在发达国家和发展中国家的广泛实施并日益呈现系统化、规范化、制度化,这出现了两种重要的趋势。

一是发达国家开始考虑公共部门绩效管理使用的范围和强度,并反思公共部门绩效管理对公共管理的价值。正如 Sabine Kuhlmann(2010)指出的那样:"不同国家的绩效测量的范围和强度取决于指标的实际应用和绩效信息在公共决策中的使用程度。"[①]结果导向、顾客导向和战略导向的公共部门绩效管理能对公共部门改革起到何种作用,这在很大程度上取决于行政体制改革的配套,包括中央与地方的关系、授权改革、绩效结果使用制度等。例如在公共行政部门绩效评估最出色的英国,1999 年建立的 BV 系统和 2002 年的综合绩效评估 CPA 系统,使政府部门能更有效地、公开透明地监测地方政府的服务绩效,并成为地方政府决策的依据所在。但与此同时,现有的绩效管理系统也存在诸多问题,诸如绩效信息收集、监测系统的巨大投资成本,绩效结果有可能损伤公职人员的工作态度以及绩效管理究竟是基于结果的管理机制还是上级对下级的控制机制等问题的反思。公共部门绩效管理的拓展和反思也进一步推动了公共管理创新与改革的发展。

二是发展中国家应用公共部门绩效管理进入了新的发展阶段。以中国为典型。我国于 1998 年开始地方政府的效能革命,拉开了公共部门绩效管理的序幕。2000 年以后,近十几年来我国公共部门绩效管理发展迅速,在理论研究和实践发展方面都取得了一定成就。一方面,大量地方政府开展了绩效管理实践,还形成了地方政府持续的创新文化。我国从 2000 年开始,为对政府部门的绩效进行科学评估,并依据评估结果对政府部门及相关人员进行适当的奖励,以促使政府提供更好的公共服务,中共中央编译局比较政治与经济研究中心和中央党校世界政党比较研究中心联合发起了"中国地方政府改革与创新"研究与奖励计划,根据创新程度、自愿程度、效益程度、重要程度、节约程度和推广程度等六项标准,开展了"中国地方政府创新奖"评选和奖励活动[②]。在这些入选的政府创新奖项目中,以政府绩效考评系统的建立与改进为重点、提高公共部门治理能力的创新个案不少,如浙江省温州市政府的"效能革命"、福建省厦门市思明区"公共部门绩效评估系统"、浙江省杭州市综合考评委员会办公室的"公民导向的综合考评"、北京市政府的市级国家行政机关绩效管

　　① Sabine Kuhlmann. Performance Measurement in European Local Governments: A Comparative Analysis of Reform Experiences in Great Britain, France, Sweden and Germany[J]. International Review of Administrative Sciences,2010(76):331-345.

　　② 参见中国政府创新网站有关新闻报道,数据来源:http://www.chinainnovations.org。

理体系等。足见,现阶段发展中国家公共部门绩效管理进入了全面发展与持续创新的阶段,以绩效管理为路径,推动了行政体制改革的深入发展,并为发展中国家注入了全新的绩效文化。尽管和发达国家公共绩效管理的制度化、信息化、系统化发展相比,发展中国家在顶层设计、制度规范、绩效信息技术支持等方面还存在差距,但公共部门中的绩效文化和绩效观念正在逐渐形成,逐渐演泽出制度的特征,成为公共治理创新的重要内容。

三 、公共部门绩效管理的含义

发达国家新公共管理运动的改革实践推动了绩效管理作为一种管理模式在公共部门和私营部门中几乎同时地发展,也进一步推动了对公共部门绩效管理的研究。比如,一些研究认为,由于组织性质与战略目标不同,公共部门绩效管理与私营部门绩效管理存在诸多区别;也有大量研究认为早期的绩效评估(测评)不能称之为绩效管理,作为管理模式改革的公共部门绩效管理不是单纯的绩效评价。Barbara Berman(2008)还从政府与公民的不同视角提出,政府与公众对绩效的认识是不同的,因此评估的指标也是不同的[1]。尽管在学术界和公共管理实践部门中,对公共部门绩效管理有着截然不同的理解,然而,从现有的研究和实践情况看,也可以对公共部门绩效管理形成一些重要的理解。

(一)公共部门绩效管理的含义

从现有文献观察看,关于绩效管理的文献远没有绩效评估(绩效考评、绩效测量、绩效评价)等文献来得广泛。绩效评估一般是对个人层面的绩效考评或测评系统,带有考评的成分。而20世纪70年末至80年代初伴随新公共管理运行兴起的绩效管理更关注考评系统的完整性和有效性,也关注绩效结果如何围绕组织发展战略的过程。如今,越来越多的学者意识到公共部门绩效管理可能是一种与传统绩效评估完全不同的管理范式,它包括组织战略目标的设定、绩效信息的监测与收集、绩效与服务受众的关系等重要内容。

美国国家评估中心的绩效衡量小组对绩效管理下过一个经典性的定义,认为绩效管理就是"利用绩效信息协助设定统一的绩效目标,进行资源配置与优先顺序的安排,以告知管理者维持或改变既定目标计划,并且报告成功符合目标的管理过程"。国家公共行政学院(The National Academy of Public

---

[1] Barbara Berman. Involving the Public in Measuring and Reporting Local Government Performance[J]. National Civic Review. 2008(Spring):3-10.

Administration)1998 年将公共部门绩效管理定义为一项任务和预期结果,通过设置绩效标准,将绩效与预算挂钩、报告结果以及使公共官员为结果负责的过程。加拿大审计长办公室(1998)也指出,公共部门绩效管理是一种基于公民期望的管理和报告的活动,意味着预期成果的测定和相关绩效信息,并使用这些信息来提高绩效和报告成果。据此,Davies(1999)指出:"绩效管理意味着去重新界定行政文化——从程序为导向的行政文化转向结果导向的行政文化。"他认为公共部门绩效管理不同于绩效评估,可以被看作是一套系统的成果。具体包括如下功能活动:(1)用结果来定义绩效(产出,结果,效果,影响等);(2)设置预期成果的可测量等级(绩效目标,服务标准等);(3)决定用绩效指标达到的结果的程度(绩效测量,绩效监测);(4)提供一个按照资源利用的成果而进行的核算(绩效报告,效果报告,工作量核算等);(5)针对绩效信息的基础资源收集决策(绩效预算,决算等)[1]。从国外对公共部门绩效管理的研究轨迹看,公共部门绩效管理就是以结果导向的报告绩效信息结果的管理模式。

　　我国公共部门绩效管理实践与研究起步均较晚。根据对知网文献的搜索,主题为"公共部门绩效管理""政府绩效管理"的相关文献起始于 1990 年,但在 1990—2000 年之间,文献量极其稀少,几乎每年只有 1～2 篇文献。从 2004 年开始,关于公共部门绩效管理的研究逐渐得以发展,随后到 2007 年以后,以每年 400～550 篇的文献呈现了研究的突发式增长。但到目前为止,国内学术界对公共部门绩效管理的含义尚未形成一致意见。一些学者基于管理学视角指出了公共部门绩效管理的一般涵义,即是一个目标指向过程,是指通过协议,达成关于目标、标准和所需要内部管理的统一框架,然后通过相互理解的方式,使组织、群体和个人取得较好的结果的一种管理过程[2]。陈宝胜(2007)从公共服务与治理变革角度提出,公共部门绩效管理对于提高公共部门的管理效率,增进公共部门及其工作人员的服务意识和顾客至上的服务理念,增强公共部门的成本意识,推进公共管理由"治理"向"善治"转变具有重要意义[3]。郑方辉、廖鹏洲(2013)认为,政府绩效管理是政府管理方式创新的一种手段,它贯穿了公共责任与顾客至上的管理理念,强化公共服务的结果导向,在追求经济、效率、效果的基础上,全面回应公民诉求,即凸显所谓"公平性",因此具有清晰的目标导向,包括价值目标和技术目标[4]。也有一些学者

　　① Ian C. Davies. Evaluation and Performance Management in Government[J]. Evaluation. 1999,5(2):150-159.
　　② 张宏海.公共部门绩效管理与评估研究[J].社会科学论坛,2014(1):213-217.
　　③ 陈宝胜.中国公共部门绩效管理发展趋势研究[J].经济与管理,2007(10):74-78.
　　④ 郑方辉,廖鹏洲.政府绩效管理:目标、定位与顶层设计[J].中国行政管理,2013(5):15-20.

将公共部门绩效管理与中国行政体制改革相联系,提出了公共部门绩效管理的中国特色。Richard M. Walker, Jiannan Wu(2010)就指出公共绩效管理在中央与地方关系、提高治理能力与政策执行能力等方面的作用。"中国的政府结构意味着绩效管理不仅与服务质量有关,还与维持社会稳定和谐和促进经济增长有关。从这个意义上说,基于目标责任的公共部门绩效管理也是确保政策执行效果的管理机制。

综合国内外学者的研究,笔者认为,以新公共管理运动为背景所产生的公共部门绩效管理,就是在全球化发展、政府财政压力、公民期望增加等情况下,公共部门基于成本预算控制和结果导向,建立个人、团队、组织等层面的绩效评估机制,提高公共部门产出和提升公共服务质量,谋求公共权力与责任的均衡,实现公共责任的有效履行。具体来说,可以从以下四个方面进一步了解公共部门绩效管理的内涵。

1. 绩效管理是公共部门及公共管理者的主要职责

在很大程度上,绩效的推动力就是公共部门的责任。在传统行政模式中,公共部门及其管理者的主要责任是政治责任,即服从政策制定者的指挥。因此,公共管理者大部分时候都是对社会公共事务进行管理和管制的角色。但即便是在这种政治责任履行过程中,也不可能避免责任标准的界定、测量和反馈等问题。对公共部门中的个人和组织进行绩效管理是公共管理者的主要职责。格姆雷和巴拉就认为,从自身的价值而言,"绩效"在民主制度下是很重要的概念,因为政府的有效运行并产生能被普遍接受的结果,是为了向公众提供良好的服务[1]。20世纪70年代末以后,英国、美国、新西兰等国主张新公共管理改革的领导人更是清晰地认识到绩效管理是构建政府如何向公民负责的管理机制,包括公共资源是否得到了有效利用,是否达到了预期效果,公民的满意程度如何等。绩效评估和管理以结果导向为管理机制,提供了向公民负责的实施路径,不仅提供了政府绩效,也为公共部门赢得了支持与信任的基础。

随着公共部门绩效管理在世界各国的普遍兴起和发展,公共部门及其管理者实施绩效管理的职责界限也开始变得更加清晰。目前国际上相当多的文献都主张绩效管理是作为一种实现责任的机制被采用的,不管这种机制是为了承担官僚政治责任抑或是提高政府的效率责任(OECD,2005)[2]。无论是出

---

① [美]威廉姆·T.格姆雷,斯蒂芬·J.巴拉.官僚机构与民主——责任与绩效[M].上海:复旦大学出版社,2007:190-191.

② Richard M. Walker, Jiannan Wu. Future Prospects for Performance Management in Chinese City Governments[J]. Administration & Society, 2010,42(1S):34S-55S.

于政治责任的履行,还是追求效率与公共服务的管理责任,绩效管理都毫无疑问地成为了现代公共部门及其管理者的主要责任,并以与责任机制对等的方式凸显公共管理的新价值。

2.绩效管理是公共行政向科学化发展的主要工具

现代公共行政理论发端于 1887 年威尔逊发表的文章——《公共行政学之研究》,标志着追求效率、技术和控制等价值的公共行政的诞生,并代表着公共行政研究和实践的总体方向。20 世纪前 50 年,从威尔逊(1887)开始的公共行政学者就倾向于接受企业组织的管理方法,寻求有助于实现组织效率的科学行政管理原理。也就是说,如果把公共行政视为一门科学,那么其基本共通点就在于"通过管理能够极大限度地提高生产过程的效率"。为解决政党分赃制的弊端,威尔逊实际上借用了"企业式"方法,将效率和一般管理的概念引入公共行政领域。他认为,以前的政治学者把精力放在宪政研究上,忽略了政府机构的实际运作。为了在政府运作中达到一些效率标准,就应当采用一般的企业管理原则来指导公共机构的管理。威尔逊从企业管理经验中得到一个启示,那就是可以通过一个控制等级体制的单一权力中心来提高行政效率与行政责任。威洛比(1927)在《公共行政原则》中也指出,公共行政与任何科学相类似,具有某些普遍使用的基本原理,是为了实现行政目标(即运作效率)[1]。早期公共行政学者的思路就是遵循行政管理的科学原理,行政部门就能够更有效率地运作。当然,这一时期公共行政追求效率一方面是形成了"效率价值",另一方面实则是为摆脱政党分赃制的束缚,是"政治—行政两分法"思想在公共管理实践中的体现。从 20 世纪 50 年代开始,以德怀特·沃尔多的著作《行政国家》(1948)为代表的研究对公共部门追求的效率价值提出质疑,自由与正义、公平与参与等社会价值更应具有优先权。然而,新公共管理改革的兴起与全世界范围内的扩展,以效率为基础、结果为导向的绩效管理再一次以整合效率价值、公平价值的优势成为公共部门管理改革的主要措施,而追求绩效的管理机制设计也奠定了公共行政科学化的基础。

3.强调公共部门运作管理的过程控制与结果导向

随着新公共管理运动的推广,倡导"结果导向"的公共部门绩效管理以迅猛的姿态覆盖世界上大多数国家的公共管理改革。在理解公共部门绩效管理的内涵时,大家普遍认同的一个观点就是以绩效为关注点实施管理控制,是以结果为导向的管理机制。如蔡立辉、吴旭红、包国宪(2013)就提出政府绩效管理是上级政府与下级政府之间、政府与其所属部门之间、政府部门与内设机构

---

① [美]罗伯特·B.登哈特.公共组织理论[M].北京:中国人民大学出版社,2003:47-49;58-64.

之间、政府部门与其所属工作人员之间通过绩效协议而实施的双向互动式的管理活动，包括绩效计划拟订、绩效计划实施、绩效评估、绩效反馈与绩效改进等活动，以促进政府、部门及其所属工作人员绩效持续提高并最终实现政府目标①。毋庸置疑的是，公共部门绩效管理首先强调的就是绩效结果。作为一种注重结果的管理，公共部门绩效管理将个人绩效和组织绩效有机整合在一起，使整个公共部门处于高激励、高效率的状态，并能顺利实现公共部门预期设定的战略目标。另一方面，公共部门绩效管理也强调以绩效为基础的全方位监测、评价、控制和管理，强调为实现绩效结果的过程控制。尚虎平（2015）提出了政府绩效"诉求、投入、生产、结果、效果"的五个形成环节，认为"绩效的生产"是政府绩效生成的最关键环节②。结果导向的实现有赖于中间的实施过程，即政府及其工作人员开展各种行政活动的表现。为达到公共部门绩效管理的结果，就需要对中间过程实施有效的监测与管理，确保实施过程围绕绩效目标，并能够不断持续改进个人绩效和组织绩效。

因此，公共部门绩效管理与传统的行政考核和测评有着本质区别，它是对组织绩效进行全方位管理的一种模式，本身代表了绩效观念、绩效技术、绩效系统等概念。当然，关于过程控制和结果导向，学术界迄今为止还存在究竟是增加了"自上而下"的控制还是促进了效率和服务提升的疑问③。但在实际运作中，强调公共部门运作管理的过程控制和结果导向仍然共同构成了公共部门绩效管理的核心内容。

4.强调公共部门的服务质量与公平价值

诚然，公共部门绩效管理在很大程度上是借鉴了工商管理技术方法，这也是新公共管理运动改革"管理主义"的核心。管理主义方案（Managerial Programme）的要义在于提出了一般管理的职能。无论是公共部门还是企业组织，都需要遵从一般管理的原则。Hughes 将组织的一般管理职能概括为三大项：一是战略职能，包括确立目标和优先顺序、设计操作性方案；二是管理内部要素，包括组织和人事、直接的人事管理系统、控制绩效；三是管理外部情境，包括处理与外部单位的关系、处理与独立性机构的关系、处理与媒介大众

---

①　蔡立辉，吴旭红，包国宪.政府绩效管理理论及其实践研究[J].学术研究，2013(5)：32-40.

②　尚虎平.政府绩效评估中"结果导向"的操作性偏误与矫治.政治学研究[J].政治学研究，2015(3)：91-100.

③　Sanderson I. Performance Management，Evaluation and Learning in "Modern" Local Government[J]. Public Administration，2001，79(2)：297-314.

的关系等①。但是,随着公共部门绩效管理改革的深化,越来越多的政府部门意识到公共部门绩效管理与企业组织绩效管理的差异性。一方面,在全球化时代公共部门也处于一定的市场竞争环境中,随着政府职能扩张和财政压力增大,提高公共部门效率是其必然选择;另一方面,与企业组织生产产品的结果性质不同,公共部门在提高效率的同时应致力于提高公共服务质量,维护社会公平正义的价值。公共部门绩效管理只有在生产效率与公共服务之间取得平衡,才能获得持续发展的竞争力。

公共部门绩效管理不同于传统绩效测评正是在于提出了"顾客维度",设置了公民需求反馈机制,公民满意度评价成为现代公共部门绩效衡量的重要标准之一。顾客导向也成为新公共管理运动改革的主要特征。强调政府的公共服务职能,并以标准化的测量方式进行绩效评估,极大地丰富并完善了公共部门绩效管理的内涵。尤其是,英国在梅杰首相时期的"公民宪章"运动,设定了明确的服务标准和实施了绩效评价,被认为是改善国家与公民之间关系的重要改革措施。尽管有学者认为公共服务评价并没有起到预期的公平正义目标,如 Bynoe(1996)认为,公共服务承诺在很大程度上只是玩修辞学的手段,因为在实际上"宪章没有导致任何公民或用户参与的计划和为服务设置优先级"②,但在"公民宪章"运动以后,很多国家采用了公共服务承诺、标准、绩效评价的做法,不仅提高了政府工作效率,也直接提高了公共服务供给质量,成为这一时期公共服务水平提升的主要管理机制。也正是在这个意义上,公共部门绩效管理赋予了公共服务质量和社会公平正义的价值与内涵,使其不同于纯效率导向的评估机制。

(二)公共部门绩效管理与私营部门绩效管理的差异

作为对绩效进行管理的一项管理机制,绩效管理在公共部门和私营部门之间其实是共通的。如果把公共部门管理也理解为"一般管理"的话,这两者之间几乎并无区别,都是以绩效标准设定、监测、反馈、报告为主要内容,表现为对个人绩效和组织绩效的双重追求以及强烈的结果导向,并通过系统跟踪绩效的方法提高组织满足顾客和社会大众需要的程度。然而,公共部门和私营部门这两种应用主体本身具有严重差异性。从传统行政模型来看,公共部门是通过对政治家作出回应的等级结构来服务于公众的。"在公共部门,个

---

① Owen E. Hughes. Public management and administration: an introduction[M]. 北京:中国人民大学出版社,2004:45-46.

② Sanderson I. Performance Management, Evaluation and Learning in "Modern" Local Government[J]. Public Administration, 2001,79(2):297-314.

人、团体与精英们经常以所谓的公共利益作为解决问题的标准,而在私人部门,追求利益之风盛行。"依据韦伯的官僚制结构模型,公共雇员负有公共部门使命,因而,具有完成角色使命的职业感与忠诚感,其工作的动机在于公共利益①。因此,公共部门管理者一方面需要遵守等级结构下的指挥命令,另一方面其管理与服务的对象实为社会公众,其产生的也大都是有形或无形的公共服务,且不以营利为目的。公共部门正是以公共利益作为活动的道德行为准则,这也使之从根本上区别于私营部门。私营部门提供的是企业产品与服务,以营利为直接目的,生产服务的对象是"顾客"。尽管在新公共管理改革以后,公共部门与私营部门之间的界限开始倾向模糊化。公共部门的民营化改革、市场化管理和顾客导向对传统行政模型,形成了巨大挑战,公私部门之间的合作、政府购买服务、合同外包等管理形态的常规化也逐渐模糊了公私部门之间的区别。但从根本而言,公共部门与私营部门仍存在着本质区别,公共部门是维护社会公平正义的最后一道防线。这两类不同性质的组织决定了公共部门绩效管理与私营部门绩效管理有着本质的差异(见表1-1)。

表 1-1　公共部门绩效管理与私营部门绩效管理的差异

比较的维度	公共部门绩效管理	私营部门绩效管理
环境因素	公众态度、期望 政治制度改革	激烈的市场竞争 顾客需求与期望
实施目的	非营利 社会认同 政治支持(合法性)	营利
理念因素	官僚思想	战略理念 市场观念 以人为本
功能差异	提升公共部门效率 提高公共服务质量	提升绩效意识 改善产品与服务质量

1. 环境差异

在全球化、市场化迅猛发展的新时期,市场竞争日趋激烈,私营部门要获得核心竞争力,就需要以更节约的成本、更有效的产出、更大限度地开发人力资源以及持续的创新能力等方式来提高获利能力和拓展发展空间。可以说,私营部门绩效管理一方面是在市场环境中产生的,是市场环境对其提出的需

---

① [英]简·埃里克·莱恩.公共部门:概念、模型与途径(第三版)[M].北京:经济科学出版社,2004:1-6.

求；另一方面，私营部门绩效管理实施的有效性在于能否满足市场需求，即市场需求的满足程度是私营部门绩效管理的主要评价指标及其战略目标所在。因此，私营部门绩效管理与组织系统外界的竞争环境息息相关，直接反映了市场的需求，其绩效也正是在市场竞争压力下不断持续提高。

与私营部门面临的外部环境不同，公共部门实施绩效管理虽然也受到外部因素的影响，但市场因素作用相对较弱。公共部门在现代社会发展中也面临着节约资源、有效利用资源的问题，但对公共部门来说，其承担的责任决定了公共部门更重要的是要在资源使用问题上对公众负责。如何对公众负责与其说是一个回应公众需求的问题，不如说是政治责任方面的问题。正如简·埃里克·莱恩所说，"公共部门处处充斥着政治、政府及其官僚制度，而各种各样的市场制度则占据着私人部门"。相应地，与私营部门相比，公共部门的结构系统更为封闭与自我，它不以营利为目的，但公共部门的公共性决定着它也必须在如何使用资源、如何有效使用资源、公众满意度等问题上作出回应。尤其是随着市场经济发展，作为公共治理机构的公共部门逐渐暴露出诸多管理问题，如机构臃肿、人浮于事、效率低下等。市场经济对管理效率的要求和公众对公共部门期望的提升也在很大程度上对公共部门绩效管理提出了需求。因此，公众的支持、政治因素（如政治制度、治理结构、政治领导人等），这些才是公共部门实施绩效管理重要环境因素。换言之，公共部门绩效管理的环境支持来源于政治制度改革和公众支持。

2. 目的差异

私营部门实施绩效管理主要出于在激烈的市场竞争环境中生存的需要，其主要目的就在于通过绩效监测和跟踪激励个人围绕组织目标发挥自身积极性和创造性，主动挖掘顾客需要，以顾客需要满足的程度来衡量个人绩效目标实现的程度。以营利为主要目的的私营部门绩效管理会直接导向顾客需求，把顾客需求纳入企业组织战略目标中，并激励员工努力满足顾客需求，由此提高私营部门的绩效水平和服务质量。

公共部门实施绩效管理的市场因素影响相对较小，其主要目的在于提供公共产品和公共服务，不以营利为目的，市场竞争性较弱。公共部门自身的权威性使其在很多领域的资源占有和使用上拥有先天优势，即使不通过市场竞争，公共部门也能凭借先天优势获得生存发展能力。公共部门在公共产品供给方面具有私营部门无可比拟的优越性，这在另一方面也使公众对公共部门如在公共资源使用和管理方面的效率及其结果增加了期望。因此，公共部门绩效管理的动力直接来自于社会压力，或者说来自于公众对公共权力使用效率、结果的期待，其目的在于通过更经济的方式提供更优质的公共产品，从而提高公众对公共部门的认可度,也有助于提高公共部门自身的合法性。

3.理念差异

随着绩效管理理论和实践的发展,一般意义上的绩效管理,大部分指的是私营部门绩效管理,其绩效的内涵与外延超越了传统意义上机械性的生产效率的范畴,逐渐演变成以人本思想实践为基础,把组织绩效的提高建立在个人潜力开发的基础之上,注重个人绩效的提高和顾客需求的满足,最终实现组织的发展战略。可以说,支撑私营部门绩效管理的理念主要表现为三方面:一是战略理念的强化。现代私营部门竞争环境的变化直接导致了管理者理念的转变,单纯追求经济效益的竞争已不能适应组织长期生存发展的需要,通过有效的管理机制以准确地构建、实施和评价组织发展战略,这也是现代企业立足于市场竞争环境的现实需要。因此,战略理念已然成为私营部门绩效管理核心竞争力之所在,也是推动绩效管理向着组织战略目标发展的支持基础。二是市场观念的深入。私营部门绩效管理的主要理念在于市场竞争观念的深入发展,迫使大量企业组织出于竞争优势考虑不得不主动提高组织绩效,以绩效作为竞争力的基础,从而提高其在市场环境下的综合竞争力。三是以人为本观念的发展。现代企业的市场竞争力不仅仅在于成本预算控制下的经济效益竞争,更在于人力资源的竞争、企业信誉的竞争和顾客的竞争。私营部门绩效管理不仅是效率或业绩的测量,更为重要的是围绕组织战略目标,在追求个人绩效目标的同时激励员工积极发挥创造性和满足顾客需求,这已成为企业组织人本思想转化为实践的重要措施之一。

由于组织性质、结构和治理机制的差异性,公共部门绩效管理的实施理念与私营部门也有着根本区别。长期以来,对公共部门"恶"的假设以及"经济人"假设的存在,使限制公共部门权力一直都是研究的重点。特别是20世纪六七十年代公共选择理论的兴起,以布坎南、塔洛克等人为代表的经济学家,运用实证的模型、数据统计等方法建立了政治学的一种新理论。公共选择理论认为,"选民、政客和官僚都被假定为主要是自利的,并假定政府官僚体制主要是为了提出在他们的上级看来是好的政策,因为那是官员获得晋升和工资增长之路"[①]。由此,出于官僚体制中的公共部门对自身的绩效目标缺乏认识,也缺乏开发人、利用人、创造人的积极性。公共部门中的工作人员也存在长期被官僚化的现象,等级观念严重,这些都直接影响到公共部门绩效管理,使其也具官僚特征。

①　[英]简・埃里克・莱恩.公共部门:概念、模型与途径(第三版)[M].北京:经济科学出版社,2004:1-6.

4.功能差异

私营部门实施绩效管理的功能包括提高企业组织和员工个人的绩效意识、提高服务质量以及企业的社会责任感。这些功能既是绩效管理本身所赋予组织的作用,也是私营部门适应市场竞争生存的需要。私营部门实践绩效管理一要全面提升员工的个人绩效,二要提高企业满足顾客需要的水平,三要开发员工潜力以维持企业的创新能力。

绩效管理在公共部门直接体现为一种为公共部门管理服务的职能,是公共部门加强管理的手段。随着现代社会竞争因素的增长和公民意识的增强,公共部门面临的合法性危机也急剧增加。绩效管理作为技术管理的手段,直接为公共部门管理服务。通过有效、合理的管理,提高公共部门的服务水平,以此来加强公共部门的管理和社会认同。

第三节 公共部门绩效管理的价值

美国政治学家盖伊·彼得斯说:"不管是最富裕的西欧各国或最贫穷的非洲国家是否考虑进行行政变革,人们普遍假设提高政府组织效率的最佳甚至唯一的方法是用某种建立在市场基础上的机制代替传统的官僚制"[①]。公共部门绩效管理适应传统官僚制改革的需要,因为"民选官员和公民要求更高层次的问责制,在越来越大的压力的驱使下,绩效管理已经成为世界各地政府改革议程的重要部分"(Barzelay,2001;Kettl,2005;Moynihan,2006)。Kaifeng Yang;Jun Yi Hsieh(2010)提出,未来这样的压力不但不会消退,而且会在未来持续高涨[②]。因此,对公共行政学者来说,发展坚实的理论来解释能实现有效的公共部门绩效管理的条件和机制是十分重要的。对于公共部门而言,绩效管理的目的不是简单地制定业绩指标,而是要建立一个可以通过指标测量结果的系统,并利用得到的信息来提升管理和民主治理[③]。公共部门引入绩效管理体现了市场机制中的一些因素,如竞争、效率、顾客导向等,而在公共部

---

① [美]B.盖伊·彼得斯.政府未来的治理模式[M].吴爱明,夏宏图,译.北京:中国人民大学出版社,2001:25.

② Kaifeng Yang,Jun Yi Hsieh. Perspectives on Performance and Accountability in Public Administration, pp. 861-879.

③ Kaifeng Yang,Jun Yi Hsieh. Perspectives on Performance and Accountability in Public Administration, pp. 861-879.

门绩效管理发展过程中,公共部门绩效管理也逐渐成熟为体系,是现代公共部门的一项重要管理机制。观察公共部门绩效管理的发展历史,那么,公共部门绩效管理的必要性与可行性究竟何在? 在公共部门中建立与发展绩效管理这一管理机制,究竟对公共部门治理产生了何种价值? 本节重点回答这三个问题。

一、公共部门绩效管理的必要性

作为一种新的管理模式,公共部门绩效管理同传统的管理模式相比具有更为显著的特点。传统行政体制之下,政府与企业有着严格区分,政府是官僚权威的象征,对政府权力的限制是传统行政研究关注的重点。科层制官僚理论、行政决策的科学性等研究都以政府怎样最大限度发挥功能为目标,对政府提供公共产品的最终效用则始终没有一种评价机制。换言之,传统的行政研究是对政府执行公共职能的过程的研究,关注静态的组织体制、程序、制度等问题,忽视了政府作为一个组织必须产出一定的效用,否则就会浪费资源、引起社会公众的不满。如果政府忽视使用公共资源的合理性和效率原则,那么就有可能导致公共资源的低效率使用,甚至会产生社会信任危机。从这个意义讲,政府提供公共产品和公共服务的效用远比企业所产生的效用来得重要。公共部门绩效管理是在新公共管理改革模式中产生的,学者弗莱恩(Norman Flynn,1997)对公共部门绩效管理的必要性提出了一些观点和看法,认为以下几个方面是主要的[1]。

(一)责任落实

弗莱恩认为,公共部门对公民至少在以下三个方面的事情上负主要责任:一是政府的支出必须获得人民的同意并按正当程序支出;二是资源必须有效率地利用;三是资源必须用于达成预期的结果。与此同时,人们期望政治家能为其做出的决定负责。如何衡量公共组织是否在这三件事情都实现了目的? 这就需要绩效评估的方法,公共部门绩效管理一方面是对政府提供公共产品与服务的程序、过程、结果等方面的衡量与评估,另一方面也首次将政府管理责任置于可衡量、可考评的地位。如果我们不能测评政府的绩效,那么,我们很难知道公共部门负起了责任。公共责任问题是从政府产生开始就一直备受关注和争议的问题。在传统行政模式中,更多的是从道德伦理角度来考察公共责任,存在约束性、强制性、具体性和标准化等操作困境。公共部门绩效管

---

① 张成福,党秀云.公共管理学[M].吴爱明,夏宏图,译.北京:中国人民大学出版社,2001:272.

理是测量与评估公共责任的一种积极而现实的方式,有助于落实政府管理责任,是公共责任评价与落实的重要管理机制。

(二)利害关系人的期望

公共服务具有各种各样的顾客,他们并非是对同一结果感兴趣,公共管理者经常面临着困境,特别是满足了一部分顾客的要求,可能使另一部分人感到不满。利害关系人都希望政府的公共政策满足他们的利益。如何满足这些利害关系人(利益相关者)的期望,这就需要通过绩效管理机制衡量不同利害关系人的需求并以此作为评估公共部门绩效的依据,从而达到以可测量、可评价的方式满足利害关系人的期望。

公共部门绩效管理的顾客理念将社会公众置于顾客至上的地位。新公共管理运动的重要贡献就在于树立了一个全新的理念,即"顾客观念"。传统行政模式对政府与社会有着严格区分,政府是社会公共服务的提供者,是社会事务的管理者,社会则需要政府扮演管理角色。企业则不同,企业与其顾客之间是相对平等的关系,顾客满意是现代企业的生存法则,于是企业非常注重顾客需要和提供服务及产品的质量。英国新公共管理运动是学习私营企业的典范,诸如公共服务外包、分权以及绩效评估等,都是私营企业管理的重要做法。同时,新管理主义也充分学习了私营企业的管理理念——顾客观念。政府将自身视为同私营组织一样的组织部门,其提供的公共产品与服务也需要获得社会公众的认可,社会公众被认为是顾客,顾客是上帝,顾客满意是组织生存的动力。同样地,政府也要提供社会公共满意的服务和产品,这样就有助于政府维持高度的公信力和政治合法性。尽管这种顾客理念目前也受到了一些批判,但这种思想对现代政府走向开放、民主、高效起到了一定作用,使公共部门绩效管理在顾客理念的指引下更好地实现了利害关系人的期望。

同时,公共部门绩效管理本身也是参与性比较强的管理模式,如今公共部门绩效评估的主体和范围也都得以扩大。社会公众的参与是政府绩效评估公正、公平的重要保证,同时,公共部门绩效也是社会公众参与政治的新形式。传统的行政模式体系之下,以效率考核为目标的评估仅仅是政府内部管理活动的内容,缺乏社会公众参与,而公共部门绩效管理则顺应民主政治发展要求,开拓了公众参与政治的良好渠道,能较好地满足不同利害关系人的需求与期望,也为政府行为走向高效优质奠定了基础。

(三)对结果导向的强调

传统公共行政时期确立的最佳工作方式原则和官僚制的程序规则都更强调过程和投入,由于缺乏对结果的测量与评估,更容易导致形式主义,浪费和官僚主义。80年代后,公共管理开始转向"结果导向"(Management for results)而非程序、规则导向。公共部门绩效管理作为新公共管理实施"后果战略"的一种途径,运用奖励来创设后果,并通过绩效合同来实现对结果的管理。美国学者戴维·奥斯本和彼得·普拉斯特里克认为绩效评估就是创建关于公共行为结果的信息,这样就能使民选官员对组织负责并为绩效引入后果战略,能为管理者和雇员提供改进绩效所需的数据[①]。公共部门绩效管理强调结果导向,并对公共部门的结果(绩效)进行管理,以结果为依据,为公共部门改进结果和对结果负责奠定了基础,也是判断公共部门的程序与规则是否产生了好的结果以及是否满足了公众需求的依据。

(四)基于个人绩效和组织绩效的公共治理能力提升的需要

传统行政模式之下,公共部门人力资源管理工作一直以人事行政的形式存在。过去几乎所有的公共部门都有针对公务员个人层面的绩效评估,但个人绩效与组织绩效的相关度不够明晰化,且个人绩效评估的量化与标准化程度不够高,导致政府部门人事管理效率低下,也直接影响到组织绩效的产出。在现代公共治理背景之下,提升治理能力的要义在于以个人绩效为基础,提高公共部门绩效结果,顺利实施公共部门战略目标,从而持续提升公共治理能力。公共部门绩效管理正是适应公共治理能力提升的现实需求而不断完善发展起来的一种管理模式。

其一,在个人绩效层面上,公共部门绩效管理建立了目标设定、测量与评价机制,为公职人员努力完成个人目标提供了更为直观的激励机制。Gary P. Latham(2008)认为现在的公共部门绩效管理,尤其在欧美国家普遍制定法律等相关制度后,不仅改变了政府部门的绩效,也改变了公职人员的激励状态。"政府公职人员现在被给予了明确的目标,并且对目标的完成状况接受评估……相比于政府公职人员,私营部门的工作人员目标的具体化,效率的激励和评估会更容易界定和量化"[②]。因此,为公职人员提供具体量化可评价的目标体系有助于激励其提高个人绩效,为完成组织设定的目标为努力,这也是现代公共部门人力资源管理发展的重要目标所在。

其二,在组织绩效层面上,公共部门绩效管理"最特别的是通过战略规划,更具包容性的战略管理过程,质量管理程序和再造过程,以及标杆管理实践和

---

① 戴维·奥斯本,彼得·普拉斯特里克.政府改革手册:战略与工具[M].谭功荣,等译.北京:中国人民大学出版社,2004:231.

② Gary P. Latham. Goal Setting and Performance Management in the Public Sector. International Public Management Journal, 2008,11(4):385-403.

改革预算过程①",将组织绩效的战略目标、实施过程、预算控制、绩效评价形成了数据化、应用型的绩效评估系统,以提高公共部门的组织管理能力和公共治理能力。

总体来说,在现代公共管理中,绩效管理代表了一个高效率、负责任的政府形象。首先是政府部门对于资源的使用以及有无达到预期目标必须有个衡量标准和绩效评价,以便公众知晓政府是否负起了责任;其次是全方位的绩效管理能够推动"结果导向"工作模式的实行,从而防止官僚主义和形式主义的泛滥;最后是绩效管理本身带有一种诱因机制,将绩效和奖惩紧密挂钩,能够激发公务员的工作热情。绩效管理作为一种新的管理实践和管理技术,以政府机构或公共部门为关注对象,以经济、效率、效益、服务质量的提高和公民满意为目标②,其重点放在对组织效益的考察和改进,更注重组织未来的发展,是建立在信息管理和绩效测评两者功能基础之上的统一。从某种角度说,绩效管理不仅是公共部门进行有效资源配置的一个重要手段,同时也在知识经济时代出于成本—效益的考虑将提高政府效率、满足社会大众需求提到了政府工作的日程,从而有助于政府走出传统行政,向服务型政府的方向推进改革。

二、公共部门绩效管理的可行性

鉴于公共部门和企业组织自身的差异以及各自实践绩效管理的差异性,有必要对公共部门绩效管理的可行性进行说明。

(一)观念可行性

公共部门在现代经济环境中同样面临着资源危机和公众信任危机。对资源使用的浪费和对公众态度的模糊,已使公共部门逐渐意识到创造高绩效、高负责形象政府部门的重要性。长期以来公共部门臃肿、服务水平低下的形象已不能为大家所接受。公众或政府在观念上都增强了对绩效组织、服务组织、责任组织的需求。在公共部门内部,对工作人员的服务水平和素质也提出了相应的要求。观念上,公共部门工作人员在一定程度上脱离了官僚身份,以社会管理者和服务者的身份参与提供公共服务的过程中。公共部门对自身、社会对公共部门以及对公共部门工作者身份认同的改变都为公共部门实施绩效

---

① Theodore H. Poister, Gregory Streib. Performance Measurement in Municipal Government: Assessing the State of the Practice. Public Administration Review, 1999,5(4):325-335.

② 曾志柏.英国地方政府绩效管理及其对中国的借鉴意义[J].云南行政学院学报,2003(6): 93-95.

管理创造了有利的条件。

（二）技术可行性

源于企业管理的绩效管理在企业组织实践中获得了丰富的经验和成果，一整套科学的绩效管理技术方法已被证明为切实有效。这也为公共部门进一步利用绩效管理创造了技术条件。企业组织绩效管理提供了一系列可供操作的管理技术方法，在一定程度上克服了绩效管理存在的难题，并提出了成功实践绩效管理的许多原则和方法，其绩效管理的理论和实践都趋向成熟。如个人绩效考核、绩效追踪方法、绩效指标建立、激励方法等。公共部门借鉴企业组织绩效管理首先则是技术方法的引用，至于绩效观念和系统的引入还需要相当长的一段时间。

（三）理论可行性

关于公共部门改革趋向的理论在国内外都相当流行，那么改革的趋向究竟为何处呢？目前较为一致的一种观念认为公共部门应该具备更多的市场因素，采取市场管理中的一些经验做法，全面提高公共部门的绩效和服务质量。这些理论有公共部门私营化理论、公共部门加强与私营部门合作理论、政府全面质量管理理论、摒弃官僚制的政府再造理论等。理论的发展为公共部门及时引入绩效管理、实施绩效管理的科学管理方法奠定了较深的基础，也为其绩效管理改革创造了合理性基础。

三、公共部门绩效管理的价值

公共部门绩效管理从理论和实践上都具有必要性和可行性，而对公共部门这样一个特殊的组织而言，其价值主要体现在两大方面。

（一）观念价值

1. 绩效观念

绩效管理源于市场化运作，它的一系列观念都与效率、效果相挂钩。政府部门的绩效管理很大程度上也正是因为传统的公共行政过于官僚化，导致效率低下，不能适应市场经济发展的要求。因此，全新的绩效管理一方面在公共部门中引入了市场机制，使政府通过市场化运作能够摆脱繁琐的行政事务，提高政府机构实际工作效率；另一方面，公共部门的绩效管理强化了公平、竞争等市场意识，有助于推动公务员考核的公平性，从而推动人事制度改革。

2. 服务理念

"顾客导向"机制的引入使公共部门开始注重社会公众的满意与政府绩效

之间的紧密联系。传统的公共行政为维护社会秩序也相当注重社会公众的需求，并以满足这些需求作为政府工作的重点。但在绩效管理中，现代公共行政显然有别于传统的服务理念，而是将社会大众作为顾客，使政府工作的重心围绕顾客的需要，并以顾客需要的满足作为衡量绩效的标准。可以说，绩效管理在引入市场机制的同时也引入了"顾客就是上帝"的服务观念，有力地推进了公共部门的服务品质，使其走向真正的服务型政府。

3. 责任观念

对公众负责是公共部门存在的重要理念。绩效管理需要对公共部门使用资源的情况、如何使用、使用的结果等都对公众进行说明，以公众满意作为公共部门绩效衡量的一个标准。公共部门实施绩效管理能在操作层面上兑现公共部门的责任意识。"责任"作为一个道德层面的概念，在行政组织中往往体现为行政人员的处事准则和道德标准，缺乏衡量的可能性。绩效管理的引入为实践公共部门的责任观念提供了可操作的具体方法，从而充分体现了绩效管理的社会服务价值。

（二）制度价值

制度价值体现为公共部门与制度相关的制度、机构、人员等方面的改革价值。

1. 公共部门制度改革

公共部门绩效管理的引入不仅仅是企业组织绩效管理制度、观念、方法的直接引用，即使是技术方法的借用，最终也必须体现为公共部门的制度改革。从制度经济学角度看，这种制度改革方式可以看成是制度移植。当然，制度移植存在许多障碍。由于公共部门实施绩效管理具备一定的可行性，其制度改革的过程也相应地得到了支持。尽管公共部门绩效管理的有效性和制度改革的措施还有待进一步论证，而目前公共部门实施绩效管理后相应的改革措施也让人刮目相看。新公共管理运动所进行的大刀阔斧的改革，如私有化、分权、放松管制、结果控制、绩效评估、顾客至上等，也使大家对公共部门绩效管理改革产生了信心。公共部门绩效管理与其说是带来了观念上的重大转变，更多地表现为适应市场经济发展和社会需求的公共部门制度改革。以绩效为导向的制度改革能在绩效、服务、责任层面上推进公共部门制度向法制、高效的方向发展。

2. 公共部门机构改革

制度化表现为绩效评估机构的建立与完善。为推进政府绩效评估和绩效管理，西方许多国家都确定了独立机构。一方面对各部门的绩效评估结果进行整合汇总，以便公众比较评价，另一方面有选择地独立对一些部门的绩效进行评估，避免部门自我评估可能产生的"报喜不报忧"和评价失准现象。目前，英国的审计办公室负责中央政府机构的绩效评估，审计委员会负责地方政府的绩效评估。在美国，《政府绩效和结果法》(Government Performance and Results Act of 1993)要求美国所有的联邦机构部都要将制订的战略规划、年度绩效计划与报告提交给国会中相应的专门委员会、美国审计总局以及预算管理局。预算管理局则根据各机构的规划制订情况以及工作绩效的评估情况分配财政预算。

专门绩效评估机构的建立有助于公共部门机构改革走向非官僚化，也有助于绩效考核的公正、公平，从而为公共部门绩效管理的合理有效实施提供制度保障。

3. 公共部门人员调整

严格来说，公共部门人员的转变并不属于制度的一部分。而长期以来，公务员的社会形象被定义为官僚者、缺乏创新精神的、严厉的。因此，公务员也是公共部门特定制度体系的产物。绩效管理对公务员素质、形象、心理、行为等方面的改变也直接归结为绩效管理的价值。

公共部门绩效管理的最终目的在于综合提高公共部门制定和执行公共政策的能力，并以激励的模式推动政府管理效率的提高。在绩效管理实践中，公共部门开始重视公务人员个人绩效和服务质量的提高，并以对公众服务需求满足的程度来作为衡量公务人员绩效的标准之一。绩效管理模式下，公务人员承担的社会责任加重了，对自身职业的认同感提升，大大改变了传统的官僚者形象。

第二章 西方国家公共部门绩效管理的理论和实践

在新公共管理运动这一特殊的改革背景下,公共部门引入了绩效管理的一系列理念和操作方法,在不同的国家和部门分别取得了不同成绩。正如美国政治学家 B. 盖伊·彼得斯在《政府未来的治理模式》中指出,尽管改革在政府部门是一种司空见惯的经历,但 20 世纪 80 年代和 90 年代的行政改革运动却极为特殊。他认为,这场政府改革或政府再造热潮的支撑理念引导并激发了政府治理模式的转换。不仅改革幅度扩大,而且变革的基本性质也被重新考虑,甚至可以称为"革命"。

为适应变化着的社会经济环境,有效地履行其职能,政府自身也处于不断的改革与变化之中。20 世纪最后 20 余年的政府改革运动,即"新公共管理运动",既是西方各国迎接全球化竞争挑战的主动变革,也是民众对政府期望提升的结果。各国政府改革的起因、议程、途径和策略以及改革的幅度、规模都有所不同,但都无一例外地引入了企业管理方面的经验和做法,如顾客导向、注重考核个人绩效、提高服务质量、强调市场竞争、激励个人等。其中最主要的管理技术和方法就是绩效管理。公共部门绩效管理可以说是新公共管理运动的直接结果和经验,支撑着西方国家政府改革运动理念的转变,也标志着以官僚制为基础的传统行政模式向以市场为基础的公共管理模式转变的过程,具有更多的民主和服务因素。

本章主要阐述西方国家新公共管理运动的理论和绩效管理的实践。

第一节 变迁国家的治理理论

将国家和社会的主要资源有效地运用于人民生活,这是政府政策机制的重要作用之一。传统的公共行政体制规定了公务员的政治中立原则、层级制度、内部管制、公务员制度制度化以及强调稳定和永久性,这些制度和规定与传统行政对公共事务的看法和对公共组织自身的定位有关。随着 20 世纪末期社会经济环境发生巨大变化,公共部门强烈意识到政府竞争的存在和对社会进行有效治理的必要性。许多政府、部门、研究者都在积极寻找变迁中国家的治理理论。美国政治学家 B. 盖伊·彼得斯较早开始关注变迁国家的治理理论,以对西方国家新公共管理运动的研究为起点,研究支撑这些国家发生重大行政改革的理念,进而总结变迁中的国家进行有效治理的制度创新。彼得斯非常强调变迁国家治理中提升政府效能和服务品质的创新机制的建立①,由此提出了相应的政府治理模式。

一、市场式政府的治理模式

人们普遍认为,传统行政模式在新经济条件下的转变主要体现为市场因素。一直以来,公共部门享有的权威地位使其在资源使用等方面都具有优先权,并在长期发展过程中形成了垄断、专制和一成不变的特点。同样地,作为公共部门的工作人员,公务员和公务员制度也在官僚体制下形成了缺乏激励和效率的机制。缺乏工作积极性,利用公务工作的特殊性,公共部门给人的印象往往是懒散、怠惰的官僚形象。这就意味着对传统公共行政体制至少有两点看法:

第一,公共部门本身享有权威性。权威体制导致公共部门在各方面都具有优先使用权和占有权,尤其是在现代社会这样一个资源有限的环境中。市场竞争的主要表现即资源的竞争,能在资源占有方面享有优势的企业必然能够成长。对资源的优先占有能让政府即使不通过市场竞争也能够持续生存和发展下去。公共部门既是社会公共事务的管理部门,也是公共资源优先使用的部门。从原则上讲,公共部门优先占有资源对公共事务管理有一定意义,如当社会发生紧急事件时,公共部门就能排除市场利益驱动而集中资源进行处理。但由于公共部门扩张速度加快和市场资源竞争激烈,公共部门占有过多的资源以及公共部门使用资源的低效率,阻碍了整个社会市场经济秩序的正常运行。同时,在市场利益驱动下,公共部门也逐渐形成对经济利益的追求。鉴于公共部门自身缺乏市场机制和市场因素,没有形成市场竞争意识和通过公平、有效的方法来实现利益的机制,对经济利益的追求就会导致公共部门利

---

① ［美］B. 盖伊·彼得斯. 政府未来的治理模式［M］. 吴爱明,夏宏图,译. 北京:中国人民大学出版社,2001:2.

用其特权进行寻租、腐败。

第二,公务员制度缺乏激励性。传统公共行政体制的重要特点就是等级森严的组织结构和一成不变的公务员制度。受传统官僚思想的影响和渗透,公务员个人对公共事务管理也逐渐丧失了积极性。在层级管理机制下,公务员是等级管理的对象,并把追求更高的地位作为工作目标。由此而产生的公务员形象就是典型的"官僚者",其中不乏那种小公务员的形象。19世纪中期,西方文学作品创造了大量诸如此类的人物,如契诃夫《变色龙》中的奥楚蔑洛夫等。这些对公务员的夸张描述手法,从侧面反映出,一方面公务员作为公共事务管理者的形象被扭曲了,缺乏管理者应有的素质;另一方面,公务员长期处于官僚体制的严格管制中,缺乏竞争机制和激励机制,无法发挥其创造性。从传统公共行政体制的总体看,公务员制度是最缺乏激励和竞争的制度构架,因而导致两种极端:一种是通过自己的权力来积极提高自己的收入,另一种是无所事事,工作倦怠、低效。当然,在大多数情况之下,这两种情况是兼有的。

市场式政府模式的提出正是建立在传统公共行政缺乏市场因素的基础之上的。尽管市场模式本身具有明显的缺陷,不过人们还是期望通过市场模式来解决传统公共行政存在的效率低下问题。

(一)市场式政府模式的理念

彼得斯认为,事实上并不存在一个单一的市场模式。所谓的市场模式只是一种对自由竞争优越性以及对一个理想化的交换与激励模式的基本看法。因此,将市场模式应用于公共行政建立市场式政府模式,并不意味着从方法论上建立一套具有市场机制的管理机制,而是从理论角度研究市场模式运用于公共行政的理念。

1.相信市场作为分配社会资源机制的效率

应用市场的方式来改革政府的基本理论依据是,相信市场作为分配社会资源机制的效率。市场模式的倡导者将其理念建立在新古典主义经济学的基础之上,他们认为,其他的分配形式,如通过官僚体制的分配形式或更常见的法律的分配形式,是对自由市场体系运作结果的歪曲①,不利于对资源的有效、合理使用。

市场在配置社会资源方面的高效率能够排除因为权威因素而导致的非正常竞争和资源的浪费。政府改革建立在市场基础上,并以市场为基础建立各

---

① [美]B.盖伊·彼得斯.政府未来的治理模式[M].吴爱明,夏宏图,译.北京:中国人民大学出版社,2001:27.

种机制,如合同、激励等。过多地依靠权威体制和命令来管理公共事务,会影响到整个社会正常的市场竞争秩序,也影响到政府自身作为管理者和公共管理组织的效率和形象。

2.公共行政就是一种管理方式

一般管理和"新公共管理"都认为不管管理在哪里发生,管理就是管理。尽管公共行政是以公共事务为管理对象的独立学科,但同样面临着管理方面的诸多问题,如如何提高人员绩效、如何保持组织创新向上、如何有效管理、如何提高服务质量等。对社会公共事务进行有效的管理是公共行政部门及其管理者的主要职责,组织和激励人员的机制不仅可运用于私人部门,也适用于公共部门。

现代公共行政改革的部分目标,一是要取消行政部门的特权,吸引更多来自外部的竞争对象,提高公共部门的市场竞争性;二是要通过利用私人部门的管理技术和激励手段,较大程度上改变公务员制度的特征,激励公务员产生工作热情和创新精神。

(二)市场式政府模式的管理

把公共行政视为一种"一般管理"模式,充分考虑到公共部门加入市场因素和竞争因素,就意味着需要引入企业管理的方法、技术和观念,并以市场为导向进行公共部门管理改革。

1.人事制度改革

传统公共行政体制下的人事制度以层级管理为基础,主要以资历来决定报酬等级,同一级别的公务员可以获得相同的工资报酬。公务员在等级森严的人事管理制度下,能否任命或晋升直接取决于除工作业绩以外的能力和成绩。从现代市场角度来看,传统人事制度缺乏激励因素,由资历来决定工资报酬及其他的奖励,明显降低了公务员工作积极性。同时,传统人事制度忽视了公务员的个人价值和个人绩效,对公务工作缺乏系统定位和培训。

执行市场模式的理念,运用市场模式进行人事制度改革是政府再造运动的重要环节。引入企业管理的工资报酬制度,重新设计公共部门的薪酬制度和人事制度,逐渐向以工作业绩为基础定工资报酬和奖励制度转变,激发公务员注重提高自己的工作实绩,并对自己的工作负有责任意识。实践当中,政府衡量公务员及其组织的工作成绩存在障碍。对社会公共事务进行管理和非营利性,使公共部门很难针对一项具体的工作进行实绩考核。而过于注重对公务员个人绩效的考核,又很难有效地践行参与原则。但目前存在的问题并不妨碍政府引入注重个人实绩的工资报酬制度,各国政府改革的实践表明,注重个人绩效考核能较大程度上激励公务员主动提高工作热情,提高服务质量和服务水平,而这对公共部门而言是具有根本性意义的。

2.财政管理改革

公共部门财政管理制度一直被认为是一项固定不变的制度,不存在如何进行有效财政管理、财政管理结果如何等问题。传统的审计工作仅仅是对欺骗、浪费、滥用公款等具体行为进行调查,而就财务廉洁以外,公共部门财政管理还应包括管理的有效性。

财政管理是公共部门一般管理的重要表现形式。在市场模式理念的影响下,公共部门财政管理经历了大范围的改革。从改善现金管理、加强公共贷款控制到重新思考公共部门编制预算的方法以及提供公共部门所需要的成本,都进行了以市场为导向的改革——减少成本、提高效率、防止贪污。当前公共部门采用市场原则而建立的重要机制主要是"将购买者与提供者分开,并建立内部市场"①。财政管理是公共部门的成本中心,运用市场理念对财政管理进行彻底改革,既有效地防止了政府利用财政管理的经济利益驱动行为,又在注重结果导向的财政管理过程中提高了财政管理的效率,及时转变了政府形象,推动了政府责任制建设。

3.公共政策制定

政策制定是政治事务的主要表现,一切具体政治行为最终都表现为公共政策的制定与执行。有绩效的政府管理很大程度上依赖于政策制定的有效性,传统的公共政策理论更多地关注公共政策质量,通过质量评定来衡量公共行政能力,而忽略了公共政策自身蕴涵的互动效能,以及对政治沟通的作用。

托马斯·戴伊把现代公共政策界定为自上而下的政策制定,并通过一定的模式把上层的价值观念转化为公共政策②。这种自上而下的政策制定过程强调同步传递沟通的重要性,包括民意制造、政策制定合法化、利益集团活动等。市场模式的政府改革强调政府管理的绩效性,也就强调了现代公共政策的效能,并以政治沟通为主导,强调民主、协商的公共政策,以确保政府管理的有效性和政府公众之间的顺利沟通。从固定的公共政策质量评定到动态的公共政策效能建设,充分反映了市场因素在政策制定中的作用。尽管在公共政策制定方面市场模式并没有带来重大改革,但在某种程度上也正在趋向相互沟通程度和政策效能的提高。

---

① [美]B.盖伊·彼得斯.政府未来的治理模式[M].吴爱明,夏宏图,译.北京:中国人民大学出版社,2001:44.

② [美]托马斯·R.戴伊.自上而下的政策制定[M].鞠方安,吴优,译.北京:中国人民大学出版社,2002:5.

4. 公共事务管理

公共部门是以公共事务为管理对象的管理部门,对公共事务进行有效管理是公共部门的主要职责所在。现代公共部门的扩张和公共事务的增加,直接导致了对公共事务有效管理的问题。传统公共行政体制对公共事务无所不管或低效管理的问题逐渐引起公共部门对这些具体管理问题的反思。

西方国家政府再造改革采用市场化改革的重要内容就是"签约外包",通过某种形式的竞标,让私人部门以更好、更低成本的方式完成公共事务。政府退出一些公共事务管理领域的做法是市场模式运用的直接结果。市场在公共事务管理的一些领域能否高效、低成本地运作还有待检验,但这种改革形式已被大多数人所接受。

市场竞争因素成为当前公共部门改革的重要趋向,一方面公共部门实行对外的市场机制改革,如对公共事务管理进行市场外包、公共政策制定考虑沟通因素等;另一方面公共部门实行对内的市场机制改革,主动变革传统的公共行政体制,这也是公共部门市场化改革最根本、最富有意义的地方。

二、参与式政府的治理模式

彼得斯认为参与式政府模式与市场式政府模式在观念上几乎是对立的。而同时他也认为,在现代的时代条件下,如果没有公众的积极参与,政府就很难使其行政合法化。民主政治的发展和公民意识的觉醒以及政府社会责任的重要性,都需要公共部门的治理充分吸收"参与因素",减少对抗性、增加支持率以及提高责任感。这里对参与式政府模式至少有两点看法。

第一,体现民主政治发展的要求。很多研究者认为,传统官僚体制内的专家无法获得制定政策所需的全部信息,甚至得不到正确的信息[①]。公共部门的合法性建立在民众充分支持的基础上,如果社会公众的意愿不能在政策领域得以表达或者对政策的期望不高,都有可能引发公共部门危机。即使随着民主社会的发展,并通过"民众商议实现政治平等",也无法避免"被利益激发起来的危险"[②]。参与式政府模式强调公民的正式参与和非正式参与,通过构建一个理想的环境来保证公民的意愿和观点能够表达出来。"协商性民主"

---

① [美]B. 盖伊·彼得斯. 政府未来的治理模式[M]. 吴爱明,夏宏图,译. 北京:中国人民大学出版社,2001:68.

② [美]詹姆斯·S. 菲什金. Deliberative Democracy[A]//陈家刚. 协商民主[C]. 上海:上海三联书店,2004:36.

的发展正是反映了这种趋势。传统的代议制民主制在表达公众意愿方面还存在操作层面的困境,参与使政府治理模式借鉴了企业参与管理的具体管理方法,使民主和协商在一定程度上能够具体实践之,从而体现了民主政治发展的要求。

第二,体现公共部门社会责任的要求。公共部门与私人部门的主要差异在于管理对象上的差异。以公共事务为其管理对象,决定了公共部门在社会责任方面具有比私人部门更重要的责任。就资源是否使用到位,公众是否支持该项政策,公众意愿是否得到尊重等问题,公共部门的社会责任感使其在制定公共政策和行使公共管理权过程中有必要充分考虑社会公众的意愿,并以公众意愿和支持来作为公共部门合法性的基础。传统官僚体制无法获得社会信息,忽视政府部门的社会责任。参与式政府模式提供了实践公共部门社会责任的理念和管理方法,体现了公共部门实践社会责任的要求。

（一）参与式政府模式的理念

参与式政府模式的理念具有一定的层次性,从最基本的管理理念、公共部门管理理念到社会民主的理念,都包含了参与观念。

1. 参与管理

参与管理是企业绩效管理最基本的理念之一,是指员工对有关其工作、生活以及某些层级节制方面的组织决策的介入。在企业管理中,主张员工具有想要自我创造空间的强烈愿望,并认为让员工参与企业治理是激励员工最有效的方法。企业绩效管理充分实践了参与管理,通过授权和组织目标分解,强化了员工的参与意识,使员工能够在工作上独立决策和发挥创造性。

提出公共部门参与管理是在政治参与意识层面的拓展。罗伯特·戈雷别维斯基提出,当代公共行政所面临的主要挑战是管理多样化或者存在于公共组织员工与顾客间的一些简单的差异。突破传统行政体制下公众和公务员参与的方式,通过某种组织授权或管理方式变革,在公共组织中创造一种强烈的参与气氛,提高对公共部门的支持和认同,鼓励公务员更多地为社会公众着想,这是参与管理政府模式最基本理念之一。

2. 基层官员是组织有效运作的核心

作为一个普通的现实存在的群体,基层官员的作用是不容忽视的。他们既是公共部门直接与社会公众联系的群体,也有助于社会公众参与到行政体系中。传统的行政理论和公共行政体制仅从制度和道德层面规定了基层官员的工作职责和相关要求,而对基层官员参与公共组织运作并没有提出相应的要求和规定。

参与式政府模式强调基层官员是组织有效运作的核心。一方面,基层官员与社会公众的沟通趋向非官僚化,能够更大范围地吸引社会公众参与到政府决策中,提高对公共部门的支持和信任(外部参与);另一方面,基层官员对公共部门具有归属感和认同感,通过组织授权,基层官员更具有积极性参与到公共事务管理中(内部参与)。

3.寻求合作方式和利用个人参与来提高政府效能是公有社会的特征

传统官僚体制强化了公共部门在提供公共产品方面的核心地位。随着市场竞争因素的增长和第三部门的兴起,公有社会理念被接受的程度变得越来越高。尤其在第三部门领域,寻求合作方式和利用个人参与已成为普遍接受的观点。

参与式政府模式通过参与方法包括授权来改革公共部门,使公共部门在管理、政策制定及考虑公共利益方面都具有公有社会的特征,以充分的参与来打破传统官僚体制的专制、低效,以便更好地提高政府效能。

(二)参与式政府模式的管理

参与式政府管理的重要目的在于把社会利益明确地融入治理之中。当然,即使引进企业管理的参与管理方法,政府在参与管理上仍然存在许多缺陷。第三部门作为公共部门的特殊群体,在一定程度上弥补了政府管理的缺陷,并在实践参与管理上率先积累了一些经验。

1.授权

参与式政府模式对政策制定的意义尤为重大。正如前面市场式政府模式所指出,现代公共政策制定需要更多的沟通因素。从参与模式看,有参与才会有沟通。强调政策制定的民主参与因素,是现代政府再造运动的重要内容之一。不仅从外部参与角度加强基层官员与社会公众的互动,也从内部参与角度强调上下级官员间的互动、参与和了解。对外部参与的研究在民主理论方面有较多的探讨,加上现代社会第三部门的兴起,也为增加外部参与创造了条件。社会公众通过第三部门的途径可以更有效地表达意愿,公共部门也可以通过第三部门了解社会的期望和意愿。内部参与一直是公共部门的症结所在。像企业一样创造公共部门积极参与的热烈氛围,激励公务员参与公共事务管理,以及基层公务员如何参与决策问题影响到公共部门作为一个普通管理部门的内部管理机制问题。在新公共管理运动中,一些国家的政府部门纷纷采用了企业管理中的授权方法,鼓励公务员积极参与政策制定和公共事务管理,取得了较为显著的成效。

需要指出的是,公共部门组织授权不仅受到市场因素的影响,还受到部门利益和权威体制的影响。美国政治学家戴维·奥斯本说,"大多数民选官员只有在得到回报时,才会放权"。组织授权的工具(见表 2-1)和雇员授权的工具

（见表 2-2），即组织授权和雇员授权的形式，表明公共部门组织授权的目的在于下面机构自由裁量权的增加。在公共部门内部，雇员授权的方式主要是吸纳企业管理的做法，通过参与管理式的授权，形成组织目标共同服务的工作团队，激发公务员为实现组织目标和满足社会需求而积极工作。

表 2-1　组织授权的工具①

组织授权的工具	
行政控制分权	将自身人事、财政和采购等管理权力交给行业使得中央行政部门的命令和监督最小化。
放松管制	废除由立法机关、中央机构和各部门制定出来用以支配公共组织行为的许多其他规章制度。
现场管理	将资源和日常决策的控制权从中央办公系统（如学区或全国职业服务中心）转移至系统中众多的一线组织（如学校或地方就业办公室）。政府在控制制度管辖的范围之外运作。
再造实验室	允许暂时打破行政规则、程序的公共组织，对改进绩效的新方法进行试验。一般地，它们获准豁免，并保护不受外界干预。
豁免政策	具体案例中，中央机构暂时让组织不受规章制度管束的一种制度。
日落法规	在控制组织行政行为的规章制度中设立时间限制。时间一旦截止，非经重新批准，规章制度即告终结。
政府间放松管制	不同政府层级之间的弃权协议，通常在具体案例中签署。

表 2-2　雇员授权的工具②

雇员授权的工具	
减少管理层级	减少位于一线工人和高层管理者之间的中层管理者的层级。在此过程，要增加管理者的控制幅度。这就使得管理者更难充当发号施令者，并做到减少成本却不降低服务水平。
组织分权	将控制权从组织高层管理者转移至一线单位。这是组织内部的现场管理。
打破职能仓	撤销以职能专业化为基础的官僚单位和工作流程。这些职能转移至一线工作团队，这些团队负责为顾客提供产品和服务。
工作团队	为完成共同绩效目标，相互合作的一群雇员。
自我管理工作团队	进行自我监督的工作团队
劳资伙伴关系	管理部门和工会之间的合作协议，目的在于改进组织绩效和工作条件。一般以伙伴关系合作来解决问题。
雇员建议计划	为雇员提供与管理者共同分享改进绩效的见解的正式机制。通常，雇员可以得到一部分由自己建议所实现的财政结余。

---

① ［美］戴维·奥斯本，彼得·普拉斯特里克. 摒弃官僚制：政府再造的五项战略［M］. 谭功荣，刘霞，译. 北京：中国人民大学出版社，2002：220.

② ［美］戴维·奥斯本，彼得·普拉斯特里克. 摒弃官僚制：政府再造的五项战略［M］. 谭功荣，刘霞，译. 北京：中国人民大学出版社，2002：225.

2.事前事后控制机制

"大部分现存的公共部门参与方案中,很多都是事后的运作而不是对政府的事前控制"①。这就涉及公共部门预警机制和预警绩效的问题,本书对这个问题并不做过多的探讨。预见性政府的治理意味着政府需要建立一套有效的控制机制,也就意味着政府参与方案的主要目的在于处理公众对服务质量不佳的抱怨,而在政策制定和方案设计上却很难保证公众参与。如类似的公众听证会、公共调查等,一般都允许公民充分自由地发表意见。需要指出的是,政府举行的公众听证会和公共调查也往往是一种事后控制机制,如对某项制度或政策进行听证,向公众解释这项政策,以取得理解。我国的信访制度就是典型的参与管理的事后控制机制,其主要功能在于化解公民的不满和抱怨。英国的《公民宪章》也提供了事后操作的机制,公众可以对政府服务的消费权进行表述,起到抱怨的补救渠道作用。当然,也有事前控制机制。但由于公共部门本身没有专业的事前控制机构,公共政策机制自身存在问题以及公共部门权威体制的存在,都导致事前控制的参与可能性不大。所幸的是,大量第三部门的兴起,以其在专业领域的专业素质能够帮助公共部门事先了解各个利益集团、社会公众的意愿以及解决具体政策问题。

参与式政府模式充分吸收了企业绩效管理的方式、方法,不仅确立了参与管理的理念,对加强内部参与和外部参与、提高公务员公共事务管理的积极性都具有极其重要的意义。

三、解制型政府的治理模式

20世纪70年代末,无论是崇尚自由主义传统的国家,还是在第二次世界大战以后一度倾向于加强政府干预的国家,几乎都相继出现了以放松规制(Deregulation)为特征的政府规制改革浪潮,其范围涉及电力、电信、交通运输、金融等许多产业②,其中以政府放松规制的改革最为引人注目。解制型政府模式与政府放松规制改革相关,但却是不同领域的概念。政府放松规制是指政府对外的经济政策,要求政府减少对微观经济主体活动的干预,以利于社会事务向非官僚化、市场化方向发展;而解制型政府模式针对的是政府自身的改革,即内部管理改革。

---

① ［美］B.盖伊·彼得斯.政府未来的治理模式[M].吴爱明,夏宏图,译.北京:中国人民大学出版社,2001:75.

② 夏大慰,等.政府规制:理论、经验与中国的改革[M].北京:经济科学出版社,2003:41.

（一）解制型政府模式的理念

解制型政府模式的理念即解制型政府模式对公共行政部门内部管理的假设。

1. 对公共行政部门的过多限制导致公共行政部门办事效率低下

人们普遍认为公共行政部门具有特殊性，对其权力进行限制有助于维护公民利益和保障公民权益。对官僚组织的厌恶和不信任，限制公共行政部门制定政策的权力也就成为现实。然而，限制公共部门权力并不能够完全阻止公共部门的扩张。现代社会的发展和市场竞争秩序的维护，都强烈要求公共部门发挥应有的作用和功能。过多地在制度上限制公共部门的权力，反而会刺激公共部门利用特定的权力寻找每一个间隙来谋求利益，大量腐败、寻租现象往往会在严格的体制管理下发生也正是基于这样的道理。公共部门没法像企业或私人部门一样，拥有自主的权力主动进行制度创新。比如公共部门的人事管理，长期受到严格管制。相对于企业灵活有效的人事管理制度而言，公共部门的人事管理制度明显缺乏激励作用。解制型政府模式认为对公共行政部门的过多限制导致公共行政部门办事效率低下，解除政府内部管理方面的限制，能够促进公共部门进行自我改革以提高政府效能和维护社会整体利益。

2. 解除内部控制能够提高公共管理者的管理能力

传统公共行政体制下，由于体制的严格限制，也包括对公务员个人地位权限的限制，公共行政部门和公务员往往没有能力做出行动的决心，只是一味等待观望。人们也普遍认为，公共行政部门繁文缛节之多，妨碍了公务员发挥创造性的可能性，政府活动也就缺乏了活力、效率。长期处在公共部门办事的人员与企业部门的人员在性格特征上就形成了明显差异。解制型政府模式根据市场化观点，认为政府解制的主要目的在于解除内部控制，提高公共管理者的管理能力。所谓的内部控制，主要是指政府的内部管理机制，如人事管理制度、财政制度、采购制度等。过去对官僚机构的不信任所采取的限制措施，原则上有对公共权力进行限制的必要性，但就内部管理而言，公共部门也是一个普通的管理机构，采取企业内部管理的方式，给予公务员以自由空间发挥创造性，同样能够鼓励其积极参与公共事务管理并高效地完成组织目标。从这个角度看，对公共部门内部控制的解制有助于市场化管理和参与式管理的顺利实现。制度移植需要特定的环境和条件，如果不在政府内部制度上进行改革和创新，那么引入市场化管理和参与式管理都将成为空谈。过多的内部控制，不仅没能防止腐败现象的发生，反而限制了公共管理者的行动，不利于公共部门管理向高效、服务的方向发展。

（二）解制型政府模式的管理

解制型政府模式的管理主要体现在人事、采购及预算方面。通过对公共部门内部法规和程序的解制，公共部门在人事、采购、预算等方面将更有效率和创新。

解制型政府模式很大程度上是建立在市场模式和参与模式的基础上。一方面，解除了政府内部在人事、采购和预算方面的诸多限制，单独的某个公共部门在人事、采购及预算等制度方面享有更多的自由裁量权，使公共部门根据市场发展需要主动扫除提高组织绩效的障碍，鼓励公务员队伍打破"职能仓"，形成企业组织式的工作团队，能够为公共部门共同的组织目标而努力工作。另一方面，传统公共行政体制对公共部门内部诸多的限制也出于对部门自身利益和寻求自保的考量，为特定的公共部门和公务员失责找到了借口。对公共部门内部管理体制的解制强化了公共部门的责任。如在采购管理制度上，尽管政府在具体的采购规则上享有了更多的自由裁量权，却也相应地需要承担由其自主行动而带来的责任。需要指出的是，解制的另一种结果不是导向绩效，就会形成一种怪圈——公共部门在解制政策下以新的内部管理机制代替旧的内部管理机制，以寻求自身保护。

基于解制后公共部门存在两种截然不同的结果，有必要对公共部门内部管理者提出要求。从这个角度看，公共部门的内部管理就不再是单纯的一般管理了。公共管理有管理公共事务的特征，也必然地要承担相应的责任。解制的公共部门如何有效地对内部进行管理，主要还是看公共管理者是否具备市场模式所要求的企业家创新精神以及参与模式所要求的民主素质。

四、弹性化政府的治理模式

彼得斯认为在改革传统政府模式的方案选择中，以弹性化政府模式最受关注和争议。所谓弹性化政府，指的是政府有应变能力，能够有效地回应新的挑战和新的社会需求。[①] 政府所具有的应变能力并不是指政府以固定的方式应变，而是指政府及其机构有能力根据环境变化制定相应的政策。弹性化政府模式可以看成是前面三种治理模式的总体体现，政府要能够有效地回应社会变化和需求，既要有充分的市场精神和参与精神，也需要对内部管理进行解制。

---

① ［美］B.盖伊·彼得斯.政府未来的治理模式[M].吴爱明，夏宏图，译.北京：中国人民大学出版社，2001：87.

（一）弹性化政府模式的理念

弹性化政府模式之所以受到普遍争议的原因在于它对传统公共部门的永久性提出了挑战,以终身雇用制和公共部门永久性为特征的传统公共行政体制在市场环境中面临着巨大考验,弹性化政府模式的提出也正是出于这个考虑。

1. 政府永久性问题已成为政府缺乏活力的原因

传统公共行政部门具有两个显著特征,一是公务员终身雇用;二是机构永久性。一般认为,即使机构设置的初衷是临时性的,最后该机构也会成为永久性机构。承认公共部门人员和机构的永久性,能够保证公共部门的权威性和公务员对组织的信赖、服从。随着市场经济发展以及公共部门永久性导致的机构膨胀、工作低效、人员懒散,越来越多的批判开始针对公共部门永久性问题。政府永久性造成政府内部管理永久性,公共部门管理者及公务员长期依赖于这种永久性制度,在产生信赖的同时也滋生了惰性和安逸心理。外部竞争环境的变化不会影响到公共部门的部门利益,以往制定的预算、人事制度也不会发生相应变化。政府永久性问题的存在也直接影响到解制型政府模式的运行。只要公共部门具备永久性特征,对其内部管理的解制就有可能形同虚设。政府日渐缺乏活力的原因也正是如此。

2. 弹性化政府对现代公共政策制定具有重要意义

政府结构的制度化造成了政策制定模式和管理者治理风格的永久化,而就公共政策制定的不确定性和管理者的民主素质而言,公共部门永久性问题对社会和市场经济发展都产生了极为消极的后果。照搬固定的公共政策制定模式,忽视外在政策环境的变化,不注重社会和市场意愿,由此制定的公共政策既是缺乏市场因素的,也缺乏公共的参与因素,为公共部门管理者形成专制作风创造了条件。弹性化政府模式认为针对公共部门自身,力求大幅度变革会使政府更具有活力,能够让现代公共政策制定更具备民主因素。

（二）弹性化政府模式的管理

弹性化政府管理的基本设想是在政府内部采用可选择性的结构机制,以取代那些自认为拥有政策领域永久权利的传统部门和机构①。为避免公共部门机构组织僵化,提倡运用弹性的管理方法应对不断变化的社会经济情况,撤销现有的组织机构,使政府管理富于弹性。这里需要指出两点:第一,公共部门弹性管理不是为弹性而弹性,弹性管理的出发点在于适应社会经济情况变化,是市场因素和参与因素共同作用的结果,反映的是社会需求和公众意愿;

---

① ［美］B. 盖伊·彼得斯. 政府未来的治理模式［M］. 吴爱明,夏宏图,译. 北京:中国人民大学出版社,2001:94.

第二,公共部门实行弹性管理,撤销现有的组织结构也要能保证公共组织目标的实现,不是为撤销而撤销,撤销现有组织的目的在于节约成本和提高效率。

当前弹性化政府模式的实践主要体现在临时性组织的管理上。公共事务的复杂性和应变性使公共部门设置临时机构的可能性提高,一个公共部门兼职承担超出本部门工作以外的公共事务管理的可能性也大大提高了。弹性化政府模式对临时性组织和公共部门兼职工作的管理具有明显的管理意义。就管理者而言,弹性化政府模式意味着公共部门管理者必须具有适应需求变化、主动调节劳动力的能力,为政府节省开支和提供有效服务创造优势。

弹性化管理方式存在的问题是公共部门临时性和兼职性工作的增加会削弱公务员对公共组织、公共事务的信赖感和责任感。既然公共事务是临时性的,参与组织也就没有多大必要,很容易产生消极影响。因此,弹性化政府管理考验着政府管理者的能力与素质。

五、结论:贯彻绩效管理

盖伊·彼得斯对政府未来治理四种模式的基本探讨是建立在新公共管理运动的实践基础上。从理论上讲,这四种模式都存在各自的问题和缺陷,甚至相互冲突。但这四种模式针对传统公共行政体制存在的问题毕竟作出了各自的解释,提供了解决问题的分析途径(见表2-3)。

表2-3　四种模式解决基本问题所提供的方法①

	市　场	参　与	解　制	弹　性
协调	看不见的手	由下而上	管理者的自我权利	改变组织
错误的发展和改正	市场信号	政治信号	接受更多的错误	错误无法制度化
公务员制度	以市场机制取而代之	减少层级节制	解除管制	采用临时任用制度
职责	通过市场	通过顾客的抱怨	通过前后控制	没有明确的建议

市场、参与、解制和弹性方式,与其说提供解决公共行政具体问题的不同途径,不如说是贯彻了绩效管理的实际操作方法。从实践层次看,绩效管理实

① [美]B.盖伊·彼得斯.政府未来的治理模式[M].吴爱明,夏宏图,译.北京:中国人民大学出版社,2001:134.

践了四种模式,没有绩效管理的理念支撑,这四种模式也很难运作。

第一,绩效管理充分注重市场因素,把市场需求的满足作为绩效管理的起止点。

来源于企业管理的绩效管理本身是市场竞争环境发展的结果。充分注重市场因素,把市场需求满足作为绩效管理的起点,融入组织的战略目标中,并以市场需求满足的程度来衡量组织绩效。整个绩效管理随时处在市场竞争环境中,与外部环境形成一种积极的互动关系。公共部门引入绩效管理尽管没有利润机制的直接驱动,但面对世界各国政府竞争的压力和公众期望的提升,公共部门也必须通过市场来重新界定职责,在公共部门内部形成竞争性市场机制,激励公务员能够像企业组织一样以满足社会和顾客需求为衡量绩效的标准,从而提高公共部门的服务素质和服务水平。

第二,绩效管理注重民主参与机制,在组织内部形成个人与组织紧密关联的管理体制。

绩效管理把激发个人积极性和创造性作为管理的重点。分解组织目标,形成个人绩效目标,通过一定的授权和参与让员工能够为组织目标而工作。公共部门引入绩效管理一是创建外部参与机制,保证社会公众的意见和意愿能够加入到政策制定中,提高政策的支持率;二是建立内部参与机制,提高公务员对公共组织目标的认同感和对公共事务的责任感,最大限度地激励公务员在参与管理的基础上积极提高工作效率和服务质量。公共部门绩效管理民主参与的最大意义就在于通过减少层级管制和改变管理者观念,形成明确的公务员个人绩效目标,而不是像传统公共行政体制一样,笼统规定整个组织的公共目标,大大减少了个人为个人绩效目标奋斗的动力和责任。

第三,绩效管理建立了事前事后控制机制,把个人绩效目标定位为绩效考核的基础。

公共部门内部管理的有效性建立在公共部门管理者对自身部门利益的认识基础之上,解除内部管制首先要对部门自身有正确的认识。绩效管理确定个人绩效目标,这是事前控制;衡量个人实际绩效与绩效目标的差距,这是事后控制。公共部门绩效管理建立了有效的事前事后控制机制,一定程度上排除了部门利益的影响,能够在操作意义上实践解制政府的治理模式。同时,绩效考核本身存在一种激励机制,尽管绩效管理否认对绩效考核结果的评比,而公共部门间势必存在某种攀比和竞争。确定明确的绩效目标,可以通过绩效类比激励公共部门主动解除内部管制,让公务员有更多的机会参与公共管理和政策制定。为保证公共政策制定的公众认同,公共部门也有可能解除过去的政策管制,采取民主和参与的方式来制定公共政策。

第四,绩效管理是一种逐级提升目标的激励管理,它本身体现了弹性原则。

绩效管理确定个人绩效目标和组织绩效目标都是一种动态的选择,建立在对市场需求和组织资源了解的基础上。由此看出,绩效管理本身就是一个动态管理过程。无论是组织确定目标还是管理者激励员工,都要充分运用弹性原则,及时应对社会需求和市场环境的变化。应该说,企业组织比公共部门更具有弹性。公共部门永久性问题的存在使公共部门弹性管理的可能性降低。绩效管理是一种逐级提升目标的激励管理,定量的个人绩效目标是组织目标的分解,也是进一步提高绩效的基础。公共部门引入绩效管理,首先是引入绩效管理的理念。把绩效管理置于一个动态、弹性的位置,减少由于临时性机构和兼职性工作的增加而导致的责任丧失和效率低下。通过绩效管理的绩效目标确定和绩效考核实行,即使在临时性机构中,也能根据个人绩效目标的完成情况考核人员。

绩效管理是西方国家新公共管理运动的直接成果。彼得斯的变迁中国家的治理理论分析以新公共管理运动为研究对象,这一系列的治理理论对绩效管理在公共部门实践和实践的基础上做出合理的解释,也有助于我们更好地理解公共部门现存的问题与公共部门引入绩效管理的必要性。

第二节　行政改革先驱——英国绩效管理策略

人们普遍认为,英国是当代西方行政改革的先驱。在 20 世纪 70 年代以前,英国的公共行政体制仍建立在韦伯的官僚制理论基础上,保持着传统行政模式的主要特征:坚持议会主权、部长责任制和政治中立的三大政治信条[①],整个社会管理体制基本上就是官僚制——权力集中、层次分明、制度严格、责权明确、官员称职、政令畅通。然而到了 20 世纪 70 年代后期,一系列新的因素形成了对官僚制的强大冲击。政府形成了庞大的机构,公共服务部门几乎为公共部门所垄断,各级官员和公务员只是执行上级的命令,其积极性和创造性都受到了压抑,政府工作效率严重低下。[②] 在经济衰退和相应的社会紧张压力下,战后关于政府在经济和(更普遍的)社会服务事务中的一致看法,在

---

① 周志忍.当代国外行政改革比较研究[M].北京:国家行政学院出版社,1999:47.
② 郑楚宣,刘绍春.当代中西政治制度比较[M].广州:广东人民出版社,2002:475.

1979年撒切尔保守党政府上台后被打破。

　　从1979年起,撒切尔夫人执政伊始即对传统公共行政体制进行了一系列以新公共管理为主题的较为彻底的改革运动,如雷纳评审、部长管理信息系统、财政管理新方案、下一步行动、公民宪章以及竞争求质量等重大改革。新公共管理运动主要以缩减政府管理范围、规模和提高政府效率为目标,从撒切尔政府到梅杰政府,保守党执政的17年间持续推进了"管理文化"(Managerial Culture)和高效政府管理体制的建立,并围绕效率战略不断推进绩效管理策略,逐步实现了由"官僚文化"向"管理文化"的转变。这段时期的政策的发展及应用开始转向重新肯定市场规则,重塑、削减公共部门的基本职能,个人自主安排生活方式及为家庭承担责任的观念也出现于政治讨论中。当撒切尔的"革命"巩固之后,所有的公营企业都被私有化,按照市场规则来进行管理。至于传统的福利国家领域,只有医疗保健和教育还被保留在公共部门的职责范围内。① 从英国行政改革特点看,改革性质是一种"适应性改良",但其改革范围之大、之全面,对整个行政体制改革都产生了深远而积极的影响。

一、改革措施

(一)雷纳评审(Rayner Scrutiny)

　　雷纳评审是以雷纳勋爵为主要负责人的评审小组,召集政府部门的高级公务员、学术界和顾问公司的专家来作为评审员,严格规定绩效评审的基本内容和程序,对政府各部门的日常工作进行评审。在评审工作中,这些评审员具有相当大的自主权。

　　雷纳评审的性质是以"解决问题为导向"的"经验式调查"。它着重于经济和效率,采用问题诊断的方式,从政府的日常工作中寻找出导致效率不佳的各种因素,包括工作任务、工作方法和工作程序,以降低政府公共部门的运营成本、提高政府的经济效率。

　　1. 程序

　　雷纳评审严格规定评审的程序和内容②,充分体现绩效评估的科学性和规范性。

---

① 〔德〕赫尔穆特·沃尔曼,埃克拉特·施罗德.比较英德公共部门改革——主要传统与现代化德趋势[M].王锋,林震,方琳,译.北京:北京大学出版社,2004:36.

② "雷纳评审的程序",参见:陈振明.政府再造:西方"新公共管理运动"述评[M].北京:中国人民大学出版社,2003:48-50.

（1）选择评审对象

评审对象完全由各个部门根据需要自己选择，然后上报雷纳批准。评审对象可以是一个具体的工作部门、特定部门某方面的工作，可以是某方面的工作程序，也可以是工作的某个侧面或环节。评审对象确定之后，一般派一个评审员到有关部门协调指导，但大量具体的工作还要由本部门的公务员承担。

（2）对现有活动置疑

在给评审员的工作指导说明中，雷纳明确提出对现有活动置疑是评审的起点。这些置疑问题包括三大类：

I. 为什么要从事正在从事的工作？

II. 为什么要按照目前的方式从事这些工作？

III. 怎样才能使这些工作更富有成效且降低成本？

（3）推动争论或辩论

在完成实地调查之后，评审员把发现的问题和改革建议写成报告递交给内阁办公厅效率小组备份，同时也递交给被评审单位的负责人，了解被评审单位的反应并征求批评和建议。一般情况下，被评审单位负责人把报告分发给下属科室负责人，要求其就报告的内容发表看法和意见，并做好准备在预定的时间就报告的内容展开有组织的评论和辩论。当然，也存在被评审单位负责人认为评审员的结论太离谱，因而对评审报告不予理睬的情况。出现这种情况的话，评审员有权把报告直接交给主管部长审阅以促使主管把自己的不同意见公开化，进而围绕评审报告展开交锋。

（4）形成共识

评审员和被评审单位有关人员就评审报告充分协商和讨论形成某种共识。对被评审单位的改革措施建议完全根据评审对象的特点和评审中发现的问题而定，排除人为因素的干扰，以实事求是的精神推动各方面的改进。

（5）实施改革措施

雷纳评审小组的重要职责就是利用个人影响，敦促被评审单位在评审员离开后真正落实改革措施。如果有必要，评审小组甚至可能出面要求相关部门的常务次官或政务次官就改革措施的推行情况提交报告。这无疑是个有效的事后监督控制机制，能够推动改革措施的顺利进行，使被评审单位在推进改革措施方面更具有责任心和效率。

2. 评价：就事论事式改革方式

雷纳评审历时十多年时间，评审活动数百项，涉及多个部门和不同的管理服务工作，通过大规模调研的方式，发现了许多问题的症结，对提高政府和公共部门的经济和效率水平发挥了重大作用。从总体看，雷纳评审活动的成效是显著的。据统计,从 1979 年到 1985 年的 6 年里,雷纳评审小组共进行了 266 项调查,发现并确定了 6 亿英镑的年度开支领域和 6700 万英镑的一次性节支领域。截止 1986 年底,评审共支出了 500 万英镑,而它所带来的直接经济效益却高达 9.5 亿英镑。但客观地说,雷纳评审仅仅是一种就事论事式改革,并没有从根本上改善公共部门的效率。①

(1)改革活动主要是在政府内部进行,对具体部门、具体工作环节中出现的低效问题提出针对性的改进建议。这样,一方面仅仅是内部管理的调整,不易引起社会大众的反感,也更容易为政府内部部门和人员所接受;而另一方面,局限于政府内部的部门调整、方法程序改进等,没有触及对传统行政模式的调整和变革,改革的力度并不大。

(2)主要采用问题诊断的方式进行,就政府部门当前存在的问题提出具体的改革措施和建议,缺乏从部门全局角度来全方位设计战略规划和制定整体的改革方案。因此,就问题而解决问题的雷纳评审对政府改革的深度并没有很大贡献。

(3)采用自愿方式参加,并没有以法规形式强制推行。这当然有助于避免评审过程中发生冲突,但也被评审部门根据自己需要和部门利益来选择评审对象钻了空子。同时,大量评审的具体工作由被评审部门的公务员来承担,自己对自己的评审能否发现真正的问题以及评审的效益究竟如何都受到质疑。

(4)强调运用成本—收益的方法来定量分析公共部门的产出和效率,没有从提高公务员个人绩效和服务水平的角度来考虑问题,还没有从传统行政效率上升到以人为本的绩效观念。

(二)部长管理信息系统

部长管理信息系统(Management Information System for Ministers,MINIS)是 1980 年环境大臣赫素尔廷在环境部内建立的管理机制和技术,后来因其显著的效果而在政府各个部门得到了广泛推广。

部长管理信息系统的目的是使"高层领导能随时了解到:部里正在做一些什么事情? 谁负责这些事情? 谁制定的目标? 这些目标是什么? 对它们是否实施了有效的监测和控制?"部长管理信息系统的基本工作是对政府部门信息的搜集,而这在传统公共行政部门中显然是从来未有的。至此,部长管理信息系统成为英国行政改革的重要举措之一,也为后来系统的绩效管理奠定了信息收集的基础。

---

① 刘旭涛.政府绩效管理:制度、战略与方法[M].北京:机械工业出版社,2003:107-108.

1. 实施步骤

部长管理信息系统的实施主要包括三个步骤①。三个步骤一般每年重复一次，称为部长管理信息系统的一个周期。

（1）每一个科的负责人向部长交一份工作陈述，包括工作内容、所用人员、工作程序、工作所要达到的目标等等。如有可能还要提出绩效指标（Performance Indicators），用以具体测定工作成就。

（2）部长审核各科的工作陈述。这一审核包括部门总目标与各科目标的整合，以目标要求和客观情况进行资源配置等。然后就目标、资源、绩效指标等与各科讨论，达成共识。

（3）协议的执行阶段。各科按既定计划进行工作并定期向部长汇报进展情况。汇报的内容包括工作陈述所列各项的状况及具体数字。部长根据这些完整、全面的信息及时作出目标、资源分配等方面的调整，并在综合对比的基础上，找出各科工作上的薄弱环节，督促改进。

2. 评价：对绩效信息的管理

部长管理信息系统充分搜集政府各个部门的绩效目标、绩效指标、绩效实绩的数据，较大程度上学习了企业绩效管理的经验和做法，以全面改善政府绩效为目标，体现了现代绩效管理的理念，是"融合目标管理、绩效评价等现代管理方法和技术而设计的信息收集和处理系统"，也是一种推进政府绩效的"管理工具"。因此，人们对部长管理信息系统有着较高的评价。

（1）部长介入到政策执行领域和部门内部管理工作，增强了部长对政策执行过程的监测和有效控制，能帮助他们根据执行情况和客观效果及时进行必要的政策调整。

（2）制定信息搜集的规范，利用现代化信息技术及时、全面、系统、规范地搜集各个部门、单位的绩效信息，避免了传统层级上报存在的隐瞒现象，有利于进行综合分析和不同单位之间的比较分析。

（3）搜集了较为准确的组织绩效目标信息，对政府部门使用资源的情况有较为清晰的了解，有助于按实现目标的需要进行合理的资源配置，从而减少资源浪费、提高政府效率。

（4）在部长和科级之间建立了直接、规范的信息沟通渠道，实现了政府内部管理一定程度的解制，促进内部管理由集权管理向参与管理转变，有利于提高公务员的工作积极性，也有利于组织向弹性方向转变。

---

① 陈振明.政府再造：西方"新公共管理运动"述评［M］.北京：中国人民大学出版社，2003：50-51.

（5）初步建立了目标责任制度、绩效评估制度、全面的信息反馈机制，体现了绩效管理的绩效考核导向、责任导向和信息导向，为进一步分权和授权创造了条件。

（6）以定量的方式确定组织总目标，注重对总目标和分目标的考核，一定程度上为组织目标向个人绩效目标的分解创造了技术条件。

部长管理信息系统通过建立一个全面的管理信息系统，以其战略性和持续性在绩效管理与目标管理、管理信息系统之间建立起了有机的联系，为绩效管理在公共部门的全面实践奠定了基础。

（三）财务管理新方案（Financial Management Initiative，FMI）

政府财政改革一直是改善政府效率、控制行政成本的重点。1982 年 5 月英国财政部公布了财务管理新方案，实行对中央政府财政资源的有效配置和监控。

1. 主要内容

按照格林沃德和威尔逊的归纳，财务管理新方案主要包括如下四个方面的内容①：

（1）高层管理系统

高层管理系统（TMS）是部长管理信息系统的扩大和延伸。通过政府各部建立一个系统、完整、规范的信息系统，能向高层提供评估和控制所需要的全面信息，而且能为下级各层主管提供做好工作所需的信息，即建立一个全方位的信息网络。

（2）目标陈述

它包括目标的界定、多重目标的排序、目标具体化而形成的可测定的指标等。

（3）绩效评估

评估包括经济、效率、效益三个方面内容，分别涉及成本与投入、投入与产出、产出与客观效果之间的关系。其具体步骤是：把经济、效率、效益分化为大量的绩效指标，围绕这些指标收集全面的信息，进行纵向对比、横向对比，实际表现与工作目标之间的对比，找出差距，挖掘改进的潜力。适当的时候运用现代技术方法对绩效指标的数据作整合分析，得出特定的总体绩效指数，作为制定计划和决策的基础。撒切尔政府投入了大量资金来开发必备的计算机系统，设置了 1800 多个具体绩效指标。

---

① 参见：陈振明.政府再造：西方"新公共管理运动"述评[M].北京：中国人民大学出版社，2003：52-53.

（4）分权与权力下放

财务管理新方案主张财务分权,即把部属一些执行性的、从事量的处理工作,任务单一,工作程序化但又分散在不同地域的单位建成独立的核算中心。这些中心实行经理负责制,其内部组织结构、编制、人员录用条件、工资级别等,完全由经理根据情况来定。

2.评价:建立管理者个人责任机制

财务管理新方案是部长管理信息系统的延伸,使公共部门的负责人能够明确工作目标并掌握衡量绩效的方法,了解自己部门可使用的资源及应该担负的责任等。因此,财务管理新方案对公共部门管理产生了诸多方面的积极影响。

（1）各部负责人明确各自的绩效目标、可使用的资源、可支配的信息,从而也明确了各自应该承担的责任。财务管理新方案建立了在绩效基础上的责任机制,摒弃了传统公共行政体制下道德层面的责任要求。以具体的绩效指标和实绩来作为个人责任实现的基础,使公共部门管理者的责任有了现实归属,为绩效管理落实责任机制创造了制度条件。

（2）更多地吸纳了市场因素,在财务管理方面通过分权和权力下放以及内部管理的解制（实行经理负责制）,激励了政府部门及时根据市场需求降低成本、提高效率,也有利于实行经理负责制的财政部门公务员积极创造条件,提高服务质量和发挥工作积极性。

当然,财务管理新方案仅局限于在现有政府体制内的改革,在外部效益等问题上并没有实行相应的改革。如:

（1）实行经理负责制后,公共部门如何处理好政治与管理的关系?

（2）财务管理新方案重点在于对行政成本和政府规模的控制,而就公务员个人绩效这个层面还缺少许多衡量机制和激励机制。忽视公务员个人绩效对整个公共部门提高绩效和提升服务水平而言都将会是巨大的损失。

（3）单纯的信息数据不能说明复杂的社会公共事务问题,容易造成政府部门决策失效。

（4）缺少外在压力敦促政府部门改进工作绩效,同时也缺乏有效的外部控制机制。

（5）建立庞大而准确的绩效信息系统存在技术障碍。

（四）"下一步"行动方案（The Next Steps）

1988年,伊布斯领导的效率小组提交的《改进政府管理:下一步行动》报告,亦简称为《伊布斯报告》,被视为英国公共服务改革的一个重要转折点。

1. 具体建议

报告的前三个部分总结了英国前几次改革的情况和问题,在报告的第四、第五部分则对下一步的改革提出了具体建议和行动计划①。

(1)设立执行机构(Executive Agency),将公共服务的提供和执行职能从掌管它们的集中决策部门中分离出来。这样,可以减轻部长和高级文官的超负荷问题,使他们不再陷于日常事务,集中精力于政策的制定和部门的战略管理。

(2)给予执行机构更大的灵活性和自主性,包括内部组织结构、财务管理、人力资源管理与开发等方面。相对独立的执行机构有利于发挥管理者的主动性和创造性,在政策执行和服务提供方面实现效益最大化和资金的价值(Value of Money)。

(3)各部大臣通过与这些执行机构签订绩效合同使其对服务结果负责。通过引入绩效预算,使部长和执行机构的责任关系更加明确。

2. 评价:对公共部门人力资源的开发

"下一步"行动方案提出的建议标志着政府内部管理机制发生了根本性变化,职责的明确细分、注重公务员的个人绩效和潜能开发,意味着企业绩效管理的理念开始在公共部门有步骤地逐渐扩散和付诸实施。

(1)通过设立执行机构,分离政治与管理两大职能。执行机构执行公共事务管理职能,与政治在一定程度上分开,有利于在执行机构内部实行企业式的绩效管理。

(2)执行机构与部长签订绩效合同来承诺责任,一方面使执行机构的管理有更大的自主权;另一方面也明确了执行机构的责任和绩效目标,起到最大限度的监督和激励作用。

(3)对公务员制度进行了较大改革。设立执行机构后,公务员队伍也相应地分成两组。核心部的公务员仍是传统意义上的公务员,这部分公务员占所有公务员的比例将逐渐减少,目前还不到10%②;而执行机构的工作人员都不再实行传统的文官制度,而是实行企业化的人事管理制度。

"下一步"行动改革是当代英国政府改革的重要转折点,对公务员制度的改革提出了相当新颖的看法。尽管"下一步"行动方案在实践中遭遇了许多阻力,1993年数以万计的公务员举行罢工。但不可否认的是,"下一步"行动方案还是取得了良好的效果。从规则为本到结果为本、从隶属关系到契约关系、

①　刘旭涛.政府绩效管理:制度、战略与方法[M].北京:机械工业出版社,2003:113-114.
②　刘旭涛.政府绩效管理:制度、战略与方法[M].北京:机械工业出版社,2003:114.

从过程控制到结果控制、从集权到分权,下一步"行动为公共部门绩效管理在公共部门的运用扫除了组织机构和制度障碍,通过执行机构的设置有效地将企业管理和公共管理相结合,创造了公共部门管理的新局面,也推进了公共部门人力资源管理向更具战略性的方向发展。

（五）公民宪章运动（The Citizen's Charter）

1991 年撒切尔首相的继任者梅杰发起了一场公民宪章运动,成为英国推进行政改革的重要标志之一。20 世纪 90 年代以前,英国行政改革主要针对如何降低政府行政成本,提高政府经济效率,取得了较好的效果。但在追求经济和效率的同时,如果牺牲公共服务的质量,那么政府就有可能失去公民的支持。这样,提高政府各部门效率、改进政府服务质量和服务形象,就成为新一轮改革的重要目标。

1. 基本内容

"公民宪章"运动体现为以制定宪章的形式把政府公共部门服务（主要是垄断行业）的内容、标准、责任等公开,接受公众的监督,实现提高服务水平和质量的目的。

公民宪章的基本内容包括对公民的承诺和践诺机制。具体内容①包括:

（1）明确的服务标准及服务承诺。它包括服务效率、质量等方面的具体要求和公务员与公众打交道时的行为准则等。其中各部门、各机构的服务标准和承诺相当具体,如警察部门对报警后应在多长时间内派人赶到现场、医院对病人等待应诊的时间限制、铁路部门火车的正点率以及其他部门对前来办事人员所作出的时间许诺等等。顾客有权依据各部门、各机构以及提供公共服务的企业所制定的服务宪章的有关标准得到自己所需要的服务。

（2）透明度与完善的监督机制。"公民宪章"要求有关公共服务的信息必须公开、透明,包括服务的内容和运营状况、特定服务项目的开支与成本状况、管理机关和承担服务的具体机构的服务水平和质量等方面的信息。透明度增加使得"公共服务置于公众的监督之下",从而保证政府部门、机构以及与公共服务相关的企业所提供的公共服务的质量。在事后补偿方面,建立起方便有效的公民投诉受理机制,包括明确的补偿标准、便捷的受理程序、方便的投诉渠道等,必要时可设宪章电话专线。如乘客因列车误点或因取消班次而受到损失时,有权得到适当补偿。

（3）顾客选择。"公民宪章"要求公共服务应在尽可能的情况下为服务的接受者提供可供选择的机会。如在医疗和教育方面,病人可以选择自己满意

① 刘旭涛.政府绩效管理:制度、战略与方法[M].北京:机械工业出版社,2003:115-116.

的诊所,孩子的家长可以选择自己喜欢的学校。在可能的情况下和与服务对象协商的基础上,应向公众提供选择服务机构的机会,充分发挥内部竞争的作用以提高服务水平和质量。

(4)礼貌服务。"公民宪章"要求公共服务的提供者必须礼貌对待公民,一视同仁地向公民提供服务,尊重公民的隐私权、文化、宗教信仰和人格尊严。如"病人服务宪章"规定:要"保证尊重病人隐私、尊严和宗教信仰,对有特别需要者要满足他们的特别需要"。

(5)资金的价值。"公民宪章"最重要的一条原则是,"政府提供的公共服务的质量必须与公民所支付的价值相当"。为实现这一原则,"公民宪章"特别强调了"扩大政府服务竞争范围是保证服务质量改善的根本"。"公民宪章"这一举动意在促使更多的私营部门参与提供公共服务的竞争,使公共服务能高质量地满足公众的需要。

2.评价:对服务的公开承诺

公共部门服务是公共部门区别于私人部门的重要所在。如何在提高公共部门效率的同时有效地提升公共部门服务质量,将直接关系到公众对公共部门支持与否。传统行政观念趋向于通过内部控制来增强公务员提高服务质量的责任感,公民宪章的重大意义在于走出了这个困境,通过公开承诺的方式,在缺乏竞争的垄断性公共服务部门中引入激励机制,使公众对公共部门实施监督,从而敦促公务员减少偷懒等行为,提升公共部门服务形象。

当然,公民宪章运动在实施过程中也存在许多问题。如:各行各业如何制定适度的服务标准、公共服务给公众的选择和监督机会仍非常有限、缺乏践诺的强制性惩罚机制等。同时,"公民宪章"运动在学术上也引起了许多争议,如"顾客"替代"公民",对传统意义上的民主造成了强烈冲击。

但是,不可否认,"公民宪章"运动在提高公共服务质量和公民满意度方面的确起到了积极作用。许多国家纷纷效仿该项制度的做法。"公民宪章"运动对服务的公开承诺,使垄断性部门逐渐意识到社会公众的压力,体现了责任政府和服务政府向具体操作层面实现的趋势,也为市场化的绩效管理进一步在这些公共部门实施提供了可能性。

(六)竞争求质量运动(Competing for Quality)

"公民宪章"运动实施后4个月,梅杰政府发表了《竞争求质量》白皮书,提出将市场和竞争机制引入到公共服务的提供中,从而标志着市场竞争机制正式引入到公共管理中,确立了公共部门竞争机制的制度化。

1. 提出了"市场检验"①的重要概念

白皮书指出,市场检验是对内部和外部服务承担者进行比较以检验资金的价值的过程。在市场检验中,目前正在由内部承担的服务活动向竞争者开放,不论最后的结果是合同出租还是继续由内部承担,市场检验都能够保证公共服务以最佳的方式提供,以实现公共资金的最大价值。

市场检验包括确定活动的范围和性质、建立服务水平和质量标准、竞争招标和选择、协商和确定具体细节、检测和评价的步骤。在进行市场检验之前,必须首先回答几个问题:目前所从事的活动是否确有必要？ 这些活动和任务是否可以通过私有化的方式来提供？ 只有在明确了这些活动是政府义不容辞的责任且无法实现私有化的前提下,才考虑进行市场检验。

但是,市场检验与竞争招标制有本质差异:第一,市场检验要求,除目前正在承担某项活动的单位之外,还必须有另外一个内部单位参与竞争;第二,参与竞争投标的内部单位必须提供完整的成本信息,而不是简单的总成本,这样一来,内部单位的成本可以和外部竞争者的成本进行比较,进而确认需要改进的领域。

2. 评价:确立市场竞争原则

市场检验并没有提出具体的竞争方式和操作方法,而是提供了市场竞争的基本原则和公共部门市场竞争的理念。竞争机制、合同出租制、战略性合同出租制作为市场检验的具体操作方式,充分体现了通过市场检验来实现资金最大价值的理念。

市场检验规定了公私竞争的原则,将竞争规则制度化,使市场竞争以正式制度的形态参与到公共管理中,有效地激励了公共部门积极提高服务质量和服务水平,并降低了行政成本。市场检验原则在一定程度上促使企业化绩效管理成功引进公共部门,为其提供了公共部门市场竞争的基本观念和思路。

1997 年布莱尔政府上台后,为英国的政治理念和治理纲领注入了新的血液。1999 年,布莱尔政府推出了"从竞争政府走向合作政府",旨在打造一个"注重结果导向、顾客导向、合作与有效的信息时代政府"。但从总体看,英国行政改革仍延续着提高政府效率和服务质量的改革趋势,为世界其他国家行政改革树立了典范。

---

① 陈振明. 政府再造:西方"新公共管理运动"述评[M]. 北京:中国人民大学出版社,2003:58.

二、对英国绩效管理策略的综合评价

当代英国二十多年的行政改革以其市场化改革措施的完整性、改革力度的彻底性以及改革进程的延续性得到了世界各国的广泛认可,对西方各国的行政改革都产生了深远影响,使其当仁不让地成为行政改革先驱。

英国行政改革始终贯穿绩效管理的理念和实践,在改革中逐渐深入执行绩效管理,不仅提高了政府效率和服务质量,也对公务员个人绩效如何提高进行了针对性管理,有助于激发公务员的责任意识和创新精神。

首先,英国公共部门绩效管理的改革策略引起了行政领域的三大转变①。

第一,管理理念的转变。首先是从行政管制到顾客服务的管理理念转变。尤其在梅杰政府时期,提出了"顾客中心论"的观点,对行政主客体关系的重塑是一场对传统官僚理念的革新,标志着公共部门在由单纯提高政府绩效向如何为社会提供有效率的服务转变。其次是管制性、计划性向市场化、私有化管理的管理理念转变。公共部门引入市场化、私有化管理方式在 20 世纪 90 年代已形成共识,通过公私合营或者项目外包,以及在公共部门内部实行企业管理方式,以便有效地提高行政效率和服务水平。

第二,管理者素质的转变。公共部门引入企业绩效管理,实行市场、参与、解制、弹性的管理,对管理者的专业知识技能都提出了相应的挑战。以资历为管理基础的传统观念在现代行政管理中逐渐受到排斥。企业绩效管理本身是以专业技术管理为基础的管理手段,公共部门要吸收运用绩效管理,也就意味着要获得相应的技能,如预算编制、项目管理、营销、人力资源管理、绩效评估、质量管理等。

第三,管理方式的转变。政府部门的市场化管理改革,要求摈弃传统的管理方式,实行新的管理方式,这些方式转变主要体现在各种变革中,包括:①从以往强调投入和预算转为关注产出;②从官僚化的程序型管理转为激励主动性的管理;③从控制到授权,从垄断到竞争,从标准化服务到个性化、以顾客为导向的服务;④从以组织为中心的服务到以顾客为中心的服务。

其次,英国公共部门的绩效管理改革具有自身特点,也提供了来自多方面的做法和经验。

第一,以提高政府效率、降低行政成本为行政改革起点,是一种结果导向的管理模式。从早期的雷纳评审和 MINIS 直至后期的竞争合作政府,都显示

---

① [英]诺曼·弗林.公共部门管理[M].曾锡环,译.北京:中国青年出版社,2004:7-9.

出英国政府追求行政效率的迫切愿望。提高政府效率既是政府减少成本、提高资源使用效率的前提,也是获得公众支持的基本前提。英国20多年的行政改革,始终把绩效管理置于提高政府效率的高度,在控制成本和减少雇员方面(见表2-4)都取得了显著成效。

第二,对市场需求的积极回应成为英国绩效管理改革行之有效的措施。公共部门对市场需求信息的捕捉和运用是政府政策保持合法性和支持率的基础,英国行政改革在回应市场需求方面进行了极为现实和有效的改革。一方面在政府部门内部引入市场化管理方式,要求管理者对市场作出回应,如:管理者应明白自己在做些什么,找到自己在市场中的位置,在市场竞争中做出战略调适,对成本有很清晰的认识等。另一方面,在政府管理社会事务方面引入市场竞争机制,运用市场检验的方式实行合同出租制、战略性合同出租制等市场竞争机制,对垄断性公共事务进行有效的管理,以回应公众对公共事务高效运营的要求,并提供一套监督机制(公民宪章)。

第三,通过制定合同、服务承诺等方式建立可操作的责任政府模式,提高公众对公共部门的支持率和信任感。传统行政观念趋向用内部控制来增强公务员提高服务质量的责任感,英国公共部门绩效管理逐渐使用可操作的管理工具来规范公务员的责任意识和服务行政。公开服务承诺和制订市场合同,既为社会公众提供了可以检验和监督的渠道和标准,也使公务员对自己的行为和准则有明确的未来预期,可以敦促公务员减少偷懒行为,有利于责任政府的现实构建。

第四,充分运用绩效管理的核心工具——绩效评估,体现绩效评估在绩效管理中的核心作用。MINIS和FMI建立了一整套绩效评估指标体系,对绩效评估的重视是英国绩效管理改革取得成功的重要技术基础。在绩效信息系统开发上的大量投资和绩效产出的比例也表明,公共部门建立有效的绩效评估指标体系还是有现实可能性的,并为公共管理者确定资金和资源的使用情况获得了有利的数据证明,从而为下一步合理、负责地使用资金和资源提供了管理上切实可行的方法。

第五,开始注重公共部门人力资源开发,体现了绩效管理对个人绩效和个人价值的关注,也是管理主义的回归。绩效管理建立在对个人绩效衡量和个人绩效与组织绩效关联的基础上,管理主义也关注个人在管理中潜能的开发。英国公共部门绩效管理在改革中后期开始强调对公共部门人力资源开发的重要性以及公务员激励机制对提高公共部门绩效和服务水平的重要性。"下一步"行动方案的提出就标志着公共部门绩效管理的个人绩效理念开始在公共部门有步骤地付诸实施。

表 2-4 中央政府在 1991—1992 年度到 1995—1996 年度的运营成本和雇员数目

		1991/1992	1995/1996	变化%
社会保障部	成本	2869	3369	17.4
	人数	79.6	90.0	13.1
国内税收	成本	1842	1801	−2.2
	人数	68.4	58.6	−17
内政部	成本	1618	1760	8.8
	人数	48.6	51.0	4.9
教育与就业部	成本	1400	1395	−0.4
	人数	51.1	44.4	−13.1
环保部	成本	1214	530	−56.0
	人数	26.7	11.6	−56.0
司法部	成本	898	769	−14.4
	人数	30.0	20.6	−31.3
北爱尔兰	成本	775	803	3.6
	人数	28.7	26.1	−9.7
海关与消费税征收部门	成本	755	729	−3.4
	人数	26.9	23.5	−12.6
贸易与工业部	成本	575	488	−15.1
	人数	13.4	9.9	−26.1
合计(以上部门)	成本	11946	11644	−2.5
	人数	373.4	335.7	−10
其他部门	成本	3002	3282	9.3
	人数	82.2	101.5	23.5
除去国防部门的合计	成本	14948	14927	−0.1
	人数	455.6	437.2	−4.0
国防部	成本	21570	17869	−17.2
	人数	140.8	100.5	−28.6
总计	成本	36518	32796	−10.2
	人数	596.4	537.7	−9.8

注:行政机构的总支出根据总体通胀水平调整为 1994/1995 年度的价格(×1000);
职员的人数(等同于全职×1000)。

数据来源:"1996/1997 年度公共开支的统计分析",Cm3201,HM Treasury,表 3.7 和
3.9。

第六,公共部门外部权威和内部权威分别面临外部解制和内部解制的挑
战,在一定程度上是因为分权和授权而降低。但适当的分权和授权不会从根
本上改变公共部门的权威地位,只是公共部门很难仅仅依赖官僚权力来实现

管理社会公共事务的目的,而是要在社会公众参与、内部广泛参与的基础上来获得公共政策的合法性和管理的有效性。分权和授权是民主政治发展的要求,也是公共部门弹性管理、灵活应对市场需求的要求。

第七,以提高政府服务质量、赢得顾客满意感为目标,是一种顾客导向的管理模式。企业绩效管理以满足市场需求和顾客需求为衡量组织存在的标准,英国公共部门绩效管理最成功或者说最彻底引入绩效管理的做法就是强调顾客导向在公共部门的运用,真正实现了公共部门市场化有效运行,大大提高了公共部门为满足顾客需要而主动提供优质服务和提高服务效率的可能性。

第三节　美国绩效管理战略的实施

美国政治学者麦克尔·巴泽雷认为,美国在从一个农业性、高度地方性的社会转变成一个城市化、工业化和全国化的社会的过程中产生了一些社会问题。为了解决这些问题,更多的改革家认为应该像管理商业组织一样管理政府机构,使政府组织更高效。同时,"以用户为驱动力的服务组织的概念也越来越被公共事务官员们所接纳"①。这样,围绕高效、用户、服务组织等概念,美国也在绩效管理战略高度上逐步展开了公共行政改革。

一、改革背景

美国公共行政改革的背景与英国有截然不同的差异。英国是个传统的官僚制国家,而美国的官僚政治本身具有更多的高效因素,重视改善政府绩效也是美国官僚政治得以持续存在的基础。那么,美国公共行政改革究竟是在怎样的条件下推动的呢?

首先,美国具有独特的政治制度基础。在国家结构形式上,美国实行联邦制,确立了邦联分权的原则。中央政府的决策能够通过邦联制得到有力的贯彻执行,而拥有较多自主权的州政府及其他地方政府也能够实行适应各州具体情况相对独立的政策。联邦政府与州政府关系的松散是美国行政体制的重要特征,这也为地方政府突破中央政府管制,实行小范围企业管理式行政改革

---

① ［美］麦克尔·巴泽雷.突破官僚制:政府管理的新愿景［M］.孔宪遂,王磊,刘忠慧,译.北京:中国人民大学出版社,2002:7.

创造了条件。在政党制度上，美国政党组织也比较松散，地方政府改革几乎不会受到政党的控制和影响。在政治结构上，美国的三权分立制度确立了国会、司法、行政三者之间的权力格局，彼此牵制，保证了行政体制改革不能轻易侵害公民权利，也加强了对官僚体制的管理，使官僚权力不至于被滥用。美国独特的政治制度提供了地方政府制度变迁的可能性，至少在制度上减少了行政改革的阻力。即使中央政府推动行政改革收效甚微，地方政府也能基于财政压力找到改革的突破口。

其次，美国官僚政治本身对高效政府的积极要求，加快了绩效管理引入官僚政治的步伐。与英国对官僚政治极其反感的社会背景不同，美国官僚政治起步相对较晚，加上三权分立机制的牵制，有助于实现较为理想的官僚制。官僚制是一种被设计出来有效执行公共政策的理性体系或组织结构①。通过清晰的等级管理，能够保证决策由上至下顺利贯彻执行。官僚制对科学管理和高效组织的重视不亚于企业组织对经济效益的重视。长期以来政府管理的实践表明官僚政治是提高政府绩效的有力工具。美国的三权分立制保证了司法机关能够牵制行政部门权力滥用，从而使官僚制在更广阔意义上发挥积极作用。因此，美国的官僚制传统在某种意义上传承了对政府绩效的认识，对高效政府的需求也是官僚制存在的理由。"高效政府即是好政府"，官僚制对绩效的这种理念为美国在不改变现有体制的情况下成功引入绩效管理创造了制度条件和观念条件。

再次，国内和国际市场竞争环境的变化使美国政府开始考虑变革。一方面，美国政府面临公众对公共服务需求增加、政府功能扩大和财政支出紧张的不满而出现的矛盾。财政赤字和巨额国债使政府逐渐意识到对公共部门进行改革的紧迫性；另一方面，市场化价值在全球得到了肯定。英国市场化改革率先取得了显著成绩，其他国家也纷纷实行了市场化改革和引入企业式绩效管理。对市场化价值的认同和政府本身对改革的自我期望都为美国政府向绩效管理战略改革创造了极为良好的环境。

最后，民主因素的成长对美国官僚制提出了挑战。在当代，美国一直被认为是民主政治发展迅速而有效的国家。民主政治制度的逐步完善和发展，公民参与政治生活的环境也发生了急剧变化。公民期望能够直接参与公共服务过程，希望对政治家制定政策实施压力。这样，传统官僚垄断控制也就有可能被打破。官僚制的非人性化管理以及忽视公共部门个人价值的做法妨碍了组织内部参与和外部参与，对官僚管理进行适当改革也推进了绩效管理引入公共部门。

---

① ［美］迈克尔·罗斯金.政治学［M］.林震,等译.北京:华夏出版社,2002:240-241.

美国公共部门引入绩效管理工具既是现实压力推动的结果,也是诸多改革优势促成的直接结果。因此,美国公共部门绩效管理策略更具自主性和地方性,从而形成了美国行政改革的重要特色。

二、美国绩效管理战略的实践

20世纪80年代以来,美国政府就开始逐步实施以市场化导向的绩效管理改革战略,内容涉及社会福利政策、公共服务输出、政府管制、分权等各个方面。以下就对实施改革的两个法案以及美国地方政府绩效管理的实践进行简要介绍。

（一）《政府绩效与结果法》(GPRA)

1993年,面对公众要求强化对政府进行监督和提高政府工作效率的压力,美国第103届国会通过了一项重要的法案,即《政府绩效与结果法》(The Government Performance and Results Act,GPRA),并将之作为国家财政预算改革的举措之一。同年,该法案经美国总统克林顿签署而正式成为一项法律。

根据这项法律的要求,美国所有的联邦机构部都要制定一个至少包括未来5年工作目标的战略规划、将战略目标分解成年度目标的年度执行计划以及对年度计划执行结果进行评价的年度计划执行情况报告。这三份报告将提交给国会中相应的专门委员会、美国审计总局以及进行管理和预算局。行政管理和预算局则根据各机构的规划制订情况以及工作绩效的评估情况分配财政预算。GPRA试图通过把每年的财政拨款同工作绩效相联系的方式来增强对联邦政府支持项目的计划和管理,增强联邦机构工作绩效的可评估性从而最终提高政府的工作效率,增强公众对联邦政府的信心①。

1.《政府绩效与结果法》的主要框架

《政府绩效与结果法》规定各个机构都必须根据各自具体情况制定战略规划、绩效计划和绩效报告(见表2-5)。

战略规划阐明了机构的目的,制定了机构未来5年内的议事日程表,是制定年度目标和绩效计划的基础。整个战略规划围绕该机构的总体目标,是政府职责、职能的综合体现。战略规划体现了公共部门公开、合作、责任的特征,可以看成是公共组织总体目标。

---

① 刘民慧、陈浩:"美国政府绩效法与国家科研机构",Http://www.cas.ac.cn/html/books/06122/c1/2001/9/3.htm。

表 2-5　《政府绩效与结果法》的主要框架①

立法目的		(1)通过系统地要求联邦政府机构对工作结果承担责任,以改进美国人民对联邦政府能力的信心; (2)要从一系列试点项目开始,先设定工作目标,并围绕这些目标进行绩效测量,然后对进程作出公开的报告; (3)将新的关注焦点集中于结果、服务质量以及顾客满意度等方面,以此来改进联邦政府的工作效益与公共责任; (4)通过要求联邦管理人员制定实现工作目标的规划,以及提供工作结果和服务质量的信息,来帮助他们改进服务的提供; (5)通过提供更为客观的有关法定目标的信息,以及联邦工作及经费使用效果和效率的信息,以此改进国会的决策; (6)改进联邦的内部管理。
内容	战略规划 (5年)	(1)对机关使命的全面陈述; (2)总的目的和目标,包括与结果有关的目的和目标; (3)描述如何达成目的和目标,包括描述达到目标所需要的管理过程、技能和技术、人力、信息、资本和其他资源; (4)要对绩效目标怎样包括在计划之中进行描述; (5)确认对目标的实现可能产生重要影响的主要外部因素和不可控制的因素; (6)描述计划的评估。
	绩效计划 (年初)	(1)建立绩效目标以界定计划活动实现的绩效水平; (2)用客观、量化的、可衡量的形式表述目标; (3)简要描述实现计划目标所要求的运作过程、技能和技术、人力、财力、信息其他资源; (4)建立绩效指标,以此衡量或评价每一个计划活动的相关的产出、服务水平和结果; (5)为比较实际的计划结果和已确定的绩效目标提供基础; (6)描述用以证明和确认可衡量的价值手段。
	绩效报告 (年终)	(1)陈述绩效计划中确立的绩效指标,同时要将实际达成的绩效目标与计划中表达的绩效目标相比较; (2)如果绩效目标是用替代的形式加以说明,这一计划的结果应依据这种特殊要求加以描述,包括绩效否未能满足最低限度要求的、有效的或成功的计划标准; (3)评估财政年度绩效目标的实现程度,根据达标的绩效来评估本财政年度的绩效计划,解释和描述绩效目标未能实现的原因。

---

① 刘旭涛.政府绩效管理:制度、战略与方法[M].北京:机械工业出版社,2003:124.

年度绩效计划是《政府绩效与结果法》中的核心组成部分,是战略规划目标的分解,是围绕战略规划而制定出来的年度计划,主要由联邦管理与预算局局长监督实施。与普通年度计划不同的是,年度绩效计划着重于该年度的绩效水平和绩效目标,而不是对公共部门该年度所有事务的计划。通过确定该年度要实现的绩效目标、制定详实的绩效指标以及利于资源的情况,为该机构该年度的绩效考核奠定可靠基础。

年度绩效报告,是每个机构在一个财政年度后向总统和国会提交一份前一年度财政的绩效报告。绩效报告对衡量该机构实际达成的绩效目标与计划中表达的绩效目标的差异以及如何改进都具有现实意义。

2.评价:绩效管理法制化

《政府绩效与结果法》对美国联邦机构绩效管理的程序、方法和考核都进行了严格规定。作为一项要求全部行政机构都要服从的法律,《政府绩效与结果法》实践了绩效管理的具体制度和管理方法,并将这些操作方法上升到法律高度。这是其他国家引入绩效管理前所未有的做法。绩效管理法制化,硬性规定了各个机构必须制定各自的绩效计划和撰写绩效报告。绩效报告实则为一种绩效考核。各个机构要对其事先制定的绩效计划负责,具体实施后导致的绩效差异由机构自己负责解释,有利于落实责任制。整个《政府绩效与结果法》就是一套绩效管理实施的方案,从确定战略目标到年度绩效计划,再到绩效考核,凡是组织内部与绩效相关的资源使用情况和绩效考核指标都被列入到绩效计划中,并用绩效预算方法来代替传统预算,把公共部门成本预算建立在绩效管理基础上,有助于建立成本预算的责任机制。虽然缺少了分解到个人绩效目标的环节,但就联邦政府而言,从5年战略目标到年度绩效计划的分解,已经相当不易了。

当然,《政府绩效与结果法》也存在一定问题。如:各个机构开发符合自身特点的绩效框架需要信息和技术支持;仅定义两种类型的绩效测量方法(产出和结果)能否衡量各个机构所有的绩效,包括那些不可测量的对象以及未来的绩效预期;公共服务支出的结果在该年度能否测量;各个机构负责人的管理作风和领导素质问题等。

从总体看,《政府绩效与结果法》毕竟对绩效管理的具体方法作出了大胆尝试,使公共部门运用绩效管理更具合法性和可操作性,并在法律层面上规定了绩效管理的程序和方法,大大提高了政府对绩效管理运用的责任意识和法治意识。

(二)国家绩效评审委员会(NPR)与戈尔报告

《政府绩效与结果法》颁布的同年3月,克林顿总统宣布成立国家绩效评审委员会(NPR),并任命副总统戈尔主持该委员会的工作,负责统筹联邦政府的再造工作。该国家绩效评审委员会于同年 9 月制定了第一份报告——《从繁文缛节到结果导向:创造一个花钱少、工作好的政府》(Red Tape to Results-Creating A Government That Works Better and Costs Less),成为美国推行政府绩效评估措施的纲领性报告,有力地推动了绩效评估在政府管理中的具体运用。

1. NPR 的主要职责

国家绩效评审委员会负责统筹推动联邦政府的再造工作,在全国范围内组织绩效评鉴。为此,国家绩效评审委员会设立了专门的绩效评估研究组,定期发布研究报告,总结绩效评估的情况并提供技术上的指导。从机构性质和主要职能来看,NPR 既是推动政府再造的统筹机构,也是监督政府实施绩效管理的专业技术机构。

在实际操作中,还包括别的联邦政府机关负责执行政府绩效管理。①

(1)管理与预算局(Office of Management and Budget,OMB)

OMB 负责协助总统编制预算和财政计划、评估影响公众的各项政府管制和规章并改善其管理、为政府签订契约时的各项大原则和程序以及政府财务管理制度提供指导。

(2)人事管理局(Office of Personnel Management,OPM)

OPM 负责联邦雇员的甄选、培训与晋升以及公务员的退休和保险工作。

(3)总务局(General Services Administration,GSA)

GSA 总管政府办公室的建造和维修、物品采购、资料处理和电信系统的管理。

(4)财务管理局(Financial Management Service,FMS)

FMS 负责改进政府财务交易的管理、维持中央账目系统并定期提供财务状况报告以及对政府各种收支凭据进行管理。

(5)政府伦理局(Office of Government Ethics)

该机构为预防公务员"利益冲突"提供指导。

(6)首席财务官会议(Chief Financial Officers Council)

该机构定期对各机关财务管理的各种活动进行协调或提供咨询。

(7)总统廉洁与效率委员会(President's Council on Integrity and Efficiency)

该机构负责机关之间和机关内有关贪污、欺诈和权力滥用的调查与审计。

---

① 刘旭涛.政府绩效管理:制度、战略与方法[M].北京:机械工业出版社,2003:128-129.

2.《戈尔报告》的改革建议与措施

《戈尔报告》是国家绩效评审委员会及其他联邦机构贯彻绩效管理理念第一次实施运作的结果,共同提出了384项改革建议。这些建议和措施可以归纳为以下4个方面:

(1)公共福利政策改革。开始逐渐压缩福利项目,收缩政府的社会职能,1996年,克林顿政府甚至进行了"终结福利"的福利政策改革。

(2)放松规制。采用竞争市场中所提供的收费多样性和质量选择,一方面在电信、银行等领域进行了广泛的放松规制改革,另一方面对政府内部的人事、采购、预算制度进行放松规制。

(3)创建顾客服务标准。通过合同出租、公私合作、用者付费和凭单制度实现公共服务市场化,并建立了顾客服务标准,以此来衡量公共服务的绩效水平和服务质量。

(4)政府间分权。放松了对地方和州政府的规制,开始强调社区的作用。1993年联邦政府设立了社区事务委员会,负责整合社区和发挥社会的积极作用。

3.评价:绩效管理专业化

国家绩效评审委员会的成立实践了《政府绩效与结果法》的理念,并通过在全国范围内建立统一的专业绩效管理小组,有助于指导各个部门开展绩效管理工作。企业绩效管理本身是结合专业技术方法的管理方法,对管理者的专业素质有较高要求。公共部门迅速引进绩效管理,充分发挥绩效管理作用,建立专业机构统筹是最行之有效的办法。既提高了绩效管理技术方法运作的可能性,也有力防止了管理者和有关机构的"策略性行为"。美国公共部门绩效管理专业化建立在法制化基础上,绩效管理在美国的成功实践很大程度上也归功于美国政府从法制到实践的逐步推进。

(三)美国地方政府绩效管理的实践

美国行政改革的重要特色就在于地方和州政府在绩效管理改革中体现出来的积极性和创新性,地方政府自发的行政改革表现出绩效管理真正的价值和成效。

美国地方政府的特点是形式多样,差别巨大。根据美国人口普查1994年的数字,就有84955个地方政府。在美国州以下的政府才称为地方政府。州以下一般划分为郡和市,下设教区或镇。另外还设有特别行政区、学区(见表2-6)。

(1)郡政府是立法、行政的合一,其主要行政管理机关是郡委员会。郡政府的职能一般较为简单,主要是对征税财产进行估价、征收财产税、进行土地登记、办理选举、维修公路等。20世纪以后,郡政府的职能有所扩张,还负责公用事业、社会福利、分区开发等工作。

（2）市政府，既是州政府的代理，又是市政的自治体，是市民自愿结成的法人团体。市政府的职能主要有：公共安全、公共卫生、环境保护、公共交通、公共教育、财政及市场管理等。市政府的组织形式大致有四类：市长—市议会制、市经理制、委员会制和大都会区制。

（3）镇政府，在美国只有 20 个州有镇政府，镇政府的主要职能是办理镇的选举、济贫、修路、管小市场、排污供水等。

（4）特别行政区，只执行某一专项职能，最常执行的特别职能是防火、供水、排水、土壤保护、河流管理等。另有专门管理公共教育的学区。

表 2-6　1994 年美国的政府数目

U. S	government	（中央政府）	1
State	government	（州政府）	50
Local	government	（地方政府）	84,955
Country		（郡）	3,043
Municipal(city)		（市）	19,279
Townshipandtown		（镇）	16,691
Specialdistrit		（特别行政区）	35,935
Total			85,006

（资料来源：U. S Bureau of the census,"Number of Elected officials Exceed Half Million-Almost all are with local Government", press please, January 30,1995.）

"为了满足不同利益团体同时提出的要求而产生了大量的地方自治单位，它们履行着各种不同类型的服务。"①美国"地方自治"的特色为不同形式的地方政府在提供关键性公共服务方面创造了条件。常见的公共服务，如警察与消防；教育；公共交通、街道与高速公路、机场、海港；排污与固体垃圾的收集处理；公共保健与意愿；公共福利；公园与娱乐；住房与城市修葺；土地控制；供水等公共服务，都直接影响着每位公民的日常生活。尽管有许多学者认为地方政府的这种差异性和多样性会导致混乱和公共服务的重复生产，从而造成低效率。但大量的实践表明，地方政府在提供公共服务和推进大城市建设的过程中表现出更多的积极性和有效性。文森特·奥斯特洛姆和埃莉诺·奥斯特洛姆对警察服务进行的研究表明，最小规模提供的公共服务同最大规模的部门提供的公共服务相等或更好。如：在有 5 个或更少警官的部门中，主管通常

---

① ［美］文森特·奥斯特洛姆,罗伯特·比什,埃莉诺·奥斯特洛姆.美国地方政府[M].井敏,陈幽泓,译.北京：北京大学出版社,2004:11.

也是巡逻力量之一,而在其他较大规模的部门中,主管往往不会出去巡逻,只是保持监督。因此,地方自治为公民提供了最直接、最有效的公共服务,同时,美国宪法赋予地方政府的权力使地方政府在制度创新和绩效提高方面更具有自主性和创新性。绩效管理在美国地方政府公共服务提供领域率先获得了突破,成为美国绩效管理改革的亮点之一。

1.印第安纳波利斯市"创造绩效的结果导向战略"

1992 年 1 月,印第安纳波利斯市宣布开始将小部分的市政街道维修拿出来投标,到 1996 年,印第安纳波利斯市已经进行了 64 次公私之间的竞争,将27 个不同服务部门价值 5 亿美元的工程竞标出去。印第安纳波利斯市市长认为,政府低效率和低效能的最佳解药即是大量的竞争①。印第安纳波利斯市引入市场竞争的改革具有两个特点:

(1)避免减少由于竞标而带来的冲突。公共机构的雇员也有参与竞标的机会和权利,还可以和私人部门合作竞标。这样就大大减少了公共部门对竞标的抵抗和排斥。

(2)潜在"无解雇政策"的作用(见表 2-7②)。市政府与工会并没有签订"无解雇政策",但政府在改革中实际并不需要进行解雇,公共雇员通过这项改革反而增加了工资和福利待遇。

表 2-7　无解雇政策

- 对雇员进行再培训,并将他们安置于其他的政府职位。
- 建立"职位库",将虚位以待的职位向失业雇员开放。
- 要求私人承包商优先录用失业的公共雇员。
- 支持那些即将得到养老金的失业人员获得养老金——但要求私人承包商承担这笔费用。
- 帮助管理者实行其组织的私有化。
- 提供解职合同所规定的一切利益或提前退休的激励。
- 提供新职介绍服务。

就地方政府行政改革而言,印第安纳波利斯市引入市场竞争的改革是彻底的、颇具影响力的。通过竞争,印第安纳波利斯市改进了公共部门提高绩效的动机。垄断权力体制下,政府提高绩效的动机往往是消极的,公私部门共同

---

① ［美］戴维·奥斯本,彼得·普拉斯特里克.摒弃官僚制:政府再造的五项战略[M].谭功荣,刘霞,译.北京:中国人民大学出版社,2002:131.

② ［美］戴维·奥斯本,彼得·普拉斯特里克.摒弃官僚制:政府再造的五项战略[M].谭功荣,刘霞,译.北京:中国人民大学出版社,2002:137.

竞争的方法,直接创造了以绩效为目标的结果导向策略。印第安纳波利斯市将经济风险和奖励作为一种杠杆,为政府雇员付出的努力和结果之间赋予了一种利害关系。换言之,政府雇员要能够获得竞标,就需要设计更能节省成本、更能有效产出的方案,否则就不能获得竞标,也就不能获得经济收益。即使获得竞标,也存在一种监督和调节机制,如果这个竞标工程没做好的话,就有可能中止合同,也就无法拿到下个竞标工程。以合同来规定公共雇员的行为,以经济风险来调节公共雇员对结果的预期,从而有效执行了"创造绩效的结果导向战略"。

对绩效指标的设计,使考核成为绩效管理的核心,印第安纳波利斯市放弃了难以考核的绩效测量,利用竞争和风险的杠杆作用,自动创造了结果导向的绩效管理。

2. 密苏里州马克·吐温林区的"授权改革"

美国国家森林服务局长期沿用旧的规则进行组织管理,已演变成一个"墨守成规、为规则所束缚"的官僚机构。这种问题也蔓延到下面的组织机构。密苏里州马克·吐温林区也同样面临组织效能低下、等级森严的矛盾。1985年,通过一系列的申请,马克·吐温林区获得了摆脱森林服务局规则约束的机会。即只要依据法律和达到森林管理计划所规定的预期绩效,就可以按照林区自己的意志进行治理。马克·吐温林区的"授权改革"使其成为地方行政改革的典范,它具有两个明显特色:

(1)每个林区都有各自的预算权,灵活性较大。

(2)每个林区都形成了自我管理的团队,彼此间不需要批准和牵制。

这种授权改革改变了传统公共行政控制的方式,放弃了以组织等级为基础的监管方式,把管理建立在绩效计划和共同期望的基础上。传统行政体制下,分权和授权都依赖于由上至下的管理,下级机构拥有的自主权力并不会很大。马克·吐温林区的"授权改革"具有企业管理的显著特征,工作团队的建立和预算管理的独立,使下级部门的自主性和创造性大大提高。相对于传统以权威为基础的行政管理,这种授权管理建立相互间的信任,开始注重公共雇员的个人绩效和工作积极性,真正实践了绩效管理的人本思想以及个人目标与组织目标挂钩的管理方法。戴维·奥斯本认为,"政府雇员对官僚制度的厌恶"使授权改革成为建立信任、合作的工作团队成为可能,他们更愿意享受工作带来的乐趣,而不是官僚控制带来的压抑。马克·吐温林区的"授权改革"创造了官僚组织管理的新氛围,也为渐进的绩效管理改革如何创造组织文化树立了典范。

三、对美国绩效管理战略实施的综合评价

美国公共行政改革是以绩效管理战略实施为目标的改革运动,从立法到实施,美国绩效管理战略都具有其显著的特点。主要表现在:

第一,通过立法确定公共行政部门绩效管理改革的目标和措施,严格规定了联邦政府制定绩效管理战略和实施绩效管理的程序和责任。1993 年的《政府绩效与结果法》对美国联邦机构绩效管理的程序、方法和考核都进行了规定,把绩效管理方法纳入法制体系,并将这些操作方法上升到法律高度,使绩效管理成为联邦政府必须行使的责任。

第二,建立专门的组织机构来管理绩效管理实施,确保绩效管理在技术层面上能够较好地贯彻实施。国家绩效评审委员会的成立为绩效管理实施提供了良好的组织基础和技术基础,一方面国家绩效评审委员会是全国绩效管理战略实施的统筹部门;另一方面,国家绩效评审委员会拥有专业的绩效管理技术手段,可以提供相关的技术咨询,解决绩效管理技术方面的难题。集监督与咨询为一体,国家绩效评审委员会保障了联邦政府绩效管理的有效实施。

第三,地方政府在推动绩效管理过程中发挥的积极作用,不断创造公共部门绩效管理的新方法和新途径。联邦制的特点使美国地方政府对行政改革更敏感、更富有创新性。授权改革、企业文化战略改革、结果导向改革,这些创新的改革方式均在州政府和地方政府中做了大胆尝试。美国特有的民主政治传统和政治体制的特色,减少了地方政府在推进创新绩效管理过程中的所受到的阻力,从而提供了一系列改革借鉴。

第四,注重对信息技术的应用。美国信息产业的发达为绩效管理在公共部门的运用提供了基本技术条件。大量信息技术的运用,使国家绩效评审委员会能够通过良好的技术手段获得准确的绩效信息、形成有效的绩效测量以达到对绩效信息的监督和控制,从而有助于绩效管理向专业化管理方向推进。

第五,更加注重市场化因素。美国官僚体制对政府高效的要求以及市场竞争体制的健全,市场化改革在美国取得了更为成功的效果。无论是联邦政府还是州政府,都致力于推进市场化改革,以市场竞争来促进政府管理的高绩效和高质量。尤其在地方政府,引进市场化改革的愿望更强烈,一些州政府的实践大大促进了公众对市场化改革的支持。通过市场化改革,公共部门的服务效率和服务质量得到广泛提高,公共部门形象也得到了大力改善。

第六,实行了绩效管理改革附加的保障措施。为防止绩效管理改革带来的"策略性行为"以及对绩效管理的排斥和反对,包括联邦政府都实行了一些

保障措施。绩效管理改革幅度之大足以影响到全体公务员的现状，"无解雇政策"的实施一定程度上保障了改革能够持续进行，从而有利于绩效管理改革大范围地实施和进行。

与英国相比，美国实施公共部门绩效管理的环境和条件更为优越，尤其是地方政府的创新改革，为世界上其他国家的改革都提供了较好的借鉴。同时，美国公共部门绩效管理也更富有连续性，在全社会范围内都赢得了一致的认同。

第四节　其他国家绩效管理战略的实施

新公共管理运动是一场涉及西方国家的大范围政府改革浪潮，对各国政府行政改革都产生了积极而深远的影响。日本的"市场化、民营化、自由化改革"、新西兰的"新公共管理改革"、澳大利亚的"绩效改革"等。各国具体改革措施和改革幅度因具体情况而异，但从整体上构成了以绩效管理为导向的行政体制改革。

一、日本的民营化改革

(一)改革背景及进程

天皇制的政治体制对整个日本社会、经济、政治都产生了重要影响。日本行政改革受传统政治体制影响较大，过多的规制和保守的政治思想使改革的力度和幅度都因此受到了牵制。同时，日本民主政治发展较晚，行政体制改革更多的由政府率先意识到，而不是像别的国家一样由社会驱动。

20世纪60年代，随着日本经济的高速发展，原有政府体制中出现的机构臃肿、人浮于事的现象开始阻碍日本经济发展。为改变这种状况，日本国会于1961年批准成立"第一次临时行政调查会"①（简称"第一次临调"），作为行政改革的咨询机构，为政府行政改革提供方案。"第一次临调"经过三年的调查研究于1964年9月向政府提交了一份题为《关于行政改革的意见》的报告。"第一次临调"提出行政改革应该从机构的合并、撤销，转到事务的经营方面以

---

① 　陈振明.政府再造:西方"新公共管理运动"述评[M].北京:中国人民大学出版社,2003:224-228.

及要进行涉及全部行政领域的广泛改革,客观地反映了日本行政改革的实际,有针对性且明确地提出了行政改革的设想和方法,为政府描绘了一幅行政改革的蓝图,得到了政府的高度重视和社会舆论的好评,被称为"具有划时代意义的改革方案"。1966年,日本发表第一个《行政改革白皮书》,以落实改革计划。

到了20世纪70年代后期,日本经济由高速增长变为低速增长乃至负增长,财政状况极度恶化。面对严峻的形势,日本政府不得不接受财界提出的"在不增加税收的情况下重建财政的主张",以缩小政府规模为目标,在80年代初期开展了大规模的行政改革。1981年3月再次成立临时行政调查会(简称"第二次临调")。"第二次临调"以"行政改革不是财政再建的手段,财政再建是行政改革的手段"为基本思想方法,为国有企业进行民营化的改革实践提供了基本思路。1987年12月,日本政府成立了第二次临时行政改革推进审议会,探讨国家规制的状况,成为日本行政改革的"第三股潮流"。

20世纪90年代以后,日本的社会经济环境和政治体制都发生了重大变化。"泡沫经济"的失败、经济危机的深化和自民党"一党独大"时代的结束,世界经济全球化的挑战,都使日本政府深刻地认识到加快行政体制变革的重要性。因此,90年代以后,日本政府从重视生存、重视国际化的角度推动了行政改革,从而形成了行政改革的"第四股潮流",对日本行政体制改革实践产生了积极的影响。

(二)改革措施

日本行政改革在市场化、民营化和自治化方面都取得了明显的成果,其中以民营化改革最受瞩目。

20世纪80年代,以日本电信电话公司、日本烟草专卖公司和日本国有铁道公司为代表的三大企业开始进入了私有化进程,标志着日本民营化改革的正式驱动。三大国有企业民营化改革以提高效率、引入竞争、适应地方需要为目的,改组分割成许多小公司,减少了政府管理职能,得到了政府和社会的有力支持,从而成为日本民营化改革的典范,也提供了不少经验借鉴。1997年,日本行政改革委员会提交了最终报告,并提出了民营化改革的具体方案[①]:

第一,对中央政府经营管理的邮政、国有林地事业进行改革,引进现代企业制度,扩大经营管理自主权,加大部分业务对民间企业的开放力度。

第二,对公共事业机构进行整理、分类,对不能民营化和委托给民间部门

---

① 陈振明.政府再造:西方"新公共管理运动"述评[M].北京:中国人民大学出版社,2003:238-240.

的公共事务,引进独立行政法人制度,为下一步的民营化打基础。在讨论引进独立行政法人制度时,将撤销不必要的公共事业机构、推进民营化等作为改革的重要前提,只是将那些不宜民营化的公共事业机构作为独立行政法人化改革的对象。被列入民营化改革对象的有航海训练所、航空大学校、家畜改良中心、粮食检验业务等十多个机构和业务。

第三,推进特殊法人的改革,就其存在的必要性进行研究分析,在此基础上进行民营化或缩小规模乃至撤销。

（三）简要评述

"绩效不佳的政府服务和国有企业中有相同的表现形式,正是这些症状导致了对民营化的呼唤和其他深层次改革。"①由于政府无效率、质量低下、缺乏管理技能和权威,所以引入民营化将是行政体制绩效改革的出路之一。民营企业在绩效管理、提高质量和服务水平方面无疑被认为是积极有效的。日本政治体制的保守因素使政府引入全面绩效管理的可能性大大降低,而民营化改革为绩效管理创造了良好的条件,至少在观念上确立了政府提高绩效和服务水平的目标和理念。从总体来看,日本民营化改革有以下特点和作用:

第一,民营化改革的目的在于推动竞争,发挥市场机制的作用。即使以天皇制为政治统治基础,政府在全球市场竞争环境中也逐渐意识到市场机制的作用和推动竞争的重要性。打破传统行政体制的束缚,把大型国有企业全面推向市场竞争,使其能够适应市场需求的变化,进而提高组织绩效。

第二,民营化改革促进了国有企业和政府部门主动进行技术革新、提高社会服务水平和质量。民营化改革的三大企业都是社会公共服务领域的重点。通过民营化改革,扩大了企业自主权,出于竞争压力和社会需求,这些企业或部门能够主动发挥积极性来提高组织绩效和社会服务水平。

第三,政府在民营化改革中居于主导地位。整个民营化改革由政府驱动,一方面保证了大型国有企业能够顺利进行体制转型,有助于解决民营化改革过程中产生的各种利益协调问题;而另一方面,政府驱动的民营化改革也比较容易忽视社会意愿和市场需求。

第四,通过民营化改革,政府减少了政府管理活动,也减少了许多经济管制,为政府管理创造了宽松的环境。民营化改革为行政机构脱离繁琐的行政事务创造了条件,有助于机构精简和高效,为下一轮行政改革从政府外部向政府内部奠定了基础。

---

① ［美］E.S.萨瓦斯.民营化与公私部门的伙伴关系［M］.周志忍,译.北京:中国人民大学出版社,2002:116.

日本行政改革在具体管理手段和方法上还没有真正实践绩效管理,但其在民营化和市场化方面的改革充分实践了绩效管理理念,有助于政府对自身管理机构、管理人员、组织目标进行重新定位。日本的行政体制与中国有许多相似之处,它在行政绩效方面的改革实践,也为我国行政体制改革提供了一些经验。

二、新西兰的"大革新"

新西兰的行政改革在当代西方行政改革中占据着十分重要的地位。以法律为保障,新西兰的行政改革延续了 20 多年,取得了较好的效果,被誉为"新公共管理"改革的典范。

（一）改革背景

第二次世界大战后新西兰一直是世界上经济较繁荣的国家之一,1950 年新西兰人均国民生产总值位居世界第三,仅次于瑞士和美国。但此后,新西兰经济增长率长期处于工业化国家中最慢的位置。20 世纪 70 年代后,两次石油危机的冲击和英国加入欧共体,新西兰国内经济受到了严重影响。加上国内长期较高的失业率,庞大的政府规模,极高的福利国家花销出现了收支赤字、财政赤字、结构性失衡等一系列严重的政府收支平衡问题。1984 年,新西兰人均收入的世界排名已滑至第 21 位。到 1985 年,新西兰的财政净债务占GDP 的比例达到 41%,比 1976 年净增长了近 5 倍,新西兰政府陷入了财政困境。同时,随着经济全球化的发展和信息时代的来临,世界各国政府都开始对传统行政体制进行反思。为了适应新经济的发展,打破传统行政模式,提高政府组织效率和服务水平成了各国行政改革的一种必然趋势。作为发达国家的一员,新西兰也面临行政体制改革的强大冲击。在国内外严峻形势的压力下,新西兰政府进行了大刀阔斧的行政体制改革。

从 80 年代中期开始,新西兰政府逐渐提倡要放松对经济的管制,结束政府对大部分经济的直接控制与干预,并建议精简、打碎、激进地改革公共部门官僚体制。1984 年,新西兰新任财政部长、第三代工党政治家罗杰·道格拉斯(Roger Douglas)提出,"政府不必管理诸多事务。政府的作用就是创造一种环境,让所代表的人民出来管理和经营那些事务"。至此,道格拉斯成为新西兰政府再造运动的领袖,其促进行政改革向新方向发展的改革措施也被称为"大革新",为新西兰行政改革和社会经济注入了新的活力。

（二）改革措施

1.“休克疗法”(Shock Therapy)

所谓的“休克疗法”①主要针对国民经济发展问题，从根本意义上看，还没有涉及对传统官僚制度的改革。主要在以下几个领域进行改革：

（1）放松一些主要产业（包括金融、交通和能源等）的管制；

（2）取消对农业和工业的大多数公共补贴；

（3）取消对外资投资的控制；

（4）取消载入税法的所有补贴；

（5）制定对政府抚恤金的发放进行经济情况调查的制度；

（6）为低收入阶层提供资金用于私房或公房的开支，但不再为其提供国有住房。

在“休克疗法”过程中，政府结束了长达几十年的公共补贴和管制制度，修订了社会福利计划，并降低了保护国内产业的关税，取消工资与价格控制，降低税率以及扩大课税基础。

到1988年，新西兰个人所得税的最高税率限额（即缴付人均收入的2.5倍）从66％降低到33％，公司所得税则从45％降低到33％，同时增加了12.5％的消费税。新西兰大规模的“休克疗法”，缩减了政府规模，为今后行政改革向市场化改革转变创造了极为有利的条件。

2.“大革新”——国有企业的公司化改造

新西兰政府充分认识到国有企业改革是政府管理体制改革的首要环节，对政府减少干预和机构精简都有十分重要意义。1986年5月，新政府以“减少政府直接干预，引入市场竞争机制”为中心，对政府的各所属部门以及政府直接管辖的商业实体和企业，进行了全面彻底的结构调整。主要通过明确权责关系、建立审计以及监督制度、国企的政企分开，实行全面的责任管理等来实现企业的公司化改组。

1987年4月1日，被国会立法通过定为政府机构“公司化运动”的革新日，全面展开了对国有企业的公司化改造。在“大革新日”，新西兰9家最大的国有企业，也是政府拥有的占国民经济12.5％的国有企业，正式在这天宣布成立。至此，国有企业第一次脱离政府、面临市场竞争的压力。一方面，国有企业同私人企业一样，都以追求商业利润为目标，国有企业也参与市场竞争，不再受国家的任何保护；而另一方面，政府也实行对国有企业的严格监督，通

①　［美］戴维·奥斯本，彼得·普拉斯特里克.摒弃官僚制：政府再造的五项战略[M].谭功荣，刘霞，译.北京：中国人民大学出版社，2002：79-80.

过实施《国有企业法》,保证国有企业改革在法律范围内持续进行。这场公司化运动至少减少了50%政府雇员,对新西兰整个社会经济、政府管理都产生了深远影响。在改革初期,国有企业的收入增加了15%,利润翻了四倍,获得了较好的经济效益。新西兰也因此成为国有企业改革的成功典范。

3.政府机构改革

随着"休克疗法"和国有企业改革的顺利推进,新西兰政府也加大了对自身机构的调整和改革。

(1)对核心职能部门的改革

从1988年开始,新西兰试图将竞争机制引入政府部门,以提高政府公共服务的效率和质量,并进行了大规模的改革①。一是决策与执行分离,区分了政策部门与公共服务部门,对不同组织的不同职责进行不同的规定,在公共服务部门中实行企业式绩效管理,注重结果和绩效评估;二是公共服务的出资、购买与供应分离,采用公共服务付费制,促进了公共部门市场化改革;三是服务供应者之间相互竞争,以顾客为导向,充分实践了绩效管理以顾客和市场为导向的理念,有助于提高政府部门的服务水平;四是重新定位政府各部门的职责,使政府内部管理更富有责任意识。

(2)改革政府管理机制

新西兰行政改革的重要特色在于对政府部门内部管理机制进行了改革和创新,趋向于提高政府自身工作实绩。从1988—1989年,新西兰在政府各部门管理机制改革中引入了绩效管理的理念,成功地实施了改革。具体做法有:一是将政策制定与政策执行职能分离开来,使用政府内部企业化管理,创造更高的效率;二是签订绩效协议,部长对各部门的绩效目标有明确的了解;三是实行合同制,根据绩效协议签订合同,脱离传统的常任制,激励政府雇员提高绩效;四是各部门对组织内资源可以自主调配,减少不必要的申请程序,提高效率,也是对传统官僚体制的一种解制;五是设置了一些激励机制,鼓励各部门内部管理走向公开、公正。

(三)简要评述

奥斯本认为新西兰的"大革新"是以实施核心战略为显著特征的改革运动。从国有企业改革到政府机构改革,新西兰行政体制改革始终以核心部门的改革为重点改革对象,并围绕政府核心目标进行改革,保障了由上至下改革运动的成功持续进行。从总体看,新西兰行政改革有以下特点:

---

① 陈振明.政府再造:西方"新公共管理运动"述评[M].北京:中国人民大学出版社,2003:127-129.

第一，政府有明确的核心目标。新西兰行政体制改革全面围绕政府核心目标——提高政府绩效、机构精简、提升公共服务水平、促进经济增长。以此核心为改革目标，凡是不利于提高政府绩效的服务水平的机构、制度、职能部门都予以撤销。新西兰行政改革的彻底性也正体现在这一层面。大规模的"休克疗法"和深入的国有企业改革，即使面临 50％雇员解雇，只要能够缩减政府规模和提高政府绩效水平，政府就全力支持和推进。当然，这也与新西兰工党领导人的魄力不无关系。

第二，以立法来推动行政体制改革。新西兰行政体制改革的持续以及受到阻力小，都与政府在立法层面上确立行政体制改革的目标和进程有直接关系。从"国家部门法案"、"国有企业法"到"公共财政法案"，新西兰行政体制改革始终以立法来推动，从而保证了行政体制改革有法可依，大大减少了改革的阻力，也有力防止了改革过程中的不良行为，起到了法制监督的作用。

第三，高层政治领导人的重视和推进。罗杰·道格拉斯在新西兰行政体制改革中发挥了重要作用。同别的国家改革一样，新西兰行政改革也受到来自各方面的异议。对此，罗杰·道格拉斯发挥了工党领袖的作用，坚持主张政府规模的大幅度缩减，受到了政府各部部长的支持，从而为持续推进行政体制改革提供了良好的政治环境。

第四，通过绩效协议建立新的合作伙伴关系，创造了政府内部管理的新局面。通过签订绩效协议的方式，部长和各部之间的权责关系发生了根本性变化。强调分权、责任关系、结果管理、顾客导向，绩效协议带来了新的改革理念，预示着传统官僚模式金字塔型的权力结构已发生了根本性改变，充分体现了现代政府管理的平等契约关系。

当然，尽管新西兰行政改革取得了显著成绩，但同时也面临着许多问题，如：改革配套措施的完善、大量政府雇员解雇产生的社会问题、如何创新制度等问题。这些问题的存在严重影响了行政体制改革向纵深方向发展。因此，新西兰行政改革还亟待完善和推进。

三、澳大利亚的"绩效改革"

澳大利亚的行政改革在"新公共管理运动"中一直被称为是稳健改革的典型，它的公务员制度改革和人力资源管理以绩效管理改革为显著特点，从而成为澳大利亚行政体制改革的特色之一，也是我国绩效管理改革值得借鉴的地方。

（一）改革背景及改革进程

20世纪70年代以来,澳大利亚对经济结构进行了战略性调整,确立了"充分就业、物价稳定、国际收支平衡、缩小贫富差距和可持续发展"五大经济政策,国民经济得到健康快速的发展。在公共行政管理领域,澳大利亚主要沿袭英美模式。到80年代初,传统的等级和集权化行政管理模式产生的一系列弊病被重视。1983年,第一届新工党政府推行"重构总理控制力和增加政府对政府决策和优先权的责任的机制"的改革,标志着澳大利亚公共服务改革的开始。1984年,《公共服务改革法案》设立了高级公务员执行委员会(SES),为1987年机构改革后公共服务水平的提高和机构灵活性的增加奠定了基础。

在工党执政期间,具体的改革措施①如下:

1983年,实行财政管理改革方案(FMIP)。包括推行公共服务的公司化管理和严格的程序化预算,并增加委托管理的绩效评估内容,目的是建构一种强调产出和结果的新管理系统。

1984年,公布公共部门改革方案,创建高级公务员执行委员会(SES),该委员会的一个重要目标是使高级公务员系统更具开放性和竞争性。

1987年,中央机构的大部制改革,整个中央政府的28个部重新合并组合,从而产生16个大部。这一次机构改革撤销了相当数量的部委。

80年代后期,开始将一系列的公共资产私有化,例如出售国防与内政服务公司,快达航空公司(1992—1995)和联邦银行(1994)。

1993年,布尔报告出台,即所谓的国家竞争政策。这些政策建议主要来自政府联合协议,协议的目的是寻求公共部门和私人部门竞争的共性。

1997年,公布公务员条例,主要内容是削减高级公务员的特权,出台财政管理和会计法案,推行权责会计计划,其战略目标是,到2000年基本实现由现金制政府会计制向权责会计制转变。

（二）改革措施

澳大利亚行政改革比较稳健,实现了改革与稳定的协调发展,因而为世界各国所推崇。在具体改革措施上,澳大利亚在财政改革、优化政府职能等方面都进行了广泛改革,也取得了良好的效果。而最具有特色的改革措施就是在公务员制度改革和人力资源方面的"绩效改革",深入贯彻了绩效管理的理念,值得许多国家在政府人事管理方面学习和借鉴。

---

① 陈振明.政府再造:西方"新公共管理运动"述评[M].北京:中国人民大学出版社,2003:144-145.

1. 公务员制度改革

20 世纪 80 年代的新公共管理理念为公务员制度改革创造了有利的变革条件：追求变化而不是稳定，注重结果而不是过程，注重水平而不是依据职位。

1981 年 4 月，澳大利亚政府提出了公务员制度改革的方针和目标：

(1) 把部分政府拥有的企业出售给私人经营；

(2) 把政府的某些部门职能并入私人企业；

(3) 充分发挥地方政府的作用，将一些可以由州政府管理的部门划归州政府；

(4) 继续审议某些政府部门的作用，以作进一步的改变。

1983 年 3 月工党在议会选举中击败了自由党，工党领袖霍克出任联邦总理，并在执政第二年就采取了一项更大规模的精简计划。一方面把政府某些部门或职能并入私人企业，实行商业化管理，国家不给或给很少经费，以减少公务人员人数；另一方面，进行机构精简。将原来的 28 个政府机构一下子减少到 17 个，文职人员委员会由原来的 800 多人庞大机构精简为 130 人，大量的具体管理职能都下放给相关的部门。

2. 人力资源管理

1987 年，澳大利亚建立了公共服务委员会（APS），对公务人员的录用、晋升、辞退、流动和退休进行统一管理。APS 的宗旨是对政府人力资源管理进行最佳管理，以便为公众提供较好的服务。作为改革的一部分，APS 有一套完整的企业管理式框架，对如何使用、激励政府雇员都具有极其重要的作用。

比如在录用和晋升的运作方面，APS 完全遵循公开、公平的竞争规则。公共服务委员会对录用的所有政策方面负责；等级录用的实际操作方面由雇用、教育和培训部处理；对于低级行政官员的升迁和交流已授权给各部和机构，较高职位的空缺将会予以公告。所有等级结构、工资支付、酬劳安排以及雇用条件都授权给工业政策部。该部发展和讨论通过 1987 年制定的支付和等级安排合理化的一个主要方案。它目前正致力于安排 APS 中的有关职位的轮换。等级的安排取决于特定工作所需的技能和责任。这些都与现有人事的工作类型和所需的特点、水平、深度有关。澳大利亚公共服务官僚层级的安排设定了一套标准，对政府主要结构中的每一个层级都规定所需的技巧、责任和经验。

(三) 简要评述

澳大利亚行政改革以企业化管理为内在理念，强调竞争与市场导向，利用集权、加强监督、加强责任制的办法来改善行政绩效，是以绩效改革为重要特色的行政改革。从总体看，澳大利亚的行政改革有以下特点。

第一，合理的政府定位。澳大利亚政府虽然也承担规范市场、管理社会事务等职能，但从实质上讲，其功能定位还是在"服务"两个字上。一方面，由于政府承担的责任与其职能是相对应的，即有限责任而非无限责任，因而有更多的时间和精力放到提供服务上；另一方面，由于市场在社会经济事务中起到了主导性作用，因此政府在许多方面不作为、少作为反而对市场发育起到了保护和促进作用①。

第二，有效的内部监督机制。在澳大利亚，政府接受监督是天经地义、顺理成章的事。来自政府外部的监督，主要有法律监督、舆论监督、群众监督。而来自内部的监督主要有三种——行政申诉、行政仲裁、"冤情大使"。有效的内部监督机制为行政体制改革向市场化积极发展提供了制度基础和准备，保证了改革过程中带来的不利因素能够及时得到解决。

第三，注重行政绩效。澳大利亚行政改革是以绩效改革为重要特色的行政改革，始终围绕政府绩效的提高，战略目标相当明确。从转变公务员的管理模式、机构调整到绩效评估组织的建立，都以提高行政绩效为目标。在实际操作中，澳大利亚也实践了绩效管理的理念，逐步推进了行政绩效。

本章小结

1.市场式政府模式的理念是相信市场作为分配社会资源机制的效率，并认为公共行政就是一种管理方式；参与式政府模式的理念是要进行参与管理，认为基层官员是组织有效运作的核心，寻求合作方式和利用个人参与来提高政府效能是公有社会的特征；解制型政府模式的理念认为对公共行政部门的过多限制导致公共行政部门办事效率低下，解除内部控制能够提高公共管理者的管理能力；弹性化政府模式的理念认为政府永久性问题已成为政府缺乏活力的原因，弹性化政府对现代公共政策制定具有重要意义。

2.从1979年起，撒切尔夫人执政伊始即对传统公共行政体制进行了一系列以新公共管理为主题的较为彻底的改革运动。主要以缩减政府管理范围、规模和提高政府效率为目标，从撒切尔政府到梅杰政府，保守党执政的17年间持续推进了"管理文化"（Managerial Culture）和高效政府管理体制的建立，并围绕效率战略不断推进绩效管理策略。如雷纳评审、部长管理信息系统、财政管理新方案、下一步行动、公民宪章以及竞争求质量等重大改革。从英国行政改革特点看，改革性质是一种"适应性改良"，但其改革范围之大、之全面，对

---

①　张玉印.澳大利亚公共行政改革的理念与启示[J].江西政府法制,2003(3):16.

整个行政体制改革都产生了深远而积极的影响。

3.20 世纪 80 年代以来,美国政府就开始逐步实施市场化导向的绩效管理改革战略,内容涉及社会福利政策、公共服务输出、政府管制、分权等各个方面。其中最富有特色的改革就是将绩效管理置于法律地位和地方政府绩效管理的改革。

4.新公共管理运动是一场涉及西方国家的大范围政府改革浪潮,对各国政府行政改革都产生了积极而深远的影响。日本"市场化、民营化、自由化改革"、新西兰"新公共管理改革"、澳大利亚"绩效改革"等。各国具体改革措施和改革幅度因具体情况而异,但都从整体上构成了以绩效管理为导向的行政体制改革。

第三章　公共部门绩效管理的基础

在现代社会,财政压力、劳动力改变、对浪费的抵制以及新技术的成长等因素,都促使公共部门向私人部门学习,引进如何创建高绩效组织的管理方法,即绩效管理。美国的尼古拉斯·亨利在《公共行政与公共事务》一书中指出,"绩效评估、公共项目评估以及政府生产力运动的方式在大规模政治变革中传播,在最具革命性的根基中发展,已经成长为公共管理领域的巨株仙人掌:高大、坚韧、多刺以及耐渴"①。足见绩效管理在公共管理领域带来的变革性结果和对提高公共部门绩效和服务水平的重要意义。尽管公共部门引入绩效管理还存在一些障碍和异议,但绩效管理对公共部门绩效和服务水平的提高已是毋庸置疑的事实。根据公共部门和私人部门的差异,以及公共部门绩效管理和私人部门绩效管理的差异,本章主要着重论述公共部门绩效管理的基础,进而剖析公共部门成功引入绩效管理的基础。

第一节　公共部门绩效管理的角色

谁来承担公共部门绩效管理主体的角色? 这个问题是西方国家政府再造运动的关键问题之一。传统公共行政部门的官僚机构在承担绩效管理的职责方面缺乏革新精神和专业管理素质。在"新公共管理运动"中,不同国家对这个问题有完全不同的做法,也代表了不同的理念。比如英国在官僚机构内部分离出政治机构与执行机构,通过执行机构来承担绩效管理的职能,在执行机构内部实施绩效管理;而在美国,第三部门的发达和民主意识的强大,主要通过在全国范围内建立一个绩效评估机构来统筹各个部门的绩效管理实施。采

---

① [美]尼古拉斯·亨利.公共行政与公共事务[M].张昕,等译.北京:中国人民大学出版社,2002:153.

用何种机构来承担绩效管理角色,反映了不同公共部门绩效管理实施的程度、幅度和有效性。同时,公共部门绩效管理的客体也具有较大特殊性。本节主要针对公共部门绩效管理的不同主体角色进行分析。

一、公共部门(政府)

公共部门是指所有的管理公共事物、公共资源以及提供公共服务的部门或机构,这里所指的公共部门主要指政府部门,不包括非营利组织等其他公共部门。由公共部门来承担绩效管理的角色目前被认为是绩效改革最容易成功的一种方式。在公共部门内部实施绩效管理,绩效考核、评估、奖惩都将从内部入手,能够充分考虑到各个公共部门的具体情况制定绩效指标,也有助于排除外部压力。因此,公共部门承担绩效管理角色有其合理性和必要性。

(一)公共部门承担绩效管理主体的合理性分析

公共部门承担绩效管理主体角色首先由其在现代社会中的支撑作用决定。

1.公共部门(政府)对现代社会发展的支撑作用

公共部门在传统社会生活和政治生活中均充当着重要角色,从人类形成社会之日起,就决定了我们需要一个具有说服力量的机构或团体来管理属于公共的事物或者是纠纷。社会需要这股力量合理分配资源、解决纠纷、推动社会发展。古时的公民大会、元老院或者是现在的政府、服务性机构,本质上都属于这股强劲的力量。如今,公共部门已经作为市场经济的重要力量在社会的发展中起着重要支撑作用。其原因主要有:

首先,市场经济是生产社会化的大规模经济,人们的生活秩序、安全性以及社会保障等需求均需公共部门通过行使职责来加以满足。市场经济追求个性发展和独立意识,然而正是在这样大规模的生产条件下,更是需要有一个强有力的部门来保障生产的持续进行和社会的安定有序。在此,公共部门就是一个典型的"安全网"形象。公共部门的存在有力地保障了社会化大生产,共同推动了市场经济的和谐发展,为市场经济的平稳运行创造了良好的外部条件。

其次,市场经济发展呈现周期性,其发展路线并不稳定。所以市场在合理配置资源、安排生产等问题上存在着许多缺陷,而这些缺陷单纯依靠市场是无法解决的。公共部门的加入则可以有效地解决一些弊端,并能够努力避免由于经济停滞或膨胀而引起的各种混乱。公共部门在资源配置和社会保障方面显示出强大的优势,故而能够给予市场体制有力的支撑。

再次,市场经济是竞争经济。竞争则一定会出现优胜劣汰,不可避免地会出现两极分化,甚至产生严重的社会矛盾。竞争是社会增强活力与进步的源泉,但它也有可能造成矛盾或混乱。因而竞争作为不可控因素在市场环境中不仅不能避免,有时反而会强化。所以此时公共部门的参与就能够起到缓和矛盾、增加社会凝聚力、满足社会生存需要、保障社会安定的积极作用。

最后,市场经济是综合运用科技、信息等先进文明成果而发展起来的经济模式,科技和信息作为经济发展的软资源在市场经济的发展中起着至关重要的作用。但是由于科技和信息的特殊性,市场个体单独很难承受开发它们的成本,这样势必会妨碍经济的正常发展。因此,公共部门大力的投入能够促进新技术开发、降低生产成本,从而改变生产结构和提高劳动者素质。

2.公共部门发展对绩效管理的迫切需求

鉴于公共部门在市场经济发展中的重要地位,进入 20 世纪后,政府功能也出现了大幅度扩张。随着公共部门功能扩张和财政支出的压力,公共部门逐渐意识到提高政府绩效、服务水平以及建立政府使用资源的责任机制的重要性。绩效管理也正是在这个层面上被提到公共部门管理的议程。

第一,传统公共部门忽视个人绩效的提高,导致政府雇员没有明确的工作目标和积极的工作精神。公共部门人力资源发展问题是传统行政官僚体制长期作用而形成的结果,对人力资源的合理开发、使用是现代组织得以持续生存发展的动力所在。面对激烈的国内、国际市场竞争,公共部门也开始关注政府雇员个人绩效提高对政府绩效和公共服务水平的重要作用。绩效管理的引入提供了政府开发人力资源的可能性,符合政府日益发展对人才、服务和绩效的要求。

第二,公共部门在使用资源、提高绩效方面负有直接的责任,这也是赢得公众支持的基础。"用最低的成本做最有效的事"是社会公众对公共部门最关注的事,尤其在资源日益匮乏的现代社会,提高资源的使用率不仅是私人组织的责任,更是公共组织的责任。现代政府存在许多资源浪费和低效使用的问题。"大多数公民认为政府在为他们提供他们最重视的事务(人身安全、教育、工作和未来的机遇)方面绩效低或根本无绩效可言。"①对绩效的重视和政府赢得公众支持的必要性都促使公共部门引入绩效管理成为可能。

第三,传统公共部门把公共部门定义为不同于私人组织的服务机构,对组织效率不够重视。从现代意义看,公共部门与私人组织除了管理权威差异外,

① [美]马克·G.波波维奇.创建高绩效政府组织[M].孔宪遂,耿洪敏,译.北京:中国人民大学出版社,2002:15.

与一般的管理并不冲突。作为公共部门,同样面临组织生产力、效率、服务质量、顾客满意等问题。这样,即使公共部门拥有公共权威,也要和私人组织一样公平地参与市场竞争。美国一些州政府就出台了诸如公私部门公平竞标的政策,取得了提高政府绩效和服务水平的良好效果。将公共部门置于和私人组织一样的地位,从观念上确立了公共部门的绩效性和竞争性。这样,就有助于公共部门引入绩效管理,以结果为导向对组织、人员进行有效管理。

3. 公共部门自身的特点

公共部门绩效管理归根到底还是对公共部门自身的管理,无论是管理手段、管理方法还是管理者素质、管理责任都归结为公共部门。因此,公共部门绩效管理必须针对自身特点进行具体管理。

公共部门绩效管理是对传统公共行政体制的突破性改革,触及公共行政体制的根本性问题。一般国家在条件不成熟的情况下都不会直接进行大规模绩效管理改革,这样,公共部门自身管理改革就成为唯一可供选择的改革方式。由公共部门自身承担绩效管理的主体角色,就避免了外在压力对公共行政改革的冲击,也更容易为政府雇员所接受。绩效管理本身不是对绩效结果的攀比,而是以绩效衡量作为绩效改进基础,进而持续推进绩效和提高服务水平。公共部门自身担任绩效管理的主体既能够根据各个部门的特点制定有衡量价值的绩效标准,又有助于排除外来压力,从而对本部门考核起到客观的作用。同时,公共部门存在权威性,利用公共权威能够保障绩效管理由上至下成功推行。许多国家的实践都表明,权威体制对推进绩效管理的作用不可忽视。英国、美国的政府再造运动都利用了高层机构和领导的积极作用,在全国范围内实施绩效管理。尤其在中央核心部门,权威体制和权威机构对绩效管理的成功实施有直接的影响和作用。根据公共部门自身的特点,公共部门承担绩效管理主体有现实可能性和必要性,在改革之初,政府起的领导和推动作用则显得更为明显。

(二)公共部门承担绩效管理主体可能产生的问题

当然,公共部门承担绩效管理主体也有可能产生一些问题。"自己对自己的评估和管理"往往会带有主观倾向,即使通过部门间相互评估,也无法避免部门利益倾向而导致的不良互评。因此,公共部门承担绩效管理主体产生的一些问题也不容忽视,否则就会使绩效管理陷入官僚体制的"怪圈"而无法发挥应有的积极作用。

第一,公共部门制定自己的绩效衡量指标体系固然具有针对性,也很容易排除那些较难衡量或者该部门认为不应该衡量的指标。建立完整的绩效衡量指标体系是整个绩效管理的核心,也是绩效管理发挥作用所在。一般认为,公共部门拟定适合自身的绩效衡量指标体系比较具有可操作性和针对性。但同时,公共部门也是特殊的利益群体,对那些较难衡量或者该部门认为不应该衡量的指标,公共部门往往会不予考虑。而恰恰又是那些难衡量或者认为不应该衡量的指标才能真正体现公共部门的绩效和服务质量。政府管理对象的复杂和社会服务的特殊性都使政府绩效指标设计成为一种困境,如公众满意感的衡量。从技术角度看,这些指标体系设计在一定程度上可以通过现代信息技术手段解决。因此,制定绩效衡量指标体系的关键仍在于公共部门及其管理者对绩效管理的态度。由于设置统一指标体系的可能性不高,在给予不同公共部门制定指标自主权的同时,公共部门出于对考核程序、结果的考虑,不一定会把那些难衡量或者认为不应该衡量的指标纳入指标体系。这样,绩效考核往往就流于形式,失去了评估作用和激励作用。

第二,公共部门制定组织绩效目标或者绩效计划也更容易偏向低于组织所能实现的目标。不可否认,公共部门和私人部门存在差异性,至少在盈利激励上,公共部门不存在这种外在激励。外在激励的缺乏使公共部门更容易产生惰性,并使这些部门趋向于制定低于组织所能实现的目标计划以避免受到其他公共部门的排斥。西方政府再造运动对此的做法是在中央设立一个统筹机构,通过法律来规定各个核心部门制定合理战略计划的责任(以美国为例)。即使采取这种措施,也只是在程序上规定了公共部门制定绩效计划的责任,并无法规定公共部门制定组织绩效目标的具体内容。不同部门有不同的组织绩效目标,统筹部门不可能拥有那么多资源和精力进行一一监管。这样,就为公共部门自主制定绩效计划创造了惰性空间。原则上绩效管理不是要对结果进行评比,而是对绩效结果进行管理。在实际操作中,即使是企业组织也不可避免地要运用绩效结果进行相互评比、考核、奖惩。从员工角度看,绩效管理就是一种考核与评比。公共部门也是如此,不仅包括各个公共部门,也包括政府雇员,都会在潜意识中注重绩效结果带来的评比效应,制定低于组织所能实现的绩效计划也就成为可能。

二、第三部门机构

"第三部门"在西方是个具有较长历史的概念,公民参与第三部门(社团组织)的比例也很大。根据 Lester M Salamon 1999 年调查数据,法国以每万人110.45 个第三部门位居 15 个国家和地区每万人拥有的第三部门数榜首,日本、美国等国家相继位居其后。当前对第三部门的界定仍相当复杂,比较普遍的有三种。

一是非政府组织(NGO)。1994年联合国文件将其定义为"一种非营利性实体,其成员为一个或多个国家的公民或公民协会,他们的行为由成员的集体意志所决定,以满足一个或多个与该非政府组织合作的团体成员之需"①。这个定义具有跨国界倾向,而非政府组织本质上就是以促进经济、社会发展为己任的社会组织。

二是非营利组织(NPO)。它是一种不以赢利为目标、追求社会正义的合作组织,相当于公益机构,如学校、养老院、志愿者组织、慈善组织等。

三是中介组织(Intermediate Organization)。兴盛于市场经济发展浪潮中,反映了市场经济发展的需求,故又被称作市场中介组织,是按照一定法律法规或根据政府委托在社会经济活动中发挥服务、沟通、公证和监督功能并承担具体服务行为的社会组织。② 我国改革开放后这类组织迅速发展,如各种行业协会和商会、信息咨询机构、公证机构等。

目前对第三部门的定义还没有一致的说法,而研究者一般认为第三部门具有5个本质特征:第一,组织性,具有正式组织和常设机构,能够与临时性、非正式的会议相区别;第二,民间性,是社会力量的组合,独立于政府,通常致力于单一事业,费用全靠捐助;第三,非营利性,主要目的是为了维护社会发展,同营利企业有本质差异;第四,自治性,享有管理上的自主权;第五,志愿性,它是社会成员在自愿基础上形成的共识,有赖于参与意识和共同责任观念的建立。

"有效的市场体制和民主政治离不开发达的第三部门的支持"③。非营利组织(第三部门)的兴起主要源于对市场失灵和政府失灵控制的尝试。市场机制本身存在某些缺陷如垄断、外部性、信息不对称等。任何国家,即使是堪称最民主的国家也需政府行使公共管理职能。然而现实政府的利益趋向又妨碍了政府作为公共管理部门的角色的体现,最终导致政府工作的低效率和整个社会福利的损失。这样,第三部门作为政府和市场以外的第三种力量就成为协调公共领域(政府)和私人领域(市场)关系的重要力量得以迅速发展。当然,一开始的第三部门仅仅是公民自治组织的一种形式,随着第三部门和公民社会的逐渐成长,第三部门才日益完善发展成为合法的中介组织和沟通渠道。同时,由于第三部门组织本身具有不同于公共部门的特点。在第三部门内部,首先形成了追求绩效的管理新方法。重视第三部门机构对市场经济和民主政

---

① 俞正梁.全球化时代的国际关系[M].上海:复旦大学出版社,2000:145.

② 唐兴霖,刘国臻.试论我国社会中介组织的状况、问题和对策[J].公共行政,2002(6):21.

③ 何增科.公民社会与第三部门[M].北京:社会科学文献出版社,1999:201.

治发展的重要作用,已成为现代社会普遍接受的观点。那么,第三部门机构对提高政府绩效的作用体现在何处呢? 下面从三个方面对第三部门承担公共部门绩效管理主体的可行性进行分析。

　　承认第三部门机构在公共部门绩效管理过程中的作用是许多国家政府再造运动的普遍做法之一。传统官僚机构在绩效信息收集、处理方面不仅缺乏专业技术和管理技能,而且可能缺乏某种公正性。借助非营利组织在专业方面的长处以及相对客观、公正的评估,第三部门承担公共部门绩效管理主体的可能性就急剧提高了。

　　第一,非营利组织在绩效管理方面比公共部门更具专业性。许多国家为推进政府绩效评估,通行的方法就是确定独立机构。这些独立机构的性质就相当于非营利组织,一方面独立的专业机构能够利用信息技术对各部门的绩效评估结果进行整合汇总,以便公共部门有效评估和公众比较评价;另一方面通过专业机构的独立评估,避免了部门自我评估可能产生的"报喜不报忧"和评价失准等现象,提高绩效评估的真实性和有效性。公共部门作为公共事务管理部门,所涉及事务之广也严重影响了公共部门的办事效率。从专业角度看,公共部门要在改革之初就全面引入系统、专业的绩效管理方法是缺乏一定技术可行性的。同时,也对公共部门管理者素质、技能提出了相当高的要求。一些国家的做法是分离政府组织,区分政治与管理职能,设置执行机构,以更好地贯彻绩效管理。这种做法在技术上还缺乏一定基础,尤其是管理者素质在短期内并不能够跟上绩效管理的要求。设置独立机构,通过非营利组织在信息技术、人员等方面的专业技能为公共部门绩效管理提供技术和管理支撑,这也是短期公共部门引入绩效管理和成功实施的有效方法。

　　第二,非营利组织作为公共部门绩效管理主体,其性质不同于一般的第三部门。独立的专业评估机构首先是为公共部门服务的,也就不可避免地带有公共部门的一些性质。像美国的国家绩效评审委员会(NPR)就兼有公共部门和第三部门的特点。既具有统筹全国绩效评审的权力,在绩效评估方面又具有专业性和独立性。给予绩效评估机构以适当的权力并不意味着否定中介机构的独立评估功能,而是赋予中介机构以更大的权威评审公共部门绩效。应该说,这两者并没有大的矛盾。美国学者尼古拉斯·亨利在《公共行政与公共事物》一书中提到:"政府会计标准委员会是一个非政府组织,同时,也是拥有制定州与地方政府的一般可接受权力的唯一实体。"公共部门赋予非营利组织适当的权力,不仅有助于确立非营利组织在绩效评估和绩效考核方面的权威,也促进了非营利组织作为公共部门绩效管理主体的可行性。一般意义上的第三部门要么依赖于政府权力,要么缺乏生存基础。作为公共部门绩效管理主体的非营利机构享有公共部门的某种权力,用其专业技能为公共部门服务,同时也是公共部门与社会公众绩效信息沟通的重要渠道之一。

第三,除了专业绩效评估机构以外,一般的非营利组织也以其特有的中介作用承担绩效信息传递、沟通的重要作用。绩效管理以顾客满意度作为衡量绩效的重要指标之一,关注市场信息和社会需求的变化是绩效管理得以成功实施的外在基础。公共部门获取市场和社会信息的程度与公共部门提供的信息渠道有关,也与公众参与的自愿性有关。实施绩效管理的公共部门基于竞争需要,往往需要了解大量市场信息和社会需求状况。而传统公共行政部门的官僚机制在对信息的反应程度、信息获取的意愿、信息真实性等方面都不具有优势。这样,借助非营利组织就可以掌握大量第一手真实信息。非营利组织,诸如我国的行业协会、公证机构等,对本行业内部的情况往往掌握具体详实的信息,涉及该行业的企业和公众也愿意借助这些机构表达意愿。由此,除了专业绩效评估机构以外,各个行业的非营利组织也能充分发挥中介功能为公共部门提供绩效信息,为其绩效结果提供客观评价。在西方国家,发达的中介组织和政府可以平等对话,从而发挥绩效管理主体的积极作用。我国第三部门机构发展还很不健全,没有建立专业绩效评估机构,各行业的非营利组织也大都依赖于政府,形成了特殊的"制度工具"①。而就各行业非营利组织在具体行业的信息占有情况看,公共部门绩效管理还是可以发挥这些非营利组织的信息沟通作用的。如鞋业行业协会、皮具行业协会等。

第四,非营利组织来承担绩效管理主体也存在某些问题。在理论上,非营利组织独立于政府机构以外,具有自身相对独立的组织机构、制度和人员,是公民个人的集合体,体现出现代社会的内涵。但无论是国外还是国内,非营利组织的权力始终是不同于政府机构的。一方面,非营利组织缺乏强大的权力支撑,使之在很多公共事务方面缺乏声音。仅仅在一些特定的公共领域,非营利组织才发挥着一定作用。如在慈善、教育、环境保护等方面。在我国,非营利组织则更缺乏独立性,是政府的附属物,也是行政机构改革人员精简的"回收站";另一方面,非营利组织本身组织制度、人员组合等方面存在的问题,如基金的增值保值、人员的素质等,都造成非营利组织的生存必然地要依赖于政府部门。非营利组织独立性的丧失对绩效管理的主体角色有着最直接的影响。非营利组织作为绩效管理主体,即要承担相对客观、中立的评估主体角色,如对政府工作进行评价、评估或者提出对策建议等。一些非营利组织同时

---

① 王名,等.中国社团改革——从政府选择到社会选择[M].北京:社会科学文献出版社,2001:
112.

也是专业技术机构,可以通过专业的绩效评估对政府工作进行科学、客观的评估,从而为政府绩效管理提供科学依据。如果非营利组织缺乏独立性,代表的不是公众的声音而成为政府的代言人,那么这样的非营利组织承担绩效管理主体的角色就会受到质疑,由此评估出来的结果自然也就大打折扣。

当然,"公共部门"这个概念广义上涵盖了政府和非营利组织。非营利组织内部也存在绩效管理,换言之,非营利组织要能够有效地发挥中介者的作用,自身就需要逐步建立、完善组织制度,通过绩效管理实施提高非营利组织的工作效率和服务质量。尤其在服务质量方面,建立在道德认同基础上的非营利组织承担着更为明显的责任。

三、社会公众

公共部门绩效管理以顾客满意度、服务质量为其绩效衡量的重要指标,社会公众参与是绩效管理"参与思想"的体现,也是公共部门绩效管理得以成功实践的社会基础。从公共部门绩效管理的宗旨看,一是提高政府办事效率、节约社会资源;二是提升公共服务质量和服务水平、提高社会公众对政府的支持;三是开发公共部门人力资源、激发创造性,为公共部门注入活力。无论哪一项任务,都离不开社会公众的有力支持。西方国家"新公共管理运动"就充分实践了公民参与的治理思想,尤其在社区治理方面,一些国家认为公民参与是解决某些公共健康、安全、教育等问题的有效治理模式。因此,社会公众承担公共部门绩效管理主体角色被认为是合理、正当的。

（一）有效治理模式

有效治理模型是美国公民联盟小组（Citizens League Team）在研究公民参与和政府绩效测评关系的实践中总结出来的模型,主要描述公民在社区中推动结果导向型实践所起的作用（见图 3-1）。

图 3-1 显示了社区有效治理的三个重要因素:公民参与、政府政策制定和执行以及绩效测评,解释了三者相互作用与社区以结果为导向的治理之间的相互关系,并把公民参与置于政府政策执行与绩效测评的中间位置,表明公民参与与政府政策执行、绩效测评两者的有效运行直接相关,也直接影响到社区绩效。

这里所谓的公民参与（Citizen Engagement）是指公民介入,更宽意义上的使用包括个人、集体、非营利组织,甚至商业团体一起作为一个合法的公民整体。绩效测评是指以指标的发展和搜集的数据来描述、报告和分析业绩。政

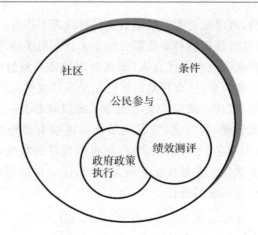

图 3-1　有效治理模型①

府政策的执行是指关于政府选择应对的问题、政府选择的战略、政府承诺的资源以及政府为贯彻这些决策所采纳的行动等公共政策决策的发展问题。

　　社区有效治理模型实际上就是社区绩效管理实施的一个模型，以社区绩效作为结果导向，注重公众参与，保证政府政策顺利执行。整个过程体现了绩效管理的治理理念，即充分发挥公众参与在绩效测评和政策执行中的作用，以改善社区状况和解决社区问题。社区有效治理模型不仅提供了三者关系的模型，更为重要的是提出了公民参与在结果导向型政府构建过程中的作用。在现代社会激烈的市场竞争中，政府和公民所扮演的角色也起了相当大的变化。政府不仅仅是规制者、资助者和服务提供者，也是作为推动者和社会其他部门如商业机构、非营利组织和公民的合作伙伴。与此同时，公民也就不仅仅是投票人，他们作为独立的政府合作者、社会顾客、问题的提出者、政府服务评估者、政府服务的合作生产者以及结果调查追踪者，其地位和作用越来越多地被肯定。社区有效治理模型不仅意识到公民参与对政府政策的积极作用，还从绩效管理的业绩测评角度认为公民参与对政府绩效负有直接责任，公民应该直接参与政府业绩测评，即公众可以作为政府绩效管理的主体。

　　公众参与政府业绩测评，以积极的参与成为政府的重要合作者，体现了现代公民的建设性作用，也表明公民可以参与以结果为导向的绩效管理。作为顾客、所有者或股东、问题的提出者、联合生产者、服务质量评估者以及独立的结果跟踪者，公民担任绩效管理主体的可行性就大大提高了，也为绩效管理的成功实施奠定了合理的基础。

（二）社会公众担任公共部门绩效管理主体的利弊分析

有效治理模型对公众参与社区绩效管理的作用予以了肯定，而在更广泛意义上，包括绩效管理本身对参与的要求，公众参与公共部门绩效管理具有一定的合理性和积极意义。

第一，社会公众对政府业绩测评更具有客观性主张。传统公共部门自己对自己的测评受到了广泛置疑，社会公众（包括非营利组织）的参与测评被认为是较真实、客观的测评。尤其在社区治理层面，公众对关乎社区发展的问题具有较高的参与热情和较多的意见反馈。这也是社会公众参与社区治理获得更多经验的直接原因。目前，在政治学和管理学研究领域，社区治理已作为一个新的命题提到研究议程，可见社区治理在公众参与方面可提供的经验、借鉴和研究价值。相对于公共部门自己对自己的测评以及通过非营利组织来表达意愿和测评政府业绩，社会公众对政府业绩测评则更具有客观性。即使是非营利组织，也不能排除行业利益差异，从而影响到绩效测评和意愿表达的真实性。社会公众直接参与政府业绩测评，担任公共部门绩效管理主体，为绩效信息的客观性创造了条件，也能充分反映顾客真实的需求和意见。绩效管理既是对绩效的管理，获取真实的绩效评价是衡量绩效的基础，也是公共部门绩效管理能否突破传统官僚体制障碍成功实施市场化绩效管理的外在条件。

第二，公民角色转换对现代民主政治发展具有重要意义。在公共部门绩效管理领域，公民所扮演的角色不再是简单的投票者或者被管理者，更多的是积极的公共事务参与者。从民主政治发展的观念看，公民参与被认为是民主政治的重要表现形式。因此，从古至今，探索公民参与的渠道一直是政治学研究的主要方向之一。投票选举是公民广泛参与的主要形式，也是现代民主国家的主要特征。但时至今日，投票选举的重要性和意义都受到了许多置疑。一般认为，公民参与公共事务的积极性可以用投票率来计量。而随着民主政治的发展、投票选举的实践以及公民在社区治理方面表现出来的积极性表明，投票率的下降并不意味着公民不想参与。以公民社区参与研究为基点，公民参与在公共部门绩效管理领域寻找到了较好的参与形式。作为顾客、联合生产者、服务质量评估者以及结果跟踪者，公民的角色得到了极好的转换。把公民作为公共部门绩效管理主体不仅为公民参与公共事务提供了良好的参与渠道，而且改变了传统管理者与被管理者之间的关系，公民有了更多的主动权和自主权，至少在政府绩效评估方面，政府无法通过权威影响公民意志，而政府绩效管理也必须通过公民意愿表达和对政府的有效绩效测评才能成功实施。

公民参与政府业绩测评，承担公共部门绩效管理主体，无论对民主政治的发展而言还是对公共部门绩效管理本身而言，都有其合理性和积极意义。同时我们也应该看到,公众承担公共部门绩效管理主体还是存在着一些问题。

第一,公民参与绩效测评的机会和意愿受到公共部门权威体制的影响。公共部门需要主动公开绩效测评,为公民参与绩效测评提供合法、迅速的渠道。公共部门对绩效测评结果信息的运用也影响到公民参与的积极性。如果公共部门仅仅把公民参与作为一种手段,那么以公民参与为基础的绩效管理就会流于形式。对公众绩效测评结果信息的公开和运用会影响到公众参与绩效管理的热情。同时,公正、公开的政府形象对公民参与绩效测评的意愿也有很大影响。只有当大部分公民认为参与绩效测评不是一种形式,而是能够对政府政策执行和政府提高效率产生作用的情况下,公民参与的积极性才会大幅度提高。由于公共部门权威体制的存在,一方面,公共部门不愿意主动公开绩效信息,公开的往往只有粗略的绩效测评表中如满意或不满意评价等简单内容,其所提供的绩效测评渠道也相对狭窄;另一方面,公民处于被管理者的地位,参与政府绩效测评间接受到权威体制所施加的影响,未必会做出真实的绩效评价。如浙江省某市 2004 年曾做过一项全市各机关单位的网上公开评议。其结果是一些机构庞大的单位通过增加点击率提高满意程度,一些常设机构(与公民接触不多,但认为权力较大的机构)也较容易获得点击率,反而是一些经常与公民接触的公共部门由于容易产生冲突,获得的满意度并不是很高,如城管部门等。

第二,公民素质会在很大程度上影响公民参与绩效测评的过程和结果,包括不同社会阶层或者不同职业的公民对参与政府绩效测评都可能有不同的参与理念。成为公共部门绩效管理主体,从被管理者到负责任的公民,也意味着对公民素质要求的提高。我国公共部门引入绩效管理还没有进入全面改革阶段,公民对如何参与绩效测评以及跟踪绩效测评结果都没有形成正确的认识。单纯的绩效测评对普通公民而言,就如同一道程序。执行与不执行只是任务问题,无关公民责任和顾客满意,也就无法起到提高政府绩效水平和服务水平的作用。应该说,公民参与绩效测评还取决于公民政治素质的长期培育和成长,这需要一个较长的过程和周期。

四、公共部门人力资源管理部门

当前,绩效管理存在的一个重大误区就是将绩效管理等同于人力资源管理,从而导致一些公共部门绩效管理主要由人力资源管理部门来实施。这种做法,偏离了对绩效进行管理的初衷,不利于公共部门从整体上提高组织绩效和服务水平。当然,在避免绩效管理误区的同时,我们也不可忽视公共部门人力资源管理与绩效管理之间的相互促进关系。

　　人力资源管理(Human Resourse Management)是管理学研究的重要领域之一。自1960年美国芝加哥大学的舒尔茨(T. W. Schultz)首次提出系统的人力资本理论,轰动整个西方经济学以来,人力资本与效率提高、经济发展之间就形成了日益紧密的关系。人们普遍认为,"人本身成为一种资源,可以持续不断地开发和有效利用,并能够给组织带来巨大的投资回报和经济效益,而人力资源管理正是对这种特殊的经济性和社会性资源进行的管理"①。所谓人力资源管理就是指为实现组织的战略目标,组织利用现代科学技术和管理理论,通过不断地获得人力资源,对所获得的人力资源的整合、调控及开发,并给予他们报偿而有效地开发和利用之②。人力资源管理是实现组织目标的一种手段,主要处理四个方面的关系和问题:一是人与事的匹配,做到事得其才,人尽其用,有效使用;二是人的需求与工作报酬的匹配,做到酬适其需,人尽其力;三是人与人的协调合作,做到互补凝聚,强调团队精神;四是工作与工作的协调合作,做到权责有序,发挥整体优势。因此,人力资源管理是围绕组织目标对人力资源进行科学管理的过程,包括人、事、物之间的相互匹配和协调。从程序上讲,人力资源管理包括以下程序或步骤:

　　1. 职务分析

　　运用资料分析法、问卷调查法、面谈法、关键事件法等科学方法,对组织中各项工作职务的特征、规范、要求、流程以及完成此任务工作人员应该具备的素质、知识、技能要求进行描述。职务分析是人力资源管理的基础。

　　2. 人才引进

　　主要包括人力资源规划、招聘与录用。围绕实现组织的战略目标,人力资源管理部门根据组织结构确定职务说明书与员工素质要求,制定与组织目标相适应的人力资源需求与供给计划,并开展招聘、考核、选拔、录用与配置等工作。

　　3. 人员整合

　　协调员工与组织之间的关系,主要内容包括组织同化,即个人价值观趋同于组织理念、个人行为服从于组织规范,使员工与组织认同并产生归属感;群体中人际关系之和谐,组织中人与组织的沟通;矛盾冲突的调解与化解。

　　4. 考核

　　对员工的工作绩效进行科学、合理的绩效考评与素质评估,是设置奖酬的

　　①　姚先国,柴效武. 公共部门人力资源管理[M]. 北京:科学出版社,2004:1.
　　②　余凯成,等. 人力资源管理[M]. 大连:大连理工大学出版社,1999:13.

基础,也是对员工实施合理、公平的动态管理的过程,被认为是人力资源管理部门的中心工作之一。

5. 奖酬

根据员工对组织作出的贡献而给予奖酬,是人力资源管理的激励与凝聚职能。根据对员工工作绩效进行考评的结果,公平地向员工提供合理的、与他们各自的贡献相称的工资、奖励和福利。

6. 调控

以考绩与评估结果为依据,对员工使用动态管理,如晋升、调动、奖惩、离退、解雇等。

7. 开发

作为人力资源管理的重要职能,主要是指人力资源质量的开发,提高人才的工作积极性和创新精神,为组织发展提供源源不竭的动力。如组织与个人开发计划的制定、组织与个人对培训和继续教育的投入、培训与继续教育的实施、员工职业生涯开发及员工的有效使用等。

戴维·克林顿指出,"在当今以知识为基础的经济中,人已经成为竞争差异的关键所在"。对组织而言,人力资源管理不仅仅是人力资本投资和使用的问题,更是组织战略实现的关键所在。不少研究者和企业组织甚至把人力资源管理上升到战略高度,提出了"人力资源管理战略"的实施。Susan E. Jackson 也指出,"人力资源是机构所采取的、能够影响单位内部所有员工行为的所有活动。因为员工的行为会影响到机构的赢利、顾客的满意度和机构效能的各种重要指标。所以,人力资源管理是一项主要的战略挑战"。[①] 人力资源管理战略的提出为人力资源管理与绩效管理的连接创造了基本条件。绩效管理是组织战略的重要体现,在整个组织战略框架内实施人力资源管理的一系列活动,促进绩效管理与人力资源管理的有效结合(见图3-2)。

图3-2将人力资源管理置于组织的整体框架中,并直接以绩效管理的系列目标作为人力资源管理的目标,充分体现了人力资源管理与组织战略之间的紧密联系,有助于我们理解现代人力资源管理的战略规划以及绩效管理与人力资源管理之间的关系。

绩效管理与人力资源管理紧密联系,但还是有着本质区别。人力资源管理部门本身具有特定的管理对象、程序和功能,是以使用、开发人力资源为目的的管理机构。绩效管理是组织对绩效的管理,包括个人绩效和组织绩效。

---

① [美]Susan E. Jackson, Randall S. Schuler. 人力资源管理——从战略合作角度[M]. 范海滨, 译. 北京:清华大学出版社,2005:7.

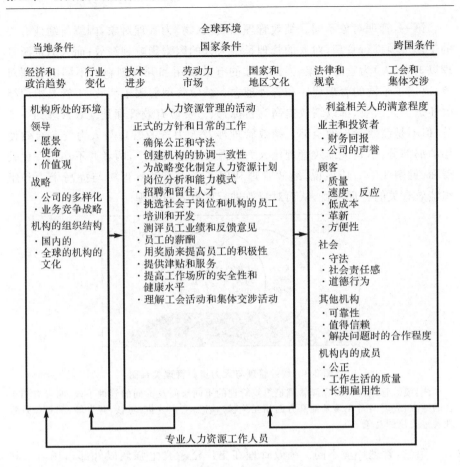

图 3-2　从战略合作角度进行人力资源管理的框架

（资料来源：［美］Susan E. Jackson，Randall S. Schuler. 人力资源管理——从战略合作角度［M］. 范海滨，译. 北京：清华大学出版社，2005：8.）

绩效是由个人创造出来的，注重对绩效的管理，也就是对员工进行有效管理。绩效管理强调对人才的开发利用，这点和人力资源管理宗旨也不谋而合。同时，绩效管理的实施建立在工作分析基础上，对员工绩效进行有效管理必须要获得相对准确的绩效信息，工作分析是绩效信息获得的基础。这样，人力资源管理为组织绩效管理创造了有利的条件。企业人力资源管理部门在职务分析、招聘、奖惩等制度方面的完善也为企业绩效管理的成功实施奠定了基础。公共部门绩效管理基础缺乏的最主要原因也就在于公共部门人力资源管理部门的制度僵化和量化不够。因此，绩效管理与人力资源管理存在着差异，具体表现为：

　　第一，管理对象不同。绩效管理以绩效（物）为管理对象，围绕与绩效有关的工作事项进行管理，对人的管理是因为人的因素影响到绩效；而人力资源管理以人力（人）为管理对象，强调人才的有效使用和开发创新。不同的管理对象，决定了不同的管理程序和管理理念。绩效管理着眼于绩效，不管是组织绩效还是个人绩效，都以绩效提高为目标，人力资源有效管理是绩效管理的一部分，但不是绩效管理的全部。绩效管理涉及人力资源管理与人力资源有效使用的那部分，不是说绩效管理比人力资源管理范围更广，两者并不在同一比较层面（见图 3-3）。应该说，绩效管理利用了人力资源管理中与提高个人和组织绩效有关的管理项目，从而对绩效进行更有效的管理。

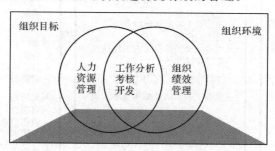

图 3-3　绩效管理与人力资源管理关系图

　　注：绩效管理与人力资源管理是组织管理的不同层面及不同的管理手段，两者有相重合的地方，表明两者在绩效提高方面相互关联。诸如工作分析、考核、开发等，都是绩效管理着重关注的对象。

　　第二，管理环境不同。绩效管理在更广泛意义上强调以外部市场需求和顾客满意作为衡量绩效的标准，是一种市场化管理，以外部市场环境变化作为管理外部环境，同时结合外部变化制定组织目标和个人目标计划。人力资源管理是组织内部的管理，根据组织目标制定人力资源引进、考核、开发等工作计划，在外部市场环境变化与组织目标、个人目标之间关系调整方面没有像绩效管理那么强烈。绩效管理在应对市场需求变化方面负有直接责任，它不仅关系到组织的绩效和服务，也关系到组织的生存。从这个意义上看，绩效管理是一种特殊的组织战略管理，直接面向市场需求变化、顾客满意感以及员工绩效和服务水平。

　　第三，战略地位不同。正如前面所说，绩效管理从战略高度对人、事、物的全流程进行有效管理，是组织战略管理的一方面。通常认为绩效管理作为组织战略管理的重要组成部分，对组织从全局角度考虑组织发展具有极为重要的意义。绩效管理几乎涵盖了与组织绩效、个人绩效提高的所有方面，包括外部市场环境、顾客满意感、人力资源开发、组织内部参与、管理者素质，与组织未来发展栖息相关。人力资源管理是根据组织目标对人力资源有效使用进行综合管理，从范围上讲，并没有绩效管理那么广泛，但也是组织得以持续发展的基础，尤其为组织绩效管理实施提供了一些前置性准备。

人力资源管理与绩效管理存在着严重差异，但这并不妨碍人力资源管理与绩效管理之间建立起互动促进的关系。重视公共部门人力资源管理部门在公共部门绩效管理中的作用是绩效管理成功实施的重要保障。"在美国，人们普遍认同这样一个观点，即公共人事管理是民主社会和高效公共行政中一个极为关键的要素所在"。[①]

人力资源管理部门在公共部门绩效管理实际操作中被认为是关键所在。公共部门绩效管理改革源于公共部门财政压力和市场竞争，而传统的公共行政体制对绩效管理改革不无影响。从我国各地方政府实施绩效管理的实践来看，绩效管理主要停留在人力资源管理部门，政府内部绩效评估机构或者独立的绩效评估机构以及有效的公众参与在短期内都不可能成立。这样，公共部门人力资源管理部门就充当了绩效管理的主体角色。从理论上讲，绩效管理不可等同于人力资源管理。人力资源管理部门也不可能独立承担专业绩效管理的责任。对我国而言，绩效管理改革的基础还不够健全，建立单独绩效评估机构的可能性至少在短期内不大。借助人力资源管理部门与绩效管理的关系以及人力资源管理在绩效管理中的基础性作用，对我国公共部门初期进行的绩效管理具有较为重要的意义。一方面，人力资源管理部门可以根据绩效管理的要求做专业的职务分析，对政府各个部门各项工作的职务要求、人员素质、技能、责任进行细分，改变过去人事部门笼统划分职位的做法，采用量化的方法规定公务员的职责权利；另一方面，人力资源部门可以循序渐进地建立组织目标体系和个人目标体系，根据职务分析规定的职责权利逐步建立科学的绩效指标体系，采用量化考核方法对个人绩效进行科学评估考核，并以此为依据确定奖惩、晋升、培训等。公共部门人力资源管理部门对绩效管理实施负有责任。因此，在西方政府再造运动中，人事部门改革是公共部门内部绩效管理改革的首要环节。

尽管我们肯定了人力资源管理部门在政府绩效管理中的作用和地位，但同时也需要指出以下几点问题：第一，人力资源管理不能等同于绩效管理，人力资源管理部门担任绩效管理主体起到改革过程中的过渡性作用或者说基础性作用，但人力资源管理部门在量化管理及绩效评估方面的改革不是绩效管

[①]　[美]罗纳德·克林格勒，约翰·纳尔班迪.公共部门人力资源管理：系统与战略[M].孙柏英，潘娜，游祥斌，译.北京：中国大学出版社，2001：2.

理的全部。以人事部门来主持绩效管理则缩小了绩效管理的范围,不利于绩效管理从战略高度实施,进而带来公共部门整体绩效和服务形象的改变;第二,人力资源管理部门的绩效考核着重于个人绩效,即使实施人力资源管理战略,对组织绩效、外部市场环境、顾客满意等方面的影响也不会很大。由于公共部门人事管理主要是内部管理,缺乏一种整体性考虑,所以在参与、民主、顾客满意等方面,人事部门还不能够替代综合的绩效管理;第三,人力资源管理部门在专业素质方面还有待提升。公共部门人事管理机构与企业人力资源管理部门存在迥然不同的差异,公共部门人事机构长期带有官僚制色彩,在录人、用人、开发人方面存在着制度僵化、人格化、以资历为考核基础等问题。绩效管理为人事部门改革注入了新的活力,而人事部门改革本身就是一个逐步推进的过程。以人事部门来作为绩效管理主体也就存在相应的问题,如绩效管理对专业管理素质的要求、科学量化方法的引入、绩效指标体系建立等。这些问题都影响到人力资源部门作为绩效管理主体的公正性。

综上所述,公共部门绩效管理实施的主体具有多样性。当然,不是说采用哪个主体就意味着否决别的主体。不同国家、不同区域、不同机构,对绩效管理实施都有不同的要求。我国在市场经济迅速发展的转型阶段,对绩效管理的要求反映了政府应对市场竞争提高政府效率和服务质量的要求。对公共部门绩效管理不同主体的区分和利弊分析能够加强我们对绩效管理和实施绩效管理基础的理解,也为绩效管理成功引入我国公共部门和具体实践提供了基本思路。

第二节 公共部门绩效管理的目标

绩效管理的首要程序就是要确定绩效目标。目标决定了组织实施绩效管理的有效性,尤其对公共部门来说,确定具体的目标、形成目标体系,对公共部门各项管理改革都具有指导性意义。企业绩效管理直接以明确的利润目标和人力资源开发目标为导向,明确的目标对企业绩效管理的成功推行具有根本性意义。公共部门对其目标缺乏系统性理解,传统官僚体制严重影响了公共部门对自身存在价值和工作目标的理解。"公共服务"成为公共部门掩盖其具体目标的托词,笼统的"服务质量"也蒙蔽了社会对公共部门目标的认识。公共部门绩效管理的首要条件就是确定公共部门的目标和目标体系,从而为公共部门绩效管理上升到战略管理高度作充分的前提准备。从这个意义上讲,也有人把绩效管理等同于目标管理。这当然是个错误的观点,但是也不能否认,确立目标体系和进行目标管理在绩效管理中的战略地位。

一、公共部门绩效管理的目标体系

组织目标是为实现组织使命而必须达到的要求,组织目标一旦确定,就不能随意变动,除非组织的生存环境、领导层、技术条件等发生了重大变化。因此,一般认为组织目标具有确定性和唯一性,否则就容易产生目标不集中、战略混乱、管理涣散等情况,公共部门也是如此。

(一)公共部门绩效管理目标的分类

1.按公共部门的目标内容来分

(1)常规目标

常规目标一般以作为工作职责一部分的形式出现。如某机构办公室秘书的职责是负责协助办公室进行日常行政事务管理,负责会议筹备和记录,负责接待来访,翻译机关单位所需要的资料,协调本部门与其他部门之间的关系,起草、传递、处理办公室的有关文件以及进行物品和文档管理。因此,与工作职责相关,该机构就可以确定办公室秘书的常规工作目标。常规目标通常与工作职责相关,并建立在工作分析的基础上,通过工作分析来确定具体岗位的目标以及相关部门的整体目标。

(2)解决问题的目标

一般以解决具体问题为导向,针对公共部门内外面临的具体问题确定机构的工作目标。如各个公共部门都面临不同类型的社会危机,在预防、处理社会危机方面,各个部门有不同的职责和目标。以防止森林火灾为例,农业厅和下属的森林防火指挥部成员单位都必须以预防森林火灾、及时处理森林火灾事件作为其重要目标之一。同时,在机构内部,也可以针对具体问题确定相应的目标。如怎样节省运行成本、如何提高工作人员工作积极性等。

(3)创新目标

创新目标是指机构出现了新服务、新技术或者新情况,为及时适应这些情况的改变而设置的目标。如英国行政改革就是政府财政压力紧张和公众对公共服务的需求扩张以及信息技术发展的新情况下产生的,并以提高政府绩效、建立顾客导向型政府为创新目标。

(4)个人开发目标

个人开发目标与员工的个人发展和专业发展相关。一项企业组织对员工情况调查的数据表明,过半的员工从来没有参加过培训,只有不到两成的员工才能参加培训,另外,45%左右的员工都认为培训中学到的知识对实际工作的帮助并不是很大。这样,培训就失去了对员工能力开发和个人发展的指导性作用,而员工的工作动力就仅仅依赖于组织工作目标和个人工作目标,自身的发展目标和责任感是员工工作的直接动力和源泉之一。公共部门与企业组织的情况有相似之处,确立公务员的个人开发目标和计划,有助于公务员对自身工作职责的理解和加强责任意识,也有助于组织整体目标通过分解到个人目标而获得更好的实现。

(5)组织开发目标

组织开发目标是整个组织或具体部门开发的目标。作为公共部门,在机构的工作职责上必须要有明确的理解。确立机构整体目标是组织不断创新、开发、提高效率的基础。如某市教育部门提出了 2004 年改革总体目标是提前基本实现普及学前 3 年教育到高中教育的 15 年教育,高等教育的毛入学率达到 26%,为创建教育强市奠定基础。这是该机构 2004 年的整体开发目标,也是 2004 年度该教育部门的工作重心。围绕这一整体开发目标,该教育部门的工作职责也就更富有明确性和针对性。

2.按照目标的项目范围来划分

(1)营业目标

公共部门也具有营业目标。这个营业目标与企业的市场营业目标不尽相同。公共部门的营业目标是对该机构的地位、服务质量以及费用控制等方面的规定。主要是费用控制的规定,这也是公共部门节省资金、提高效率所关注的内容之一,与绩效管理栖息相关。如某部门提出 2004 年教育负债不超过800 万元的目标等等。

(2)财务及控制目标

是对政府资金周转率、负债及费用控制等方面的规定,以内部管理为主。尤其在政府采购部门,财务的控制目标确定具有极为重要的现实意义。

(3)人事目标

涉及组织发展、文化建设及人员激励等内容。如确定 2005 年人事招聘的计划、培训计划等。

(4)其他目标

根据各个公共部门的具体情况而定。如某些部门可能要拓展新部门、新技术,就可能要确定相关的发展目标。

3.按公共部门目标的层次性来划分

按公共部门目标的层次性来划分,可分为宏观、中观和微观三个层面。

　　(1)宏观目标

　　在宏观层面,其目标是对整个政府为满足社会和民众的需求所履行职能的绩效管理,具体体现为政治的民主与稳定、经济的健康与发展、生活水平的提高与改善、社会的公正与平等,精神文明的提高等方面。

　　(2)中观目标

　　在中观层面,其目标是对政府各分支部门即特定的政府机构如何履行其被授权的职能及服务的质量等方面的管理。

　　(3)微观目标

　　在微观层面,其目标是对政府工作人员工作业绩、贡献的测评与管理。不同层面的绩效管理有不同的管理目标和测评的评价标准,三个层面的绩效管理目标共同构成了公共部门绩效管理目标体系。

　　(二)公共部门绩效管理目标体系的构成

　　宏观、中观、微观三个层面的目标集中反映了公共部门管理与服务的内容和对象,也是公共部门不同于企业组织目标体系的根本所在。从政治的民主与社会稳定到职能机构的责任、再到政府人员业绩测评,总体上构成了政府绩效管理的框架,这是公共绩效管理的目标体系和绩效测评的基本依据。

　　目标从另外一层涵义讲,即是对工作的要求,是工作将要达成的最终结果。如果达到这种结果,就可以受到相应的奖励;反之,则可能受到惩罚。根据既定目标对人员进行管理不仅可以检查人员执行任务的情况,以便及时纠正偏差,也可以对照目标衡量人员的工作行为。因此,目标所构成的目标体系也是责任体系的一种体现,目标体系也被称为"目标责任体系"。认识到目标对管理实践的重要作用,美国管理学家彼得·德鲁克于 1954 年提出了"目标管理"理论(Management By Objectives,MBO)。自此,目标管理成为西方国家企事业单位所广泛使用的管理方式。目标管理的具体内容会在后面的章节具体说明,这里主要围绕目标设定的重要意义和目标体系的构成展开讨论。可以说,确定每个具体岗位的目标、构建公共部门目标体系,不仅是绩效管理对绩效进行具体管理的要求,也是目标管理的重要组成部分和基础。

　　在第一章里,谈到了公共部门绩效管理的衡量问题,即公共部门绩效管理是以实现政府管理的"4E"——经济(Economic)、效率(Efficiency)、效果(Effectiveness)和公平(Equity)——为目标的全新的政府管理模式。这 4 个"E"一方面体现了政府管理的目标,另一方面也是政府实施绩效管理的评估标准。"4E"衡量标准体现出公共部门绩效管理的基本取向,公共部门绩效指标的设计都将围绕"4E"展开。"4E"原则既是公共部门绩效管理的衡量准则,也是公共部门目标体系构建的基本原则。所以,公共部门每个岗位及整体的目标责任体系都可以根据其岗位工作的经济、效果、效率、公平、成长这五项因素来确定。一个岗位的效果反映的是该岗位所应取得的并能被认知的工作成绩,效率是指反映本岗位取得效果的有效程度,成长是指那些目前还不甚明显,但对未来发展将发挥积极作用的工作效果,经济是指一个岗位获得工作效果需要消耗资源的情况,公平是指岗位取得的工作效果对社会产生的影响。企业管理中,目标责任体系仅仅包含着效果、效率、成长三项因素。公共部门根据自身的部门特点,吸收了企业管理的目标责任体系,又综合公共部门对经济、公平因素的追求,从而形成了具有公共部门自身特点的目标责任体系(见表 3-1)。那么,具体怎样来构建公共部门目标责任体系呢? 就方法看,可以分为下面三种:

表 3-1　公共部门人力资源主管的目标责任体系

经　济	效　果	效　率	成　长	公　平
※培训的成本 ※招聘选拔的成本 ※邀请专家的成本	※增强人员满意度 ※提高人员工作积极性 ※巩固关键人才 ※提高人员素质 ※科学人力规划 ※有效招聘选拔人员	※人员满意指数 ※人员流失率 ※人员工作积极性程度 ※人事匹配度 ※人员培训率 ※服务态度	※人员结构的优化 ※工作积极性的增长 ※人力资源信息系统的完善 ※科学人事决策 ※人力资源素质提高	※受到公正的培训 ※招聘选拔程序公正 ※社会满意
……	……	……	……	……

注:该表只是列举了某公共部门人力资源主管的目标责任体系。鉴于公共部门绩效管理的"4E"指标本身受到质疑,如关于"公平"的问题一直以来没有得到解决,关于公平的目标也就很难加以表述。因此,本图对公共部门的目标责任体系阐述并不是很全面,仅仅是提供一个目标责任体系的基本框架和印象。

1. 目标分解

确定总目标,从公共部门的最高层开始,先由组织最高管理层根据公共部门的愿望使命与战略制定出具体的战略目标与总任务。公共部门的服务对象具有不确定性,以全体社会成员为服务对象提供社会性服务。在每个公共部门的具体管理实践中,制定具体的战略目标与总任务具有现实性的价值。美国的《政府绩效与结果法》就是确定目标分解的一个法案,规定了最高层制定战略目标的责任。为了将这个战略目标与总任务落到实处,公共部门必须要进行目标分解。在讨论和协商中把总目标分解为不同部门和层次的具体目标与计划。这个程序从最高领导的直接下属开始,自上而下,逐级传递,但不是简单的重复传达,而是自己的目标与上级的目标合二为一的产物,带有各级的特点与方法。这样,将公共部门的战略任务从高到低,逐步分解,一级一级向下"压",最终确定所有岗位的目标责任体系。当然,在"压"的过程中,并不排除上下级间要做充分的沟通与协商,以调动下级积极主动承担任务的热情。现代公共部门也处于一个激烈竞争的氛围,因此必须采用这种目标确定模式,将市场的竞争压力一级一级传递下去,形成以顾客导向为驱动的目标设定模式。

2.共同协商

共同协商是绩效管理参与原则的体现,该方法是为了保证目标责任执行的有效性,在确定岗位的目标责任体系时,由该岗位的履行者与其部门领导共同来确定,由于该岗位的履行者积极参与了岗位目标的设定,执行起来也就比较积极主动。

3.通过工作说明书确定

对于一些工作任务比较规范的岗位,直接通过工作说明书、工作规范书等来确定。

工作说明书和工作规范书直接确定了具体岗位的目标责任。通过规范化、程序化、标准化的描述,能够让人员相对准确地了解自己岗位工作应该达成的目标和必须行使的责任。工作说明书和工作规范书的内容会在本章第三节进一步阐述。

二、公共部门目标制定的基本流程

(一)公共部门绩效管理目标制定的要求

制定目标是目标管理的首要任务,也是绩效管理的基本依据之一。按照公共部门绩效管理的要求,公共部门需要通过绩效目标制定,以便于将每个具体工作岗位的目标责任体系变成可以考查与衡量的具体绩效目标。而这个绩效目标,不仅是绩效管理的依据,也是绩效衡量的基本指标,可见绩效目标制定在整个绩效管理过程中的重要作用。公共部门绩效目标不是根据领导意图随意制定出来的,而是需要按照一定的要求和流程来逐步制定。

公共部门绩效管理目标制定需要遵循下列要求[①]:

(1)每岗至少设置 6 个特定目标,但不要超过 9 个。太多太少都不利于绩效目标的达成。

---

① 刘韬.绩效考评操作实务[M].郑州:河南人民出版社,2002:52-54.

（2）所有目标需包括个人为达到目标而采取的措施说明。

（3）每项目标应是经过努力能达到的目标。

（4）目标陈述必须明确并且可以衡量，力求精确并易于理解。

（5）目标应包括量的目标和质的目标。

（6）虽然大部分目标是在本年度内可以完成的目标，但对长期目标也不可忽略。长期目标的完成虽不在本年，但在本年目标中应列出其在本年完成的部分。

（二）公共部门绩效管理目标制定的流程

绩效目标制定的具体流程包括：

1. 拟订目标

拟订目标按照从上到下逐步分解的原则，将各个层次的目标责任分解成每一个人的具体指标。分解中上下级要进行面谈与充分协商，上级既要尊重下级部属的个人意见，同时也要唤起下属来主动力争更大的绩效目标。主管要让下属明白自己所担负的目标对实现总目标的重要意义，增强下属实现目标的责任感。同时直接主管与下属在磋商共同拟订目标要项外，还要确认各项目标的重要性系数。

2. 复审目标

虽然绩效目标的拟订是按照从上到下的原则制定的，但有效的复审也是必要的。有问题的绩效目标应该返回重新拟订。上级还可以复审目标的结构，并授予下级一定的权力去完成自己的目标。上级要查明目标的分解过程是否严密和协调，需要哪些用人、用钱和对外交涉的权力，使下级有相应的手段去实现工作目标。同时，明确目标责任需要确立授权等级。授权等级可划分为下面 4 种情况：

（1）根据自己提出的行动方案，独立完成；

（2）需向主管提出行动方案建议，在得到批准后独立完成；

（3）向主管提出行动方案建议，在得到批准后协助一起完成；

（4）向主管提出行动方案建议，由主管来决定完成。

授权等级决定着目标责任的大小。授权越大，其目标的重要性及权重越大。

3. 确认目标

目标经审核确认后成为正式的绩效考评目标表，也可以以工作计划书或其他形式的绩效文件表现，一式三份，主管、下属各一份，一份由人力资源或行政部门归档，作为期末绩效考评的主要参照。如环境发生变化，需要对绩效目标加以修正时，必须报请部门领导批准。目标变动不宜太多，除非在业务上确需增加某一项目或某一目标确已无存在必要而应予以删除时,可以变动。当然,在绩效管理实践过程中,我们的工作仅仅停留在确认目标这一阶段,目标只是绩效考评的基本参照,但还不是绩效考核的指标依据。绩效考核以具体的绩效指标为考核依据,单纯的目标还无法构成绩效考核的基本内容。但绩效目标制定对绩效管理而言无疑起着举足轻重的作用。

第三节　公共部门绩效管理的工作分析

工作分析的思想最早产生于古希腊。古希腊思想家苏格拉底提出,通过社会分工的方法,每个人从事自己力所能及的工作,才能对社会有所贡献。每个人的能力也是不同的,不同的岗位工作有不同的工作要求,使每个人从事其最适合的工作,才能提高社会的整体效率。苏格拉底的社会分工思想得到了实践的充分肯定,并被认为是工作分析思想的最早起源。工作分析是组织全面管理的基础,被称为科学管理之父的泰勒在《科学管理原理》一书中就提出要对每一项工作进行研究,从而科学选拔、考核、培训工人。至此,工作分析成为管理界公认的管理基础,大量企业组织在一战以后纷纷采用工作分析方法,对组织内部每项岗位的职责权利、员工应该具有的素质、技能以及该承担的责任都进行定量、定性分析,为组织选拔合适人才、找到考核依据、培训员工提供根本依据。就绩效管理而言,工作分析仍然是绩效管理的基础。没有对工作岗位的细分和职责权利的规定,绩效管理也就失去了考核、评估、管理的基础。本节着重从工作分析重要性的角度出发,论述公共部门绩效管理工作分析在公共部门绩效管理中的基础性作用,并对公共部门绩效管理工作分析的内容、程序、方法等作出较为详细的说明。

一、公共部门绩效管理工作分析的涵义

工作分析是人力资源管理的基础,是对组织中某个特定工作职务的目的、任务或职责、权力、隶属关系、工作条件、任职资格等相关信息进行收集与分析,以便对该职务的工作作出明确规定,并确定完成该工作的所需要的行为、条件和人员的过程。工作分析的结果是形成工作描述与任职说明。[1]它是人

---

① 余凯成,等.人力资源管理[M].大连:大连理工大学出版社,1999:58.

力资源开发与管理中必不可少的环节,与人力资源的招聘、考核、奖惩、培训等工作都有密切关系。

早期的工作分析主要被企业用于工艺流程设计和人员招聘,随着工作分析技术手段的提高和组织面临外部环境压力的增加,越来越多的企业认识到了工作分析对企业管理的作用和意义,并将其广泛运用于绩效考核、培训、薪酬管理等。尤其在新组织成立、新工作产生、新技术运用的情况下,工作分析的重要性就显得尤为突出。一般认为,工作分析的意义主要表现在以下几个方面①:

(1)为各项人事决策提供了坚实的基础。有了工作分析,企业的各级管理人员不论是选人、用人,还是育人、留人都有了科学依据。

(2)通过对人员能力、个性等条件分析,人尽其才。工作分析的结果可以使人员的使用在"合适的时候把合适的人放在合适的岗位上",避免"大材小用"或者"小材大用"的现象。

(3)通过对工作职责、工作流程的分析,使"才尽其职"。避免人力资源的浪费,提高工作效率。

(4)通过对工作环境、工作设备的分析,使人与机器相互配合,更好协调。使才能尽其用,职能尽其用,以完成组织的目标。

(5)能科学地评价员工的业绩,有效地激励员工。通过工作分析,了解员工与岗位各方面的信息,有助于科学选拔员工、考核员工、奖励员工,达到激励目的。

组织绩效管理是组织管理的一种新技术方法,越有效的绩效管理对工作分析精度的要求也就越高。组织绩效管理的基础建立在工作分析的基础上,故很多人都把绩效管理等同于人力资源管理。但不可否认的是,绩效管理的有效实施,包括绩效指标体系建立、绩效评估等都需要事先对工作进行科学分析。因此,绩效管理实施的基础必须有科学的工作分析作为保障。

公共部门绩效管理的基础是进行工作分析。这里的工作分析与公共部门人力资源管理部门所作的工作分析是一致的。由于传统的公共部门人力资源管理部门并没有或者说缺乏科学工作分析的理念和实际做法,对公共部门来说,实施绩效管理的基础就显得极为薄弱了。企业组织可以借助人力资源管理部门原先所作的工作分析,而公共部门就面临着某种困境。因此,公共部门引入绩效管理就要在人事部门获得突破,采用科学计量、民主参与的方法对公共部门各个岗位进行工作分析。与一般意义的工作分析相似,公共部门工作

① 王璞.人力资源管理咨询事务[M].北京:机械工业出版社,2003:148-149.

分析也要求围绕提高政府绩效和服务水平的目标,对公共部门各个部门、各个岗位工作职务的目的、任务、职责、权力、隶属关系、工作条件、任职资格等相关信息进行收集与分析,并形成工作描述与职务说明书。

公共部门人事机构管理长期遵循官僚机构管理方式,对公务工作岗位只有等级、资历的划分和区别,向来缺乏从科学管理的角度对工作职责权利、任职资格及承担责任的明确规定。因此,对公共部门实施绩效管理而言,科学的工作分析也就显得尤为必要。

第一,人事机构缺乏科学工作分析直接影响到公共部门绩效管理实施成功与否。绩效管理的核心是绩效考核和绩效评估,所依据的绩效指标体系不是管理者凭空确定的。按照绩效管理民主参与、市场管理的理念,绩效指标体系建立在员工对组织目标的认同、参与、市场需求以及员工本身工作职责的基础上。所确定的绩效指标体系既是员工参与组织管理的过程,也是组织对员工工作任务、职责的要求。工作分析利用科学计量的方法(面谈、观察、民主测评等),整个过程就是收集员工意见和让员工参与组织活动的过程,体现了民主参与和科学管理的原则,所形成的职务说明书既是组织对员工的期望,也是员工对职责和个人绩效目标的认同。实施绩效管理的前提是要收集绩效信息,在缺乏专业绩效管理机构的情况下,利用人力资源管理部门的工作分析内容和结果,也是短期内实施绩效管理有效的措施和方法。而公共部门人事机构同样面临缺乏科学工作分析的困境,长期以来人事机构的工作重心都围绕人员招聘和人员考核,对公务工作始终没有运用科学的方法来分析。绩效指标体系也往往忽略各个工作岗位的实际。这样,人事机构缺乏科学工作分析就直接影响到公共部门绩效管理实施的成功与否。为保证公共部门绩效管理逐步、持续地推进,人事部门吸收企业管理的工作分析方法对公务岗位进行科学工作分析也就成为首要任务。

第二,公共部门工作分析是绩效指标建立和绩效考核的基础。正如前面所说,公共部门绩效管理改革中,建立专门的绩效评估和管理机构在时机和费用上都存在一定问题。以我国绩效管理改革实践为例,大都以内部改革为主,成立独立的对政府绩效进行评估的绩效管理机构在人力、物力、技术及社会压力各方面都面临难题。这样,人事机构就在公共部门绩效管理改革初期承担了极为重要的职责。工作分析是企业绩效管理的基础,是绩效指标建立和绩效考核的依据,同样也是公共部门绩效管理的基础。认识到工作分析的重要性是绩效管理在公共部门广泛开展和得到社会支持的前提。通过工作分析,可以明确公务工作各个岗位的工作目的、任务、职责、权力、隶属关系、工作条件、任职资格以及承担的责任。相对于传统人事部门简单的职务说明,工作分析对公务员的职责权利做了明确规定,有助于公务员全面了解公共组织的目标、个人所要达到的绩效目标以及应该承担的责任和可能获得的奖励。可以说,工作分析在公共部门中不仅是绩效考核机制和奖惩激励机制的依据,也为公共部门责任塑造政府和服务政府的形象提供了科学依据。

二、公共部门工作分析的原则与内容

(一)公共部门工作分析的原则

工作分析要遵循一定的原则,以保证工作分析能够科学、公正、合理,从而成为绩效管理可靠的基础和依据。具体来说,可以定为以下六项原则:

1. 系统原则

在对某一工作进行分析时,要注意该工作与其他工作的关系以及该工作在整个组织中所处的地位,从总体上把握该工作的特征及对人员的要求。工作分析是组织管理的组成部分,不能从组织系统中割离出来。把握系统原则要求人事部门以全局的观念来考虑工作分析的内容与组织未来的发展。可以说,这项原则最考验人事部门管理者的管理素质和技能,也与公共部门自身的定位有关。

2. 动态原则

一方面,工作分析前,要根据市场环境和社会需求变化设置不同的岗位和要求,使公务员的工作内容和职责符合社会对公共部门的期望,以适应竞争复杂的市场环境变化,提高公共部门的形象和社会支持率;另一方面是工作分析后,动态原则意味着工作分析的结果并不是一成不变的,根据战略意图、环境的变化、业务的调整,经常性地对工作分析的结果进行调整。

3. 目的原则

工作分析中,要根据工作分析的目的,确定工作分析的侧重点。工作分析的内容由其目标决定,公共组织的目标一是提高政府效率和服务水平,二是减少资源浪费,获得社会公众支持。当然,不同公共组织目标依据不同组织的功能、地域、发展情况而异。在实际操作中,公共部门的目标还受到部门利益的影响,不一定直接以这些目标为宗旨。而从公共部门发展角度看,公共部门的部门利益可以和服务政府的目标有机结合起来。公共部门工作分析的内容也正是从这个角度分析的。

4. 经济原则

经济原则也有两层涵义,一是指工作分析本身需要本着经济性原则,根据工作分析的目的,采用合理、精简的方法,减少不必要的人力物力浪费;二是指工作分析所分析的工作,也要按照经济原则,保证该岗位的工作不至于浪费大量资源。公共部门财政赤字问题是实施绩效管理的紧迫原因之一。作为绩效管理的基础,工作分析设置岗位的职责权利和承担的责任都需指向经济原则。

5. 职位原则

工作分析的出发点应从职位即岗位出发,分析职位的内容、性质、关系、环境以及人员胜任特征,即完成这个职位工作的从业人员需具备什么样的资格、条件以及应该承担的责任等,而不是分析在岗的人员是怎样的情况。这是工作分析中较容易陷入的误区之一。

6. 应用原则

工作分析为人员招聘、选拔培训、考核、激励等都提供了现实依据。因此,应用原则要求工作分析的结果,即工作描述与任职说明,能够用于公共部门具体管理。同时,工作分析一旦形成工作说明书后,管理者就必须严格按工作说明书的要求进行管理。

(二)公共部门工作分析的内容

公共部门工作分析的内容与一般组织工作分析的内容具有相似性。不同的组织目标决定工作分析的不同内容。有的工作分析是为了使工作内容与要求更加明确或合理化,以便制定切合实际的奖励制度,调动员工的积极性;而有的是对新工作的工作规范作出规定;还有的是为了改善工作环境,提高安全性。公共部门以提供社会公共服务为基本目标,不以盈利为目标,具有公益性,这也就决定了公共部门工作分析的目标是为了提高公共部门服务质量和服务水平,树立负责任的政府形象,并赢得社会公众的支持。

1. 工作分析的内容

一般来说,工作分析的内容或者信息包括以下几方面[1]。

(1)工作活动

工作活动是工作描述的主体部分,必须详细描述,列出所需的内容。包括工作活动和过程、活动记录(例如以胶片形式)、所采用的程序、所要完成的工作任务与负担的责任、接受监督以及进行监督的性质和内容等。

(2)定位于员工的活动

定位于员工的活动包括人的行动,如有关工作的身体动作和沟通、针对方法分析的基本动作、对身体的工作要求,如体力耗费等。

(3)所采用的机器、工具、设备和辅助工具

---

① 世界500强企业管理标准研究中心.工作分析与职位说明[M].北京:中国社会科学出版社,2004:3-4.

这里指机器类型、损耗、生产工具的复杂性。

（4）与工作相关的有形和无形内容

这些内容指所涉及或应用的知识（如会计知识）、加工的原材料、制造的产品和提供的服务。

（5）工作业绩

工作业绩包括错误分析、工作标准、工作计量，如完成任务的时间等。

（6）工作环境

工作环境包括工作日程表、财务和非财务奖励、工作条件、组织和社会的环境等。

（7）工作对个人的要求

工作对个人的要求指个人因素，如个性和个人兴趣爱好、所需要的学历和培训程度及工作经验等。

2. 工作分析的结果

概括地讲，工作分析包括两个方面的内容：一是确定工作的具体特征；二是找出工作对任职人员的各种要求。前者称为工作描述，后者称为任职说明。工作分析所要形成的结果即工作描述和职务说明书。公共部门目前还没有明确的职务说明书，因此对公共部门而言，这方面的内容显得尤为重要。

（1）工作描述

工作描述具体说明工作的物质特点和环境特点，主要解决工作内容与特征、工作责任与权力、工作目的与结果、工作标准与要求、工作时间与地点、工作岗位与条件、工作流程与规范等问题①。

①工作名称。指组织对从事一定工作活动所规定的工作名称或工作代号，以便于对各种工作进行识别、登记、分类以及确定组织内外的各种工作关系。工作名称应当简明扼要，力求达到能标识工作的作用。如财务部科员、人事部科长等。如果需要，工作名称还可有别名或工作代号。公共部门的工作名称受到统一管理的限制，不可能像企业组织一样采取多样化的别名，但工作代号的做法值得借鉴。

②工作活动和工作程序。标明公务员要完成的工作任务与负担的责任；执行任务时所需的条件，如使用的材料和机器设备；工作流程与规范；与其他人的正式工作关系；接受监督以及进行监督的性质和内容等。

③物理环境。工作描述要完整地描写个人工作的物理环境，包括工作地点的温度、光线、湿度、噪音、安全条件等，不包括工作的地理位置，可能发生意

---

① 余凯成，等.人力资源管理[M].大连：大连理工大学出版社，1999：62.

外事件的危险性等。公共部门的特殊工作性质决定了大部分工作的地点都在室内,但也不排除一些特殊的公共部门,如城管、交通部门等,工作的物理环境也应被考虑在内。

　　④社会环境。它包括工作群体中的人数及相互关系,工作群体中每个人的个人资料,如年龄、性别、品格等;完成工作所要求的人际交往的数量和程度;与各部门之间的关系;工作点内外的公益服务、文化设施、社会习俗等。

　　⑤聘用条件。主要描述工作人员在正式组织中的有关工作安置等情况。它包括工作时数、工资结构、支付工资的方法、福利待遇、该工作在组织中的正式位置、晋升的机会、工作的季节性、进修机会等。

　　(2)职位说明书

　　职位说明书建立在工作描述的基础上,说明担任某项职务的人员必须具备的生理和心理要求。工作说明的对象是工作,而职位说明书的对象是人。主要包括:一般要求(年龄、性别、学历、工作经验等)、生理要求(健康状况、力量与体力、运动的灵活性、感觉器官的灵敏度等)、心理要求(观察能力、集中能力、记忆能力、理解能力、学习能力、解决问题能力、创造性、数学计算能力、语言表达能力、决策能力、交际能力、性格、气质、兴趣、爱好、态度、事业心、合作性、领导能力等)。在公共部门中,不同层级、不同部门、不同地域的岗位对担任职务的要求都不尽相同。下面给出一个"绩效考核专员"的职位说明书①供参考(见图3-4)。

　　图3-4以企业绩效考核为参考,列出了公共部门绩效考核专员的职位说明书。从绩效考核角度看,公共部门和企业组织并无太大差异。以绩效考核专员的职位说明为例,为人事部门如何建立职位说明书提供借鉴。绩效考核专员在人事部门并不是新兴职位,是对传统人事部门绩效考核工作的延伸,对人事部门推进绩效改革具有重要意义。当然,公共部门绝不仅仅只有绩效考核专员这个职位,其他的职位也可以参考这个岗位说明书做。具体的岗位要求需要根据具体的职位来定。需要注意的问题是,公共部门的岗位带有公共服务的特性,在社会职责和岗位责任方面,对人员的要求会比企业更高。我们可以借鉴企业管理做职位说明书的经验,但不可以照抄。对于公共部门社会责任和公共服务的特性,需要在岗位说明书中明确指出,以便为公共部门绩效管理提高政府效率和服务行政奠定基础。

---

　　①　绩效考核专员职位说明书来源于企业管理的实践,本书根据公共部门绩效管理和工作分析的要求进行了适当修改和调整,仅供参考。

图 3-4　绩效考核专员职位说明书

职位名称：＿＿＿＿＿＿＿职位编号：＿＿＿＿＿＿

部　　门：＿＿＿＿＿＿＿直属上级：＿＿＿＿＿＿

下属岗位：＿＿＿＿＿＿＿核实日期：＿＿＿＿＿＿

★ 岗位要求

1.人力资源管理或心理学专业(或行政管理)，大学本科学历。

2.掌握员工考核的知识与技能。

3.熟悉考核的制度与流程。

4.了解员工的操作标准。

5.熟悉职务晋升体系。

6.熟悉人力资源系统操作。

7.具备一定的人员考核经验。

8.了解劳动法规制度。

9.有1年以上的绩效考核相关的工作经验。

10.了解该公共部门的人事制度。

★ 主要职责

1.建立并维持公正有效的绩效考核体系，并负责考核的实施、管理。

2.根据公共部门需要，配合领导具体组织实施各类员工绩效考核工作。

3.根据绩效考核情况和相关规定，实施对相关员工的奖惩。

4.建立公共组织职位管理系统，协助和指导各部门绩效考核工作。

5.建立管理者考核评估体系及职务晋升体系。

6.指导部门负责人开展考核工作，向员工解释各种相关制度问题。

7.协助修订政策指南和《员工手册》，提供政策支持，协助政策解释。

8.对当前的绩效考核制度进行评估，推荐改进措施。

9.协助人事部门管理者完成其他相关人事工作。

三、公共部门工作分析的方法与程序

工作分析的特点在于采用科学分析的方法对各项工作进行定性、定量分析，公共部门工作分析也因此要遵循一定的分析程序，并采用各种适合本部门情况的方法来做工作分析(见图3-5和图3-6)。

图3-5标明了工作分析的手段与方法，如访谈法、调查表法、工作日志法、关键事件法、经验总结法等，并指出了各个部门工作分析实施的情况和所应形成的工作分析结果，是个全局性概况图。图3-6以简明扼要的方式标明了工作分析的程序和步骤，是工作分析实施的基本思路。

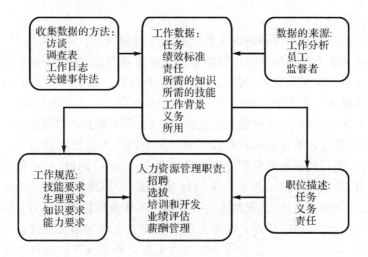

图3-5　工作分析实施情况图①

图3-6　工作分析的步骤②

　　通过对图3-5和图3-6的分析,我们可以大致了解工作分析实施的情况和具体步骤,下面就主要介绍几种工作分析的方法,并结合公共部门的情况进行说明。

----

①　世界500强企业管理标准研究中心.工作分析与职位说明[M].北京:中国社会科学出版社,2004:5-6.

②　世界500强企业管理标准研究中心.工作分析与职位说明[M].北京:中国社会科学出版社,2004:5-6.

（一）观察法

观察法是指在工作现场观察员工的工作过程、行为、内容和工具等，并把这些情况记录下来进行分析与归纳总结。通过观察法，工作分析者能够比较全面深入地了解工作要求，其缺点在于员工角色自己处于一种被监视的状态，要么很难提高工作积极性，要么就会导致信息失真。

一般来说，观察法比较适合大量标准化的、周期较短的以体力活动为主的工作，公共部门并不合适用观察法来做。这是因为大量公共部门活动以管理为主，各个部门的服务对象和工作方法也都不尽相同；同时，公共部门的管理活动具有公共服务性质，没有标准的计量方法，工作周期甚至可以延续很多年。不过，需要肯定的是，观察法为公共部门工作分析提供了一种从办公室走向实践的思路。以往，管理者确定工作岗位和工作职责都凭借过去岗位运行情况和部门的实际需求，缺乏从工作本身角度分析某项工作应该需要履行的职责、使用的工具和所需的环境等情况。公共部门使用观察法并不强求一定以完全量化的方式计量工作过程、行为、内容等，而是对人事部门管理者提出了要求，要求管理者能够深入了解公务工作的具体情况，如使用计算机的情况、办理一项行政审批工作所需要的时间、服务态度等，都可以运用观察法分析。对公务工作的具体了解是绩效指标建立、保证绩效管理这些民主参与的基础。

（二）面谈法

面谈法又称访谈法，是一种应用最为广泛的工作分析方法。它指工作分析者就某一个职务或职位面对面地询问任职者、主管、专家等人对工作的意见和看法。一般情况下，应用面谈法时以标准化访谈①格式记录，便于控制访谈内容和进行相互比较。

这种方法适合在企业和公共部门，不仅能够了解任职者的工作态度与工作动机等深层次内容，也反映了公共部门民主参与的水平。面谈法的运用面广，能在短期内简单而迅速地收集多方面的工作分析资料，由任职者亲口讲出工作内容，具体、准确又切合实际，使工作分析者了解到短期直接观察法不容易发现的情况，有助于管理者发现问题；同时也是员工沟通和缓解工作情绪的渠道。当然，面谈法也有其一定的缺陷；首先，面谈法需要专门的技巧，最好由受过专门训练的工作分析专业人员来进行；其次，面谈法会耗用比较多的时间和资金，成本相对较高；最后，管理者与被管理者的面谈会扭曲搜集到的信息，

---

① 面谈程序分为标准化和非标准化两种，所谓标准化面谈是面谈者事先准备好统一的面谈提纲，对同一职务询问相同的问题；而非标准化面谈没有统一的面谈提纲，根据面谈的情况临场提问。

被管理者可能会夸大或弱化自己的职责。公共部门使用面谈法进行工作分析是行之有效的办法，不过考虑到人事部门的权威性，面谈法搜集到的信息很有可能比在企业中更容易受到扭曲。公共部门要克服面谈法的障碍就需要专业人员广泛参与面谈，尽量避免官员参与带来的消极影响，还要努力提高人事部门管理人员的素质，培养其面谈方面的专业技能。对公共部门而言，面谈法的意义不仅局限于工作分析，也是公共部门内部打破长期层级规制，建立上下沟通机制、树立民主氛围的重要手段，对公共部门绩效管理改革具有新的意义。

（三）问卷调查法

调查问卷法是通过设计的问卷获取关于某岗位的工作内容、工作特征和人员要求等信息的方法。具体有管理职位描述问卷法（MPDQ）、职位分析问卷法（PAQ）、任务详细目录法（TIQ）、体能分析问卷法（PAAQ）、调查表法等。

问卷法在企业市场调查领域做得较为成功，它的优点[①]在于第一，费用低，速度快，节省时间，可以在工作之余填写，不致影响正常工作；第二，调查范围广，可用于多种目的，多样用途的工作分析；第三，调查样本量很大，适用于需要对很多工作者进行调查的情况；第四，调查的资源可以数量化，由计算机进行数据处理，提高精确度。问卷法的缺陷在于问卷设计的准备要花费较多时间，人力、物力和费用成本高，对设计人员的专业素质要求也很高；同时，填写调查表由被调查者单独进行，缺少交流和沟通，因此，被调查者可能不积极配合，从而影响调查质量。对公共部门来说，问卷法可以避免权力因素带来的消极影响，但对问卷设计也提出了高难度要求。人事部门如何设计出反映工作信息和人员信息的问卷，直接影响到问卷的质量和调查的结果。因此，人事部门需要引进相关专业的人才或者请教相关领域的专家，还有要注重人事部门管理人员专业素质和技能的培养。

本章小结

1. 谁来承担公共部门绩效管理的角色？这个问题是西方国家政府再造运动的关键问题之一。传统公共行政部门的官僚机构在承担绩效管理的职责方面缺乏革新精神和专业管理素质。在"新公共管理运动"中，不同国家对这个问题有完全不同的做法，也代表了不同的理念。采用何种机构来承担绩效管理的主体角色，反映了不同公共部门绩效管理实施的程度、幅度和有效性。

2. 绩效管理存在的一个重大误区就是将绩效管理等同于人力资源管理，

---

① 王璞. 人力资源管理咨询事务［M］. 北京：机械工业出版社，2003：155-156.

从而导致一些公共部门绩效管理主要由人力资源管理部门来实施。这种做法，偏离了对绩效进行管理的初衷，不利于公共部门从整体上提高组织绩效和服务水平。当然，在避免绩效管理误区的同时，我们也不可忽视公共部门人力资源管理与绩效管理之间的相互促进关系。

3. 绩效管理的首要程序就是要确定绩效目标。目标决定了组织实施绩效管理的有效性，尤其对公共部门来说，确定具体的目标、形成目标体系，对公共部门各项管理改革都具有指导性意义。

4. 工作分析是人力资源管理的基础，是对组织中某个特定工作职务的目的、任务或职责、权力、隶属关系、工作条件、任职资格等相关信息进行收集与分析，以便对该职务的工作作出明确规定，并确定完成该工作的所需要的行为、条件、人员的过程。工作分析的结果是形成工作描述与任职说明。它是人力资源开发与管理中必不可少的环节，与人力资源的招聘、考核、奖惩、培训等工作都有密切关系。

第四章 公共部门绩效管理的指标

公共绩效管理的核心是绩效评估,而绩效指标体系又是绩效评估的基础。由此,构建绩效指标体系就成为公共部门绩效管理的重要前提准备之一,没有科学的绩效指标体系,绩效考核就无法正常进行,绩效管理也就失去了在提高绩效和服务水平上的积极意义。认识到绩效指标体系的重要性也是公共部门绩效管理实施的基础,而科学的绩效指标体系完全建立在有效的工作分析基础之上。"公共部门组织目标——工作分析——绩效指标——绩效评估"的整个过程就是如何贯彻绩效管理的过程,前面三个步骤即是绩效管理的基础。由于绩效指标在公共部门绩效管理中占据重要地位,本章将绩效指标单独列出来,着重论述绩效指标建立的标准、方式以及我国一些公共部门绩效指标建立的具体情况。

第一节 公共部门绩效指标的特点

绩效指标是绩效评估的内容,公共部门绩效指标具有自己的特点,本节主要阐述绩效指标的构成要素,并在此基础上论述公共部门绩效指标的特点。掌握公共部门绩效指标的特点,对于我们设计公共部门绩效指标都具有重要的启示作用。

一、绩效指标的涵义及构成要素

所谓绩效指标是指与员工或者雇员绩效产出有关的考核项目,它与员工的工作内容相关,并建立在工作分析的基础上。绩效指标相当于一种"标尺",通过这把"标尺",能明确了解员工的工作情况、工作态度等。一般来说,绩效指标包含三个要素:考评要素、考评标志和考评标度①。

　　　　绩效考评指标＝考评要素＋考评标志＋考评标度

　　考评要素是指考评对象的基本单位,根据被考评者在工作中的各项要求来设定。

　　考评标志是揭示考评要素的关键可辨特征,有不同的分类方式。从考评标志揭示的内涵来看,可以分为客观形式、主观形式、半客观半主观三种,如产品合格率、次品率等均属于客观指标,而顾客满意率属于半客观半主观指标。

　　考评标度是考评要素或要素标志的程度差异与状态的顺序和刻度。分为量词式标度(多、较多、少等)、等级式标度(优、良、中、及格等)、数量式标度(100分、90分、80分等)、定义式标度(如规定 A 表示工作表现优秀,顾客满意度高;B 表示工作表现良好,顾客满意度较高……E 表示工作表现差,顾客极不满意等)。

　　考评要素、考评标志、考评标度三个要素构成了绩效指标,举个典型的例子来表明三者之间的关系和差异(见表 4-1)。

表 4-1　离散型数量式标度对"工作态度"的划分表

考评要素	考评标志	考评标度
工作态度	工作表现优秀,顾客满意度高	10 分
	工作表现良好,顾客满意度较高	5 分
	工作表现差,顾客极不满意	0 分

二、公共部门绩效指标的特点

　　要发挥绩效指标在绩效考核中的作用,就必须抓住与绩效直接相关的指标。从方法论讲,绩效指标要依据一定的科学方法来确定。上一章谈到的工作分析方法,包括问卷、访谈、观察、经验总结等,都为绩效指标的科学确定创造了条件。那么,良好而有效的绩效指标究竟应当具有怎样的特征呢?

　　第一,可衡量性。一个好的绩效指标应该是可以度量的、有形的。因此,大部分绩效指标都表现为数量化和精确化。如企业组织使用量化的销售额作为评价销售部门工作的重要标准。而对于公共部门来说,绩效指标量化问题一直是其最突出的问题。公共部门不直接生产产品,公共服务也很难通过数字量化来表示。但就一些特殊的公共部门或者工作岗位,量化的绩效指标建

---

①　陈芳.绩效管理[M].深圳:海天出版社,2002:138-139.

立还是存在可行性的。如缺勤率、人员培训率、人员流失率等。通过建立可衡量的指标，能够明确了解公务员的绩效水平，并帮助他们对自己的绩效形成正确认识，以持续提高绩效水平，达到对绩效进行有效管理的目的。当然，公共部门大部分面对的还是无法衡量的指标。遇到这种情况，可以使用如"优、良、差"，或是"不及格"之类的多阶段标准来衡量绩效水平。

第二，全面性。绩效指标应确保可以综合反映被考核者的工作全貌，包括个人品质和工作态度等方面。绩效指标的全面性，一是为公共部门提供全方位管理绩效的手段，二是为公务员全面发展、积极提高绩效提供一种预期目标，以帮助公共部门整体绩效和服务形象的提升。所以，绩效指标要尽可能周到全面，不遗漏所需考核的任一方面。但是，全面性也不是说考核的指标越多越好。绩效指标究竟需要多少，没有一定的标准。一般认为，工作职责简单，所需设立的绩效指标就少；反之，职责内容复杂就需要设立多项绩效指标。公共部门中除了少数几项工作岗位职责简单外，大部分都与公共服务有关，面临对内和对外的双向责任。因此，公共部门的绩效指标体系也往往是最复杂的。

第三，独立性。这是从绩效指标建立如何保证科学性的角度指出的特点。考核的指标在同一个层次上应该相互独立，没有交叉。如果绩效指标之间存在交叉，就有可能带来绩效综合考核结果的不公正性或者无效性。若 A 指标与 B 指标存在重合，如工作人员甲在 A 指标上获得分值高，那么相应地甲在 B 指标上也会获得较高的分值。工作人员乙可能在 B 指标上表现好，而在 A 指标上分值低。从总体来看，工作人员甲和乙的绩效考核结果应该差不多，而由于绩效指标的重合，最后的绩效考核结果很有可能是甲＞乙。这就造成了某种程度的不公正，既影响到绩效管理衡量绩效的公正，也不利于实现提高绩效的战略目标。一般来说，绩效考核指标体系由多个层次构成，独立性原则要求同一层级上的 A 指标与 B 指标不能存在重叠或因果关系。

第四，民主性。绩效管理以民主参与为主要特点，因此，绩效指标制定也应充分体现民主性的特点。这里有两层含义，一是指绩效指标制定过程要让公务员充分参与，以得到他们的支持、理解和合作；二是绩效指标本身应该体现民主因素，如考虑不同部门的具体情况、不同工作岗位的具体要求等，但绝不是不同任职者的具体要求的体现。一般认为的民主性原则主要指前者。让公务员参与绩效指标制定有多种方法，主要就是通过管理者与被管理者的相互沟通，将公共部门整体目标与具体岗位的情况有机结合起来，双方达成一致协议，有助于激励员工在双方一致同意的情况下为既定的绩效指标努力。民主性的主要目的就在于既充分考虑雇员的意见和要求，又通过沟通协商起到激励作用。同时，经过民主参与所制定出来的绩效指标也更有可能趋向合理，符合组织目标的要求和岗位实际工作的要求。

第五，一致性。绩效指标的对象是工作。绩效指标与绩效目标存在一定差异，绩效目标是针对个人而定的，它的制定应依个人的经验、技术、性格的不同而各异；绩效标准则是按照工作本身来建立的，不管做这项工作的人是谁，所定的标准都是一致的。不同能力的公务员在同一工作岗位上可能会有不同的绩效目标，但绩效指标的标准只有一套，否则绩效指标就失去了衡量和考核的意义。

第六，变动性。绩效指标的合理性建立在民主参与制定和不断变动的前提基础上。也就是说，绩效指标并不是一成不变的。当影响公务员工作的各项因素或组织外部环境发生变化时，组织的战略目标也可能因此发生变化，绩效指标也就随之而变。在"新公共管理运动"中，政府财政压力和市场竞争促进了政府在绩效考评中加入个人效率和服务质量等要素。可见，绩效指标具有一定的变动性。绩效指标的变动性为组织不断推进组织整体绩效和服务水平提供了理论和现实准备，是对绩效进行管理的有力措施。

以上六项特征描述了良好绩效指标应该具备的要求，也是设计绩效指标体系应该遵循的基本原则的概括。

三、公共部门绩效指标体系的内容

绩效指标是"一个量化过程——或给一个程序、项目或其他活动的运作指定的一个数目"，以此作为标准来测定政府机关为公众提供产品或服务的状况。它是反映机构、项目、程序或功能如何运作的重要指标，它们能使不确定因素、活动、产品、结果及其他对绩效具有重要意义的因素量化。[①]　绩效指标作为绩效评估的衡量标准，不仅反映工作任务或目标的完成程度，而且反映出工作任务或目标完成的过程。因此，建立的绩效指标体系不仅要清楚地表明政府完成了什么工作，而且还要表明政府是怎么完成这些工作的，完成这些工作是为了什么。要全面、正确衡量政府绩效，就必须选择多种绩效指标，形成一个完整的指标体系。

公共部门绩效指标体系内容是一个完整的系统是对政府绩效进行不同方面、不同角度的衡量。各个公共部门的绩效评估指标根据部门自身的具体情况虽然各有不同，但也存在共通之处。各部门可以在一定指标体系的指导下，根据自己的特点与实际制定自己的指标，既保持特性又能实现数据共享和统

① 黄萍.论政府绩效评估指标体系的构成与选取[J].河南省政法管理干部学院学报,2004(5):71-75.

一标准,使各个部门的绩效信息都能纳入到公共部门绩效评估体系中。

就公共部门(政府)而言,绩效指标体系主要包括四方面内容:一是政府预算的绩效指标;二是政府人力资源的绩效指标;三是政府组织和文化的绩效指标;四是政府采购的绩效指标。当然,各个公共部门的功能、服务对象都有不同,其绩效指标体系的侧重点也有可能不同。

根据美国学者詹姆斯·威尔逊的观点,行政组织中人员的工作活动或劳动付出行为可以视为"投入",然后按照这种劳动投入是否可测量,再加上行政机构产出是否可测量,将行政机构划分成四种类型(见表 4-2)[①]。

表 4-2　行政机构的四种类型

类型	投入	产出
生产型组织	可测量	可测量
程序型组织	可测量	不可测量
工艺型组织	不可测量	可测量
应付型组织	不可测量	不可测量

表 4-2 根据行政组织"投入—产出"的能否测量性划分了四种行政机构类型,这对于我们分析各个公共部门的绩效指标体系构成具有重要的启示意义。一般来说,公共部门的绩效指标主要指向两个方向,一是向社会提供服务的指标,二是政府内部管理的指标。这两者是相互联系的,共同构成了绩效指标体系的四方面内容。

具体来说,向社会提供服务的部门的指标内容包括:

(1)投入指标

投入指标是衡量为实现某一目标而消耗的人力、物力、财力等指标。投入包括劳动、材料、设备、供给、资金。投入指标对于展示提供服务的总成本、提供服务的各种资源、服务的需求是非常重要的。如对困难职工进行帮困补助所花费的资金。

(2)产出指标

产出指标是指公共服务部门提供的服务内容或产品数量,反映为提供服务或生产产品做出努力的程度。如垃圾清理及处理的吨数、绿地的面积等。

(3)效果指标

效果指标是指公共服务供给之后产生的效果,反映出工作计划完成后条件

---

① ［美］詹姆斯·威尔逊.美国官僚政治［M］.张海涛,等译.北京:中国社会科学出版社,1995:427.

或环境的改进。效果包括短期效果和长期效果。效果指标可以反映出政府工作是否达到原定的目标。如参加再就业培训人员在参加培训后就业的人数。

(4)合适度指标

合适度指标报告政府提供的服务与群众需要的契合度。例如,需要进行再就业培训的人数及比率,如果需要进行再就业培训的人很少,那么政府就没有必要进行大范围的培训。这涉及政府与公众的沟通有效性问题。

(5)质量指标

质量指标反映公众对公共服务部门提供服务的满意程度,它表明政府提供公共服务的态度、使用的方法与手段、管理能力等。具体的质量指标包括确定性、准确度、竞争性、敏捷性。质量测定主要包括两个方面:一是对合目的性的测定,二是对公众(顾客)满意度的测定。所谓合目的性,指的是政府工作的效果是否符合开展这项工作的目的。合目的性通过产出的质量和工作程序来衡量。所谓公众满意度是指公众尤其是政府服务的对象对政府工作的效果是否满意。实际上质量与投入、产出、结果、合适度的区别并不是绝对的,因为投入、产出、结果、合适等方面都暗含着质量指标的某些要素。① 质量指标是公共服务部门绩效指标体系构建的新指标,也是现代公共行政学发展的一个重要变化。全面质量管理就是建立在公共部门各项质量指标的基础之上,是对政府如何完成工作的综合反映。

政府内部的管理不直接向社会提供产品或服务,其服务对象是政府的其他工作部门。公共部门绩效管理的特色之一就在于要调动公共部门内部人力资源管理的积极性,通过加强内部管理,提高个人绩效、个人工作积极性及机构工作人员的满意程度,提升公共部门人力资源的素质。因此,政府内部管理也需要建立配套的绩效指标,以便体现公共部门内部管理的有序性和协调性,使公共部门内部管理符合不断提供公共服务的要求。就公共部门内部管理而言,主要体现两方面内容:一是纪律性,是指政府工作是否符合法律、法规、规章以及各工作部门内部规范等的规定,它是政府工作的硬性规定,也是基本要求;二是合理性,是指政府工作是否妥当、合适,是否合乎理性要求,它包括政府投入是否合理、提供服务是否及时、工作程序是否简单以及政府内部其他部门是否满意等方面。具体来说,政府内部管理的指标内容包括以下几条:

(1)遵守纪律性指标

遵守纪律性指标是指部门是否按法律、法规、规章及政府工作部门内部规

① 参见:黄萍.论政府绩效评估指标体系的构成与选取[J].河南省政法管理干部学院学报,2004(5):71-75.

范的规定来完成工作。比如某政府部门（机构）内的出勤率、某政府部门（机构）受内部纪律处罚的次数。

（2）投入指标

投入指标是指为完成某项工作所耗费的资源，即政府机关投入的劳动力和时间。例如制定一个内部规范的所需人数和时间的标准。

（3）时间性指标

时间性指标即是否按照要求或计划规定的时间定期进行服务。如人事部门是否按时进行工作人员的业务培训。

（4）程序改进指标

程序改进指标是指工作的程序是否过于复杂以至工作效率不高或工作成本的不经济，是否具有改进的必要。如档案的管理程序是否过于复杂。

（5）内部工作人员满意度

主要指公共部门内部管理的有效性，如人员对培训是否满意，对薪酬制度的满意程度等。

以上两方面（提供公共服务的部门和公共部门内部管理）的指标体系内容

表 4-3　我国公共部门绩效指标体系的内容

考核方向	指标内容
国民经济	GDP 总量、人均值及其增长率
	产业结构
	就业率与失业率
人民生活	人均收入及其增长率
	基尼系数
	社会保障实施情况
科教文卫	科技进步
	教育发展
	文化事业
	卫生与防疫
	计划生育
生态环境	/
社会治安	/
其他指标	重大案件和事故
	施政成本
	公众满意度

是一般公共部门（机构）的绩效指标体系构成。当然，如果涉及省级及其以上的公共部门绩效指标体系构建时，其绩效指标内容可能会显得更为复杂。根据西方国家对政府绩效测评的指标构建，大致地将我国公共部门绩效指标体系内容分为六个方面①（见表 4-3）。

表 4-3 较为简明地概括了现阶段我国公共部门绩效指标体系的内容。这些指标都有待继续量化和细化，不能直接作为绩效考核的指标，但毕竟较为全面地概括了我国公共部门绩效指标的内容，对我们建立客观、公正、量化、精细的绩效指标体系具有指导性意义。

第二节　公共部门绩效指标体系设计的原则与步骤

公共部门绩效指标体系设计需要遵循一定的原则，并按照一定的步骤循序制定。当然，这些所谓的原则并不是一成不变的，根据公共部门自身的情况，部门主管领导可以适当加以调整和补充。美国经济学家斯坦利·E. 西肖尔（Stanley E. Seashore）对组织效能评价标准进行了综合阐述，也有助于我们理解公共部门设计绩效指标的原则。

一、西肖尔的组织效能评价标准

斯坦利·E. 西肖尔（Stanley E. Seashore）是美国当代的经济学家和社会心理学家，密执安大学教授。他的学术研究跨越了许多不同领域。他在 1965 年发表的论文《组织效能评价标准》在企业管理领域得到很大重视。论文将衡量企业组织效能（Organizational Effectiveness）的各种评价标准及其相互关系组合成一个金字塔型的层次结构，从而使原先处于完全混乱状态的集合体有了逻辑性和秩序②。

西肖尔认为要评价各种衡量标准的相依性和相关性，首先应该把不同的标准及其用途加以区分。根据各种标准的性质、特点和所涉及的时间范围，具体区分如下：

---

① 参见：倪星，李晓庆.试论政府绩效评估的价值标准与指标体系[J].科技进步论坛，2004（9）：7-9.

② 西肖尔.组织效能评价标准，1965 年，见 http://www.3rd56.com/index.asp。

1. 目的与手段

有些衡量标准代表的是经营活动的结果或目标（例如高额利润），它们可根据自身的实现程度予以评价，从这个意义上来说，它们很接近于组织的正式目的。而另外一些标准之所以具有价值，主要是因为它们是达到该组织主要目的必不可少的手段或条件，例如经理人员的责任心。

2. 时间范围

一些标准考察的是过去（例如去年的利润），另一些标准则涉及现在的状况（如资本净值），当然，还有一些标准是预期未来的（如计划中的规模增长率）。无论这些标准涉及到何种时间范围，在对过去或将来的情况，以及对发展变化趋势作出推论时都可能要用到。

3. 长期与短期

有些标准归属于一个比较短的时期，而另一些则归属于一个较长的时期。它们可能适用于衡量比较稳定的经营活动，也可能适用于衡量比较不稳定的经营活动。如果标准所属的时间与通常的或变量的潜在变化率不相符，那么，这个标准的可用程度就很有限。例如，企业当前的营业和财务统计资料对于企业控制生产或进行会计核算这样一类的目的来说是很合适的，但是如果用他们对企业的经营状况进行评价就没有多大价值。

4. 硬指标与软指标

有些衡量标准是根据实物和事件的特点、数量或发生的频率来计量的，可以称之为硬指标。例如销售额、次品率等。也有些标准则是根据对行为的定性观察或进行的民意测验的结果来衡量的，可以称之为软指标。如员工是否满意、工作积极性的高低、协作关系的好坏等。

5. 价值判断

有的变量呈线性变化趋势（越多越好），而另一些变量则呈曲线变化趋势（期望某种最优解）。因此，判断这些变量指标孰优孰劣时，就应该与其各自变化的规律和特性相适应。在不能使所有目标同时达到最优的情况下，如何在各个评价指标或变量之间进行权衡、取舍，在相当大的程度上取决于上述曲线的走向和形状。

西肖尔的理论贡献在于提出了"衡量组织经营活动的标准可以组成一个呈金字塔形的层次系统"的思想。

首先，位于塔顶的是最终标准。它们反映了有效地运用环境资源和机会以达到其长期和正式目标的程度。一般而言，最终标准除非由历史学家们去作结论，否则是无法衡量的。但是最终标准的概念却是评价那些直接衡量组织经营业绩等较次要标准的基础。

其次,位于金字塔中部的是一些中间标准。这些标准是较短期的经营效益影响要素或参数,其内容不超出最终标准的范围,它们可以称作结果性标准。这些标准的度量值本身正是企业要追求的成果,在它们相互之间可以进行比较、权衡和取舍。将它们以某种方式加权组合起来,其总和就决定了最终标准的取值。对经营型组织来说,在这一层次上的典型指标或变量是销售额、生产效率、增长率、利润率等,可能还包括通常行为学方面的软指标,比如职工满意度、用户满意度。而对于非经营型的组织来说,这些中间标准可能主要是行为学方面的。

最后,位于塔底的是一些对组织当前的活动进行评价的标准,这些标准是经过理论分析或根据实践经验确定下来的,它们大体上反映了顺利和充分实现上述的各项中间标准所必需的前提条件。在这些标准当中,有一部分是将一个组织描述成一个系统的变量,有一部分则代表与中间标准相关的分目标、子目标或实现中间标准所必需的手段。属于这一层次上的标准数目很多,它们形成一个复杂的关系网络。在这个关系网中,包括有因果关系、互相作用关系和互相修正关系,其中也还有一些标准是根本无法评价的,它们的作用只是减少这个关系网中的不可控变化。对经营型的组织来说,在这一层次上的硬指标可能包括:次品数量、短期利润、生产进度、设备停工时间、加班时间等等。这一层次的软指标可能包括员工士气、企业信誉、内部沟通的有效性、缺勤率、员工流动率、群体内聚力、顾客忠诚等。

西肖尔没有把企业作为一个开放的系统进行考虑,因此他的指标层次体系具有很大的局限性,而且随着战略理论的不断发展,依照企业组织战略方向建立评价体系的可能性变得非常具有实践意义。但是,他提出的对组织效能进行综合评价的层次系统,以及评价过程中要有行为学指标等思想,对我们管理和评价公共组织都具有很大的启发意义。

二、公共部门绩效指标体系设计的原则

西肖尔的组织绩效评价标准主要针对企业组织,但也为公共部门绩效指标设计的原则提供了经验借鉴。评估政府绩效是质的标准和量的标准的统一,但根据具体内容的不同各有侧重。评估标准主要有三方面:一是数量标准,包括投入与产出比率、效益比率和能力比率;二是行为标准,即依据一定的法规、制度、程序和指标等实现的程度,判定行政效能的高低;三是功能标准。行政功能的实现程度,直接关系到社会的进步、经济的繁荣和国家的强盛,每

一行政部门的功能发挥得越好,就意味着效能越高。

一般认为,设置公共部门绩效评估的通用指标,必须遵循以下几个原则:

1. 目的性原则

"考核的基本目的是将企业发展目标分解为组织和个人的具体目标,同时转化为考核员工的考核指标,并利用考核成绩与薪资、福利、培训及职位调动等相关联的特点,促进和引导员工在实现个人目标及组织目标的前提下满足个人需求"①。绩效指标形成的基本来源是组织的战略目标,绩效管理本身是将组织目标和个人目标付诸实施并进行管理的一种新方式,围绕组织目标,将组织目标分解到个人绩效指标中,这是绩效管理得以提高个人绩效和组织绩效的原因所在。绩效指标设计的首要原则就是必须围绕公共部门的战略目标,确保绩效指标能够体现公共部门的发展要求,有助于公共部门组织目标和个人目标的实现,并在维护社会稳定、促进社会公平、保障公共部门人力资源发展的层面上,体现公共部门绩效指标的目的性和明确的导向性。

2. 客观性原则

在确定考核指标时,尽可能多地采用可以客观量化的数据,避免或减少那些由于考核人对指标的个人理解不同而易产生偏差的指标。比如同样是"优、良、合格、不合格"等标准,不同的考核人对这些标准的理解会有偏差,同样的一个员工,对于某项相同的工作,甲考核人可能会选择"良",乙考核人可能会选择"合格"。一般情况下,"投诉率"、"出勤率"、"培训率"比"与公众的沟通能力"、"服务质量"、"工作态度"等易于评价,同时也易于让被评估人接受评估结果,并帮助他们清晰地了解到自己的不足和距标准值的差距。过去,我们衡量政府部门的绩效时,常以经济效益和社会效益作为标尺,但在实际应用中,经济效益这个标尺常常缺乏相对精确合理的刻度和客观全面的经济核算。例如,谈到政府绩效时总习惯于追求一系列经济指标,片面强调国民生产总值及其增长率,社会效益往往含糊不清,这样,绩效评估也就失去了价值。尽管公共部门各项指标的客观量化性还存在许多问题,但绩效指标朝着客观性方向发展则是毋庸置疑的。

3. 公平性原则

公平性原则与客观性原则是紧密联系在一起的。客观性原则要求制定绩效指标时尽量避免评估者的主观因素,从而形成客观公正的评估结果。因此,公平性原则就要求制定绩效指标尽量全面、周密、合理、公正,要注意排除那些被考核人无法控制的因素,以保证整个绩效评估结果的公平性和可接受性。

---

① 于芳. 绩效考核指标的制定原则[J]. 现代情报,2003(1):24.

同时,相对公平的绩效指标有助于激励公务员为提高绩效而付出主观努力。反之,缺乏客观公正性的绩效指标会导致实际实施效果偏差,不利于绩效管理的持久实施。

4."硬"指标与"软"指标相合的原则①

绩效具有多维性,因此,绩效评估的指标应既有硬指标,又有软指标。所谓"硬"指标是指可量化的指标,其中以经济审计为主要内容和评估的主要途径;"软"指标是指难以具体量化的公众满意度,其中以社会评价为主要内容,评估的主要途径应是中介组织进行的社会调查。

设计一个良好的绩效考评指标体系除了要考虑上述的三个标准和西肖尔的组织绩效评价标准以外,还可以参考遵循 SMART 原则②。SMART 原则来源于企业绩效指标设计,对公共部门绩效指标体系设计也具有一定的借鉴作用。

S 代表的是 Specific,是指绩效指标要切中特定的工作目标,适度细化,并且随着情境变化而发生变化。

M 代表 Measurable,是指绩效指标或者是数量化的,或者是行为化的,验证这些绩效指标的数据或信息是可以获得的。

A 代表 Attainable,是指绩效指标在付出努力的情况下是可以实现的,避免设立过高或过低的目标。

R 代表 Realastic,是指绩效指标应该与工作高度相关,是实实在在的,是可以证明和观察得到的,而非假设的。

T 代表 Time-Bround,是指在绩效指标中要使用一定的时间单位,即要设定完成这些指标的期限,这是关注效率的一种表现。

三、公共部门绩效指标体系设计的步骤

建立公共部门绩效指标体系,可以分为以下几个具体步骤(见图 4-1)③:

1. 工作分析(岗位分析)

工作分析是一种描述和记录关于岗位行为、活动以及工人参数的信息的系统方法,也是公共部门绩效管理的基础之一。这在第三章中已详细阐述过。根据公共部门的考核目的,对被考评者的工作内容、性质以及完成这些工作所具备的条件等进行分析和研究,从而了解被考评者在该岗位工作所应达到的

① 参见:卓越.公共部门绩效评估[M].北京:中国人民大学出版社,2004:43.
② 陈芳.绩效管理[M].深圳:海天出版社,2002:154-155.
③ 参见:刘韬.绩效考评操作实务[M].郑州:河南人民出版社,2002:138-139.

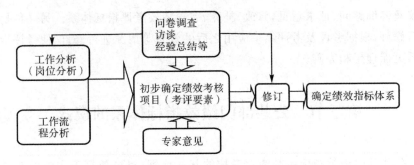

图 4-1 公共部门绩效指标体系建立的步骤

目标、采取的工作方式、应承担的责任等，初步确定绩效考评的各项指标。需要指出的是，公共部门为了提高社会服务水平，可以将"顾客看成是一种特殊的岗位来进行分析"①，了解不同部门该面向怎样的顾客、如何培训顾客、怎样提高公民参与的积极性等。

2. 工作流程分析

公共部门以社会公众为服务对象，以提供公共服务和公共政策为其主要职能。但这并不是说公共部门就不同于企业组织。大量的公共服务部门都具有一定的工作流程，按照一定的流程提供公共服务。即使在公共部门内部，也不是无章可循的。绩效考评指标必须从流程中去把握，工作分析本身也是工作流程的一部分。脱离工作流程，工作分析也就失去了实际意义。根据被考评者在流程中承担的角色、责任以及同上游、下游之间的关系，来确定其衡量工作的绩效指标。此外，如果流程存在问题，还应对流程进行优化或重组。

3. 初步确定绩效指标

绩效指标的来源主要有三个：一是工作分析对岗位的具体要求；二是公共部门组织目标的体现；三是人员个人意愿和期望的体现。绩效指标要能够体现公共部门效率、效果、经济和公平的特点。通过初步确定绩效指标，可以使用图标标出各指标要素的绩效特征，按需要考核程度分档，如可以按照非考核不可、非常需要考核、需要考核、需要考核程度低、几乎不需要考核等五档对上述指标要素进行评估，然后根据少而精的原则按照不同的权重进行选取。

4. 修订绩效指标

为了使确定好的指标更趋合理，还应对其进行修订和补充。修订分为两种：一种是考评前修订，通过专家调查法，将所确定的考评指标提交领导、专家

---

① （美）Susan E. Jackson，Randall S. Schuler. Managing Human Resources Through Strategic Partnerships[M]. 北京：清华大学出版社，2011：258-259.

会议及咨询顾问，征求意见，修改、补充、完善绩效考评指标体系。另一种是考评后修订，根据考评及考评结果应用之后的效果等情况进行修订，使考评指标体系更加理想和完善。

第三节　公共部门绩效指标体系的模式

公共部门绩效指标是其绩效考核的基本依据，对绩效管理实施的有效性和持续性有着关键影响。我国目前绩效考核指标项目极不明确。《国家公务员考核暂行规定》规定公务员考核的基本标准是德才兼备，即从德、能、勤、绩四个方面考核公务员，同时注重工作实绩。但在实践中，一方面缺少评价实绩的客观标准，使得注重实绩这一考核指标变得非常模糊；另一方面，公务员的考核大多是定性的，而非定量的。德、能、勤、绩缺乏量化，使得考核结果难以比较，并且对这四方面的比例、权重都没有明确的规定，从而导致考核结果失真①。同时，我们理解的绩效考核仅仅停留在对人员考核的基础上，缺乏对公共部门全面情况的绩效指标设计。正如前面所说，公共部门的绩效指标至少包括预算的绩效指标、人力资源的绩效指标、组织和文化的绩效指标及采购的绩效指标等四个方面。人员考核方面的指标只是公共部门绩效指标体系的组成部分之一。针对我国目前公共部门绩效指标体系存在的问题，本节着重研究美国、日本的绩效指标体系模式，并结合我国实际，提出关于如何建构我国公共部门绩效指标体系的一系列问题。

一、美国公务员的"考绩"模式

美国的公务员考核制度是其人事管理的组成部分，并在美国公共管理中发挥着极为重要的作用。美国政治学家 Milakovich 和 Gordon 指出，美国政治上占优势的三个主要价值观影响了美国人事考评制度，分别是：(1)对强有力行政领导关系的追求；(2)对政治中立和有效的公共服务的追求；(3)认为公共服务能够反映美国社会组成的特性②。从 1789 年美国建立联邦政府起，就开始了人事管理，着重对公务员的工作成绩和工作表现进行考核。1887 年，

① 樊洪,戴良铁.公共部门绩效管理系统再造[J].上海市经济管理干部学院学报,2004(4):63.
② Michael E. Milakovich,George J. Gordon. Pubic Administration in America[M]. Wadsworth Publishing，2006:283.

联邦政府开始对公务员实行考绩制度,以文官制度的形式确立了现代公务员制度的基础,其考核内容随着美国政治环境而不断变化,并逐步趋向完善。1936年,美国公务员所用的考绩指标共有16项内容,包括工作的整洁与条理、执行任务及命令的依赖性和可靠性、完成工作的速度、工作的精密性、对工作的适应及奋发力、执行职务的知识、对事物的判断力、由于个人品格所获得的信仰与敬重、在工作中与人合作的能力、组织能力、领导能力、指挥督察的能力、工作的数量、体力等指标。1943年,美国联邦政府又将考绩指标增订为31项。1950年12月,美国国会通过《工作考绩法》,内容包括三个方面:第一是工作数量,主要包括:已完成的可以接受的工作份数、尽职的程度、所达到的工作期限、努力的效果、其他涉及时效的因素;第二是工作质量,主要包括工作的准确性、工作的表现性和可接受性、工作的美观性、合乎工作规定的程度、在完成工作上所表现的技巧与能力、决定或判断的健全性、其他有关工作质量的努力;第三是工作适应能力,主要包括:与上司及同事的合作性、对新工作的学习能力及意愿、遵守法规的能力和适应工作环境的能力①。

　　为了使功绩考核制能更好地实施,1978年,美国对《工作考绩法》进行了修改,通过的《文官制度改革法》规定,考核的项目要以每项职务的关键内容和工作成绩为标准,不得把与工作因素无关的内容写入考核内容。1980年,美国联邦人事管理局发出指示,要求公务员的考核内容按以下方法来确定:

　　(1)确定工作因素

　　工作因素如工作成果、服务质量、工作程序等。

　　(2)制定工作标准

　　工作标准如对所从事的工作应达到的数量、质量、完整性、所用时间等的水准和要求的书面说明,这种标准大致分为不满意、最低满意、完全成功、特别成功、特优五等。

　　(3)确定决定性因素

　　从工作标准所列的各因素中指出决定工作成败的极为重要的若干要素。

　　美国的文官制度赋予了人事绩效考评不一样的内涵。从20世纪90年代起,美国联邦政府和地方政府陆续展开了绩效管理改革,使美国人事管理发生了新的变化。从管理人员到政府雇员,他们的绩效评估指标和考核内容也都发生了变化。但传统的"考绩"模式并没有本质的改变。考核绩效是美国人事管理的重要环节,也是美国文官政治制度及其社会文化的重要体现。通过绩效考核,给管理人员和政府雇员双方一个正式交换意见的机会并以书面的形

---

　　①　陈芳.绩效管理[M].深圳:海天出版社,2002:155-156.

式将所交换的意见记录下来,从而对过去的行为表现和双方对对方将来的行为的期望值有正式的记录。下面就以美国丹尼森事的绩效考核为例,分析美国绩效指标体系的特点(见表 4-4 和表 4-5)。①

通过观察表 4-4 和表 4-5,我们可以了解到美国公务员绩效考核的基本内容。美国实行文官制度和政治中立,公务员队伍也就相应地出现了管理人员和政府雇员的区分。不同于我国公务员的政治身份,美国的公务员制度要求"公务员不得以公务员的身份参加任何党派活动,在公务活动中,不得带有任何政治倾向性"②。美国的公务员属于雇员性质,同企业组织一样,也是受雇于政府的职员,只是服务对象和工作性质不同。因此,美国的公务员绩效考核制度相对较为独立,更容易吸收企业的绩效考核方式和较为客观中立的绩效指标。诸如判断能力、首创精神、放权、人员配置等绩效指标都具有一定的创新精神和衡量意义,也构成了美国绩效指标体系模式的特色之一。

表 4-4 管理人员评估表

评估项目 (Appraisal Factors)	比 重 (Weight) (%)	需要改进 (Needs Improvement)		达到标准 (Meets Standards)	超过标准 (Exceeds Standards)	
		5*	1*	2*	3*	4*
1.人员配置 (Staffing)						
2.领导 (Leading)						
3.放权 (Delegating)						
4.决策 (Decision)						
5.同事关系 (Employee Relation)						
6.政策执行 (Policy Implementation)						
7.首创 (Initiative)						
8.判断能力 (Judgment)						
总计 (Totals)	100%					

---

① [美]吴量福.运作、决策、信息与应急管理:美国地方政府管理实例研究[M].天津:天津人民出版社,2003:107-108.

② 李向东,李永红.中美公务员制度之比较[J].陕西省经济管理干部学院学报,2001(2):23.

表 4-5　职工评估表

评估项目 （Appraisal Wactors）	比　重 （Weight） （%）	需要改进 （Needs Improvement）		达到标准 （Meets Standards）	超过标准 （Exceeds Standards）	
		4*	5*	1*	2*	3*
1. 工作知识水平 （Knowledge of work）						
2. 工作质量 （Quality of work）						
3. 工作量 （Quantity of work）						
4. 可靠性与考勤 （Dependability & attendance）						
5. 首创性 （Initiative）						
6. 判断能力 （Judgment）						
7. 与其他职工的合作 （Cooperation）						
8. 与其他职工的关系 （Relationship with others）						
9. 与其他职工配合协作 （Coordination of work）						
10. 工作安全事项 （Safety and work environ）						
总计 （Totals）	100%					

　　美国公务员绩效考核指标体系的"考绩"模式是一种完全从企业模式出发，充分考虑公共服务部门的工作特性（包括工作标准、工作要求、人员要求），按照工作的具体要求来建立人员绩效考核的绩效指标体系，带有较强的企业管理色彩。在公共部门绩效指标体系构建方面，美国同样继承了这种"考绩"模式，注重公共部门具体的工作内容和公共部门的实绩。例如 1993 年颁布的《政府绩效与结果法》，就比较类似于企业战略目标管理的形式，规定了联邦各公共部门机构的战略目标和相应的绩效指标，并严格按照这些指标和绩效目标进行考核。美国绩效指标体系的"考绩"模式参考了企业组织管理的绩效指标设计形式，不是按照评估者主观意愿随意评估，也不是设置模糊的绩效指

标。通过导向公共部门实绩的全面绩效指标设计,美国的公共部门绩效指标体系逐步趋向量化、客观化。在一些地方公共部门中,绩效指标体系的设计更富有企业管理的特色。

二、日本公务员考核的"勤务评定"模式

日本的公务员制度不同于西方英美等国的公务员制度,被看作是公务员制度发展过程中的一种次生形态。换言之,日本的公务员制度既具有西方公务员制度的某些特点,又保持了本国的特色。

1868年明治维新以后,日本的资本主义经济得到了迅速发展,其赶超英美等发达国家、跻身资本主义列强之林的愿望十分强烈,并进行了较为成功的改革。但在改革过程中,由于明治维新的不彻底性,在国家体制中还是保留了许多封建因素。因此,明治维新之后建立起来的一系列制度、规范,"既有搬用欧美先进国家经验的痕迹,又内含了本国长期封建社会和封闭型经济的烙印。在这种情况下建立起来的文官制度也即明治官吏制度是一个极其复杂的不土不洋的杂交物"①。明治时期的官吏制度在理论上继承了普鲁士官吏制度的"特别权力关系理论",强调绝对服从,官吏对天皇及天皇的国家要绝对尽忠,官吏很大程度上成为天皇统治人民及对外进行侵略的一种工具,并形成了"官尊民卑"的官文化。第二次世界大战后,日本的官僚制度发生了第二次转折,在美国占领政策的强制执行之下,制定和颁布了日本国宪法,改革日本的政治制度,实行政治民主化,并以美国的人事行政制度为蓝本,构筑日本现代公务员制度。战后日本公务员制度,以政府的"行政指导"为运作手段,对"公"与"私",通过"诱导"和"协商一致"而使本身快速高效运转,对日本经济起飞、迈向经济大国的进程起到了极其重要的作用。尽管这一制度近几年来也受到了一定的批判,但它对日本经济发展的积极作用则是不言而喻的。那么,日本的这种公务员制度究竟有何种特色呢? 其主要特色就体现在日本公务员绩效考核的内容和指标方面。

公务员绩效考核在日本被称为"勤务评定"。日本《国家公务员法》第72条规定:"政府机关首长必须对其所属公务员的工作进行定期评定,并根据评定结果采取适当的措施。"同时,日本还制定有《国家公务员工作评定规则》、《关于工作成绩评定手续与记录的政令》和人事院发布的《勤务评定的基本标准》。日本国家公务员的考核分定期考核和特别考核两种。定期考核指的是

---

① 阎树森.日本公务员制度研究[M].北京:国家行政学院出版社,2001:22.

每年在规定的时间内实施的考核,一般在6月进行。特别考核指的是对处于试用期内的公务员进行的考核,这一考核的结果将决定其是否能够转正。日本公务员绩效考核的内容和指标分别包括勤务实绩、性格、能力以及适应力等四项,各项之下又有细分[1]。

(1)勤务实绩项

勤务实绩项包括工作情形、工作速度、工作态度及对部属的统领能力(限于主管人员)等指标。

(2)性格项

性格项分为积极、好辩、沉默、温厚、慎重、从容、性急、偏激、坦白等指标。

(3)能力项

能力项分为判断力、理解力、创造力、实行力、规划力、注意力及研究力等九项指标。

(4)适应力项

适应力项分为规划性、研究性、会计性、总务性、审查性、接洽性、计算性及秘书性等九项指标。

根据以上四项考核内容,日本公务员考核通过连记评分法、个别评分法、连记或评语法、综合评定法、评语法等考核方法,通常形成四等:A等,服务成绩超群者;B等,服务成绩优良者;C等,服务成绩普通者;D等,服务成绩低劣者。考核列A或B等,且与职务有关的性格、能力及适应力均为优良者,准予特别晋级,缩短晋级时间三个月到六个月(原来需要一年),或一次予以晋升两级;考核列C等者,依列晋级(即一年晋一级);考核列D等者,在工作上应予以指导、矫正,或训练,或调整工作指派,或另调工作单位,以增进服务效率,或依《公务员法》,"服务成绩不良者,根据人事院规则的规定予以降职或免职"的规定处理。

日本公务员绩效考核是其公共部门绩效指标体系的一部分,能够较为直观地反映日本当前公共部门绩效指标体系构建的特点。应该说,日本整个体制就是一个从传统走向现代的制度,在体制上既保留了本国原先的一些因素,又根据政府职能演变和管理需求的变化进行了相应的改革。在公共部门绩效指标体系设计上,同样也是如此。人事制度上的"勤务评定"制度十分注重传统的因素,如性格项。当然,这些传统因素被纳入到绩效指标体系中并不是很容易衡量的。诸如积极、好辩、沉默、温厚、慎重、从容、性急、偏激、坦白等指标,不可能依靠客观量化的指标来衡量,主要还是取决于评估者的主观评定。

---

[1]　参见:刘禹.中日公务员考核制度比较与分析[J].成都教育学院学报,2005(1):43.

因此,日本在绩效评估方法上采取主观评语法比较多。通过对日本公务员绩效指标体系的了解,我们可以发现,这些指标与美国的绩效指标体系有着迥然不同的差异。一方面,日本的"勤务评定"模式注重德绩结合,侧重对公务员精神面貌的考核,有助于加强对公务员服务精神的培养和公共部门服务素质的提高;而另一方面,这种偏主观的绩效指标体系过多地依靠主管人员的主观意识,容易造成不公正或不客观。日本整个人事考评制度构成了日本战后人事行政制度的主要特色,对日本战后的社会经济发展起到了一定作用。但进入20世纪80年代后,日本的行政改革面临着新的冲击,也掀起了新一轮行政改革的浪潮。大量放松管制、特殊法人改革及电子政府改革,促进了日本政府向绩效管理的方向逐步变革。公共部门的绩效指标体系构建,包括日本公务员绩效考核指标设计,也逐渐向科学、客观、量化的方向发展。同时,日本也保持了自己的绩效考核特色。应该说,科学、客观、量化的绩效指标有助于避免主观影响,促进公平、公正。当然,这并不是说不需要那些偏主观的指标了。如日本的这些性格项指标,的确存在衡量难度,但对公务员精神面貌、服务精神方面的考核都存在一定的积极作用。我国的绩效考核与日本的情况较为相似,日本的这种"勤务评定"模式对我国公共部门绩效指标体系构建有着一定的借鉴意义。

三、我国公共部门绩效指标体系的建立

公共部门在实施绩效管理过程中需要分清楚两个概念,一是组织绩效,二是个人绩效。绩效管理的目标是将组织目标分解到个人目标中,通过科学管理个人绩效来提高个人绩效和组织绩效。绩效管理是对个人绩效、组织绩效和团队绩效的管理。但无论是团队绩效还是组织绩效,其考核的基本点还是个人绩效。前面之所以重点列举美国和日本公务员绩效考核的内容、指标,也是出于这个原因。当然,整个公共部门绩效指标体系还是需要构建的。包括政府预算的绩效指标、政府人力资源的绩效指标、政府组织和文化的绩效指标及政府采购的绩效指标等。通过构建公共部门的绩效指标体系,个人的绩效考核才有可能趋向完整。我国传统的公共部门绩效考核继承了公务员考核的特点,通常从"德""能""勤""绩"四个方面来考核个人实绩,甚至组织绩效(见表4-6)。

表 4-6　我国公务员绩效考核的内容

德	能	勤	绩
事业心	知识总量	出勤率	完成工作的数量指标
奉献精神	分析能力	责任心	完成工作的质量指标
整体精神	决策能力	承担社会工作情况	开拓项目情况
协作精神	组织能力	兼职服务情况	立功、受奖情况
原则性	公关能力	对他人的关心程度	创造精神和贡献大小
组织纪律性	开拓能力		
职业道德	演讲能力		
团结精神	身心健康状况		

随着我国社会经济的发展和行政体制改革的推进,这套评价机制在功能和内容上都受到了置疑。尤其在西方国家行政体制改革的冲击下,我国公共部门走向高效、服务、廉洁的趋势越来越明显。在这种情况之下,我国建立公共部门绩效指标体系、进行全面绩效考核的任务也就显得更加重要。根据绩效指标设计的原则和绩效管理的目标,我国公共部门建立绩效指标体系既要吸收传统的"德能勤绩"考核模式的优点同时,又要按照绩效管理的要求进行全面的绩效指标体系设计,从而为公共部门绩效管理的实施创造良好的基础。

国内有学者通过对一些地方政府进行实证研究后,初步形成了一个具有一定格式化和可操作性的由"维度—基本指标—修正指标"组成的多维指标模型结构①(见图 4-2)。

图 4-2 的模型首先将公共部门需要考核的内容分为三个维度,在实际操作中,各个维度的划分可以适当调整。每个维度下面设立基本指标,然后细分各项指标要素。这个模型体现出现代企业绩效指标体系的一些特点,在划分指标方面更具科学性和合理性,易于公共部门绩效评估人员进行客观地评价。根据这个多维度模型,可以初步建立公共部门绩效评估通用的指标及指标要素的体系(见表 4-7)。

表 4-7 初步概括了公共部门绩效管理的绩效指标体系的各项指标要素,对公共部门从整体上把握绩效指标设计都具有一定的指示意义。公共部门绩效指标体系设计需要参考企业绩效管理的考核指标内容,也需要结合公共部门的实际情况进行绩效指标设计。下面以某省效能建设中建立的绩效考核表为例(见表 4-8)。从中可以看出,我国的绩效指标体系设计正在趋向完善,但也不可避免地存在一些矛盾和问题。

①　卓越.公共部门绩效评估[M].北京:中国人民大学出版社,2004:37.

表 4-7　公共部门绩效评估通用指标及指标要素示意表①

评估维度	评估主体	基本指标	指标要素
基本建设	综合评估组织	思想建设	学习教育 职业道德 进取意识
		组织建设	班子团结 领导素质 管理规范
		政风建设	遵纪守法 勤政为民 诚实守信
		制度建设	效能建设制度健全 机关内部管理制度健全
	一票否决	计划生育一票否决	有无计划生育一票否决问题
		社会治安综合治理一票否决	有无社会治安综合治理一票否决问题
		重大责任事故	有无重大责任事故
运作机制	行政相对人	依法行政	公平合理 公正无私 公开透明
		举止文明	仪表端庄 态度和蔼 语言规范
		环境规范	便民措施 服务到位
		务实高效	时限 结果
		程序简明	简单便捷 明了知晓
	直管领导	班子素质	团结协作 廉洁自律 民主决策
		工作质量	化解难题 应付突发 上级表彰
		政令畅通	执行计划 完成临时任务汇报反馈
		整体形象	内部管理 社会评价
	行政投诉	投诉成立情况	投诉成立次数
		投诉整改情况	成立投诉整改程度

---

① 卓越.公共部门绩效评估[M].北京:中国人民大学出版社,2004:47.

表 4-8　效能建设考评表

一级指标	二级指标	三级指标	评价标准					二级指标权重	一级指标权重	考评主体		考评得分
			优秀	良好	一般	较差	很差			单位自评	系统考评	
公共服务	服务规范建设情况	有明确的服务范围、服务内容、服务方式和服务要求与标准										
		服务规范落实情况										
		以有效的手段宣传服务规范,使服务对象知晓										
		形成并保留相关记录,使服务提供过程和效果具有可溯性										
	政务公开情况	政务信息公开的及时性										
		政务信息公开程度										
		公民查取政务信息的便捷程度										
	服务效果评估与反馈情况	定期对服务效果进行评价										
		有接受公民投诉并及时采取措施的相关规定										
	服务场所与环境情况	办公处所是否整洁、有序、和谐,各种标志(方位、路线、岗位、职位等)										
		公示(流程、规则等)的内容是否正确、醒目,便于识别										

（续表）

依法行政	依法行政规划编制与落实情况										
	行政执法责任制执行情况										
	行政许可法执行情况										
	职能到位情况										
行政效率	行政流程										
	电子政务	政府门户网站建设									
		网上公共服务能力									
		政务信息资源数据库建设									
内部管理	信息管理										
	财务制度										
	处室目标管理与监查考评	处室目标设置是否规范									
		处室目标管理考评情况									
	机关人员绩效考评										
机关作风	调查研究	调研规划制定状况									
		年度调研规划完成情况									
	廉政建设	廉政教育制度									
		廉政责任制度									
队伍建设	队伍建设规划编制与落实	落实全国人才工作会议精神情况									
		单位人才队伍建设规划情况									
	人员学习与教育培训	学习与培训制度是否完备									
		学习与培训制度落实情况									
监督机制	建立专门的监督机构										
	民主评议机制建设										
组织领导	效能规划编制与落实										
	效能建设的领导机构与工作机制										

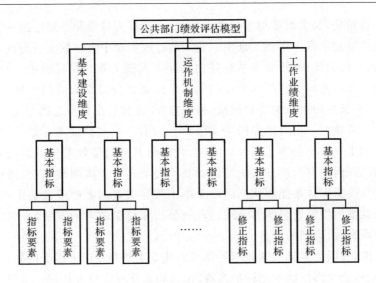

图 4-2　多维度评估模型结构图

表 4-8 的考评方法为查阅文件、实地考察、与有关人员座谈或民意测验。这份效能考评表较为全面地归纳了现阶段公共部门需要绩效考评的各个领域,并建立了相对完整的绩效指标体系,具有一定的可操作性。需要指出的是,这份效能考评表主要针对机关效能建设的情况,对于公共部门日常工作的绩效考核并不一定适用。尤其在个人绩效层面,该绩效指标体系并没有很好地体现个人绩效的好坏。同时,一些绩效指标在衡量上存在问题,如"政务信息公开程度"这个指标,就很难界定怎样的公开程度是"优秀",怎样的公开程度又是"差"。在评估方法和评估主体上,绩效管理更多的是追求"顾客导向",内部绩效评估只是其中一种考评方式。要使绩效管理在提高绩效和服务质量方面取得显著进步,就需要吸收外部评议的因素。因此,在绩效指标设计上,就应该采用一些社会公众能够评议的指标,要让社会公众能够简单地了解该项绩效指标的涵义,并迅速作出评估。

四、我国公共部门绩效指标体系的问题与改进

企业的绩效指标体系相对比较容易量化,如资本积累率、资产负债率、净利润率等。通过直观的数字形式,评估人员能够准确地把握绩效情况,并及时进行修正或补充。公共部门则不然。由于部门利益、领导意愿等人为因素及制度因素的影响,公共部门绩效指标设计趋向于偏主观。即使在西方国家行政体制改革过程中,也暴露出这种问题。反之,如果将公共部门所有的绩效信

息都加以量化,又大大增加了信息工作量,会浪费大量资源。这已经在英美等国的绩效管理实践中得到了证明。我国的行政管理中大多数实行行政首长负责制,首长权力集中,重大事情往往由领导个人说了算。在实际中,领导的评价作为公务员考核和组织绩效评估的一个组成部分经常起着决定性的作用。一方面,上级的评价很少受到挑战,另一方面,社会公众容易受到上级的影响,这就使得考核结果带有浓厚的主观色彩①。同时,一些绩效指标缺乏量化,也为领导的主观评价创造了条件。因此,我国公共部门绩效考核方面的问题既有体制的原因也有管理方式的原因。我国目前还处于体制转型期,通过设计合理的绩效指标体系能够从侧面避免由于领导主观因素而造成的影响,从而促进公共部门绩效管理向着合理、公平、公正和科学的方向发展,有助于公共部门提供高效、廉洁的服务。

目前,我国公共部门绩效指标体系的建立主要存在以下四个问题:

第一,公共部门绩效指标的客观、全面和量化程度很难把握。这里主要有三方面原因:一是公共部门的服务对象和工作内容与企业不同,企业具有一定的工作流程、工作内容和工作结果,而公共部门的很多工作内容与服务有关,其工作结果不可以用简单的数据来表达。如某街道办事处的工作人员某天在某个社区协调关系,调解矛盾。这个协调过程可能需要一个小时或者半天时间。这样,我们就很难拿什么标准去衡量这个工作环节,对于这项工作的结果也很难表述。公共部门的大部分工作内容可能还是需要类似"评语法"之类的评估法进行主观评价。二是公共部门人员对量化的绩效指标可能存在抵触心理。在企业也是如此。虽然一定程度上考核指标的细化,有助于考核的具体化、详细化、简单化,在一定程度上能做到相对的公平,但太多太细的考核指标易让人员产生紧张感,时间久了会产生厌倦感,最后导致懈怠,甚至蔑视规章制度的情况,直接影响工作的积极性和工作效率;同时,太多太细的考核指标易使工作程序僵化,限制了人员的创造性,人的能力发展会因此走向片面性与畸形,这与我们人力资源开发的思想相违背②。三是以往的绩效指标特别强调经济发展,尤其是 GDP 指标,忽视了社会发展、资源开发、环境污染和人类发展等方面的内容。结果在实践中,导致了虚假 GDP 数据、环境污染加剧、贫富分化严重等问题的出现。因此,公共部门绩效指标的客观、全面和量化程度存在着一定的内部逻辑矛盾。

第二,在绩效指标体系制定过程中很容易受到领导因素的影响。这是一

① 李纬纬.我国公共部门人力资源绩效考核分析[J].甘肃行政学院学报,2005(1):45.
② 宋效红,黄艳.浅析绩效考评中存在的问题[J].经济管理,2004(10):63.

个客观存在的问题。从理论上讲,绩效指标制定有三个来源,一是来源于工作分析对岗位的具体要求;二是公共部门组织目标的体现;三是人员个人意愿和期望的体现。公共部门人力资源管理部门长期以来缺乏工作分析,没有形成所谓的"职务说明书"等正规制度。同时,公共部门官僚文化的存在使基层人员很难准确地表达自己的工作意愿和期望,而公共部门的组织目标也缺乏相互沟通,往往由领导安排。在这种情况之下,制定出来的绩效指标就无法准确反映绩效管理的要求,可能仅仅是领导意志的反映。如在确立绩效指标的权重问题上,大部分公共部门忽视了公共部门工作实际的需求及专家的专业意见,可能仅凭领导的主观意见加以划分。

第三,把绩效指标体系设计仅仅看成是公共部门人力资源管理部门的职责。人力资源管理部门承担绩效管理主体有一定合理性和便利性,但绩效管理并不是人力资源管理,相反人力资源管理只是绩效管理的一部分内容。由人力资源管理部门来承担绩效管理和绩效指标体系设计的主体存在某种片面性,使绩效管理失去了从组织整体考虑组织未来发展的战略性质,从而使绩效管理无法发挥其战略作用。如果由人力资源管理部门来组织设计绩效指标体系,就容易陷入人力资源管理的误区,将绩效管理等同于人力资源管理。而实际上,我们都知道,绩效管理是组织的战略管理,需要从高层到低层的全面协作和沟通。绩效指标体系设计也是如此,不能将这个任务看成仅仅是公共部门人力资源管理部门的职责,而是需要主管领导的支持和全体公务人员的参与,共同来制定这套绩效指标体系。

第四,绩效指标体系不统一。一方面,不同部门之间的绩效指标体系还没有形成一致性。这里有各个公共部门工作内容不同的问题。在西方国家,全体公共部门建立统一的绩效信息系统也存在技术、资金等方面的障碍。我国现阶段还不具备这些条件,因此在这个问题上不必多加以论述;而另一方面,即使在同一部门内部也没有形成统一的绩效指标体系。在绩效指标体系设计过程中,不是按照岗位确定绩效指标,而是依据职位级别确立不同的绩效指标。如领导职位,其绩效指标一般就相对简单,没有大量客观、量化的数据。这种做法就导致了个人绩效等级与其对部门绩效贡献率的不对应。以前文美国丹尼斯市的绩效考核为例,就仅仅区分了管理人员和职工两类的绩效考评(见表 4-4 和表 4-5)。领导和一般人员只是存在工作内容差异,这并不是说可以缩减领导绩效指标,而是应该制定不同的绩效指标。领导比基层工作人员承担着更多的责任,从这个角度看,其绩效指标应该更为复杂和具体,以便真实地衡量绩效。在人员绩效考核中,由于各种因素的作用,致使考核结果不能真实反映被考核者对组织的贡献率是比较普遍的现象。成绩显著的公务员在绩效考核结果中得不到有力的体现，这种状况很容易挫伤公务员的工作积极性。

针对以上这些问题，要建立、健全我国公共部门绩效指标体系就需要从多方面加以改进。在此，笔者提出了自己的一些看法。

第一，承认公共部门人力资源管理部门在绩效管理过程中的作用。通过人力资源管理部门大力开展岗位分析工作。绩效指标的第一来源就是工作分析，工作分析是人力资源管理部门的职责。做好了岗位分析工作，能够奠定绩效指标设计的基础，也能够在一定程度上排除体制、领导意志的干扰，从而形成相对客观、公正的绩效指标。

第二，适当依靠一些中介组织或专家，对公共部门绩效指标设计提出较为中立的意见。这种做法有助于设计客观、公正、量化的绩效指标，使绩效指标体系排除领导等人为因素的影响，也更容易让领导层和基层公务员接受。

第三，公开制定绩效指标体系。如果条件允许，可以通过问卷调查、座谈、个别访谈等形式进行绩效指标设计之前的初步调查。需要明确的是绩效管理是组织的战略管理，每个部门和每位人员都要求相互沟通和参与，以此来保证绩效指标体系的公正、客观。

第四，向社会公开征集绩效指标体系设计的意见。绩效管理是以顾客导向为基础的管理，尤其在绩效考核过程中，社会公众的意见将成为评议的重要内容。因此，所设计出来的绩效指标要求能够简单易懂，并能够让社会公众迅速理解并作出判断。这就需要公共部门通过一定的途径向社会公开征集绩效指标体系设计的意见。这种做法还可以了解社会公众的意愿和需求，进而反映到绩效指标体系设计中。

第五，绩效指标体系的设计应从强调经济发展转向强调经济、自然和社会协调发展，确保我国可持续发展道路的实现。在经济发展上，世界各国在人均收入达到1000～3000美元的经济增长阶段，屡屡出现资源和环境的约束导致经济滞缓甚至逆增长的"怪圈"。因此，我国必须按"可持续发展"的思路转换发展路径和模式考虑绩效指标体系，把经济发展、资源开发、环境污染、社会发展和人类发展等因素结合起来进行系统分析，在经济发展上重视"绿色GDP"和循环经济，在新的发展道路上重视"绿色现代化"，从而实现人类发展、自然进化和社会进步的相互促进。

我国公共部门绩效指标体系的完善是一个长期发展的过程。这里有体制方面的原因，也有观念上的原因。以上只是简略地谈了一些改进建议，具体的方法和措施涉及绩效管理整个流程，而不仅仅是绩效指标体系设计的问题。

本章小结

1.公共绩效管理的核心是绩效评估,而绩效指标体系又是绩效评估的基础。由此,构建绩效指标体系就成为公共部门绩效管理重要前提准备之一,没有科学的绩效指标体系,绩效考核就无法正常进行,绩效管理也就失去了在提高绩效和服务水平方面的积极意义。"公共部门组织目标—工作分析—绩效指标—绩效评估",整个过程就是如何贯彻绩效管理的过程。

2.绩效指标是"一个量化过程—或给一个程序、项目或其他活动的运作指定的一个数目",以此作为标准来测定政府机关为公众提供产品或服务的状况。它是反映机构、项目、程序或功能如何运作的重要指标,它们能使不确定因素、活动、产品、结果及其他对绩效具有重要意义的因素量化。就公共部门(政府)而言,绩效指标体系主要包括四方面内容,一是政府预算的绩效指标;二是政府人力资源的绩效指标;三是政府组织和文化的绩效指标;四是政府采购的绩效指标。当然,各个公共部门的功能、服务对象都有不同,其绩效指标体系的侧重点也有可能不同。

3.我国目前还处于体制转型期,通过设计合理的绩效指标体系能够从侧面避免由于领导主观因素而造成的影响,从而促进公共部门绩效管理向着合理、公平、公正、科学的方向发展,有助于提高公共部门的高效、廉洁和服务。

第五章　公共部门绩效管理的开发

　　公共部门绩效管理源于 20 世纪 70 年代末,西方国家为解决普遍遇到的经济停滞、财政危机与公众对政府满意度下降等棘手难题而兴起"重塑政府——建立企业化政府"的行政改革运动。所谓的"政府再造"运动就是把私营部门的一些管理方法与经验运用到政府与其他公共部门,如政府绩效评估措施,以谋求提高效率与服务质量以及改善公众对政府与其他公共部门的信任度。当然,公共部门引入绩效管理也绝不可能一蹴而就的。在 30 多年的改革实践中,西方国家也逐渐认识到公共部门绩效管理开发与设计的重要性,并将其置于组织变革的重要地位。对任何组织而言,绩效管理都意味着组织深层次的变革,涉及人事、财政、管理层、操作层以及组织外部环境等各个领域的变革。绩效管理是组织全局性的战略管理,不同于人力资源管理,也不同于单纯的绩效评估,它是结合绩效评估、标杆管理和全面质量管理等手段对组织绩效和个人绩效进行综合管理的管理模式。因此,组织引入绩效管理不是简单的绩效评估体系构建,而是全面的组织变革。这样,就产生了公共部门绩效管理开发的概念。

第一节　引入绩效观念:公共部门绩效开发的基础

　　多数研究者都认为绩效管理开发的目的在于确定组织绩效的涵义,并对组织当前的绩效情况形成一致认识。这里包括对组织机构、人事制度、管理者素质、外部环境等各方面情况的了解。而对组织绩效管理开发与设计来说,树立正确的绩效观念不仅是绩效管理实践的基础,也是开发绩效管理的基础和首要步骤。在公共部门中,引入绩效观念,定义组织绩效以及对当前公共部门绩效情况形成正确认识,仍面临许多困境,需要在很多方面作出改善甚至改革。

一、公共部门需要形成对绩效管理中"绩效"的一致定义

"绩效"是从"效率""效益"等词上演变而来的,但"绩效"摒弃了其传统狭隘的概念,在组织长期发展问题上,它提供了一种管理的新观念和新方法。绩效不仅与资源有效使用、人力资源管理相关,也与顾客导向和企业责任相关,充分体现了绩效观念对企业可持续发展的重要性以及对自然生态、公众服务和人员激励的重要意义。绩效管理是对绩效的管理,树立绩效观念首先要明确"我们管理的'绩效'究竟是什么?"。在企业绩效管理中,绩效管理的对象十分明确,组织绩效、个人绩效(团队绩效)经过组织目标分解和一致的利润价值趋向,能够较为合适地结合在一起。而在公共部门中,绩效的涵义还要显得比较复杂。这是因为:

第一,政府的职责主要是社会管理与公共服务。政府通过制定专门、系统的社会政策法规,管理和规范社会组织、社会事务,调整社会利益关系、回应社会诉求、化解社会矛盾,维护社会公正以及提供公共产品和服务,如社会保障服务、教育、科技、文化、卫生、体育等公共事业,为社会公众参与社会活动提供基本保障。[①] 公共部门的社会管理与公共服务职能从根本上区分了公共部门与企业组织的不同之处:不以盈利为主要目标,不直接产出有形产品。这些特点也导致了公共部门整体的组织绩效衡量存在一定问题。大量的社会保障服务、教育、科技等服务项目,所产生的效果的跨度可能会有很多年,绩效管理对组织绩效的精确衡量要求能够随时跟踪监测绩效,而这点在公共部门就很难实现。同时,公共部门单个服务项目的绩效衡量也不同于企业绩效衡量。服务性企业的绩效衡量可以通过再次光顾率、顾客满意率等指标来衡量,而公共部门的服务项目并不是说顾客愿意光顾就光顾的问题。如行政审批项目,如果某个企业需要注册,不管该行政审批部门的办事效率和服务态度如何,企业都必须按照规定进行申请。因此,公共部门的公共服务兼具服务性和强制性。以公共权力为保障的公共部门组织绩效一方面缺乏衡量机制,无法形成科学的、量化的组织绩效,另一方面半强制性服务为公共部门绩效衡量带来了许多非正常因素,直接影响到组织绩效的衡量。

第二,长期以来把公务员置于为社会服务的官僚地位,忽视了公务员个人绩效衡量。这里所谓的公务员个人绩效衡量不是传统意义上的考核,而是根

---

① 参见:中国行政管理学会课题组.加快我国社会管理和公共服务改革的研究报告[J].中国行政管理,2005(2):52.

据绩效管理的要求对个人绩效进行预测、跟踪、反馈等全方位的绩效监测与衡量。公务员的官僚形象以及公共部门内部官僚机制的作用都对个人绩效衡量产生了消极作用。忽视个人绩效创造，也就在很大程度上失去了一种激励机制，也就无法将组织绩效与个人绩效有效结合起来。从理论上看，公共部门的公共服务性质有助于组织目标和个人目标的整体结合。但实践表明，公共部门在个人目标与组织目标结合上存在技术缺陷，只通过道德说服或者号召，在个人目标与组织目标契合方面就显得很薄弱。个人绩效也是如此。由于缺乏对组织整体绩效的认同以及分解到个人的明确绩效目标，公务员绩效衡量还停留在传统考核层面，没有达到绩效管理所要求的根据组织整体绩效目标，确定个人绩效目标，进而发挥个人积极性和创造性。如何确定公务员个人绩效，重视个人绩效与整体组织绩效的关系，是公共部门绩效管理开发所需面临的最直接的问题。

那么，公共部门绩效管理的"绩效"定义究竟应该包含哪些内容呢？（见图5-1）

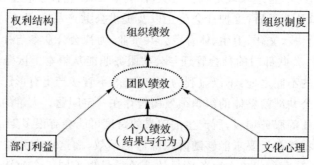

图 5-1 公共部门绩效管理的绩效内容

（一）组织绩效的衡量

公共部门组织绩效的衡量和确定主要通过预算来实现。在西方"政府再造"运动中，确定政府组织整体目标的主要方式就是财政预算。因此，公共部门组织绩效衡量又可以称为绩效预算（Performance Budgeting）。绩效预算或者说业绩预算反映了公共部门在现代社会中对资源使用情况、公共服务支出等方面的责任意识，也是衡量组织绩效的重要手段之一。如荷兰政府就在20世纪90年代初期采用了绩效预算的方法，并以此来衡量各个部门组织绩效的具体情况。1993年，荷兰财政部公布了各个公共部门预算的情况和可解释的百分比。如司法部门1991年支出3900.9百万元荷兰盾，可解释的百分比为84%，而到1993年司法部门支出降低到3337.6百万元荷兰盾，可解释的百分比为74%。其他部门也是如此①。通过财政预算控制来规定、衡量组织绩效，对改善公共部门支出情况、提高服务效率具有指导性作用。各个国家改革的实践都表明了预算管理作为绩效预算的具体操作方法是行之有效的。

当然，财政预算只是组织绩效衡量的方法之一，单纯依赖财政预算还不是绩效预算的全部，仅仅是成本控制在公共部门的初步实施。服务性企业在实践中也逐渐暴露一个问题，即"服务业企业不可能像制造业企业那样有大量的单个经营成本"。② 这也就意味着同样作为服务部门的诸多公共部门不可能完全参照制造业企业的绩效衡量方式，成本控制在服务性部门面临极大的问题，需要向全面绩效衡量转变。

从整体来看，组织绩效包含政府财政支出的使用情况、公共服务的质量、公众的满意感和资源的有效使用等。财政预算方法对组织资源使用进行了量的规定，主要是财政支出使用的规定。而组织绩效不仅仅是资金问题，还涉及整个公共部门服务的高效、服务的质量等问题。这样，就需要一种从整体上规定衡量组织绩效的方法。美国的《政府绩效与结果法》从严格意义上看就是对如何衡量组织绩效的一种规定。《政府绩效与结果法》提出了制定"绩效计划"的重要性，并把绩效计划视为各个部门组织绩效衡量的基础。包括建立绩效目标以界定计划活动实现的绩效水平，用客观、量化的、可衡量的形式表述目标，简要描述实现计划目标所要求的运作过程、技能和技术、人力、财力、信息等资源，建立绩效指标，以此衡量或评价每一个计划活动的相关的产出、服务水平和结果，为比较实际的计划结果和已确定的绩效目标提供基础以及描述用以证明和确认可衡量的价值手段等绩效计划制定。从财政预算到绩效计划制定，反映的是企业管理从成本会计计算法向绩效控制转变的理念在公共部门中得以成功实现，体现了公共部门对组织绩效衡量和测定的重要认识。

（二）是否存在团队绩效

"团队绩效"一直是个备受争议的概念。一般认为，团队绩效是指组织内部形成的非正式群体所创造的绩效，与正式组织结构中的部门绩效有着本质差异。"非正式组织"这个概念最早由美国著名管理学家梅奥（Mayo）在《工业文明的社会问题》中提出。梅奥认为，作为"社会人"，其本性或特点之一是在劳动中同其他人交往并紧密地结合在一起，经理人不是和工人个人打交道，而

---

① 参见：[美]阿里·哈拉契米.政府业绩与质量测评——问题与经验[M].张梦中，丁煌，等译.广州：中山大学出版社，2003：4-5.

② [美]彼得·F.德鲁克.经理们真正需要的信息[A].//李焰，等译.公司绩效测评[C].北京：中国人民大学出版社，2004：6.

是应该和工作群体打交道。认识到形成工作集体和参与感的非正式组织的作用,是梅奥对现代组织管理的重大贡献之一。其后的社会系统学派创始人巴纳德(Barnard)发展了非正式组织理论,对非正式组织进行了系统研究。巴纳德指出,非正式组织是由组织中的个人接触、交互影响、自由结合形成的联合体,能对正式组织起到补充、限制的作用。无论在什么地方都存在着与正式组织有关的非正式组织。巴纳德把非正式组织的作用归纳为三点:一是促进信息传递的功能,可以沟通不便由正式组织的正式渠道沟通的信息和意见。它能缩短人们的心理距离,有助于主管人员了解真实情况,从而做出合乎实际的抉择;二能够影响和激发成员为整体服务的愿望,增强组织的凝聚力;三是正式组织可以借助于非正式组织的互动关系,避免正式组织控制过多过滥,有利于保持个人的尊严。但如果引导得不好,非正式组织会对正式组织产生消极影响,妨碍正式组织功能的发挥,导致组织的僵化和衰退。

对非正式组织的研究有助于加强我们对团队绩效的理解。一般认为绩效管理是对组织绩效和个人绩效进行管理的方法,同时,个人绩效目标与组织绩效目标存在民主参与、授权管理等结合形式,个人绩效目标是组织绩效目标的分解。只有当个人充分意识到自己在组织发展中的价值时,个人的积极性和创造性才有可能得到最大限度的发挥。但是,在个人与组织之间,存在管理者与被管理者的本质差异。即使现代管理充分强调民主参与和组织授权,身份差异也很难从本质上改变。个人与组织之间过大的空白空间造成了绩效理解偏差,为组织绩效目标传达和个人绩效目标考核制造了障碍。提出"团队绩效"很大程度上弥补了个人与组织之间的空白。团队绩效是个人之间形成的非正式组织凭借相互信任、亲密关系所达成的绩效结果。比如非正式组织成员对个人绩效目标、组织目标、预期回报、服务质量等容易达成一致共识,从而能相互信任和彼此激励敦促了非正式组织成员积极实现团体目标。当然,正式组织对这种"团体绩效"并不予以承认。但是,随着绩效管理在现代企业包括公共部门中的运用,人们逐渐认识到绩效测评的中心目的就是帮助提高团队绩效,通过真正的授权,团队可以自我设计绩效测评体系,并进行自我的绩效追踪。① 重视团队在绩效管理中的作用是提高绩效测评真实性和有效性的重要基础。通过团队在创造相互激励、相互信任过程中的作用,组织可以避免正规化民主参与带来的不利影响,能够借助这种相互信任传递组织绩效信息、组织整体目标,并激励非正式组织内部成员通过形成某种共识积极提高团队

---

① [美]克里斯托弗·迈耶.正确的绩效测评如何有助于团队成功[A].//李焰,等译.公司绩效测评[C].北京:中国人民大学出版社,2004:98.

绩效和组织绩效。当然,需要指出的是,非正式组织的存在本身是个受到争议的话题。不少研究者包括企业管理者都认为,非正式组织所形成的"小团体"会对正式组织造成某种压力,甚至抵制正式组织目标。因此,"团队绩效"也就容易被忽略。在公共部门中,同样也存在非正式组织。如何恰当运用非正式组织,发挥其积极作用,创造一种团队绩效,这就取决于公共部门的驾驭能力和实际操作水平。从作为权力主体的公共部门的服务性质看,公共部门内部的团队应该能够通过官僚体制得以维持和控制,创造团队绩效有助于公共部门发挥民主精神,加强绩效测评、监测和跟踪,并有助于全面提高公共部门内部工作人员的工作积极性。在团队绩效与组织测评的关系方面,许多研究者都认为团队绩效与组织测评之间存在相辅相成的关系,可以相互促进和提高,从而促进组织整体绩效和个人绩效,关键在于组织领导者如何发挥这些非正式团体的作用,如何创造条件让这些团体进入正规组织测评和组织整体目标中。

（三）考核个人绩效

个人绩效是绩效管理衡量的重要维度,既是组织绩效的基本保障,也是绩效管理发挥激励作用、提高组织效率和服务水平的基本点。因此,考核个人绩效是企业管理,也是绩效管理着重关注的对象。作为组织生存、发展的基本点,个人绩效的高低,直接影响到组织现在及未来的发展状况。

个人绩效有两层涵义。一是指个人在工作过程中所产生的结果和产出,即完成了多少任务,与工作目标相挂钩;二是指"为一套与组织或组织单位的目标相关联的行为,而组织或组织单位则构成了个人的工作环境"。[①] 前者是传统的个人绩效定义,以目标—结果为导向,通过目标—结果链来衡量个人实际完成的工作量;而后者的个人绩效定义更具有现代管理意义。威廉姆斯认为,对于许多工作来说,结果不一定是由雇员的个人行为所产生的,也许有其他因素导致这一结果的产生。把个人绩效定义为一种行为,并把那些只与组织目标相关的行为定义为绩效,这就意味着绩效管理所衡量的个人绩效不再仅仅是一种考核结果,而是要求对个人绩效行为过程进行全方位的跟踪、监测、调查和反馈。绩效管理不是单纯的绩效考核,而是一种对绩效的全程管理。对个人绩效行为的定义,有助于绩效管理摆脱传统绩效考核的束缚,建立起全新的绩效全程管理系统。

当然,正如前面所分析的,公共部门个人绩效存在难以测量性。作为公共服务部门,一些服务项目很难用时间、满意感、产出结果量等指标来衡量。尤

---

① ［英］理查德·威廉姆斯.组织绩效管理［M］.蓝天星翻译公司,译.北京:清华大学出版社,2002:116.

其在个人绩效行为方面,公共部门不是流水线操作方式,各个公共部门的具体差异又很大,影响公务员个人绩效行为的因素除了个人能力、团体合作、环境、制度等因素外,还存在许多难以测定的人为因素。这样,个人绩效行为的测量在公共部门就显得障碍重重了。

在人事制度基础上的考核机制是个人绩效衡量的基础。全面衡量公务员个人绩效,必须重视个人绩效在提高公共服务质量、服务水平以及组织整体绩效方面的积极作用。我国是建立人事制度和重视德才考核历史悠久的国家。最早见于《尚书·爵典》中关于"三载考绩、三步黜陟幽明"的记载,意思是在一定期限内考核官员的为政表现和工作业绩。《尚书》记载,舜每五年到各部落巡视一次,考察各首领的功过是非并褒奖功劳卓著者。秦统一中国后,不少官吏都是经过考核、有卓越表现而获得高官厚禄的。汉代官吏考核主要实行"上计"和"刺察"两种制度。魏晋南北朝时期的北魏孝文帝也颇重视官吏考核制度,规定三年考核一次,六品以下由尚书考核,五品以上由皇帝和公卿考核,考核结果分为三等,"上上者迁之,下下者黜之,中中者守其本位"。隋朝时还规定九品以上地方官每年岁末都要进京"朝集",汇报工作。唐代的官吏考核制度已相当完备,设有专司官吏考核的考试郎中和考功员外郎,还设有由校考官和监考官,并规定了"四善""二十七最"的官吏考核标准。宋代流行"磨勘"制度,就是由审官院与考课院按照分工,建立考状,根据在京各衙门长官与在外各监司上报的官吏考核材料逐一审定。元代尤其重视考察官吏的为政清廉情况,每个道都设有肃政廉访司,每个司都设有肃政廉访使八人,专司此项工作。明代的官吏考核分"考满"和考察两种。"考满"是对所有官员的全面考核,"考察"是对官吏的重点考核,考核后被废黜的人员永不续用。清代仍实行一年一小考、三年一大考、三考为满的"考满"制度,考察京官称"京察",考察京外官叫"大计"。①

我国在人事制度基础上的考核机制是历史久远、较为完善的一种制度,对我国现代公务员个人绩效考核也产生了积极影响。如何恰当借鉴古代考核机制,建立现代公务员个人绩效考核机制,将是现代绩效管理开发中值得思考的问题。

二、公共部门需要形成对当前绩效情况的正确认识

公共部门绩效管理开发的重要基础之一就在于要对其当前的绩效情况形成正确的认识。只有对当前的绩效情况形成正确的认识,公共部门才有机会进行变革,并对症下药实施有效的绩效管理(见表 5-1)。

---

① 舒放,王克良.国家公务员制度教程[M].北京:中国人民大学出版社,2001:81-82.

表 5-1 战略修订研究中心的绩效管理分析

1. 原因
   - 什么原因造成在现有条件下对绩效管理或奖励进行重新评估?

2. 目标
   - 组织的战略经营目标是什么?
   - 谁或者哪些因素的绩效对经营目标具有关键的作用?
   - 我们应该与雇员签订什么样的绩效契约?
   - 绩效管理的设计目标是什么(如对雇员的吸引、挽留、激励或控制)?

3. 环境
   外部因素
   - 我们现在处于业务循环的哪一个阶段?
   - 所处的国家与社会文化对雇员绩效和差异化的态度有什么影响?
   内部因素
   - 相关雇员群体的激励假设是什么?
   - 相关的内部雇员对群体的评价是什么? 他们如何影响对差异化的态度?

4. 系统
   - 为了支持那些影响雇员的知识、能力和动力的绩效目标或经营目标,我们应该采取哪些行动?

5. 设计
   内容
   - 如何定义奖励?
   - 如何定义激励?
   - 哪些衡量标准比较恰当(如短期、中期或长期标准,财务与非财务标准,个人与群体标准)?
   - 能否以我们所希望的方式对绩效进行衡量,并设计相应的奖励制度?
   - 人们能否认识到这种关联?
   过程
   - 整个奖励结构是否存在着相互联系或彼此互不相关?
   - 参与绩效系统设计和管理过程的其他管理人员是否接受这个程序?
   - 该程序是否易于管理?
   - 如何传达绩效和奖励制度,包括反馈?

6. 结果
   - 对行为有什么影响(该系统是强化原有的行为,还是激励了新的行为)?
   - 根据过去的经验,盈利或成功的标准是什么?
   - 考虑到方案设计与管理的成本以及薪金的支付,能否定义或发展投资收益率标准?

7. 监督
   - 现有哪些检查程序或需要创建哪些检查程序?

(资料来源:Henchy et al.1997:21)[1]

---

[1] [英]理查德·威廉姆斯.组织绩效管理[M].蓝天星翻译公司,译. 北京:清华大学出版社,2002:244-246.

　　表 5-1 的绩效管理分析图是由战略修订研究中心（Strategic Remuneration Research Center, SRRC）提出的企业绩效管理需要分析和诊断的绩效情况。总的来说，公共部门绩效管理需要了解的当前绩效情况，即绩效诊断，与企业绩效管理有相似之处，可以概括为：

　　第一，诊断公共部门的组织目标。各个公共部门总体来说还是存在许多差异性的，确定公共部门各自的组织目标不是绩效诊断的任务，绩效诊断的任务在于通过对已定公共部门组织目标的了解，掌握该目标是否在公共部门内部为全体成员所知以及公务员对组织这种整体绩效目标的认识是怎样的，如赞成还是不赞成，或者认为该绩效整体目标存在不合理性、需要修订等。诊断公共部门组织目标是整个绩效管理实施和修正的前提，了解公务员对组织目标的认同度也是绩效管理持续进行下去的基本要求。

　　第二，诊断公共部门的组织文化和组织氛围。充分了解公共部门现行的组织文化和组织氛围，如效率意识、服务态度、团队合作、官僚作风等。公共部门不同于企业组织，公共部门的组织文化具有一种长期性和延续性，官僚体制也对公共部门的组织文化造成了许多不利影响。由此，诊断公共部门现行的组织文化和组织氛围有助于克服不良组织氛围。通过科学合理的诊断手段，了解现实组织文化的情况和公务员的精神面貌，进而塑造符合组织绩效管理战略实施的组织文化和组织氛围。

　　第三，诊断公共部门的组织结构。公共部门绩效管理是涉及组织制度、结构、人事、环境等各个方面的战略管理，许多西方国家"政府再造"运动的成功实践都归功于对组织结构的根本性调整，如行政与决策分开，单独成立执行机构等。当然，对组织结构的调整也不是盲目的，而是根据公共部门现行组织结构情况、决策科学性和有效性的分析，结合绩效管理的要求而进行部分的组织结构调整。诊断公共部门的组织结构是一项较为艰巨的任务，涉及人事制度改革、权力结构等方面因素。但从长期看，诊断组织结构是急需进行的一项任务，对组织工作的效率、服务水平以及组织未来的发展都具有极为重要的影响。

　　第四，诊断公共部门的人事制度。绩效管理与人事制度、人力资源管理具有直接的关联，甚至会把绩效管理等同于人力资源管理。足见人事部门和人事制度对公共部门绩效管理的影响。诊断公共部门的人事制度，是要了解当前人事制度及其相关活动与绩效管理活动是否符合。如晋升机制、奖惩机制、考核机制、培训机制等，都与绩效管理实施密切相关。如果这些制度不配套或者不健全，都会影响绩效管理活动展开。诊断人事制度主要是了解这些配套制度的情况，从而为绩效管理的实施建立配套、健全的人事制度。

　　第五，诊断公共部门的沟通机制。强调沟通和民主参与是现代民主政治和组织发展的要求，无论在企业组织还是在公共部门都得到了充分强调。公共部门传统的官僚机制和权力结构对自上而下的沟通机制和民主参与机制造成了很大影响。诊断公共部门的沟通机制就是要对公共部门现行纵向的自上而下的沟通情况、沟通渠道还有横向的部门间的沟通情况进行了解。绩效管理对内外部环境变化的要求较高，是一种适应性的市场化管理，需要对内外部环境变化需求及时作出调整。因此，沟通机制对公共部门绩效管理实施的重要性极为明显。

　　总之，公共部门绩效管理开发的首要任务之一就是要对组织当前绩效情况形成正确的认识。从内容上讲，包括上面的组织目标、组织文化、组织结构、人事制度、沟通机制等方面的情况；从层次上讲，包括三个层次，即个人绩效、团队绩效和组织绩效，这三个层次的绩效在前面对绩效的定义中已有涉及，这里就不多论述。

　　当然，公共部门要形成对当前绩效状况的正确认识，也需要注意很多方面的问题(见图 5-2)。

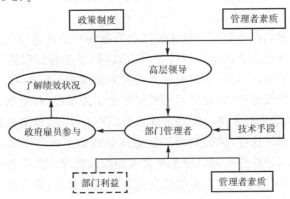

图 5-2　影响公共部门形成对当前绩效状况正确认识的因素

　　首先，公共部门要形成对当前绩效状况的正确认识，需要注意以下几个因素。

　　一是部门管理者对绩效管理的态度和自我评估的素质影响到公共部门绩效管理开发，并影响到该公共部门对当前绩效情况能否形成正确的认识。绩效管理是由部门管理者发起的改革措施，在公共部门中，领导人的参与和态度就显得格外重要。尤其在存在部门利益的情况下，部门管理者或者领导人愿意进行自我评估，客观对待当前评估结果的态度就会对当前的评估工作和今后该部门实施绩效管理产生重要的影响。企业组织的实践表明，大部分雇员参与绩效管理的程度都很低,一般不存在组织自我评估,评估活动也往往由组织的中心机构承担。这样,部门管理者对绩效管理的态度和管理者素质就成为一种在公共部门中扩散民主参与氛围的重要手段。

二是公共部门的高层领导对绩效管理开发起决定性作用。除了在一些国家中由自治性地方政府发起绩效管理的政府再造运动以外,绝大多数国家的政府改革都由高层自上而下实施。从中央政府到地方,高层领导在政府改革中起到了核心作用。部门管理者对绩效管理的态度和自我评估的素质影响到公共部门绩效管理开发的具体操作和落实,而高层领导更影响到部门管理者对绩效管理的态度。从绩效管理的战略意义上说,不仅需要高层领导广泛支持绩效管理以便于公共部门对当前绩效状况形成客观、正确的认识,更需要高层领导参与和支持绩效管理的全部过程,从准备、开始到运行、反馈,高层领导对绩效管理的支持需要有一定的延续性。绩效管理是一个具有周期性的循环管理过程,政府实施绩效管理不可能像"运动式"管理一样,一阵风,刮过即逝,而是一个持续监测、跟踪、反馈和提高的过程。高层领导对绩效管理开发和实施的支持态度和参与程度会影响到整个国家或者地方政府实施绩效管理的程度和效度。

三是组织内的民主氛围和民主程度会影响到对公共部门当前绩效情况的了解。绩效管理是注重民主参与的管理方式,民主参与的程度不仅对绩效管理实施有直接影响,也对组织当前绩效情况的掌握有一定作用。如,某个公共部门想要实施绩效管理,首先要对当前组织的实施情况,包括财务、人事、办事效率、工作作风等进行了解。哪些方面该部门存在不足,就需要制定相应的绩效指标实施管理。这样,该公共部门就要充分调动下属各个单位,展开调查、资料搜集、座谈、访谈等行动以便了解真实的绩效情况。如果各个单位或者工作人员不配合,不愿意表达真实的信息或者不积极参与,那么该公共部门就无法获得准确的绩效信息,也就没法进一步展开绩效管理。可见,公共部门内部提供民主的沟通机制、参与渠道和塑造民主氛围,对绩效管理的初步开发和进一步实施都将产生极为重要的作用。

其次,公共部门要形成对当前绩效状况的正确认识,也需要使用恰当的操作方法和技术手段。

公共部门绩效管理开发中需要形成对当前绩效状况的正确认识,这并不是说进行绩效考核,也不是绩效管理的开始步骤。严格意义上,这种所谓的"绩效诊断"并不是绩效管理的组成部分,至少在绩效管理程序上并没有这个步骤。对当前绩效状况的认识,其意义在于公共部门能够避免盲目实施绩效管理,而是根据组织现有的具体情况,找出差距以及可以改进的地方,并为今后设置相应的绩效指标和确定组织的绩效目标奠定基础。因此,在方法上,绩效诊断的技术方法与绩效考核的方法有一定相似之处,但也不尽相同。以下就列举简单几种操作方法。

(1)面谈法

面谈是了解组织当前绩效状况的有效手段。公务员的精神面貌、工作态度、预期目标等情况都可能通过面对面的沟通获得真实的信息。通过面谈,也直接创造了民主沟通和民主参与的渠道,避免了一些技术障碍。当然,由公共部门领导者参与的面谈以及面谈者素质的高低都可能造成被访谈者的不信任感或者没法真实表达一些信息。同时,面谈的技术和成本都存在问题,对公共部门而言,是一项技术挑战和心理挑战。

(2)问卷调查法

问卷调查通过匿名的方式在公共部门内部以及外部了解组织当前的绩效情况。如公务员对该部门当前工作效率的认识、公众对该公共部门服务质量的认识、哪些需要改进的地方等。问卷调查有助于公共部门通过内部和外部调查真实地掌握信息,并能够消除权力因素和部门利益因素,获得大量真实的绩效信息。然而,匿名调查的方式也为那些敷衍了事、不积极参与调查的人制造了空间,不利于真实表达信息。同时,问卷设计的技巧和问卷结果的统计都需要专业人士参与,公共部门在技术和人员素质上可能还要进行调适。

(3)行为观察量表法

行为观察量表(BOS)是指包含特定工作的成功绩效所需求的一系列合乎希望的行为,一般被用于绩效考核和评估,但在公共部门绩效诊断过程中,BOS也有一定的使用价值。在使用行为观察量表时,评估者通过指出员工表现各种行为的频率来评定工作绩效。如:

5＝总是

4＝经常

3＝有时

2＝偶尔

1＝极少或从不

通过将员工在每一行为项上的得分相加得到总评分,高分意味着一个人经常出现出合乎希望的行为,低分则意味着一个人极少出现合乎组织希望的行为,甚至是反向行为。公共部门使用BOS能够根据组织目标了解当前公务员行为的情况,并为下一步改善这些行为提供基础调查。与此相关的是,BOS量表同样考验公共部门管理人员的技术能力和管理素质。

绩效诊断的具体操作方法还有许多,如关键事件法、排序比较法、网络民意测评法等。在具体实施中则需要注意一点，绩效诊断不同于绩效考核。一方面，公共部门要进行全面评价，了解组织当前所有的绩效情况，如公务员对组织的看法、组织民主氛围、工作态度等等；而另一方面，也不要求过于苛刻的评价，以便造成绩效管理无所不管的不良印象，反而不利于绩效管理的进一步实施。主要是针对影响组织绩效的几个问题进行了解和评价，目的在于首先在公共部门内部获得绩效管理的共识，使全体公务员能够支持绩效管理的实施。取得一致共识和掌握绩效情况，这两者是绩效管理开发的目的所在。

第二节　公共部门绩效管理开发的工具

　　绩效管理引入的目的具有多重性，是"为了满足多个目的中的任何一个或几个"。[①] 绩效管理开发也是根据多重目的而展开的初期工作，无论是对公共部门绩效的定义还是对公共部门当前绩效情况的诊断，都离不开围绕公共部门组织目标的各种改善绩效的工具。从技术和程序上说，绩效管理开发意味着重新设置新的管理工具和管理方法，因此要对公共部门绩效及其当前的绩效情况形成正确认识。就公共部门而言，从零开始，创建新的管理方式无论从技术上还是组织心理上都需要克服极大的障碍。这样，利用一些改善绩效的工具，引入标杆管理和质量管理的方法就可能在公共部门引入绩效管理之前创造技术条件，并为公共部门绩效管理的开发和设计提供技术支持和观念支撑。

一、标杆管理与公共部门持续的绩效改善

　　标杆（Benchmark）在中文里的意思主要理解为"优秀的目标"。在管理上，研究者把标杆界定为"为寻求达成卓越表现所需要的最佳经营方法、创新概念及高效率操作程序的一套系统过程"。[②] 一般而言，标杆有两种类型：一是内部标杆，指组织内部各部门之间的相互比较；二是外部标杆，指以竞争者为对象，是一种外部比较。所谓标杆管理（Benchmarking），就是通过相互比

---

　　① ［英］理查德·威廉姆斯.组织绩效管理［M］.蓝天星翻译公司，译. 北京：清华大学出版社，2002：254.
　　② 张成福，党秀云.公共管理学［M］.北京：中国人民大学出版社，2001：277.

较来改善本部门、本组织绩效的管理方式,被普遍认为是一种评估、比较的过程,以改进工作程序并取得更高的绩效,①即是一个认识和引进最佳实践,以提高绩效的过程,其目的在于提高组织绩效,追求卓越。

在私营企业中,标杆管理获得了成功实践。国外大量私营企业使用标杆管理都改善了企业运作情况、降低了成本以及改善了顾客服务。如美国的里茨—卡尔顿(Ritz-Carlton)连锁饭店在实际操作中发现,饭店的清洁队按照前台的要求而进行清扫工作的做法比单个清洁工逐个房间进行清扫的做法有效率得多。由此,卡尔顿连锁饭店实施了全面标杆管理,制定出可在全公司实施的计划。在短期内,该饭店获得绩效改善的良好效果,成本比前一年下降了几乎100万美元,员工满意度则上升了13.6%。标杆管理在私营企业的成功实践表明,标杆管理在改进组织绩效方面具有较大的作用。通过一系列的行动、步骤、功能或活动造成一个结果:对最佳实践的识别和引进,以改善绩效,这就是标杆管理。20世纪90年代初期,标杆管理逐渐引入到公共管理领域,成为推动政府绩效改进的重要工具之一。那么,公共部门实施标杆管理与企业又有哪些不同呢?

首先,公共部门标杆管理需要进行一些组织准备工作。标杆管理是组织引进最佳实践的一个过程。作为公共部门,实施标杆管理也不是一蹴而就的工作,而是要根据公共部门的组织目标、工作任务、组织规模、人员素质、组织氛围等特性,从而确定引入标杆管理的现实性与可能性。对公共部门来说,标杆管理不大会涉及组织全面变革,如人事变动、机构撤并等,但标杆管理的引入仍需要公共部门在组织上作出调适、配合。这也就意味着公共部门实施标杆管理需要进行一些组织准备工作。这里主要包括②:

一是标杆管理方面的准备。标杆管理首先要确定一个比较的对象,实施标杆管理的部门可以通过比较,主动开展提高本部门服务质量的实践。标杆管理方面的准备旨在使实行标杆管理的组织与作为其标杆的合作伙伴在各个方面具有相称性,如组织的性质、工作程序等。通俗地讲,就是指两个比较的部门之间必须存在可比性。两个部门在各方面越相似,就越能实施有效的标杆管理,也就越能提高组织绩效。

二是文化方面的准备。这一活动涉及实行标杆管理的组织所作的准备情

① [美]帕特里夏·基里,史蒂文·梅德林,休·麦克布赖德,劳拉·朗迈尔.公共部门标杆管理[M].张定淮,译.北京:中国人民大学出版社,2002:35.

② 参见:[美]帕特里夏·基利,史蒂文·梅德林,休·麦克布赖德,劳拉·朗迈尔.公共部门标杆管理[M].张定淮,译.北京:中国人民大学出版社,2002:53-60.

况以及其引入最佳实践的内部环境,如组织文化、组织氛围、工作风貌等。任何新管理方法的成功引进和实施,都需要获得一种内部支持,或者说组织共识。传统的公共部门在接受新生事物和新管理方法方面存在某种抵制性,这种抵制来自高层,也来自组织自身,包括组织文化方面。传统官僚文化的公共部门如何建立一种标杆管理的文化,积极接受标杆管理,使自身成为一个学习型组织,并促成全体公务员对标杆管理形成某种共识,这是公共部门标杆管理文化准备的重要任务。

三是实施方面的准备。这一准备活动包括:使要实行标杆管理的特定组织机构做好准备,并为标杆管理在新环境中便于实施做好准备。对公共部门来说,任何新管理方法的引入都有可能带来利益调整或者机构变动。盲目地直接实施标杆管理,忽略标杆管理的实施准备,就有可能浪费大量公共资源,反而不利于绩效提高。因此,在实施准备阶段,公共部门要对本部门及其利益相关人展开调查,取得共识,并对该部门内部的工作程序有足够的了解,以便于在组织内部成功推行标杆管理。

四是运作方面的准备。它涉及最终、也是最具持续性的问题,即监测组织的实际状况,一旦最佳实践引入到位就要确保其运作成功。这里,主要是指对公共部门标杆管理的主管人员和操作人员进行科学培训,使组织人员能够熟悉标杆管理操作,并能利用这些监测到的信息进行持续的绩效改进。如果主管人员和操作人员不熟悉具体操作方法,也不能利用监测到的信息,标杆管理就不可能发挥真正的作用。

五是技术方面的准备。这主要集中在进行标杆管理研究和引入最佳实践所需要的技术技巧上,包括进行标杆管理的机构可以采用的相关知识、技能、能力、经验等,其重要性贯穿于从计划到实施的全过程。技术方面的准备,如统计学、调查报告等,可以为其他方面准备较弱的公共部门提供有力支撑。技术方面的改善能够弥补其他不足,从而帮助公共部门改进绩效。

其次,公共部门标杆管理是促进传统行政组织向学习型组织转变,提高组织绩效的有效途径,但不同的公共部门实施标杆管理具有不同的具体措施和程序。作为公共部门,如何选择一种最佳的标杆管理方式对该公共部门绩效提高的程度和效度有直接影响。即使在企业组织中,标杆管理也存在多种操作方式和程序。如 AT&T 的九步骤模式,Zerox 公司的五段式、十二步骤模式等。以 Zerox 公司的标杆管理操作为例,将标杆管理分为五个阶段和十二个步骤(见表 5-2)。

表 5-2　**Zerox 公司标杆管理的五段式、十二步骤模式**

第一阶段	计划
	(1)决定标杆的标的物
	(2)决定比较的对象
	(3)决定搜集资料的方法并搜集资料
第二阶段	分析
	(4)确定目前的绩效落差
	(5)提出未来绩效应有的水准
第三阶段	整合
	(6)和员工沟通分析的结果并使其接受此结果
	(7)建立功能的目标
第四阶段	行动
	(8)发展行动方案
	(9)执行特定行动并考核进展
	(10)重定标杆
第五阶段	成熟
	(11)成为领导者
	(12)将此运作融入工作流程中

　　公共部门使用标杆管理的程序与企业组织并无二异,关键就在于如何选择标杆管理的程序。基利(Keehley)在《公共部门标杆管理——突破政府绩效的瓶颈》一书中指出,标杆管理有许多操作方法,但"对所有的方法来说,都有几个关键步骤"。①

　　一是取得共识。机构列举出正在考虑作出改进和实行标杆管理的最重要程序,并对其中的每一项程序作出详细描述,使参与决策的成员对该程序会带来的结果(及不会产生什么结果)有一个共同的了解。然后,将所列举的程序内容告知主要的利害相关人、程序主管、监督机构及重要的民选官员,他们会对所列举的程序内容予以删减、综合或分解,也可增添新的程序。最终,通过

---

　　① 参见:[美]帕特里夏·基利,史蒂文·梅德林,休·麦克布赖德,劳拉·朗迈尔.公共部门标杆管理[M].张定淮,译.北京:中国人民大学出版社,2002:84.

对话,一套清晰明了,且为那些积极参与者和对标杆管理高度关注者所理解和支持的程序就产生了。

二是确定标准。机构形成并验证了一套决定对哪些程序实行标杆管理的标准。通过对准备状况、战略方面的问题、顾客方面的问题、竞争方面的问题、环境方面的问题及程序的特征进行仔细考察,机构就确定了最具关联性和重要性的标准。在与有关方面和选民分享了这些标准后,所列举的内容就被精练到只包括那些受到强有力支持的最重要标准的程度。在决定对哪种做法实行标杆管理时,在标准上达成共识常常是最困难的、当然也是最重要的步骤。无论如何,为确保取得一致和理解所花费的时间和精力会起到防止未来出现问题的作用。

三是严格实施。公共部门要对照各项标准来评价每一程序,以确定哪些做法应优先实施。然后,它将提议作出标杆管理项目的两、三个程序优先提供给授权、监督或赞助部门,以获得批准。对照标准严格实施,并建立相应的监督机制和授权机制,从技术和制度上保障标杆管理的实施。

最后,标杆管理通过内部和外部标杆的比较,能够明显地提高公共部门的服务质量和组织效益。同时,标杆管理在进行标杆比较时,也创造了一种特殊的激励机制,相互比较和促进,为公共部门改善组织绩效创造了良好的条件。在技术操作和制度管理方面,标杆管理都不失为一种改进绩效的有效管理方式。也正是因为这一点,标杆管理的引进为公共部门绩效管理的持续开发创造了优越的环境和技术准备。当然,实施标杆管理也不是万能的。渊源于企业管理的标杆管理在企业组织自身的实践和公共部门的运作中都需要避免以下这些问题:

一是把标杆管理等同于简单的比较,尤其是组织与组织之间的比较。标杆管理是要设定一个标杆作为比较对象,然后根据组织自身的情况,包括工作分析、工作程序等进行相互比较,以提高组织自身绩效。由此,标杆管理的首要目标是为了提高一个机构的绩效,而不是出于比较而相互挑剔。举个简单的例子,某公共部门确定另外一个类似的机构作为标的物。该公共部门首先要做的就是对本部门自身的绩效情况进行分析,通过具体操作环节的比较,确定在哪些环节上该公共部门与标的物存在差距,从而制定绩效改进计划,并在取得上下一致共识的基础上实施绩效改进计划。标杆管理不是组织之间的简单比较。尤其在公共部门中,出于优势心理或者部门利益,往往不愿意设定标杆。即使确定了标杆,也会忽视建立在本部门实际绩效情况基础之上的绩效改进。把标杆管理等同于部门间绩效结果的相互比较,忽视形成这种绩效结果的过程分析,也就无法实现组织的绩效改进。对公共部门而言,首要的观念转变就是要克服这种"相互比较"心理,树立正确的绩效观,重视过程和程序分析,进而在适应本部门实际情况的基础上提高工作绩效和服务水平。

二是同时设定多个比较对象,导致操作混乱、标准不一。标杆管理作为确定比较标杆、提高组织绩效的管理方式,既有内部标杆又有外部标杆。一般认为,确定何种形式的标杆完全由组织发展的实际状况而定。如组织还在发展初期,需要吸收一些经验和做法,那么就可以采取外部标杆;如组织已进入成熟发展期,需要采取激励和创新的做法,就可以采取内部标杆;如组织进入发展停滞期,则可以通过内外部比较以提高组织绩效和激励组织创新。无论采取何种形式的标杆管理,就组织实施标杆管理的某个时期来说,最好不要同时设定多个比较对象。一方面,不同的比较对象毕竟有不同的比较层面,每个比较部门的具体操作程序也不尽相同。设定多个标的物会混淆操作程序的比较,导致公共部门自身在比较过程中过于重视每个操作环节,反而忽视了一定的流程。而另一方面,不同比较对象有不同的工作标准,当一个实施标杆管理的公共部门设定多个比较对象时,也就意味着它可能同时确定多项标准,而这些标准之间如何协调和统一则是个难题。标准不一就容易给公务员绩效改进的目标和标准带来混乱,不利于组织绩效的持续改进。

三是试图在世界范围内寻找一种最佳实践,标杆管理的范围太大。这里存在两个问题:①公共部门往往把标杆管理理解为最好、最佳、最优,寄希望于寻找一个与本部门操作相似的、绩效最优的标的物。这种观念的错误之处在于忽略了本部门的实际绩效情况。相互比较是为公共部门找到镜子,有时候即使是绩效情况差的标的物,通过相互比较,实施标杆管理的公共部门也能够发现本部门的问题所在;而那些绩效最优的标杆有自身特殊的优势和环境,如果实施标杆管理的公共部门缺乏这些环境优势,那么即使每个程序和标准都达到了,也未必能够从总体上提高组织绩效。寻找最佳实践的标杆管理要求公共部门能够根据自身的情况以及标的物与该公共部门的相似度进行比较,而不是忽略实际、盲目寻找最优秀的标杆。②公共部门在引入标杆管理时,很容易扩大范围,试图对整个组织各方面都进行绩效改善。这种错误做法夸大了标杆管理的功能。标杆管理虽然不是一个简单的比较研究,但它也只是一种"不仅定义一个组织生产什么,而且包括组织应怎么去设计、制造并将产品或服务推向市场"的管理方式。标杆管理不是万能的,仅仅是对公共部门操作、服务方法等方面的规定,扩大标杆管理的范围,不但不能提高绩效,反而会损害绩效。

二、政府全面质量管理与顾客导向

质量管理(Quality Management)的历史可以追溯到 18 世纪末,主要指工业企业中生产出来产品的质量检验,以提高产品质量为直接目的,是对生产结果的检验。进入 20 世纪后,质量管理开始向事前控制转变,对产品质量进行预防和控制,质量管理的效果大大提高。而真正的质量管理出现在 20 世纪 50 年代。管理科学的发展和生产技术的复杂,使企业质量管理走向新的轨道。当时,美国通用电器公司的费根堡姆和质量管理专家朱兰提出了"全面质量管理"(TQM)的概念,认为企业全面质量管理至少包含三种涵义:(1)单靠数理统计方法来控制生产是不够的,还要有组织管理工作;(2)产品质量是在质量螺旋前进中形成的,包括市场调查、设计、生产、检验、销售等等;(3)质量不能脱离成本。但应指出,无论从时间上还是从内容上,这三个阶段都不是截然分开的,而是一个相互联系、发展与提高的过程①。

质量管理有一个较长的发展历史,但引入公共部门的时间却很短。20 世纪 70 年代,随着公共部门逐渐认识到服务对象是顾客(Customer-Service-Recipient),公共行政也在机构精简和信息技术冲击的环境中面临深度的变革。从公共部门角度看,社会发展、技术进步及竞争加剧都会使顾客(公民)对政府和非政府组织的服务质量提出更高要求。企业在激烈市场竞争中为求生存,自发地实施改进服务质量、提高顾客满意感的策略。作为公共部门,在内外部环境压力下,也从一个官僚者向顾客导向逐渐转变。提高公共部门管理质量,是现代社会发展的客观要求,也是公共部门走向顾客导向的服务和管理的要求。

首先,政府全面质量管理的主要思想是以顾客为导向,全面提高公共部门的服务质量和服务水平。所谓政府全面质量管理,就是将企业产品生产的全面质量管理的基本观念、工作原则、运筹模式应用于政府机构之中,以顾客满意为导向,全面提高政府机构的服务质量和工作效率。全面质量管理来源于工业企业的产品生产,以有形产品的质量管理为主。公共部门管理不同于工业企业(尤其是制造类企业),主要以无形的公共服务为产出结果。当然,也不排除一些公用设施、公共建筑等有形产出。无论是无形的公共服务还是有形的公用设施建设,公共部门借鉴和引入全面质量管理都充分体现了现代社会

---

① [美]史蒂文·科恩,罗纳德·布兰德.政府全面质量管理[M].孔宪遂,等译. 北京:中国人民大学出版社,2002:2.

服务行政的要求和提高社会公众满意感的要求。在公共部门中,全面质量管理的思想可以归纳为以下几点:

一是质量第一。全面质量管理的思想核心就是"质量",对质量进行管理,把质量当成组织管理工作的最重要组成部分。从组织管理的结构来看,如采购管理、财务管理、人事管理等,都是正规组织管理必不可少的内容。尽管质量管理不从属于以上任何一种组织管理形式,而在实践运行中,管理者和社会公众都认识到质量对组织自身和社会大众的重要性,现代竞争也逐渐趋向产品质量和服务质量的"质量竞争"。质量关系到组织前途和命运,也关系到社会公众对其的信任程度。政府全面质量管理虽然不可能像制造业企业一样采取流水线控制、事前控制等专业质量管理和质量测评的手段,但提高服务质量及公共设施的质量始终是公共部门实施全面质量管理的首要任务。

二是顾客服务。"公共部门引入商业质量概念,意味着公共机构就是服务商行,而公民则成为纯粹的顾客"。① 所谓质量,除了行业硬性的标准以外,主要以满足顾客需求的能力和程度来衡量。比如某个品牌的服装,其拉链的装饰、质料的选择、款式的设计等,就必须以顾客满意作为服装产品质量检验的标准。全面质量管理就是在产品或服务的形成、传输和使用时,要以顾客的需求为考虑问题的出发点和检查效果的归宿。公共部门全面质量管理的引入对其服务理念造成了强大冲击。从公民到顾客,从公务员到服务生产者,公民和公务员的角色都从一定程度上获得了转换。为顾客提供满意的服务不仅是公共部门服务质量检验的标准,也能够通过质量检验提高公共部门服务的积极性和主动性。

三是事前预防。最初的质量管理只是对产品的质量检验,即是一种对结果的检查和管理,不能改变已形成的结果。20世纪50年代产生的全面质量管理(TQM)改变了这种事后管理方式,以事前预防和控制为主。全面质量管理理论认为,仅靠产品或服务的质量检验不可能真正提高质量水平。只有在生产管理过程中,采取先进、规范、有效的管理方式,将质量问题消灭在萌芽之中才能达到质量管理的目的。全面质量管理将市场调查、设计、生产、检验、销售等过程全部联系起来,注重预防式管理,对每个环节都进行科学质量管理,并通过建立一整套质量保证体系来达到防患于未然的目的。这种操作方法对流水线操作的企业有借鉴作用。从公共部门角度看,未必适合这种操作方法,但"事前控制"思想对公共部门政策制定、服务输出等都具有重要借鉴意义。

---

① [美]阿里·哈拉契米.政府业绩与质量测评——问题与经验[M].张梦中,丁煌,等译.广州:中山大学出版社,2003:191.

　　四是普遍受益。全面质量管理的前提是普遍受益,即通过对产品质量的全面监督,企业内外部的成员都能普遍获益。全面质量管理的受益者包括五个方面,即顾客、业主、员工、供应者和社会。目前存在的一个误区是认为对质量的全面管理是组织管理者加强监管力度,对被管理者的自由造成了某种损害。但全面质量管理实施的基本理念在于使所有的受益者在受益方面达到长期成功。作为一种现代管理模式,全面质量管理的收益原则具有普遍性和长期性,是着眼于组织和员工的长远发展的管理方式。公共部门全面质量管理也正是要克服就事论事、短期行为和眼前利益等行为,为公共部门的长期发展建立一整套机制、制度、氛围、文化和观念。

　　其次,公共部门实施全面质量管理需要一定的准备和操作方法。TQM来源于企业的生产实践,与公共服务为主的公共部门有极大的差异。那么,公共部门引入 TQM 就需要做相应的准备,以克服与制造业企业的差异,从而成功实践全面质量管理。这些准备包括:

　　一是创建良好的组织环境。公共部门的组织环境是一种高度政治化、开放性的环境,创建良好的组织环境是公共部门引入全面质量管理、保障质量管理实施的重要准备。公共部门的组织环境包括政治环境、经济环境、社会环境三方面。政治环境要求官僚机构、管理者为实施全面质量管理提供大力支持,避免官僚作风带来的压制和保守;经济环境要求公共部门有确定的资金来源,通过严格的自我检查推进组织变革,而不是由于自我审查而害怕改革或者改革无力;社会环境要求公共部门和外在社会之间保持良性互动,同顾客保持一种密切融洽的关系,以便获得社会公众的支持、提高服务部门的社会支持率。

　　二是提供良好的技术支持。公共部门实施全面质量管理意味着全面引入企业质量管理体系的做法,在具体操作上需要注意很多技术问题。除了官僚支持和社会支持以外,公共部门能否提供良好的技术支持直接关系到组织变革的进程。新技术的引用可以推进组织变革,改变公务员的工作方式,甚至会影响组织机构的职责变化和公务员工作积极性的提高。

　　三是创建良好的组织文化。任何组织从诞生之初就自发地形成了某种组织文化。所谓组织文化是"一套为大家所共有的、非正式的信念和价值观,它们构成了雇员与组织之间相互预期的基本准则"。[1] 组织文化是个相对较为含糊的概念,但无论专家还是管理者都日益认识到组织文化对个人和团体行为、绩效的重要影响力。构建良好的组织文化对公共部门实施全面质量管理、

---

　　① [美]史蒂文·科恩,罗纳德·布兰德.府全面质量管理[M].孔宪遂,等译. 北京:中国人民大学出版社,2002:59.

推进组织变革具有指导意义。推广与全面质量管理相关的组织文化,能够在一定程度上减少公共部门改革的阻力,增加组织共识、推进变革。

　　做好全面质量管理的准备工作是公共部门实施 TQM 的前提。当然,全面质量管理毕竟来源于商业企业,公共部门的服务性质与"商业质量"终究有着本质区别。同时,不同的公共部门也有着不同的工作程序和服务标准。如何在公共部门中建立一套相对统一的质量管理保证体系对公共部门具体实施 TQM 具有指导性意义。史蒂文·科恩和罗纳德·布兰德给出了一套公共部门实施 TQM 的模式(见表5-3)。

表 5-3　公共部门实施 TQM 的步骤

第一步	建立质量改进小组
第二步	确定谁是顾客,顾客需要什么?
第三步	和供应商协作、和顾客协作,分析顾客需要
第四步	分析自己的工作:描述、增加、减少

　　其中,建立质量改进小组,明确质量管理的目标在所有步骤中占据重要地位。它的内容包括实施 TQM 的全部过程(见表5-4)。

　　从我国公共部门的实际情况及其改革的进程来看,全面质量管理对我国公共部门改革具有一定的借鉴意义。具体操作上,可以分为以下三大步骤[①]:

　　一是统一认识和组织落实。包括五个环节:

　　(1)高层管理者统一认识和决策。质量保证体系不仅会提高公共部门的服务质量,树立良好的组织形象,而且在建设质量保证体系的过程中,公共部门也可改善管理水平,提高人员素质,为今后的发展打下良好的基础。作为高层管理者,应对质量保证体系的重要性有着深刻认识,并在此基础上作出相应的决策。

　　(2)建立精干的工作班子。精干的工作班子是建设质量保证体系的组织基础。它由最高管理层直接领导,代表最高管理者发动、组织、协调、控制和管理质量保证体系的建设工作。工作班子的规模依公共部门的具体情况而定,其成员要精干,具有较高的工作热情和工作能力。

　　(3)制定工作计划。制定的计划要全面、明确,有一定的弹性。

　　(4)教育培训。教育培训贯穿于质量保证体系建设的全过程。在本阶段,教育培训的任务主要是加深员工对质量保证体系的认识,了解其目标和要求,

　　①　张泰峰.公共部门绩效管理[M].郑州:郑州大学出版社,2004:189-190.

掌握其步骤和方法。

（5）制定质量方针和目标。

表5-4　质量改进计划项目列表①

1. 计划的目的是要改进哪些工作？
2. 谁领导该小组？谁是该小组的成员？
3. 你试图改进的具体工作进程是什么？
4. 这项工作现在是如何执行的？
5. 该工作进程的现有执行水平如何？
6. 你是否衡量过这个执行水平？你是如何衡量它的？
7. 如果更加精确地衡量现有的执行水平，你需要哪些额外的信息或数据？
8. 你计划如何搜集和获取这些信息？
9. 如果你已经搜集到了这些信息，你要对它们做哪些处理？
10. 改进这项工作进程的最主要的障碍是什么？
11. 确定这些主要的障碍中的一种（或者可能是两种），并提出一种方法来克服它。
12. 提出一项示范性的计划，并试验工作进程改进。
　　你打算在工作进程中进行哪些改变？
　　（1）该项工作现在做得如何？
　　（2）该项工作将做什么改变？
　　谁负责管理这项试验性计划？谁作为职员参加？
　　这项计划将持续多久？
　　成功的标准是什么？
　　谁决定是否在整个机构中进行这项改变？
13. 示范计划会把执行水平提高到什么程度？
　　什么是节省的工时、工作日或工作月？
　　通过质量改进，你是否满足了顾客的需要？
　　你的机构或是你的顾客是否节省费用？
　　你是否提供了更快捷的服务或更高的生产效率？
　　通过减少错误，你是否减少了返工的次数？
　　你采取了哪些其他的衡量措施？

　　二是选择要素和展开活动。包括三个步骤：①现状调查。遵循已制定的质量方针和目标，对本部门服务的全过程、各个方面进行详尽调查，了解现状，发现问题，分析原因，并提出努力和改进的方向。②选择运作要素。质量保证体系是由若干运作要素支撑的。公共部门应在调查的基础上，根据自己所要

①　[美]史蒂文·科恩，罗纳德·布兰德.政府全面质量管理[M].孔宪遂，等译.北京：中国人民大学出版社，2002：71.

解决的问题,来确定运作要素。③将要素展开为活动。质量保证体系运作要素只有具体化为各项活动才有实际价值。因而,要根据本部门质量工作规律和选择的运作要素,确定一项项具体活动,并充分发动有关人员参与、支持这些活动,以使质量工作能切实地向前推进。

三是分解职责和配置资源。包括三个步骤:①建立健全的组织机构。也就是指根据公共部门现有组织机构的状况,遵循质量活动的要求,对现有组织机构进行适当调整和重新设计。②明确和正确地分解职责。③合理配置资源。

最后,公共部门在实施全面质量管理中应该注意以下两个问题:

一是要保证公务人员参与分析。公务人员参与工作任务分析的作用一是为管理部门提出改革意见,二是保证管理人员能够得到关于顾客需求和员工需求的准确信息。同时,这种参与性也是民主的重要形式之一。全面质量管理要求工作人员能够参与管理过程,并按照质量管理的要求推进绩效改善。全面质量管理是全员参与的管理。产品和服务的质量涉及组织内的各个部门和各个成员,他们的工作都直接或间接地影响着产品和服务的质量。因而,为了获得所期望的质量,必须要求组织内所有部门、成员都参与质量管理活动,不断改进和提高质量水平。因此,公共部门全面质量管理要求开拓参与渠道,通过全面质量管理和民主参与达到绩效和服务质量的全面提高。

二是要保证与客户(社会公众)合作协作。全面质量管理是以顾客为导向的管理模式,质量管理不断改进质量的目标正是为了满足顾客需求。顾客决定质量。了解顾客需要什么,什么样的顾客需要什么样的服务,对顾客需求的分析是全面质量管理得以成功改进组织服务质量的重要保障。作为公共部门,要保证与客户建立良好的协作关系则意味着公共部门的角色发生了重要变化。为使顾客得到满意的产品和服务,不仅要对产品和服务的形成进行质量管理,还要对此以外各项工作的各个环节进行质量管理。这种全过程的管理模式即要求公共部门需要随时关注顾客需要,以社会公众的满意感作为质量监测和提高的标准。

三、标杆管理、质量管理与绩效管理之间的关系分析

本章主要论述公共部门绩效管理的开发与设计,除了阐述公共部门绩效管理开发的基础准备以外,本章花了大量篇幅论述标杆管理与质量管理的内容。之所以用大量篇幅阐述标杆管理与质量管理的内容,其原因在于标杆管理、质量管理与绩效管理之间尽管有着本质差异,但对公共部门来说,直接引

入绩效管理则意味着对公共部门在短期内实施极为重大的变革。无论从技术上还是组织心理上,这都存在许多障碍。尤其对我国而言,还处于体制转型阶段,公共部门改革也只是刚刚起步,管理技术和人员素质等方面都有待改进。西方国家大规模的政府再造运动既有高层领导的积极推进,也有外部环境和技术环境的支持。我国公共部门改革在这些方面,包括国情差异,都无法与西方国家相提并论。立足于我国发展中国家政府改革的实际,同时顺应市场经济发展对政府改革的需求,绩效管理改革是公共部门发展的趋势之一。但我们的公共部门绩效管理改革不可能一蹴而就,其开发和设计需要经历较长的时间,包括共识的达成。这样,与绩效管理相关的标杆管理和质量管理就以改革难度小、改进绩效、为绩效管理提供观念和制度支持的优势放在了绩效管理开发的内容中。

标杆管理是通过相互比较来改善本部门、本组织绩效的管理方式,其目的在于提高组织绩效,追求卓越。标杆管理不是业绩评估,但为业绩评估提供了一种手段,即相互比较。

全面质量管理是将企业产品生产的全面质量管理的基本观念、工作原则、运作模式应用于政府机构之中,以顾客满意为导向,全面提高政府机构的服务质量和工作效率。即通过质量保证体系来监测公共部门的服务质量和绩效改进,以顾客满意为其重要衡量标准。

绩效管理是一种注重结果的管理,对个人绩效和组织绩效进行综合管理,通过绩效测评、监测、控制和反馈,使整个组织处于高激励、高服务质量的状态。

标杆管理、质量管理与绩效管理的关系如图 5-3 所示。

图 5-3 表明,标杆管理、质量管理与绩效管理之间存在密切关系。质量管理以质量测评和顾客满意作为绩效管理和绩效改进的衡量标准,绩效管理本身以提高服务质量和顾客满意感为衡量准则,全面质量管理则提供了这套衡量标准,通过质量管理来改进服务质量和组织绩效。标杆管理本身不是业绩评估,但通过组织内部之间和组织与组织之间的相互比较,包括工作程序、人员素质、绩效结果等方面的比较,以标杆比较的方式持续提高本部门绩效,同时起到某种激励作用。这样,标杆管理就为绩效管理提供了技术手段,至少通过标杆管理,组织内部人员能够受到某种激励,主动提高个人和组织绩效及服务水平。标杆管理指向最佳实践,这种最佳实践既是绩效管理所追求的目标,也是组织长期发展所需要实现的目标。因此,标杆管理、质量管理与绩效管理之间尽管存在极大差异,但三者却能够完整结合起来,三者的目标一致。标杆管理和质量管理为绩效管理提供了手段和衡量标准,绩效管理是标杆管理和

质量管理的归宿以及组织整体战略目标的体现。

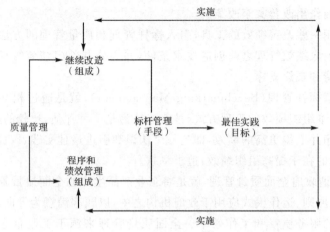

图 5-3　标杆管理、质量管理与绩效管理的关系图①

　　通过对标杆管理、质量管理与绩效管理的了解以及三者之间关系的分析，我们可以发现，标杆管理和质量管理在具体操作上同绩效管理相比，更具有独立性。绩效管理是组织战略管理的一方面，涉及组织全面管理。对公共部门来说，如果准备不充分，直接实施绩效管理，要么导致组织陷入混乱，要么就仅仅停留在简单绩效评估的阶段。标杆管理和质量管理相对独立，针对公共部门的服务问题和质量问题进行不同形式的管理，两者都是管理的具体操作方法，对公共部门改革力度和技术要求相对简单，能够在较短的时间内实施操作。因此，公共部门实施绩效管理以及进行绩效管理开发可以借鉴标杆管理和质量管理的做法，逐步推进绩效管理。从理念上，标杆管理和质量管理都围绕组织最佳实践的目标，与绩效管理并无冲突。在绩效管理开发的问题上，公共部门除了掌握绩效管理开发的理念与操作步骤以外，非常重要的一点就是可以运用标杆管理和质量管理的管理方法，以期逐步推进公共部门绩效管理，为公共部门绩效管理开发提供良好的组织环境、技术基础及制度保障。

本章小结

　　1. 对组织绩效管理开发来说，树立正确的绩效观念不仅是绩效管理实践的基础，也是开发绩效管理的首要步骤。在公共部门中，引入绩效观念，定义

---

　　①　［美］帕特里夏·基利，史蒂文·梅德林，休·麦克布赖德，劳拉·朗迈尔. 公共部门标杆管理［M］.张定淮，译. 北京：中国人民大学出版社，2002：32.

组织绩效以及对当前公共部门绩效情况形成正确认识,仍面临许多困境,需要在很多方面作出改善甚至改革。

2.利用一些改善绩效的工具,引入标杆管理和质量管理的方法就可能在公共部门引入绩效管理之前创造技术条件,并为公共部门绩效管理的开发提供技术支持和观念支撑。

3.所谓标杆管理(Benchmarking Management),就是通过相互比较来改善本部门、本组织绩效的管理方式,被普遍认为是一种评估、比较的过程,以改进工作程序并取得更高的绩效,即是一个认识和引进最佳实践,以提高绩效的过程,其目的在于提高组织绩效,追求卓越。

4.所谓政府全面质量管理,就是将企业产品生产的全面质量管理的基本观念、工作原则、运作模式应用于政府机构之中,以顾客满意为导向,全面提高政府机构的服务质量和工作效率。全面质量管理来源于工业企业的产品生产,以有形产品的质量管理为主。公共部门管理不同于工业企业(尤其是制造类企业),主要以无形的公共服务为产出结果。当然,也不排除一些公用设施、公共建筑等有形产出。无论是无形的公共服务还是有形的公用设施建设,公共部门借鉴和引入全面质量管理都充分体现了现代社会服务行政的要求和提高社会公众满意感的要求。

第六章 公共部门绩效管理的实施
与运作

"尽管官僚制以功绩制著称,但功绩与此毫无关系。因为它给予勉强合格者和绩优者同等奖励,导致了平庸和浪费。"①绩效管理对公共部门诸如此类的弊端进行了回应,它将公共雇员置于与组织结果利益攸关的位置,使雇员开始关注提高效率和效能,并积极变革政府采购制度、预算制度及人事制度等制度。公共部门运用绩效管理是对传统官僚制度的重大变革。20世纪70年代以来的"政府再造运动",引入了绩效管理的理念和措施,成功实现了企业绩效管理在公共部门的突破。当然,绩效管理终归是一种企业化操作,西方国家政府改革运动对绩效管理的操作和运用也仅仅停留在起始阶段。我国作为发展中国家,行政管理体制改革刻不容缓,但各方面改革的条件都与西方国家有着较大差别。这样,公共部门如何实施和运作绩效管理,探索一套适用范围较广的操作方法,就成为一项对我国公共部门绩效改革具有重要借鉴和指示意义的工作。本章通过借鉴西方国家公共部门绩效管理的操作实施方法,提出了一套公共部门绩效管理实施与运作的基本操作方法,以供参考。

第一节 公共部门绩效信息的收集

公共部门绩效管理是一项系统工程,涉及组织、制度和人员的方方面面,故而也有人把绩效管理视为组织的战略管理。战略管理与绩效管理属于不同领域和不同层次的内容,但绩效管理从组织战略角度提出了组织整体目标和个人目标相挂钩的操作方法,提供了一整套激励机制,有助于组织提高工作效

① [美]戴维·奥斯本,彼得·普拉斯特里克. 政府改革手册:战略与工具[M]. 谭功荣,等译. 北京:中国人民大学出版社,2004:202.

率和组织士气。

　　整个公共部门绩效管理是一个周期性的过程,这在前面的章节中已详细论述过。从一个周期的开始到该周期的结束和新一周期的开始,绩效管理在持续发展过程中推进组织绩效改进和组织变革创新。从这个意义上说,绩效管理不是临时应对的应急措施,而是从组织长远发展的角度进行的一项持续改革措施。公共部门也是如此,绩效管理的实施和运作意味着公共部门需要长期推进这项工程,提高绩效管理的法律地位,将其置于公共部门长期改革的战略地位。

　　在分析公共部门绩效管理的实施与运作程序之前,首先要了解公共部门绩效管理作为一个周期性过程的整体运作情况(见图 6-1)。

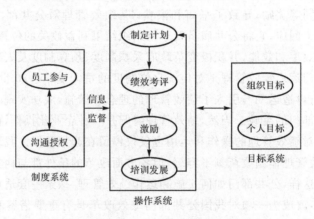

图 6-1　公共部门绩效管理周期的整体运作

　　图 6-1 表明了公共部门绩效管理作为一项系统性周期工程对公共部门在制度、操作方面的具体要求。其中,信息收集被列入绩效管理操作的前提准备。本节着重论述政府绩效管理信息收集的过程和要求。

一、公共部门绩效管理信息收集的内涵

　　随着人类社会向信息时代的迈进,人们越来越清楚地认识到,知识就是力量,信息就是财富,信息资源在社会生产和人类生活中将发挥日益重要的作用。但是,信息成为一种资源的必要条件就是对其进行科学有效的管理。因此,对信息及其相关活动因素进行科学的计划、组织、控制和协调,实现信息资源的充分开发、合理配置和有效利用,既是信息科学的研究领域,也是组织管理走向高效的前提基础。

信息的概念十分广泛。贝尔实验室的申农(C. E. Shannon)认为,信息的多少意味着消除了的不确定性的大小。与申农同一时代的控制论科学家维纳(N. Weiener)将信息概念与人的认识、动物的感知活动联系起来,认为"我们支配环境的命令就是给环境的一种信息"。综合来讲,所谓信息,并非指事物本身,而是指用来表现事物特征的一种普遍形式,是"事物存在的方式或运动的状态,以及这种方式或状态的直接或间接的表述"①。这样,也就意味着不同个人对同一事物所产生的信息有可能因知识背景、个人经历、环境等原因而表现为不同的内容。但即使是这样,信息在现代科学技术发展中的作用仍然不可忽视。主要表现在以下三个方面。

第一,中介作用。信息是事物之间相互联系相互作用时不可缺少的中间环节,它是物质与意识、实践与认识、主体与客体之间的中介。信息的中介功能贯穿于人们认识活动的始终。在认识过程中,物质通过信息这一桥梁,完成了从物质到意识的第一次飞跃;意识通过信息这一媒介,完成了从意识到物质的第二次飞跃。人们通过客观观察获得信息,并对信息进行加工处理,形成新的认知结构,然后通过实践活动反作用于客观世界。信息的这种中介作用既是人类科学认知的表现,也是现代组织赖以生存的基本条件。没有可运用的信息就无法正确认识客观事物,对组织来说也就无法了解当前的情况,进而影响组织的生存和发展。

第二,决策作用。在中介作用的基础上,信息可以成为科学决策的依据。决策是个人或组织为达成既定目标,从若干个可供选择的行动方案中挑选出最优方案并付诸实施的过程。传统的经验决策在信息社会日益复杂的环境中遭受了种种考验。决策者不是万能的,利用各种信息,对决策环境作出科学分析,从而保证决策的科学性和有效性。现代的科学决策理论十分强调建立在信息基础上、获取决策所需的有效信息说明可靠信息的重要性。决策者只有迅速准确地获得信息和利用信息,才能增加决策效益,才能使组织立于不败之地。

第三,控制作用。在一个组织中,管理者能够有效管理的基础就是要求可以随时控制和反馈,以便及时纠正错误和更进一步发展。那么,何谓控制呢?控制论者的观点认为控制就是一种与信息紧密相关的作用,是利用信息来实现预期目标的行为。管理者在组织管理过程中,要求能够及时、准确掌握整个组织管理的全部信息。如果掌握到的信息与组织预期目标偏离,管理者就能够随时进行纠错。控制的核心是反馈,信息如何反馈到管理者,管理者再利用反馈到的信息实施有效管理,这就是信息对现代组织管理的控制作用,也是组

---

①　岳剑波.信息管理基础[M].北京:清华大学出版社,1999:2-3.

织管理向效能、服务方向发展的重要操作机制。

综上所述,信息在现代社会和现代组织管理中发挥着举足轻重的作用。没有信息管理或者无法收集准确的信息或者无法利用信息,都将造成组织管理的重大隐患,对组织的长远发展都将是个不利因素。收集信息、运用信息、反馈信息,这是现代组织管理的要义所在。公共部门绩效管理同任何组织的任何一项管理活动一样,都需要广泛的信息和信息收集。尤其对公共部门来说,绩效管理是一项创新的战略改革,如何保证改革顺利进行,如何为改革创造良好的外部条件,如何有效衡量绩效,这些都需要公共部门对绩效管理所需要的信息进行广泛收集、有效整理和运用。

所谓公共部门绩效管理信息收集,就是指组织在实施变革之前、之中或者之后,对组织变革所需要的信息进行广泛收集和运用。就公共部门绩效管理来看,其信息收集工作的意义显得尤为重要。如英国行政改革的部长信息管理系统(MINIS)就是进行诸如此类绩效信息收集工作。80年代的英国财务管理新方案(FMI)作为部长信息管理系统的延伸,同样是一种利用广泛收集到的信息进行绩效管理的方法。在部长信息管理系统和财务管理新方案中,高层领导利用这些绩效信息能随时了解到部里正在做一些什么事情,谁负责这些事情,谁制定的目标,这些目标是什么,对它们是否实施了有效的监测和控制等问题。通过了解这些问题,各部门的负责人又能够明确自己的目标和衡量绩效的方法、了解自己部门可利用的资源和承担的责任。同时,绩效信息在公共部门的利用能够为公共部门获得专门的技术训练和专家咨询。那么,到底哪些信息可以纳入公共部门信息系统?公共部门绩效管理信息收集首先要收集哪些信息?下面,就对公共部门绩效管理信息收集的内容进行初步归类。

第一,按照公共部门信息的层次划分可以分为公务员个人的信息、团队信息和部门信息。公务员个人的信息包括个人绩效信息和个人能力特征、受教育程度、工作态度等信息;团队信息是指工作团队的信息,包括其绩效情况、工作态度、工作环境等方面的信息;部门信息包括具体组织结构下的一个部门的绩效状况、部门工作任务、工作环境、人员构成和制度架构等信息。

第二,按照公共部门信息收集的内容划分可以分为组织结构信息、人力资源信息、绩效信息、管理运作程序信息和环境信息。组织结构信息是指组织的结构形式、沟通情况、制度安排等信息;人力资源信息包括组织中各个人员的基本情况、能力特征、性格特点、教育水平等各方面的信息;绩效信息主要指组织和个人实现预期目标的程度、工作态度、服务质量等;管理运作程序信息是指某个公共部门具体工作流程的运作程序;环境信息指组织外部的信息,包括技术变化、公众态度、自然环境和经济条件等。

第三,按照公共部门信息收集的来源划分可以分为内部信息和外部信息。内部信息是具体某个公共部门内部所有的信息,包括组织结构信息、人力资源信息、绩效信息、管理运作程序信息等;外部信息主要是组织外部的信息,包括技术变化、公众态度、自然环境和经济条件等。

对公共部门绩效管理信息进行初步分类,其意义在于分清不同类型的信息。在绩效管理信息收集过程中,不是每个信息都有用,收集大量无用的信息只会增加工作负担。通过详细的分类,可以运用计算机信息数据库对各种信息进行初步分析,进而有助于公共部门的目标陈述和绩效考核。

二、公共部门绩效管理信息收集的作用和困境

总体来说,公共部门信息收集和信息管理的作用可以概括为三个方面。

第一,公共部门实施绩效管理之前,收集相关方面的信息能够了解该部门实施绩效管理的必要性和可行性。引入绩效管理对公共部门而言,首先就意味着全方位的变革。官僚组织对新生事物的包容程度和对新变革的接受底线都需要经历长久的考验,可能会遭遇来自各方面的阻力,如既有利益获得者、管理者、公务员个人、部门利益等。绩效管理作为一项涉及公共部门全方位的战略改革,既是现代社会发展和公众需求的体现,也是公共部门前所未有的组织变革。如何让公共部门管理者和公务员接受绩效管理改革以及为公共部门绩效管理实施创造条件,这些都是公共部门绩效管理信息收集的任务。在公共部门实施绩效管理之前,收集这些相关方面的信息,不仅可以了解该部门目前的绩效情况和服务状况以及绩效管理的必要性,而且能够明确实施绩效管理可能遭遇的阻力,并尽早将这些障碍加以排除。因此,实施绩效管理改革之前,信息收集的作用一是了解情况,二是排除障碍。信息收集建立在内外部民意收集的基础上,通过问卷调查、访谈、网络调查等,公共部门可以较为全面地了解实施绩效管理的必要性和可行性,从而为下一步绩效管理实施减少阻力创造条件。

第二,公共部门在实施绩效管理过程中,全面收集各方面的信息可以掌握绩效管理反馈的情况,及时调整工作和服务状况,使个人和组织始终围绕整体目标展开工作。绩效管理是对绩效的管理,而绩效既表现为工作实绩,也表现为工作态度和服务质量。在公共部门中,后者显得尤为重要。无论工作实绩还是服务质量,本身就是一套信息。准确获得关于工作实绩和服务质量的信息,了解公务员工作的实际情况,就能够把握绩效管理实施的进程,以便及时

反馈和调整。传统公共部门在信息反馈方面受到诸多因素的干扰，不利于绩效管理的持续进行。在公共部门实施绩效管理过程中，全面收集各方面的信息至少有四个方面的作用：一是增加公务员对绩效管理的了解，获得政府雇员的支持，减少实施阻力，赢得某种共识；二是全面了解绩效情况，为绩效管理的核心环节——绩效评估创造公平的机会；三是激励政府雇员主动提高服务质量和工作效率。通过信息全方位收集，公务员能够体会自己处于相对公平的环境，各种信息都有可能纳入考评范畴，这样就有助于形成反馈机制和激励机制，形成绩效管理的共识；四是通过科学收集和统计公共部门的各类信息，能够随时了解绩效管理实施过程中存在的问题，并可以借助相关技术机构和专家为解决这些问题提供针对性建议，从而提高绩效管理实施的科学性和成功率。

第三，在一个周期内，公共部门绩效管理有一个终结的阶段，当然，这个所谓的终结阶段也是绩效管理新一个周期的开始。在这个终结阶段，通过信息收集可以帮助管理者和政府雇员全面了解自己的绩效情况、奖惩情况。绩效管理直观地表现为绩效结果，如公共部门工作效率的提高情况、公民的满意程度、公共部门的服务质量状况等。收集这些方面的信息有三个作用：一是为绩效管理的激励机制提供现实的衡量基础，能在公平、公正的前提下提供奖惩、培训、晋升补偿等；二是帮助管理者全面了解绩效管理，如果实施绩效管理确实提高了组织绩效，为组织和个人发展带来了有利因素，那么在今后绩效管理实施中，管理者的压力和阻力也就可能会相应地减少；三是帮助政府雇员了解绩效管理。如果政府雇员通过绩效管理逐渐意识到绩效提高的重要性以及对自身成长的意义，公共部门绩效管理就能在个人绩效层面获得更好的发展。

尽管公共部门绩效管理信息收集和信息管理对绩效管理和公共部门自身发展都具有重要作用，但也不可否认信息收集在实际操作中存在一定的困境。

第一，成本问题。政府部门绩效评估要求有大量客观、量化的绩效指标和数据，但实际上收集足够的数据是十分困难的。首先就表现为统计数据需要一定的成本，而这个成本往往是十分巨大的。美国联邦政府每年用于建立绩效测量系统的花费超过 1.6 亿美元。[①] 从 1979 年到 1985 年的 6 年间，雷纳评审小组共进行了 266 项调查，截至 1986 年底，评审共支出了 500 万英镑[②]。

---

① 转引自：吴建南，温挺挺.政府绩效立法分析：以美国《政府绩效与结果法案》为例[J].中国行政管理，2004(9)：68.

② 陈振明.政府再造——西方"新公共管理运动"评述[M].北京：中国人民大学出版社，2003：48-50.

英国在部长信息管理系统和财务管理新系统中注入了大量财力,足见公共部门绩效管理信息收集的成本问题之严重。尽管与绩效管理所带来的节约成本相比,信息收集的成本远远小于绩效管理所带来的节约。但从短期看,这项支出足以令管理者望而却步。尤其在发展中国家,过于注重短期内的经济收益,就可能忽视公共部门的长期发展。绩效管理的成本问题不仅在发展中国家,在发达国家,也是一个较大困境。

第二,技术问题。技术问题与成本问题结合在一起。绩效管理信息收集的成本问题主要与技术问题结合在一起。这里的技术问题主要表现为:(1)不同的公共部门具有不同的工作任务和工作对象,过于复杂的公共服务使建立统一的信息系统成为困难。(2)建立信息系统的前提是要掌握公共部门的信息,而掌握这些信息需要大量的问卷调查、文献资料、访谈等,这不仅存在人力物力问题,还有个专业性问题。如何保证信息的准确性,这就涉及专家和专业技术引入的问题。(3)对于跨部门工作任务的绩效结果数据收集困难,因为很难划分清楚结果的产生是基于哪一部门的行为,再加上政府内部各部门在职能划分上的交叉或重叠及由此引起的责任归属不清,使得使政府工作的成效难以通过一套指标来加以衡量和判断。(4)公共部门的服务具有特殊性,其项目实施效果的显现有一定的滞后性,有些项目需要经过十年甚至更长时间才能见效,因而就无法在年度计划或五年规划中体现。

第三,权力问题。公共部门是个官僚机构,由于部门利益、既有利益获得者、官僚者、高层领导的意志等因素的影响,绩效管理信息收集的准确性就可能会大打折扣。而一些高层领导者对绩效管理也往往有不同的意见和要求,这就会影响在一个地区内各个公共部门间信息的流通、交换以及信息系统的建立。权力因素会严重影响公共部门绩效管理的有效性,甚至对某个公共部门实施绩效管理与否有直接影响。在一般情况下,公共部门实施绩效管理既由实际的绩效状况决定,也直接受到来自高层支持的影响。在信息收集尤其是绩效信息收集的过程中,如何排除领导人意志的因素,建立公平、公正、统一的信息系统将是很多国家绩效管理实施的重要问题之所在。

三、公共部门绩效管理信息收集的方法

传统公共部门忽视了信息收集,对官僚组织中的信息缺乏系统有效的管理。公共部门绩效管理本身伴随着信息技术的发展,对信息的要求也就显得更高。以往,公共部门基本上没有致力于建立一套公共部门信息管理系统。随着政府绩效管理的逐渐展开,公共部门开始利用电子信息技术进行广泛的

信息收集,合理、有效利用这些收集到的信息,从而提高公共部门的整体效益和服务水平。认识到信息管理和信息在公共部门中的重要作用,可以为公共部门成功实施绩效管理,包括绩效管理的前期工作、绩效管理进行(如绩效考核)以及绩效管理作用评估等提供基础。但同时,我们应该看到,公共部门本身具有一定的特殊性,其信息收集也存在某种困境。因此,必须要探索一些科学有效而又简便的方法,以便于公共部门绩效管理在阻力较小的情况下顺利进行信息收集工作。

(一)工作环境问卷调查法

公共部门绩效管理信息收集最关键的是要获取绩效信息,即公务员个人的工作实绩和服务质量。一般情况下,获取绩效信息主要由管理者主持,但也不排除与被管理者的相互沟通和相互协调。这里存在一个问题,即直接获取绩效信息容易被管理者的主观因素和被管理者的态度所误导,即使公务员可以普遍参与到绩效评估中,所获得的信息也往往会是片面的。这样就导致了不公正,也就影响到绩效管理的绩效考核、下一步目标制定以及激励机制。在企业管理实践中,一些管理者逐渐发现,影响个人绩效的因素有很多,其中工作环境被认为是影响个人绩效结果的重要因素之一。这样,企业管理者就在个人绩效——工作环境——绩效信息之间找了一个分析的平衡点。通过工作环境分析这种间接的绩效信息调查,能够较为客观地了解个人对组织目标的看法以及改进绩效的意愿(见表6-1)。

如表6-1所示,给出了10项影响工作绩效的工作环境因素。在工作环境中,不是所有的因素都会促进绩效,只有一部分因素会有助于绩效实现。作为管理者,就要从公共部门的实际出发,找出那些促进绩效实现的因素,并作进一步的调查和分析。如表6-1的公共部门工作环境问卷调查表,就可以汇总出4个结果①:一是技能,即部门领导需要开发几种与实现绩效相关的技能,增强解决财政和人事问题的能力;二是人事部门等分部门领导人的技能,即要为组织绩效管理提供绩效咨询,帮助监督实施绩效考评;三是时间的管理,提高公共部门的效率;四是资金的管理,尽量减少预算,避免不必要的浪费。

---

① 参见:[美]戴纳·盖恩斯·鲁滨逊,詹姆斯·C.鲁滨逊.绩效咨询[M].李元明,吕峰,译.天津:南开大学出版社,2001:170-171.作者在该书中采用了某石油公司作为工作环境问卷调查的对象,并得出了相应的4个结论。本书对这份石油公司的工作环境问卷调查表进行了拓展,放在了公共部门环境中,并运用了这4个结论,仅供参考。

表 6-1 某公共部门工作环境问卷调查表

说明：

以下所列工作环境因素对你和你的绩效可能有影响，也可能没有影响。请细读每一种说法，圈出你同意或不同意的程度。依照的等级如下所示，你只需在相应的数字上画圈即可。

1＝完全不同意
2＝多少有点儿不同意
3＝中立
4＝多少有点儿同意
5＝完全同意

工作环境因素	完全不同意		中立		完全同意
1.削减改善办公设施的预算只对部门的竞争力产生很小影响。	1	2	3	4	5
2.由于维护一些老部门的费用很高，部门效益受到影响。	1	2	3	4	5
3.基层领导有充分时间以适当频率造访基层部门。	1	2	3	4	5
4.基层领导可以与部门工作人员商量该部门的财政状况。	1	2	3	4	5
5.部门工作人员参与管理，起到了积极的示范性作用。	1	2	3	4	5
6.邀请一些专家提供咨询，可以提高部门的经济效益和服务水准。	1	2	3	4	5
7.部门工作人员就如何提高本部门效益给予基层领导信息上的反馈。	1	2	3	4	5
8.部门工作人员与基层领导一起制定基层部门的工作规划。	1	2	3	4	5
9.部门工作人员愿意向基层领导敞开心扉。	1	2	3	4	5
10.部门工作人员每月定期获知部门运行情况的信息。	1	2	3	4	5

工作环境问卷调查法提供了如何寻找改善绩效的因素的一种思路。一般的问卷调查法集中于普遍性问卷调查，即想要了解什么内容就调查什么内容。要了解绩效信息就直接设计关于获取绩效信息的问卷。这种直接的做法，可能会引起雇员的误解，也就无法获得相对准确的信息。工作环境问卷调查法通过对影响绩效的工作环境因素调查，了解公共部门绩效管理和解决绩效存

在的问题,并能获取与绩效相关的其他信息,如公务员的工作态度、对部门目标的认同程度、是否支持绩效管理等。

(二)比较法

比较法与公共部门标杆管理有相似之处,但标杆管理直接指向本部门绩效改善和最佳实践,而比较法在信息收集中的运用主要是借鉴国内外相同或者相似公共部门的情况,对本部门在人事、采购、财政等方面的信息情况进行总结分析。换言之,信息收集的比较法只是为了获得相关信息。比较法的优势在于能够在较短时间内收集国内外相同或者相似公共部门的信息情况,包括绩效信息、组织结构、运行、制度等。主要运用文献资料法,可以迅速、准确、客观地收集各种信息资料,能够避免权力因素对绩效信息收集的影响。因为文献资料是客观存在的,任何组织和个人都可以收集使用。通过收集这些国内外相同或者相似公共部门的信息,本部门可以进行相互比较,从而明确本部门存在的不足和需要改进的方面。应该说,比较法是比较直观、客观、中立的一种信息收集方法,也是最为简便、迅速的信息收集途径。对我国这样一个发展中国家来说,要掌握绩效管理信息,建立信息收集和信息管理的科学方法,固然要逐步推进科学的信息管理,而借鉴国内外公共部门绩效管理的信息,了解他们管理的程序、方法以及具体做法,对我国公共部门绩效管理有着更直接的借鉴意义。

(三)专家咨询法

一般情况下,公共部门的信息收集工作由人事部门承担。正如前面所讲,公共部门绩效管理本身会受到权力因素的影响,信息收集最基本的要求是准确、客观。由公共部门人事部门来承担信息收集工作一方面受到人事部门管理者主观因素和管理者素质的影响,会影响信息收集的客观公正;另一方面,人事部门主持信息收集工作会令公务员受到拘束,从而不愿意表达真实的意愿,就无法获得相对准确的信息。像美国联邦政府的做法就是在中央建立一个统一的专业机构,使其相对独立于权力体制之外,并通过法律规定该专业机构在绩效信息收集、管理、考核等方面的权威与责任。对于地方政府来说,建立专门的专家咨询机构可能也会受到官僚机制、管理者、资金等方面的影响。但也可以在不成立专家咨询机构的情况下,借助外部专门的专家咨询机构,为公共部门提供信息咨询和技术服务。这种做法的优势在于:一是相对减少了公共部门信息收集的成本。公共部门在专业信息收集方面缺乏经验和技术,专家咨询机构丰富的经验和技术可以减少公共部门信息收集的成本,并能在短期内建立起一套可操作的信息系统。二是提高信息的准确性和客观性。由专家咨询机构进行信息收集工作,可以避免权力体制因素的影响,获得相对准确客观的信息。三是为公共部门提供绩效管理的各种咨询。专家咨询机构通过信息管理和信息分析,可以为公共部门绩效管理提供各种信息咨询,防止公共部门浪费资源和信息,帮助公共部门提高绩效水平和服务质量。

第二节　公共部门绩效管理的实施

公共部门准备实施绩效管理的基础以及绩效管理的开发与设计,其最终目的都是为了在公共部门中组织实施绩效管理。绩效管理是一项系统工程,"很可能导致组织的大规模变化"。因此,即使建立了绩效管理系统,事先作了充分准备,包括信息收集、取得共识、组织准备和技术准备等,"也不能高枕无忧地认为它就会顺利地运行"①。比如在公共部门绩效管理开发一章中,就提到运用标杆管理或者全面质量管理的方法,在公共部门组织实施相对范围较小的、变革幅度小的改革。但无论怎样,绩效管理对公共部门而言都意味着全方位的变革。标杆管理和全面质量管理为绩效管理提供一种思路。事实上,标杆管理、全面质量管理和绩效管理是任何组织的三个层面,任何组织都需要进行这方面的管理。而绩效管理作为系统的战略管理,对组织各方面都会产生较大幅度的变化。公共部门管理者在实施绩效管理时,应充分考虑到绩效管理为公共部门带来的巨大成本及其他方面的影响。本节主要从公共部门绩效管理实施的角度出发,探讨公共部门绩效管理实施中的几个重要问题。

一、绩效管理的试实施

绩效管理作为一项系统工程可能会引起公共部门组织的大规模变化。即使作了充分的绩效管理准备和开发了一套完整的绩效管理系统,公共部门也很难在短期内正式组织实施绩效管理。如果把绩效管理视为可以在短期内通过官僚权威组织实施的工作,那么公共部门绩效管理就会变得毫无意义,甚至成为官僚机构"业绩式"的操作方案,绩效管理也就无法发挥其作为系统、战略地全方位促进绩效、提高服务水平的作用。很多人把绩效管理理解为目标管理,认为只要设定某个既定目标,绩效管理就能够顺着这个目标持续展开活

① ［英］理查德·威廉姆斯.组织绩效管理［M］.蓝天星翻译公司,译.北京:清华大学出版社,2002:263-265.

动。但绩效管理不是目标管理,同时,绩效管理实施过程中受到许多因素的影响,也会造成某种目标偏离。在这种情况下,如果公共部门想要获得绩效管理的成果或者获取绩效管理的长期收益,那么,就可以采用"试验"的方法,在公共部门中试实施绩效管理,并通过试验获得结果,观察该公共部门实施绩效管理的真实效果和可能遇到的问题。

绩效管理的试实施从本质上看,体现了社会科学领域注重观察实际的做法。公共部门实施变革过程中,大都会忽视这种"实验法"。实验法被广泛运用于自然科学领域,因为在自然科学领域实验的结果是明确的、可延伸的。而在社会科学领域,实施实验的不同对象有各种具体因素,所导致的实验结果也通常是不一致的。换言之,在一个地方的实验结果与另一个比较相同地方的实验结果可能存在迥然不同的差异。要规避这种实验差异和推广实验结果是一项很难协调的工作。尤其在公共部门,实验法还受到来自官僚、部门利益、管理者素质等诸多因素的影响。不过,就公共部门绩效管理看,一方面,绩效管理源自于企业管理,含有可实验操作的因素;另一方面,绩效管理本身是个逐步推进的工作,需要一个阶段一个阶段地逐步实施,而不是说利用官僚权威短期内在公共部门像开运动会一样迅速、全面实施。试实施也可以说是公共部门绩效管理实施的第一个阶段。具体步骤有:

首先,选择绩效管理试实施的地点或部门。

公共部门绩效管理实施的第一阶段就是进行绩效管理试实施,即处于一个实验阶段。实验阶段的首要任务是确定实验对象。公共部门绩效管理将会为公共部门带来巨大的影响,实验地点或者实验部门的选择能够反映公共部门对绩效管理的重视程度以及影响到最后的实验结果。谨慎选择实验部门,创造绩效管理试实施的有效结果,使公共部门能够利用这个实验结果,以便于总结经验和发现问题。英国的威廉姆斯就实验地点选择引用了一套标准(见表6-2)。

通过表6-2可以发现,实验对象选择应该遵循以下两个原则:

一是实验规模适当。公共部门绩效管理的试实施受到实验规模的限制,既不能过于庞大,也不能过小。实验规模过于庞大会造成工作困难,很难概括最后的实验结果,为管理人员和操作人员带来了工作压力。规模过小,就可能无法包纳所有的实验情况,会造成实验结果不符合实际。因此,适当的实验规模是公共部门选择实验对象的第一原则。一般国家的公共部门绩效管理试实施往往不会在某个具体部门实验,而是笼统地在地方政府实验。其实可以选择某个具体部门进行试实施,这样会更好地获得结果和发现问题。我国在2004年展开的地方政府效能革命就具有一定的试验性质。由于在地方政府各个部门都实施了效能革命,虽然能观察到各个部门的实施效果,但部门之间的对比性消失了，缺乏实验结果的实用性。

表 6-2　实验地点的选择

1. 所选择单位的规模是否适当？它的规模既不能为了便于进行研究而过大，也不能为了便于进行各种必要的概括而过小。

2. 该单位的结构是否具有典型性，能代表其他单位？

3. 能否对这个单位的功能进行概括？

4. 根据实验的原则该单位是否可以被接受？其他单位是否认为它是一个有代表性的实验地点？

5. 该单位是否有一些与众不同处（比如它是否以生产率最高、管理最松散、工作最努力、雇员最懒惰等而著称）？

6. 高层管理者是否支持该实验的实施？实验提出是十分艰苦的，而且对于组织原有结构可能有一定的破坏性，因此，如果没有高层管理者的支持，就很有可能在尚未得到任何结论之前，就不得不半途而废。

（资料来源：Mohrman et al.，1989:43-44）

　　二是实验对象典型。一般情况下，公共部门绩效管理的试实施不提倡所有部门都参与，而是就某个公共部门实施绩效管理，并予以观察和总结。所以，选择典型的实验对象要具有一定的代表性，能够代表其他单位。这样，实验结果才能更容易为别的单位所接受，而别的单位也能通过观察实验部门对照自己部门的情况，使其具有可比性。选择典型的实验对象就要注意两点：一是要全面了解实验对象的各种情况，如该部门的工作程序、组织制度、管理人员队伍、团队气氛等；二是掌握别的部门对所选实验对象的看法，如其他单位是否认为该实验对象是一个有代表性的实验地点，如果别的单位反对，就会影响最后的实验结果，也会影响今后绩效管理在其他部门的相继实施。

　　其次，对绩效管理试实施的工作内容和程序（见图 6-2）进行初步分析。

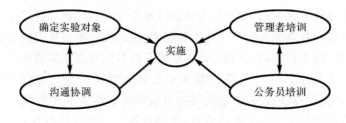

图 6-2　绩效管理试实施的工作程序图

图 6-2 只是初步给出了绩效管理试实施的工作内容和程序,包括确定实验对象、相互沟通取得共识、实施以及实施过程中的人员培训等问题。之所以简化试实施的具体步骤,其原因在于绩效管理试实施与绩效管理正式实施的步骤一样,这里就不多加重复了。这里,就绩效管理试实施的关键点作详细论述。

一是要明确绩效管理试实施与绩效管理的具体实施步骤是相似的,但也存在不同的地方。绩效管理试实施以实验目的为主,主要考察公共部门实施绩效管理的可行性和可能产生的问题,并观察公共部门实施绩效管理的效果,为今后推广绩效管理做现实示范。绩效管理在公共部门是前所未有的改革,从企业组织到公共部门,绩效管理不是简单的转换和运用。因此,公共部门绩效管理试实施就意味着要克服许多难关,其中首要的就是管理者和公务员观念和素质的改变。在具体操作程序上,公共部门和企业组织一样,同样遵循绩效管理的既定操作程序,以提高组织绩效和个人绩效为目标,确定绩效评估体系,促进组织整体绩效和公务员个人工作积极性、服务水平的提高。但公共部门毕竟与企业组织不同,本身的公共服务产出、绩效衡量以及官僚机构等特点都约束着绩效管理的具体实施。在这种情况下,公共部门绩效管理试实施就需要做一些配套工作,包括管理者培训和公务员培训两方面。

二是对公共部门绩效管理实验部门的管理者实施相应的培训,提高管理者对绩效管理的认同程度,并为绩效管理成功实施创造更多的条件。绩效管理引入公共部门是一项新的变革,在公共部门实验对象从未涉及绩效管理的前提下,要保证绩效管理能够像企业组织一样顺利进行,就需要对管理者即绩效管理的操作者,进行科学的培训。摩根(Gareth Morgan)指出,高层管理者的能力可以驾驭 21 世纪政府管理改革的浪潮。在《驾驭变革的浪潮》一书中,摩根提出了一套识别管理者用来开发一些将他们的组织置于发展前沿的特殊行动方案,主要包括能力思维、战略驱动型能力以及管理教育三方面。其中能力思维包括解读环境,转折点分析,远景规划,以及其他识别与他们组织相关变革、前瞻性地看待未来的能力,前进的时候是"向前看"而不是通过"后视镜"的能力,意识到各级组织中领导艺术和愿景的重要性、将把他们的员工看做是关键性资源,将知识、信息、创造力、人际关系技巧以及企业家精神看做和传统的土地、劳动力、资本一样重要的能力,营造鼓励创造力、学习和创新的企业文化的能力,用扁平式的、"去中心化"的、自组织的结构来取代组织层级结构的能力,把信息技术作为一支变革力量,来创造新产品和提供服务,支持一个灵活的、创新的组织所必备的"去中心化"的、扁平式结构的能力,通过全局能力的培养来重塑环境,帮助动员来自社会不同部门的关键参与者一起处理共同问题的能力等①。可见,绩效管理对管理者能力的要求之高已经突破了传统管理的界线。那么在绩效管理实验过程中,如何保证管理者素质跟上绩效管理进度呢?这就意味着必须向管理者人员提供培训,提高管理层与绩效管理相关的能力素质。英国的威廉姆斯提出了对管理者进行绩效管理培训的内容(见表6-3),可以作为一项参考。

　　三是对公共部门绩效管理实验部门的政府雇员即公务员,实施相应的培训(见表6-4),提高他们对绩效管理的认识,以积极主动的姿态参与绩效管理。传统官僚机构下,功绩制并没有起到激励公务员工作积极性的作用。绩效管理本身是一项激励机制,激励政府雇员个人为实现个人绩效目标和组织绩效目标而主动提高工作效率和服务态度。但同时我们也应该看到,绩效管理的效果不是一蹴而就的,而是一个逐步推进的过程。公共部门绩效管理实验部门也是如此。这样,就需要对政府雇员进行相应的培训,提高他们对绩效管理的认识,如对授权的认识、对绩效测评的认识、对绩效目标的认同等。

表6-3　对管理者进行绩效管理培训的内容②

- 目标设定和工作计划的制定,包括绩效评估手段的确定,不仅包括单纯的"技术",如"良好"目标的特点,还应包括激励及有关的人际关系技巧(黑尔,1993)

- 对工作环境的管理——协助寻找消除现有制约的方法;

- 对能力/行为尺度的理解——组织中使用的特殊的能力或行为尺度;

- 收集绩效信息和进行绩效衡量——目的/目标/结果和行为/能力;

- 提供反馈,接受反馈/对反馈做出反应;

- 检查/明确绩效产生的原因——区分系统因素和个人因素;

- 指导;

- 讨论雇员的发展;

- 进行非正式的绩效检查和正式的绩效检查;

- 对奖励制度进行管理。

---

　　① 参见:[加]加里斯·摩根(Gareth Morgan).驾驭变革的浪潮[M].孙晓莉,译.北京:中国人民大学出版社,2002:140-141.
　　② [英]理查德·威廉姆斯.组织绩效管理[J].蓝天星翻译公司,译.北京:清华大学出版社,2002:267-268.

表6-4　对雇员进行绩效管理培训的内容①

· 参与目标设定——工作目标和开发目标；

· 对能力/行为的理解——在组织中使用的特殊能力/行为；

· 自我校查/自我评价；

· 自我管理行为；

· 提供自下而上的反馈；

· 接受反馈。

　　最后，实验对象选择过程中同时也需要注意一些问题，以确保实验的顺利进行和实验结果的有效性。

　　一是注意实验对象的接受程度。绩效管理会带来公共部门组织的大规模变化，不是所有部门都自愿成为绩效管理实验的对象。倘若某个公共部门符合实验对象选择的原则，而该公共部门又不愿意成为实验对象，这就需要上一级公共部门或者管理人员做好工作。强制实施实验，不仅会遭到抵抗，也会影响实验结果的有效性。实验对象的合作态度和共识很大程度上会影响实验的最终结果。因此，上一级组织和管理人员应该注意实验对象的接受程度。最好事先能够做一些访谈、问卷之类的调查，以取得实验对象内部的共识。

　　二是注意除实验对象以外的其他单位的支持和认同。有时候，尽管根据实验原则确定了实验对象，也获得了实验对象自身的认可，而其他单位并不认为该部门是一个有代表性的实验地点。这就是说，即使绩效管理试实施在实验对象获得了成功，也发现了一些问题，但其他单位并不认同这个结果，或者认为这个结果仅仅是对实验部门有用，对其他单位并不一定有效。因此，获得除实验对象以外的其他单位的支持和认同，直接影响到今后绩效管理的广泛实施。较好的做法是通过民主评议来确定试验对象或者在确定实验对象后做一定的调查工作，争取赢得除实验对象以外的其他单位的支持和认同，以减少绩效管理实施的阻力和障碍。

　　三是注意高层管理者的支持。绩效管理是组织的一项重大变革，其试实施对组织同样有着一定的破坏作用。这样，实验部门高层管理者的支持就成为实验能否顺利进行的重要保证之一。如果没有高层管理者的支持，就很有可能在尚未得出任何结论之前，就不得不半途而废。高层管理者的支持是组织凝聚力的重要组成部分，也是组织改革顺利进行的保证。尤其在公共部门，

　　① ［英］理查德·威廉姆斯.组织绩效管理［M］.蓝天星翻译公司，译. 北京:清华大学出版社，2002:267-268.

高层管理者的大力支持会直接影响到组织改革的效率和成果。因此,公共部门绩效管理试实施就要获得高层管理者的支持,以利于绩效管理在实验部门的有力展开。

二、建立绩效框架与顾客导向

绩效管理以结果为导向,注重绩效测评和绩效结果。公共部门绩效管理对公共部门来说意味着重大的变革,对公共部门的组织结构、管理制度、人员素质以及团队氛围都产生了不同程度的影响。尽管企业组织与公共部门的绩效管理实施在具体操作上有相似之处,但实际上,公共部门绩效管理实施仍存在一定的特殊性。如何辨别这种特殊性呢? 主要从公共部门绩效管理为公共部门带来的组织结构变化和观念变化入手,分析公共部门绩效管理实施的两个重要问题,即建立绩效框架和顾客导向。

（一）建立绩效框架:职能分离

职能分离(Uncoupling),就是将决策与规划角色和服务提供与服从决策进行分离,即掌舵者与划桨者分离。职能分离是西方国家行政改革的重要趋势之一,也是公共部门绩效管理实施过程中的必然要求。绩效管理对公共部门的组织结构和管理者素质提出了新的要求,传统的政府职能部门无法适应市场化改革竞争需要,缺乏灵活性、激励性,无法达到绩效管理的要求。因此,西方国家"政府再造运动"的重要内容就是以职能调整为中心,将政府掌舵与划桨分离,在政府的非商业化部门引入竞争机制,以增强公共部门的服务效率和服务水平。如新西兰将决策与执行分离,区分了政策部门与公共服务部门,对不同组织的不同职责进行不同的规定,在公共服务部门中实行企业式绩效管理,注重结果和绩效评估,并重新定位政府各部门的职责,使政府内部管理更富有责任意识;还有美国的联邦航空局(FAA)的绩效改革、英国的"下一步行动"等,都是公共部门业务机构从大型政府机构中分离出来的典型实践活动。通过职能分离,公共部门的执行机构有更多的权力和责任行使公共服务职能,使政府从繁杂的公共事务中逐渐脱身。以英国为例,传统的公务员在数量上逐渐减少,75％以上的公务员都在专门的执行机构工作,他们不再享有公务员专有的工资待遇和级别。职能分离的优点在于帮助公共部门管理层从复杂的公共事务中脱离出来,从而提高公共部门的整体效率;而获得授权和具有更多自主性的执行机构也可以通过职能分离充分展示自己的能力,提高本部门的工作效率和服务质量。除此之外,美国的戴维·奥斯本和彼德·普拉斯特立克还列举了职能分离的其他好处(见表 6-5)。

表 6-5　职能分离的其他好处①

- "政策管理者获得了货比三家从而选择最有效能和效率的服务提供者的自由,以使每次努力的成果更多"。
- "允许他们在服务提供者之间使用竞争"。
- "为其保持了回应不断变化的环境的最大灵活性"。
- "货比三家的掌舵组织也可以使用具有独特技能的专业服务提供者来应对难以对付的人们"。
- 他们"甚至可以鼓励试验并从成功的经验中学习"。
- 最后,他们"可以提出更全面的解决办法,触及问题的根本。可以从整体确定问题——是滥用毒品、犯罪还是学校绩差——然后使用不同的组织来处理之"。
- 职能分离也创造出"规模更小、'控制链更短'、更加聚焦的组织"。
- "聚焦的单位有利于提供关于资源使用的更明确信息,因为职能分离迫使资产分配给具体活动。因而更易于产生关于服务实际成本的信息"

　　绩效框架,亦即绩效合同或者说是绩效协议。绩效框架是一种职能分离的元工具,将具有明显不同使命的划桨职能分属不同的组织,并用书面协议规定这些组织的目标、预期结果、绩效后果及管理灵活性②。因此,绩效框架也被称为"灵活绩效框架"(Flexible Performance Framework)。出现绩效框架的原因在于随着绩效管理的实施,公共部门的组织结构发生了变化。一些执行机构逐渐从公共部门中分离出来或者新成立了一些执行机构。如何管理这些执行机构呢? 一方面,执行机构需要大量的自主权,能够自由地支配资源和实施新的管理方式,并按照绩效管理的要求实施管理;另一方面,这些执行机构的工作对象仍然是公共事务,受到公共资源、服务责任等方面的约束,需要对公众负责。组织的职能分离并不是新兴的管理思想,但如何对实行职能分离的公共部门进行有效管理就是 20 世纪 90 年代以后绩效管理和授权管理关注的目的所在。通过设置绩效框架,明确了执行机构与决策机构各自的职责,并能够保证执行机构在实现公共责任的基础上顺利完成预定的绩效目标。

　　美国的戴维·奥斯本和彼德·普拉斯特立克概括了灵活绩效框架的三大组成战略,概括见表 6-6。

---

①　[美]戴维·奥斯本,彼德·普拉斯特立克.摒弃官僚制:政府再造的五项战略[M].谭功荣,译. 北京:中国人民大学出版社,2002:112.

②　[美]戴维·奥斯本,彼德·普拉斯特立克.摒弃官僚制:政府再造的五项战略[M].谭功荣,译. 北京:中国人民大学出版社,2002:117.

表 6-6　灵活绩效框架的构成

战略构成	分战略构成要素	备　注
核心战略	职能分离	
	改进目标	
	准备行动	机构改组等
后果战略	绩效目标	可以是质量或者效率方面的目标
	绩效合同	也要确保灵活性
	绩效奖金	根据绩效结果获得奖酬
	定期绩效评审	年度或者季度
	其他后果	如精神补偿
控制战略	组织授权	即绩效框架的重要管理制度基础

制定绩效框架是绩效管理在公共部门成功实施的一个重要措施,为职能分离的公共部门更好地管理和提高效率创建了新的管理制度和管理方法。在实际操作中,也需要注意一些问题:

第一,职能分离的作用得到了肯定,但职能分离成功与否主要还在于高层领导的支持与否。公共部门职能分离源于 200 多年前,直到现在仍是机构改革的关键点。这里存在多方面原因,如管理职能分离部门的管理制度不完善、高层管理人员对职能分离的心理预期不同、公务员被职能分离后等同于市场竞争体制、公务员的权威被弱化。英国实施"下一步行动"受到大规模的抵制就可以表明,公共部门的职能分离是个很难的技术管理问题和社会问题。当然,英国的政府机构改革最后还是获得了较大成功。这在一定程度上也归功于当时政府高层领导坚决实施的魄力。任何改革都需要高层领导的支持才能不断破除障碍,公共部门实施职能分离需要一个长期的过程。在这一过程中,始终需要高层政治领导人的大力支持和推进。

第二,充分授权,改革行政管理体制,削弱中央机构的控制,将控制权交给职能分离的机构,使这些机构具有充分的自主权和管理权。绩效框架的控制战略就是"组织授权",赋予执行机构以更多的自主权力。从公共部门组织管理的角度看,所谓组织授权并不是分权,不是在预算、人事和采购等重要制度上彻底放权,而是通过签订绩效合同,使执行机构能够在不偏离绩效目标的前提下自主管理。绩效管理本身具有企业管理的性质,公共部门引入绩效管理绝不是生搬硬套,而是要吸收企业绩效管理的一些方法和理念。实行职能分离的执行机构从某种程度上刚好符合实施绩效管理的要求,为公共部门成功实施绩效管理找到了着脚点。与此同时,如果没有充分的组织授权,这些执行机构就等同于虚设,也就无法实施有效的绩效管理。

第三,通过这种书面形式的绩效协议,明确了决策机构和执行机构的各自责任和目标,既有法律规定的具体承诺,又保证了一定的灵活性。灵活绩效框架中的绩效协议类似于企业之间的合同。如,公共部门分离出某个执行机构,通过书面绩效协议的形式来规定该执行机构的工作任务、职责要求、预期目标、奖惩以及相关方面的要求。对该执行机构来说,通过绩效协议和组织授权,不仅明确了绩效目标,同时获得了自主权和工作积极性。这也在很大程度上体现了绩效管理任务分解和激励机制的要求。

第四,在执行机构内部建立预警机制或者风险管理机制。阿尔文·托夫勒在《未来的冲击》中曾经指出,由于不去预先考虑未来的问题和机会,我们正从危机走向危机。所以,危机的预警在政府管理中是十分必要的,直接关系到政府对社会突发事件的处理能力和人民对政府的信任度。健全的预警机制不仅能够预防灾难的发生、减少损失;而且即使在突发事件发生后也能按照预定计划有条不紊地处理,从而减少社会混乱、维护社会秩序。美国行政学家奥斯本和盖布勒甚至提出了"有预见性的政府——预防而不是治疗"的治理范式。公共部门执行机构是从政府组织中分离出来的,在获得较大自主权的同时,也应立足对可预见风险的管理建立相应的风险管理机构。

第五,建立对执行机构的有效监督机制。执行机构在资金使用、资源利用、人事管理、制度建立等方面都享有一定的自主权,并在逐渐向企业化管理和市场化管理改变。但执行机构仍然具有公共部门的性质。如在英国,虽然大部分公务员不再享有公务员的级别待遇和特权,但他们都面临共同的责任——公共责任,即要对社会公众负责,提供公众所需要的公共服务。因此,执行机构除了通过签订绩效协议对决策部门负责、接受决策部门的监督以外,还需要建立顾客参与机制,提供顾客所需要的服务,接受顾客监督,对顾客负责。这里包含两层意思:一是执行机构绩效协议的绩效目标及其所提供的公共服务必须是社会公众所需要的;二是执行机构的工作过程及其绩效衡量需要社会公众的监督。充分考虑社会公众对执行机构的作用,在执行机构内部建立较为顺畅的顾客参与机制,使执行机构绩效管理能够体现顾客导向、市场需求等因素。

(二)创建服务社会:顾客导向

绩效本质上即是一种"结果",是企业通过使用自然资源、激励员工工作所生产出来的效益。而如果企业生产出来的产品不能为顾客所接受,那么其收益就不可能实现。企业管理首先运用绩效管理的原因在于企业竞争的外部环境发生了急剧变化，自然资源的缺乏、企业人力资源开发创新的困境以及顾客需求满足的问题，都促使企业积极寻找一种有效的管理方法，使企业能够在提升个人创新精神的同时提高组织和个人效率，并以顾客需求满足的程度来衡量个人绩效，促使员工个人主动寻找满足顾客需求的方式，并从整体上提高组织的服务水平和服务质量。从这个角度看，绩效管理标志着从生产者导向社会到顾客导向社会的转变，从而创造了一个"顾客社会"①。

公共部门绩效管理实施除了考虑到公共部门的特殊性质以外，还需要在绩效管理顾客导向方面切实地实施一些制度和管理方法。这里主要有两方面原因：一是由绩效管理本身对顾客导向的需求所决定。正如前面所讲，绩效管理中的绩效目标制定、绩效评估、绩效指标等都与顾客需求密切相关。公共部门提高绩效的目的在于提高公众对公共部门的支持和认同，故而绩效衡量以及工作绩效都必须充分吸纳公众的意见和要求，甚至由公众来评价公共部门绩效；二是由公共部门的服务性质所决定。公共部门是提供社会公共服务的机构，其产出不仅仅是经济效益，更是在社会效益层面上对社会发展、稳定以及民主发展等方面的影响。公共部门在性质上就属于公共服务部门，需要接受社会公众的监督。同时，公共部门的公共服务产出也不是由公共部门随意而定的，而是根据社会公众的需求定下的目标。这样，就意味着公共部门实施绩效管理需要通过一些制度设计或者具体操作方法实现公共部门顾客导向的宗旨。

首先，明确几个关于顾客导向的重要概念。

一是顾客。公共部门绩效管理实施顾客导向理念，采取如何服务顾客的具体措施，首先需要明确谁是顾客？一般而言，顾客主要指企业生产出产品或者服务的销售对象或服务对象。企业生产或服务的直接目的就是为了争取顾客，从而提高企业的经济效益和相关收益。满足顾客需要、争取顾客流是企业组织生存的重要目标之一。传统的行政理念视社会公众为被管理者，缺乏服务观念和顾客观念。那么，公共部门绩效管理中的顾客又指的是什么呢？除了获得服务的社会公众以外，公共部门的顾客，其意义比企业组织来得要更为广泛一些。对公共服务来说，"顾客"不仅仅是现实获得服务的人，还应包括"公共服务要满足的其他人群"，并为这些顾客提供"优质的顾客服务，如尊敬、

---

① ［美］拉塞尔·M.林登.无缝隙政府——公共部门再造指南［M］.汪大海，等译.北京：中国人民大学出版社，2002：12.

礼貌以及关怀等因素"①。对公共部门顾客的准确理解以及掌握相互之间顾客关系维系的要义,都有助于公共部门提高服务质量和服务水平,并有可能主动去争取顾客、了解顾客,从而获得社会公众的支持。

二是顾客合作。既然定位了公共部门和社会公众之间服务提供者和顾客的关系,就表明公共部门和公众存在一种互动的关系。像企业组织一样,随着市场竞争的激烈化,企业及其顾客之间的关系逐渐趋向合作的伙伴关系,而不是相互猜忌和相互利用。当今世界一些知名的跨国企业无不追求以人为本,积极构建公司和顾客之间的亲密伙伴关系,以便更好地争取顾客、保持顾客和教育顾客。公共部门实施绩效管理也是如此,需要构建这种服务提供者和顾客之间的伙伴关系。传统居于优势地位的服务提供者和被动接受服务的公众,在公共部门顾客导向理念的实施下,相互之间的关系变得更为亲密、畅通以及合作。所谓顾客合作就是指公共部门和社会公众通过相互联系建立合作关系。一方面,公共部门主动了解顾客需要,提供顾客所需要的服务;另一方面,顾客也能主动参与公共部门服务过程,明确表达自己的需要,从而享受到自己所需要的服务。

三是服务品质。服务品质是公共部门绩效管理实施过程中产生的一个新概念。以前我们经常说的是服务质量和服务水平,而服务品质是个与之相关,但完全不一样的概念。这里的"服务品质"主要指公共部门通过质量认证体系,包括检验、监控和质量控制等程序,来保证服务产出与规定的质量保持一致。因此,公共部门绩效管理要求公共服务能够保持与预期目标的一致性,既能够保证质量,又能够在公民参与的基础上满足社会公众的需求。

其次,创建顾客导向的机制,使组织对公共服务的质量和品质负责。

公共部门绩效管理在实施过程中,都比较重视绩效评估和公众参与,所谓的顾客导向则会被作为一项内生的机制,如观念机制。西方国家"政府再造运动"创新实施了一些具体可操作的顾客导向机制,使公共部门及其工作人员不得不主动关注顾客需求,并立足于顾客满意来保证公共服务的质量和品质。其中主要的做法就是美国的"顾客质量保证"和"服务质量测评"。

所谓顾客质量保证,即创设顾客服务的保障和标准以及组织在无法满足这些标准时的申诉体制和救济手段,并创设顾客委员会、理事会和服务协议来

① [英]诺曼·弗林(Norman Flynn).公共部门管理[M].曾锡环,等译.北京:中国青年出版社,2004:175.

对满足这些标准负责①。顾客质量保证有点类似于绩效协议,所不同的是,顾客质量保证的着眼点是顾客。如设立顾客参与的顾客委员会、理事会和服务协议来检查公共部门服务输出的情况,并通过实现设立的标准来衡量公共部门服务输出的品质。顾客质量保证的关键在于使公共部门能够了解自己的顾客服务工作会产生某种结果。传统的行政部门在衡量公共服务质量和服务水平时,所缺乏的就是这样一种导向机制,即服务与结果相挂钩。我国目前提出的服务型政府构建很大程度上也还是仅仅停留在观念转型方面,具体的服务型政府制度如何建构还是一个较大的问题。"新公共管理运动"中的顾客质量保证为我国服务型政府具体制度设置可以提供一种思路借鉴。顾客质量保证建立在社会公众参与基础上,为顾客服务实现准备了一套后果机制,如奖惩、申诉、救济等。因此,顾客质量保证不是公共部门为追求顾客导向而建立的形式保证,而是从制度层面上确立了公共部门达到顾客服务标准的责任和义务。同时,顾客质量保证实施了一套公布机制,即公告各个公共部门或者分部门顾客服务标准的具体内容和执行情况,以此为依据比较组织或个人绩效,并实施相应的奖惩。可以说,顾客质量保证在观念上和制度配套上都做得比较出色,有力地促进了公共部门顾客导向从观念向实践转变,并为社会公众参与公共部门绩效评价奠定了基础。

服务质量测评与顾客质量保证有一定相似之处,主要是通过顾客满意测评来衡量对公共部门服务的质量,促使公共部门强化责任机制和改善公共服务。典型的做法就是做关于公共部门服务的质量评估,可以由专业技术机构来进行评估,也可以由公民参与评价来测评。测评的对象不是基于政府业绩,而是对政府服务质量的综合评议。这种方法比较适合在社区或地方政府公共部门实行,其技术难度相对于顾客质量保证机制要显得更为简单,但对公民参与的要求会更高。如美国联邦紧急事务管理局(FEMA)就确定其服务质量测评的组织要求是(1)使公众做到信息灵通,以使其家人、住所、工作场所、社区与生计免受各种灾害的破坏;(2)加强社区建设,以增强其对各种自然灾害的承受能力;(3)政府与私营组织,使之拥有应对灾害的各种计划、资源和有效的培训;(4)事先制定的用于灾后重建任务的社区计划②。服务质量测评在这套灾害管理系统中的运用,充分利用公众、社区、私营组织、专家机构的参与作

---

① [美]戴维·奥斯本,彼德·普拉斯特立克.摒弃官僚制:政府再造的五项战略[M].谭功荣,译.北京:中国人民大学出版社,2002:301.

② [美]阿里·哈拉契米.政府业绩与质量测评[M].张梦中,等译.广州:中山大学出版社,2003:57.

用,确保公众得到及时、高效的服务。因此,服务质量测评的关键点在于公民充分参与,全面了解公民对政府服务质量的看法和评价,以此作为政府服务质量测评的依据。通过政府服务质量测评,公民得以一种有效、合法的途径参与绩效管理。顾客质量保证提供了公共部门绩效管理实施顾客导向的机制,而服务质量测评提供了公民参与绩效管理的机制。

最后,绩效管理的顾客导向机制存在一些问题。这主要包括:

一是公众表达自己利益时受到利益集团等因素影响,未必会真实地表达自己的意愿。公民个人可能就会受制于利益集团的影响,而利益集团凭借相对优势能够获得公共部门更多的关注。

二是公共部门服务标准很难制定。不是所有的服务信息都以用数字形式来表达;过多地强调用数字信息来表现公共服务质量,也容易陷入另一个误区。从公共部门的服务性质看,还受到许多诸如民主政治、社会稳定、公平等因素的影响。

三是还没有建立起完善的公众评价机制。公众作为顾客的地位受到质疑,如果纯粹从社会公众向顾客转变,对公共部门而言双方的角色发生了急剧变化。但公共部门仍处于相对优势地位,公众在获取信息、资源、参与评价的渠道等方面都处于劣势。因此,公众评价政府服务质量的机制还不够完善。

四是顾客教育问题。企业的顾客导向机制存在一种顾客教育方法,即对顾客进行教育、培训,引导顾客消费,以及鼓励顾客参与企业策划等。公共部门在顾客教育问题上还存在许多缺陷,因为公共部门的服务对象过于广泛,其教育成本、教育目标、教育机构以及专业人员等都存在问题。

三、完善沟通协调机制

大多数学者认为,组织的内外部沟通对绩效管理实施具有相当的作用,直接影响到绩效管理实施的有效性。绩效管理的实施原则主要有参与原则、以人为本原则等。强调民主参与、注重组织内部和外部人员在绩效指标制定、绩效目标认同等方面的作用,是绩效管理得以成功实施和提高个人效率的重要前提之一。英国的威廉姆斯就组织绩效管理建立沟通机制的原因和必要性进行了总结归纳(见表 6-7)。

表 6-7　采纳组织沟通程序的原因①

教育性目的
- 促进责任感
- 加强雇员对公司政策和经营的总体理解

生产收益
- 激励雇员不断提高生产率
- 优化组织工作
- 对变革取得共识
- 增进工作的灵活性

参加和参与
- 使雇员参与公司的各种事务——参加和参与
- 激励雇员/提高士气

"劳资关系方面的目的"
- 调节工资需求/对雇员谈判施加影响
- 减少工作中出现的分歧
- 使工会的影响最小化
- 使管理者真正发挥作用

外部压力
- 来自雇员的压力
- 来自工会的压力
- 法律要求

更广泛的"政策性"因素
- 总体社会趋势
- 履行公司的责任/"知情权"

（资料来源：adapted from Townley 1994：610）

　　表 6-7 是对企业组织绩效管理沟通机制建立原因的归纳，对公共部门而言，同样具有一定的适用性。同时，公共部门本身具有某种特殊性，如追求民主、强调公民参与、维护公平等。这也意味着公共部门绩效管理实施不仅在一般管理层次上需要提高组织效率而进行相互沟通，而且根据公共部门的性质，也迫切需要公共部门注重沟通协调机制的建立和完善。

　　（一）公共部门沟通的类型

　　根据沟通的方向来划分，公共部门的沟通可以分为自上而下的沟通、双向

---

① ［英］理查德·威廉姆斯.组织绩效管理［M］.蓝天星翻译公司，译. 北京：清华大学出版社，2002：272.

沟通以及自下而上的沟通。

　　自上而下的沟通在绩效管理中占据重要地位,是组织决策、绩效目标制定、绩效指标确定以及绩效评估的重要机制。主要表现为上级部门对绩效管理的态度,可以了解高层领导对绩效管理的支持态度,从而影响到公务员参与绩效目标制定的积极性。

　　自下而上的沟通可以是个人参与的沟通,也可以是下级部门或者外部专业机构参与的沟通。从理论上,自下而上的沟通可以反映出公务员参与绩效管理的积极性和态度。但公共部门自下而上的沟通受到制度因素、部门利益、官僚气氛等因素作用,反而不能发挥应有的作用。在实际操作中,大部分公务员都不愿意或者不会去主动向上沟通反映情况或者表达意愿。

　　双向沟通区别于自上而下的沟通和自下而上的沟通,以上级和下级之间相互的沟通协调为主,克服了自上而下的沟通和自下而上的沟通单向沟通的弊病,有助于更好地了解情况和相互沟通。

　　(二)绩效管理—沟通—公共政策效能

　　1. 以绩效管理为基础的公共政策效能

　　公共部门(政府)的主要职能就是制定公共政策,公共部门实施绩效管理、提高政府效能的目的之一就在于提高制定公共政策的能力。当然,也包括公共部门服务质量和服务水平的提高。但是,绩效管理又是怎样与公共政策效能联系在一起的? 通过绩效管理,怎样可以提高公共政策效能? 这里,主要论述绩效管理与公共政策效能之间的关系,并通过建立沟通机制明确绩效管理与公共政策效能之间如何相互协调和相互作用。

　　以公共行政能力为核心,以绩效为基础,现代政府的新公共管理运动对现代政府管理起了重大作用。尽管有来自各方面对市场化的批判,但绩效引导的政府管理体制的盛行确是不可忽视的现实。政策制定是政治事务的主要表现,一切具体政治行为最终都表现为公共政策的制定与执行。因此,有绩效的政府管理很大程度上有赖于政策制定的有效性。传统的公共政策理论更多地关注公共政策质量,通过质量评定来衡量公共行政能力,从而忽略了公共政策自身蕴涵的互动效能,以及对政治沟通的作用。强调政府管理的绩效性,就是要强调现代公共政策的效能,并以政治沟通为主导,强调民主、协商的公共政策,以确保政府管理的有效性和政府公众之间的顺畅沟通。

　　关于公共政策的定义,一直以来都没有统一的说法。政治学者戴维·伊斯顿(D. Easton)认为所谓公共政策就是对全社会的价值作权威的分配。① 从

----

① D. Easton, The Political System(N. Y. :Knopf,1963),p. 129.

政治功能讲,这个定义涵盖了对包括利益等资源在内的分配体系,有助于理解现代社会政治过程(政策过程)中的各种利益因素。即使随着民主社会的发展,并通过"民众商议实现政治平等",也无法避免"被利益激发起来的危险"。① 对于利益价值的关注迫使我们在公共政策制定过程中有必要协调各利益相关者的利益和政府公众之间的关系。因此,也有学者把现代公共政策界定为自上而下的政策制定,并通过一定的模式把上层的价值观念转化为公共政策。② 这种自上而下的政策制定过程强调同步传递沟通的重要性,包括民意制造、政策制定合法化、利益集团活动等。政策制定执行的同步沟通不仅能够整合利益,体现政治生活合法化,也极大地促进了政府公众之间的良性沟通,从而提高公共政策的质量。

　　提出公共政策效能的概念绝不仅仅是为适应政府绩效管理的改革运动,而是为了在一个沟通的环境中实现公共政策执行的有效性而提出的一个动态概念。所谓公共政策效能,即公共政策的有效性,就是指公共政策以政治沟通为主要手段,通过政策制定、政策执行、政策评估等政策阶段所能达到预期目标的程度。这个概念包含了两层意思:第一,公共政策的有效性是政策制定的终极目标。能否实现政策预期目标是衡量政策有效性的重要依据,如果偏离政策预期目标,就不能说这项政策是真正有效的。这里需要指出的是,政策目标能够根据实际政策执行而适当修改,但必须有修改依据;第二,公共政策的有效性要以政治沟通为依托。所谓"自上而下的民意制造"就是说公共政策的每个阶段都需要以政治沟通为导向,通过政府公众之间的良性互动来修正政策、提高政策执行的有效性,从而保障政府管理的合法性和有效性。

　　具体而言,公共政策效能的内容包括以下三个方面:

　　第一,公共政策的经济效能。公共政策对利益价值资源的分配直接涉及其经济效益,大到一个国家的社会经济发展,小到地区经济发展程度和个人经济收入状况。由于公共政策的利益分配功能使公共政策的经济效能日益受到关注,如工业政策、财税政策、住房政策等,其经济效能居于首位。这类政策的有效性也必须以经济指标来衡量。

　　第二,公共政策的社会效能。公共政策的对象是社会公众,如果不能实现社会公平和社会民主,那么公共政策也就失去了基本的效能。有些政策可以通过民意测验衡量其公正性,而像社会保障之类的政策涉及代际公平等问题,

---

　　① [美]詹姆斯·S.菲什金.Deliberative Democracy[A].//协商民主[C].上海:上海三联书店,2004:36.

　　② [美]托马斯·R.戴伊.自上而下的政策制定[M].北京:中国人民大学出版社,2002:5.

往往需要很长时间才能论证其合理性。所以,公共政策的社会效能既是众所关注的问题,也是难以解决的一个效能层面。

第三,公共政策的政治效能。政府管理过程即公共政策制定与执行的过程。把公共政策等同于政治过程并不意味着决策过程的科学民主化。公共政策过程的科学民主化有助于提高政府管理的有效性,但政治作用的强化往往很难受公共政策科学的牵制,反而公共政策的政治化因素逐日提升。因此,强调政治沟通这一中性因素有利于公共政策效能的提高,也有利于政府决策的科学民主化。

公共政策效能的概念中首先包含了政治沟通的手段性作用,以政治沟通为依托,实现公共政策动态的有效性,这是政府决策科学民主化的重要途径,也是公共政策效能提高的关键所在。因此,政治沟通的过程与公共政策效能的提高有密切的关系,其相互间的作用也需要进行分析。

2. 政治沟通过程分析

所谓政治沟通是政府与公众、政府与政府之间的一个沟通协调过程,一般是指"通过一定的政治传播媒介,不同政治主体之间有效地互相传递和交流政治信息的过程"。[①] "政治权力对沟通的依赖"[②]是政治学家长久以前就意识到的问题,越是民主的社会就越强调沟通的水平和沟通的渠道。从沟通水平看,现代社会要求政府与公众能够面对面、平等的对话;从沟通渠道看,媒介、民意、政府自身都可以是沟通的平台。公共政策本身是个自上而下的过程,在此过程中,即便公众的利益需求被考虑进去,也不能表明公众在公共政策制定过程中的角色地位。而政治沟通的提出则贯穿于整个政策过程,直接影响到公共政策的贯彻实施,也就直接影响到公共政策实施的有效性。政治沟通作为科学决策的重要前提和保障,其运行过程的好坏不仅仅是政治信息、思想和态度的传递,更是关乎决策有效性的重要命题(见图6-3)。

如图6-3所示,在这个简单的沟通框架下包含着关于政治沟通过程的三个看法:第一,政治沟通表现为公众与政府之间的互动关系,而公众与政府的互动不是盲目性的,必然地体现为公共决策的过程。通过政治沟通而实现公共政策过程是政府公共性的重要体现。第二,现行的政治沟通主要表现为传播学意义上,即媒体在表达、整合、收集民意方面具有重要作用。公民个人与政府的对话在现实生活中基于条件的不完备还不可能实现,公众借助媒体或者社团力量实现与政府的平等沟通,表达意愿,影响公共政策过程。第三,政

---

① 王国剑.社会转型时期政治沟通初探[J].重庆邮电学院学报(社会科学版),2004(1):34.
② [美]迈克尔·罗斯金.政治学[M].北京:华夏出版社,2002:131.

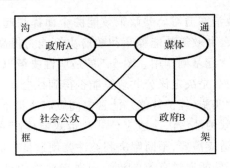

图 6-3　政治沟通框架

治沟通中不可忽略政府与政府之间的良性沟通。以往在政治沟通中都忽视了政府间沟通的必要性,而实际上,政府间的利益关系和政策间的互动对政策的有效性都有着直接的影响。

3.公共政策效能与政治沟通的相互作用

公共政策效能是在公共政策动态的发展过程中体现出来的一个概念,因此,政治沟通作为体现政策动态发展的重要手段就能够为公共政策的制定、执行和修正提供最基本的依据。现代的政府管理正逐步从"最佳目标管理"转向"适应性管理",从而建立一个"回应型政府",换言之,动态的公众需求正成为政府政策的逻辑起点,并在政策的一系列执行过程中承担主要角色。而要做到适应性管理或者说适应性决策就必须立足于政治沟通的顺畅性和有效性(见图 6-4)。图 6-4 的箭头最终指向有效决策,而图 6-4 本身则是一个在政治沟通带动下的适应性决策过程。

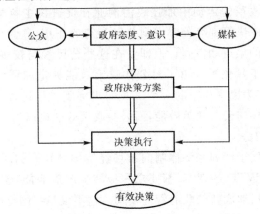

图 6-4　适应性决策示意图

因此,我们可以这样理解公共政策效能与政治沟通之间的相互作用。

第一,有效的政治沟通对公共政策效能的全面提高起基础性作用。无论从民主理念还是从公共政策效能提高和政府决策能力提高来看,政治沟通都有必要在决策过程中起基础作用。图 6-4 的适应性决策也表明政治沟通贯穿于公共政策整个过程,是决定该公共政策能否得到社会认可(社会效能)、能否减少实施成本、成功实施(经济效能)、能否提高政府决策水平(政治功能)的重要基础和手段。有效的政治沟通适应公共政策效能提高的需要,为公共政策在动态环境中不断适应需要、不断解决利益冲突创造良好的外部条件。

第二,公共政策效能通过有效的政治沟通来检验。建立公共政策效能的概念主要是为提高政府决策的能力水平,在实践中,公共政策效能可以运用量化的标准进行检验,主要是指经济效能和社会效能。通过政治沟通过程中的民意测验和媒体反应可以检验公共政策的效能。而现代政府自实行"效能建设"以后,自身有一套效能评估体系,把公共政策效能纳入政府效能评价体系就能综合反映公共政策的政治效能。

第三,公共政策效能的提高有助于政治沟通、政治民主的发展。一方面,政治沟通为公共政策效能提高提供基础;另一方面,公共政策效能的提高也意味着政府科学、民主决策能力的提高,为政府与公众的互动提供平台,也就有助于今后政治沟通的发展。政治沟通是政府公共性的基础所在,着眼于公共政策效能的提高就是始终关注政治沟通在政策过程中的基础性作用,因此,两者相互关联,相互促进。

(三)影响公共政策效能的政治沟通因素分析

鉴于对公共政策效能和政治沟通相互关系的理解,在实践过程中,世界各国政府也在政府改革的运动中加强政治沟通在促进民主科学决策方面的作用。大部分的政府决策都充分考虑到公民参与的作用,并为公民参与政府决策过程创造畅通的渠道和空间。但即使在这些公民参与较多的政治决策中,政治沟通还是被工具化了。由于对公共政策效能界定和评价没有明确的标准,政治沟通只作为民主决策的一个工具而贯穿于决策过程中。我们希望政治沟通可以直接导向公共政策效能,而公共政策效能也以沟通为导向,促进民主科学决策的发展。

我国目前正处于计划经济体制向市场经济体制转轨的时期,市场经济的发展尤其是加入 WTO 的现实,都要求积极转变政府职能,建立起一个灵活、高效、廉洁的政府,形成新的政府管理模式。这不仅是我国行政管理体制改革的目标,也是在市场经济条件下经济顺利运行的重要保证。但从整体看,当代的中国还属于"后市场经济国家",其政府管理体制与社会主义市场经济发展的要求还有很大差距。作为后市场经济国家,我国具有自身的特点:一是政府对经济的干预很难在短期内消失,各经济主体的自由环境相对狭窄;二是企业与政府受利益驱动,经济失控现象大量存在。① 与此相适应,我国在政治沟通方面也存在诸多问题,如:政治沟通主体缺失,政府没有起到主动作用,民众也因政治社会化程度低而缺乏参与意识;政治沟通渠道不明晰,官方的渠道在实际中无法起到真正的作用,而民间的渠道又受制于各种因素而形同虚设;政治沟通所提供的信息失真。各个沟通主体都会有各自的利益倾向,从而选择不同侧重的信息,于是就导致信息真实性在一定程度上的丧失②。但当前政治沟通中存在的许多问题并不能系统地分析,也没有以公共政策效能提高为导向,所以也就不能在政治沟通与公共效能之间的关系中寻找答案。

就公共政策效能提高的相关性因素以及对适应性决策和政治沟通模型的分析来看,可以将影响公共政策效能的政治沟通因素归纳为三类。

1.政治主体因素

这里指的政治主体包括所有的政治参与者,如政府及官员、政党、民众参与者、专家、传播媒体、第三部门等。将社会纳入整个政治参与系统是民主政治的要求,也是政治沟通的基本要求。在公共政策的决策过程中,保证公众的意见能够随时反映到政策系统中,是适应性决策的重要前提。无论是发现政策问题还是政策的执行及评估都要首先保证各个政治主体能够以平等的姿态参与政策系统。但在实际管理决策中,除了政府能够做最直接的决策者以外,其他政治主体基本上附属于政府,既没有平等地分享信息的权利,也没有被平等地考虑进政策需求。以政府为主导的公共决策系统一直影响着公共决策的有效性和公平性。但随着公共政策效能要求的提出,政治沟通不可能再被决策体系所忽略。一方面要求政府与民众需求的互动;另一方面也对政府间的平衡互动提出了高要求。而我国目前所面临的政治主体问题主要是独立性问题。民众或者媒体都不能或者说不可能成为政治沟通的主体,他们在信息资源的掌握量、合法性等方面都缺乏政府所具有的优势。民众参与政治沟通的积极性受到素质、渠道等因素的影响,媒体参与政治沟通的渠道受到合法性因素的影响,而第三部门更因其本质的缺陷而无法独立出来。

2.传播渠道因素

传播渠道也即政治沟通的渠道,直接影响到政治沟通的可能性和效能,也直接影响到公共政策的效能。传播渠道在公共政策制定中具有不可忽视的地

　① 甘峰.中国加入 WTO 与政府改革——发达国家政府改革经验[M].杭州:浙江大学出版社, 2002:65.

　② 参见:黄世虎.对当前我国政治沟通的几点思考[J].政治文明,2004(7):26.

位和作用,在民主国家中尤为重要。一般而言,传播渠道主要是指大众传媒、网络、第三部门等,其中大众传媒是主要的传播渠道。具体来说,现代大众传媒包括报纸、电视、广播、通讯社等。从现代意义看,大众传媒与政治是紧密联结在一起的。尽管大众传媒是单向的沟通渠道,但随着传媒业的发展,它和社会、政府有着紧密的联系。无论是政府和民众之间还是政府和政府之间,大众传媒都发挥着无可比拟的沟通作用,包括信息的沟通、意见的表达等等。当然,政治沟通的渠道绝不仅仅是传媒和网络,我们更需要关注的是政府自身所提供的传播渠道。只有这类性质的传播渠道才能做到真正的"互动",才能通过适应性决策建立"回应型政府"。当前,我国正逐步向民主决策迈进,在具体做法上,如实行民主听证会、信访制度等等,都取得了良好的效果。从中我们也可以看出,政府在提供传播渠道方面更具有优势和可行性,更能促进合法的互动,从而有助于政治沟通水平的提高和公共政策效能的提升。

3. 政治环境因素

政治沟通的政治环境因素可以概括为物质环境、心理环境、文化环境、舆论环境、国际环境等。物质环境不仅表现为一个国家的国民生产总值,也表现为国家贫富差距以及在一个国家中中产阶级所占有的比例。物质环境的稳定为政治沟通的发生提供了最基本的可能性。心理环境既是社会的政治习惯、政治态度、地域政治文化,也是社会对政治的预期。文化环境包括一个国家的国民素质和文化心理,也是各个地域文化政治的一种表现。不同的文化背景下对政治参与都有不同的需求和不同的强度。舆论环境对政治沟通具有关键性的意义。舆论既是传播渠道也是政治环境。中立、平等的舆论媒体建设是当前世界各个民主国家所力求达到的目标,公共舆论中的技术和态度对政治沟通具有直接作用,从而对公共政策也具有"最直接的引导作用"①。国际环境因素往往是隐性但又往往是影响深远的。以西方发达国家的公共管理运动为例,导致了世界范围内政府绩效管理的新革命,而这无疑对一个国家的政治环境和政治沟通都会产生强大的冲击。对管理效率的要求提出了公共政策效能,而对公共政策效能的要求提出了政治沟通。换言之,我们对政治沟通需求的提出,也正是在国际背景下获得的。

影响公共政策效能的政治沟通因素主要还是趋向政府。为了更好地促进民众参与公共政策以提高公共政策效能,主张一方面以大众为主导建立多方位、多方面的沟通方式和沟通主体,保证更多人参与到问题中;另一方面以政府为主导建立政府主导型的合法性沟通方式和沟通制度,鼓励更多人参与决策。

---

① [美]迈克尔·罗斯金,等.政治学[M].北京:华夏出版社,2002:112.

第三节　公共部门绩效管理的监督

公共部门绩效管理监督是公共部门绩效管理系统及实施过程中的重要环节。绩效管理作为一项系统工程，包括绩效衡量、绩效跟踪等环节。要保证绩效管理实施能够实现预期的绩效目标，并在实施过程中不断监测公共部门服务质量和工作效率，就需要建立一个监督控制机制。通过图 6-1，我们可以发现，监督控制机制是公共部门绩效管理系统必不可少的组成部分。通过监督控制机制，绩效管理得以明确发展方向，"在组织的某项活动超过公共部门绩效管理容许范围的偏差时，可以采取必要的纠正措施，以使系统的活动趋于稳定，实现组织的既定目标；或者在必要时，进行修改，确定新的现实目标和管理控制标准，使之更符合组织自身的条件和外部环境的变化"①。本节着重论述公共部门绩效管理监督控制机制的构成、影响因素、监督的主体、程序、方法等。

一、监督与控制：绩效管理预期目标的实现

对实际情况进行监督保证了绩效管理向"最佳实践"和预期目标的方向顺利发展，在管理学领域，又将监督视为一种控制机制，即控制。当然，监督和控制是两个不同的概念。监督（Supervision），是组织机构观察其运作情况，使组织机构运作保持相对上下沟通顺畅、能够完成预期的目标，并防止出现腐败、人浮于事等现象。所谓控制（Control），可以定义为"监视各项活动以保证它们按计划进行并纠正各种重要偏差的过程"。"所有的管理者都应当承担控制的职责，即便他的部门是完全按照计划运作着"②。一般情况下，公共部门比较注重监督，而企业更注重控制。这是因为监督并不一定十分追求绩效，控制则要求企业能够按照预期的定量目标进行，如企业月利润、月营业收入等。通过量化的方式可以控制企业管理的各个层面，包括产品质量控制、人力资源培训计划等。公共部门以公共服务输出为主，其服务产出不同于企业的产品，可能是无形的公共产出，如为社会带来公平、维护正义等（像法院审议案件就属于这种性质），也可能是跨度很久、收益长久的公共服务设施，如学校投资、道

---

① 张泰峰. 公共部门绩效管理[M]. 郑州：郑州大学出版社，2004：195.
② ［美］斯蒂芬・P. 罗宾斯. 管理学[M]. 黄卫伟，译. 北京：中国人民大学出版社，1999：476.

路建设等。在这种情况下,公共部门就更注重如何防止出现腐败、机构臃肿、效率低下、服务态度差等问题。绩效管理的引进打破了传统公共部门的界线,开始对公共部门的效率、服务进行量化管理和标准管理,使公共部门的效率和服务向科学管理的方向转变。这也意味着公共部门的监督机制出现了新的变化,不再是笼统意义上的监督,而是从监督走向控制,以保证绩效管理不偏离组织目标,并及时纠正绩效管理实施过程中出现的错误或问题。因此,公共部门绩效管理监督控制机制也就成为绩效管理实施的重要内容之一。

监督控制过程主要分为三个步骤[①]:衡量实际绩效、将实际绩效与标准进行比较以及采取管理行动来纠正偏差或不适当的标准。当然,这三个步骤之前还包括一个假定前提,即存在对行动和绩效进行衡量的标准,而且这套标准可以度量实际行动。标准是通过组织的计划职能来实现的,如采用目标管理(MBO)方法,根据定义可以知道,目标是明确的、可证实的和可度量的。在这种情况下,这些目标是比较和衡量工作过程的标准。如果不采用 MBO 方法,则标准是管理者使用的具体衡量指标。标准必须从计划中产生,计划必须先于控制。总体来说,我们把监督控制过程概括为[②]:

第一步,建立标准。

正如前面谈及,计划是控制的依据,因此控制过程的第一步就是制定计划。可以根据计划的内容、计划的方法了解组织中各项工作的每个步骤以及应该要完成的工作目标,从而制定一套工作标准。标准是评定工作成绩的尺度,是从整个计划工作的方案中挑选出来对工作成效进行评判的关键点。组织预先设定标准能够为管理人员日后操作的管理提供方便,这些标准就如同"标杆"一样,使管理人员和工作人员都能对照这套标准衡量工作过程和工作实绩,进而实施奖惩。因此,建立标准对任何组织监督控制实施都具有指导性意义。公共部门目前就比较缺乏工作标准的确立,尽管也有类似的工作计划或工作目标,但还没有上升到可以衡量、监督控制的层次。

标准可是多种多样的。其中最好的标准就是可考核的目标,不论是用定量形式表示,还是用定性形式表示,一般在管理得当的目标管理系统中都要确定这种目标。由于人们所负责达到的最后成果是是否完成计划的最好的评定尺度,因而可以作为控制的最佳标准。它可以用量化的数据来表示也可以用可考核的定性的形式或者其他任何能清楚反映工作成绩的方式来表示。公共

① 参见:[美]斯蒂芬·P.罗宾斯.管理学[M].黄卫伟,等译.北京:中国人民大学出版社,1999:477-479.

② 参见:张泰峰.公共部门绩效管理[M].郑州:郑州大学出版社,2004:201-202.

部门建立标准也可以结合考核指标和考核目标,明确衡量的对象和尺度,这样才能使标准具有可操作性和可控性。

第二步,衡量。

斯蒂芬·罗宾斯对根据标准衡量实际绩效提出了两个问题:一是如何衡量;二是衡量什么? 就如何衡量这个问题看,罗宾斯认为至少有四种方法用来衡量实际工作绩效,包括个人观察、统计报告、口头汇报和书面报告等四种收集信息的形式。

个人观察提供了关于实际工作的最直接和最深入的第一手资料。这种观察可以包含非常广泛的内容,因为任何实际工作的过程总是可以观察到的。通过观察得到的信息不同于阅读报告得到的信息。尤其是走动管理,可以获得面部表情、语调以及懈怠这些常被其他来源忽略的信息。

现在各组织中广泛地使用了计算机,因此管理者越来越多的依靠统计报告来衡量实际工作情况。这种报告不仅有计算机输出的文字,还包括多种图形、图表,如条状图等,并且按管理者的要求列出各种数据。尽管统计数据可以清楚有效地显示各种数据之间的关系,但它对实际工作提供的信息是有限的。统计报告只能提供几个关键的数据,它忽略了其他许多重要因素。

信息也可以通过口头汇报的形式获得,如各种会议、一对一的谈话或电话交谈等。这种方式的优缺点与个人观察的方式相似。尽管这种信息是经过过滤的,但它是一种快捷的、有反馈的,同时可以通过语言语调和词汇本身来传达的信息。过去,这种口头收集信息的一个主要缺点是不便于存档和以后重新使用。但随着最近几十年在技术上的进步,口头汇报很容易录制下来,并可在以后使用,就像书面文字能够永久保存一样。

实际工作情况也可以通过书面报告来衡量。与统计报告相比,它显得要慢一些;与口头汇报相比,它显得要正式一些。但是这种形式常常比统计报告与口头汇报的形式更精确和全面。此外,书面报告更易于分类存档和查找。

这四种形式不同于书中第四章所提到的信息收集方式,这里主要针对绩效信息衡量。罗宾斯认为将这四种形式结合起来之后,就可以大大增加信息的来源并提高信息的可信程度。

就衡量内容看,罗宾斯认为这是一个比如何衡量更关键的问题,衡量什么将会在很大程度上决定组织中的员工追求什么,从而影响到组织绩效、员工绩效以及组织文化的形成。尤其在公共部门,公务员的个人绩效很难用量化的尺度来衡量,这就涉及管理人员衡量什么的问题,是衡量公务员的工作过程、态度还是衡量其出勤率呢? 衡量不同的内容会带来截然不同的效果,也影响到公共部门绩效管理监督的理念和操作的成效。因此,作为公共部门管理人员必须明确自己要衡量的内容，否则绩效管理就会沦于空话，监督控制也就无法发挥反馈、纠错的作用，公务员的绩效也就无法获得真正的提高。

第三步，比较。

通过比较可以确定实际工作绩效与标准之间的偏差。这个环节其实是"衡量"与"采取管理行动"之间的中间环节。只有比较才能使管理人员了解实际工作绩效与标准之间是否存在偏差以及明确采取管理行动的必要性。当然，比较的环节不存在技术问题，主要就是根据标准比较实际工作绩效，而实际工作绩效已经过"衡量"环节测试出来了。这样，管理人员的职责就是对照比较，确定相互之间的偏差。这里，需要注意管理人员的个人因素对比较环节的影响，尽量避免管理人员个人心理和素质对比较偏差的影响，保持其客观中立的态度，以便形成客观、公正、公平的比较结果。在公共部门尤其要注意这点，否则就不能获得公务员的信任，甚至影响到工作实绩以及今后绩效管理的持续实施。还有需要注意的问题就是在任何活动中，都可能存在偏差，不可能要求组织的所有活动都一板一眼地按照计划行事。所以，组织应该规定一个允许出现偏差的范围，以便管理人员把握方向和进程。

第四步，采取行动。

通过比较了解偏差后，管理者的下一个步骤就是纠正偏差或者修订标准或者什么也不做。

一般认为，纠正偏差主要是对负偏差进行查找和纠正，即纠正工作中的缺陷和问题。如果能够反映组织机构实际情况的标准已拟定出来，而且确实是按这些标准来评定工作成效的，那么就能对组织机构中的负偏差（Negative Deciations）迅速作出改正，因为主管人员已能依据对委派给个人或小组的任务而确认必须在哪个环节采取必要的措施。纠正偏差的主要任务就是按照既定的相对较好的标准对组织中存在的问题进行纠正和采取措施改正，使其指向正确的组织目标。

但有时也会出现一个问题，实际制定的标准不一定是正确的或者说是偏离实际的，即正偏差（Positive Deciations）。如果出现这种情况就要修订标准。纠正计划工作中出现的偏差正是以这样的看法为依据，即把控制看成是整个管理系统的一个组成部分，它在管理系统中与其他管理职能结合在一起，主管人员可以用重新制定计划或修改目标的方法来纠正偏差（亦即运用计划工作中的改变航道的原则）。他们可以利用组织手段重新委派任务或明确职责，以纠正发生的偏差。另外，他们也可以用增加人员，更好地选拔和培训主管人员，或者可以用全部重新任命人员——解雇的办法来纠正偏差。还可以通过改进指导和领导工作，即对工作职责解释得更明确，或更有效地领导工作,来纠正偏差。

通过对公共部门监督控制过程的分析,可以发现整个监督控制机制都以组织的最佳实践、预期目标实现为导向。不管在公共部门还是在企业组织,都把监督控制机制作为实现组织目标的一种手段,也是衡量个人绩效、建立奖惩机制的重要基础之一。

二、影响公共部门绩效管理监督的因素

从公共部门绩效管理监督控制机制来看,主要是由主管部门和管理人员来实施监督和控制。但作为绩效管理本身,其监督主体是多样的,包括上级监督、部门之间监督、自我监督诊断等。不同的监督主体表明绩效管理是多层次、多方位的管理,对管理人员素质、公务员自身的素质以及公务员积极性创造性的发挥都有严格的要求。那么,在公共部门中,要切实发挥绩效管理监督的作用以保证绩效管理顺利实施又受到哪些因素的影响呢?通过分析这些影响因素,我们可以主动排除监督管理过程的障碍,从而促进绩效管理向提高个人绩效、组织绩效的方向发展。

第一,确定科学合理的标准。正如罗宾斯所说,计划优于控制,而计划的目的就在于确定科学合理的标准。没有统一、科学、合理的标准,就不能衡量比较工作实绩,也就失去了纠偏的基准。缺乏科学的标准体系,管理人员的纠偏工作往往会陷于主观判断。管理人员的主观判断受到其知识素质、能力、性格等多重因素的影响,并不具有科学性,也不容易为工作人员所信服。因此,确定科学合理的标准是影响公共部门绩效管理监督的重要因素之一。公共部门的服务产出和工作过程本身缺乏一定的标准和衡量机制,但这也不是说公共部门就没有具体的衡量标准。比如财务预算、日常开支、绩效目标等,都可以作为监督标准的一部分。关键仍在于通过民主评议和高层支持来共同确定公共部门较为合理的标准,使其为大家所共同接受,并为之努力。

第二,管理人员的素质。大部分的监督控制工作都由主管部门来完成,包括标准制定、衡量、比较等工作,都需要管理人员发挥相当的作用。这样,管理人员的素质就受到了严峻考验。很多公共部门会借助专家来完成一些技术工作。但需要指出的是,专家对公务员的影响还是微乎其微的,除了提供技术咨询服务以外,公务员的个人绩效发挥主要还是受到本部门管理人员的态度、管理手段等方面的影响。一个较好的组织氛围有助于公务员提高绩效和发挥创造性。故而,公共部门绩效管理监督控制实施,最后还是要靠管理人员素质的提高来实现。这些素质包括:技术素质、能力素质、性格素质等。管理人员在

监督过程中需要始终保持客观中立的态度,追求公正、公平。

　　第三,组织机构的制度支持。公共部门绩效管理的监督控制机制不同于企业组织,企业的组织机构和组织制度相对容易接纳自上而下的监督,监督渠道也比较畅通。公共部门的组织机构和组织制度受到官僚制度和部门利益的影响,给相互监督和自上而下的监督造成了某种障碍,甚至导致一些管理人员无法准确地掌握情况。这样,公共部门绩效管理监督顺利实施就需要公共部门提供制度支持,包括高层领导的支持,以便即时扫除制度障碍,保证信息沟通的顺畅,有助于绩效管理监督和组织目标的顺利实现。

本章小结

　　1.公共部门绩效管理信息收集,就是指组织在实施变革之前或者之中、之后,对组织变革所需要的信息进行广泛收集和运用。总体来说,公共部门信息收集和信息管理的作用可以概括为三个方面。第一,公共部门实施绩效管理之前,收集相关方面的信息能够了解该部门实施绩效管理的必要性和可行性;第二,公共部门实施绩效管理过程中,全面收集各方面的信息可以掌握绩效管理反馈的情况,及时调整工作和服务状况,使个人和组织始终围绕整体目标展开工作。第三,在一个周期内的最终阶段,通过信息收集可以帮助管理者和政府雇员全面了解自己的绩效情况、奖惩情况。

　　2.在公共部门中试实施绩效管理,并通过试验获得结果观察该公共部门实施绩效管理的真实效果和可能遇到的问题。

　　3.绩效管理以结果为导向,注重绩效测评和绩效结果。公共部门绩效管理对公共部门来说意味着重大的变革,对公共部门的组织结构、管理制度、人员素质以及团队氛围都产生了不同程度的影响。尽管企业组织与公共部门的绩效管理实施在具体操作上有相似之处,但实际上,公共部门绩效管理实施仍存在一定的特殊性。如何辨别这种特殊性呢?主要从公共部门绩效管理为公共部门带来的组织结构变化和观念变化入手,分析公共部门绩效管理实施的两个重要问题,即建立绩效框架和顾客导向。

　　4.公共部门绩效管理监督是公共部门绩效管理系统及实施过程中的重要环节。绩效管理作为一项系统工程,包括绩效衡量、绩效跟踪等环节。要保证绩效管理实施能够实现预期的绩效目标,并在实施过程中不断监测公共部门服务质量和工作效率,就需要一个监督控制机制。

第七章　公共部门绩效管理与激励机制

公共部门绩效管理是对公共服务计划目标进行设定与实现,并对实现结果进行系统评估的过程。根据公共部门管理的具体需要,公共部门设定绩效目标和绩效指标,通过科学的绩效评估考核机制确定绩效结果,并根据绩效结果实施相应的奖惩计划、晋升培训等。严格意义上,绩效管理只是一种对绩效进行管理的方式,目的在于比较预定绩效与实际绩效的差距,而不是对绩效结果的评比。但从实际看,任何组织,包括企业组织和公共部门都会设置某种激励机制,激励工作人员发挥积极性和创造性。绩效管理本身就追求激发工作人员的创新精神,使工作人员能够领会组织目标,将组织目标和个人目标融为一体,并通过民主参与、团结协作和激励机制提高工作人员的工作效率和服务质量。因此,激励机制在公共部门绩效管理过程中承担着重要作用,关系到绩效管理的后续工作及绩效管理实施的成功与否,也直接关系到公务员对绩效管理的态度和认同程度。

第一节　关于激励机制的理论

激励是激发和鼓励人朝着所期望的目标采取行动的过程,主要是指激发人员的工作积极性。工作积极性是组织行为学研究的主要命题,而激励问题是管理学研究的重要领域。在企业组织管理中,管理者为提高组织效益和员工个人业绩,寄期望于寻找员工动机与激励之间的关系,并通过满足员工的需要,使员工自觉提高工作积极性和服务水平。激励研究首先在企业组织中获得了突破,以下简要介绍几种关于激励的理论。

一、内容型激励理论

内容型激励理论相对来说出现的比较早,是早期激励理论研究的主要内容,重点关注哪些内容和项目能够促使个人采取一定的行为,即通过需求来调动人员的工作积极性。其中包括马斯洛的需求层次理论、阿德弗的"ERG"理论、麦克利兰的"成就激励理论"、赫茨伯格的双因素理论等。

(一)马斯洛的需求层次理论

马斯洛(Maslow)的代表作《人类动机理论》发展了亨利·默里在 1938年把人的需要分为 20 种的分析研究,提出了人类基本需要等级论即需要层次论。

首先,马斯洛概括了以前的动机理论,如动机理论的一个基础必须是生物体的综合完整性;饥饿驱力(或其他任何生理驱力)被否定为明确的动机理论的中心点或中心模式。它是非典型的,而不是典型的人类动机;为了达到同一目标,往往有各种可能的文化途径,因此,在动机理论中,有意识的、具体的、局部性文化的欲望就不如更基本的、无意识的欲望更具有根本性的意义;任何有动机的行为都必须理解为一种途径,通过这种途径许多基本需要可以同时表现出来或得到满足。一个典型的行动总有一个以上的动机;人类的需要本身是按照优势需要的等级排列的;动机理论必须以人类为中心而不是以动物为中心等。

其次,在综合理论的基础上,马斯洛提出了能够结合这些理论基础的需求层次理论,把人的基本需要分为五大类①:

1. 生理需要

生理需要是一切需要之中最占优势的需要。具体地说,这意味着对一个生活中一无所有的人来说,他最主要的动机是满足生理需要而不是其他需要。如果一个人缺少食物、安全、爱情和尊敬,那么他对食物的要求比对其他任何事物更为强烈,但是在个人的现行生活中,生理需求一旦得到满足,就会变得无足轻重。

2. 安全需要

安全需要就是对人身安全、就业保障、工作和生活环境安全、经济上的保障等的追求②。如果生理需要已经得到相当满足,就会出现新的安全需要。

① 孙耀君.西方管理学名著提要[M].南昌:江西人民出版社,2005:123-130.

② 参见:邢以群.管理学[M].杭州:浙江大学出版社,1997:261-263.

从其他更广阔的方面说,这种谋求安全与稳定的企图还表现在人们普遍地喜爱熟悉的和已知的事物,而不喜爱陌生的和未知的事物。除此以外,在一些特殊紧急的情况下也可以看到安全需要对机体的智能所起的积极和支配作用,如战争、自然灾害、疾病、犯罪、社会瓦解、神经官能症、脑子损伤、长期恶劣处境等。

3. 社交需要

社交需要是指人希望获得友谊和爱情、得到关心和爱护的需要。如果生理需要和安全需要都已经很好地得到满足,那么就会出现爱情和感情及归属的需要。比如个人期望得到朋友、妻子或儿女等,并渴望同人们建立感情方面的联系。

4. 受到尊敬的需要

尊重需要是指希望自己有稳固的地位、得到别人高度的评价或为他人所尊重的需要。在我们现实社会中,所有人都有一种需要或欲望,要求社会对自己有一种坚定的、基础稳固的和通常是高度的评价,要求保持自尊和自重,并得到别人的尊敬。自尊需要得到满足,会使人感到自信、有价值、有力量、有能力并适于生存,对世界有用而必需。如果这种需要得不到满足则使人产生低人一等、软弱或无能为力的感觉。

5. 自我实现的需要

自我实现的需要是促使其潜在能力得到实现的愿望,即希望成为自己所期望的人,完成与自己的能力相称的一切工作。即使以上各种需要都得到了满足,我们还可能常常感到自己必须做一些适合于自己的事,否则很快就会产生一种新的不满足或不安定的情绪。一个人能够做什么,他就必须要做什么。这种需要我们可以称之为自我实现的需要。

再次,马斯洛需求层次理论的基本观点主要包括:

(1)这些基本需要是按等级分层,呈阶梯式逐级上升。只有在低层次需要满足以后,才会进一步追求高层次的需要。但基本需要有等级也不是说这个顺序是固定不变的,而是根据特殊情况有所变化。如有些人认为自尊似乎比爱情更为重要或者有些人具有天赋创造性,认为创造比任何其他不同的决定因素更为重要或者有些人愿意永远保持低下的程度,只要有了足够食物就感到心满意足等。这些特殊情况的存在表明,人的需求层次并不是固定的等级顺序。

(2)马斯洛认为需求的逐级形成机制会让人们产生错觉,即只有低级的某种需要百分之百满足了,才会出现次一种需要。而实际情况是,社会成员不是每种需要都能够得到完全满足,某些基本需要只要得到部分满足就会产生上一级需要。人的需要是交叉在一起的,不是非此即彼,而是共同存在的。在低级需要部分满足的情况下,个人也会追求上一级的需要。这种情况称之为"相对满足"。

(3)人的各种需要存在文化上的普遍性和特殊性。一方面,人类文化存在许多共性,使我们得以理解组织中个人需要的共同性;而另一方面,不同文化也会导致不同的基本需求,从而使管理者需要考虑这种特殊性对激励问题的影响。

最后,针对马斯洛需求层次理论,组织管理采取了相应的激励措施(见表7-1)。

表 7-1　针对马斯洛需求层次理论采取的激励措施

需要的层次	追求的目标	管理策略
生理需要	工资 健康的工作环境 各种福利	待遇、奖金 医疗保健制度 工作时间多少 住房等福利措施
安全需要	职业保障 意外事故的防止	雇用保证 劳保制度 退休金制度
社交需要	友谊(良好的人际关系) 团体的接纳 组织的认同	团体活动计划 互助金制度 群众组织 利润分享计划 教育培训制度
尊重需要	地位、名次 荣誉 权力、责任 与他人收入的比较	人事考核制度 晋升制度 表彰制度 选拔进修制度 参与制度 奖励制度
自我实现需要	能发挥个体特长的环境 具有挑战性的工作	决策参与制度 提案制度 革新小组

(二)赫茨伯格的"双因素理论"

20 世纪 50 年代末期,赫茨伯格(Herzberg)基于人类在工作中有两类性质不同的需求(即作为动物要求避开和免除痛苦和作为人要求在精神上不断发展、成长的需求)的假设,同莫斯纳和斯奈德曼合作展开了一项大规模试验研究,进而提出了有名的激励——保健因素理论。

　　赫茨伯格研究了影响职工满意程度的各种因素,认为满意的对立面是没有满意,不满意的对立面则是没有不满意。通过研究发现,让职工感到满意的往往是5种因素:成就,赞赏,工作本身,责任,进步。其中,赞赏是指对工作成绩的认可而不是指那种为了改善关系采取的姿态,后者不能让职工感到满意。就影响的持久程度而言,后3种因素作用较强。值得注意的是,职工们感到满意往往是因为具备这5种因素中的某一种,但感到不满时却很少是因为缺少这5种因素。最容易导致职工不满的也有5种因素,它们的作用时间都不长,而且很少能成为导致职工感到满意的因素,即使充分具备、强度很高也是如此。这5种因素是:良好的公司政策与管理方式,良好的上司监督,工资,人际关系,工作条件。这样,赫茨伯格就得出了一个结论:

　　"满意因素"即导致满意的因素,多来自于工作任务本身,如工作内容、性质,工作成就及别人对其表示承认,工作责任,工作能力的提高等。"不满因素"即导致不满意的因素则多来自于周围环境,如上级的管理和监督,工作条件,人际关系,工作报酬等。"满意因素"和"不满因素"都反映了人们在工作中的需求,都是质量愈高(或数量愈多)愈好。但"不满因素"与环境条件相关,作用是预防出现不满,所以被称为"保健因素",又称作"维持因素"或者"卫生因素"。而"满意因素"可以激发起人们在工作中努力进取、做出成绩的干劲,所以又称之为"激励因素"。包含保健因素的事件能导致人们对工作不满意,是因为人具有避免不满意的需要;而包含激励因素的事件能导致人们对工作满意,是因为人具有成长和自我实现的需要。从组织发展角度看,就需要构建两个体系,一种体系是为了避免不满意,而另一体系则是为了个人成长。

　　因此,就组织实践看,保健因素不能使个人对工作产生积极的满意感,而激励因素能够促进员工积极获取成就,使每个人努力去达成自我实现的需要。这样,组织就需要通过挖掘激励因素,建立激励机制,促进员工工作满意感的提高和自我实现需要的成长。

　　根据双因素理论,赫茨伯格进行了如何激励员工的一些方法研究,如职务丰富化等。赫茨伯格分析到,传统的正面、反面激励都在现代市场竞争中面临挑战,诸如减少工作时间、增加工资、人际关系训练、双向沟通、工作参与、与雇员谈心等手段都面临着严峻考验。双因素理论的提出,能够帮助组织发现那些与自我实现紧密相关的因素,并致力于这些激励因素的培养,以促进员工工作满意感的提升和工作积极性的提高。赫茨伯格认为,保健因素(公司政策与管理方式,上级监督,人际关系,工作条件,工薪,地位与安全等)对于工作来说是外在的,而激励因素(成就,成就得到承认,工作本身、责任,以及成长与发展)对于工作来说则是内在的。培养各种激励因素是促进员工个人成长的需要,也是组织提高效能、适应环境的需要。对此,赫茨伯格提出,激励—保健因素理论不是通过使工作合理化来提高效率,而是认为只有丰富工作内容才能有效地利用人力资源,从而为员工提供精神满足和成长的机会。

在具体操作方面,一是要遵守一定的原则(见表 7-2),二是要遵循如下步骤①:

表 7-2   垂直方向扩大职务范围的原则

原 则	包含的激励因素
A. 在保留责任的前提下减少控制	责任与个人成就
B. 提高每项工作的个人责任	责任与承认
C. 给每人一个完全自然的工作单位(分部、地区等)	责任、成就与承认
D. 给每人授权更多的支配个人行为的权力,增加工作自由度	责任、成就与承认
E. 使周期汇报直接供给职工本身而不是他的上司	内部承认
F. 赋予员工以前未处理过的新的更难的任务	成长与学习
G. 给每人分配特定的任务,使他们成为专家	责任、成长与发展

(1)被选择进行丰富化的工作,应具备这样的特点:①在管理工程方面的投资不会导致成本的大幅度变化;②职工对该项工作的态度很糟;③花在保健因素方面的成本越来越高;④激励将导致职工不同的工作表现。

(2)应当深信这些工作是能够被改变的。多年的传统使得经理们认为工作内容是神圣不可侵犯的,似乎唯一的办法是采用以前那些激励人的老法子。

(3)尽量多地列出可能使职务丰富化的新主意,而先不要考虑其可行性。

(4)审查这些新主意,剔除包含保健因素的建议,保留真正的激励建议。

(5)剔除那些笼统的概念,比如"给他们更多的责任"这类话,因为在实际执行中很少真的能这样做。应当彻底摒弃只要形式不重实质内容的做法。

(6)剔除一切水平方向扩大职务范围的建议。

(7)对那些职务范围将进行丰富化的职工,应当避免他们直接参与这一计

---

① 参见:孙耀君.西方管理学名著提要[M].南昌:江西人民出版社,2005:154-158.

划的制定。因为这会由于人际关系方面的保健因素而影响职务丰富化的过程。

(三)麦克利兰的成就激励理论

美国心理学家麦克利兰自 1955 年起就对马斯洛理论的普遍性提出了挑战,认为人类的许多需求都不是生理性的,而是社会性的,即要受到来自社会层面的各种影响。经过 20 多年研究,麦克利兰及一些心理学家于 70 年代在《渴求成就》和《权力的两面性》等代表作中提出了著名的成就激励理论。

第一,麦克利兰提出了"A 型动机"的概念。他认为,世界上的绝大多数人可以从心理上划分为两类,一类是愿意寻求机遇和挑战,愿意努力工作取得一些成就,这部分人占少数;另一类则对此抱无所谓态度,这部分人占大多数。通过早期的失业工人研究以及大量心理学实验证明,具有"A 型动机"的人总是挑选难度适中的任务,而且只有在自己能够通过工作影响最终结果的条件下才积极主动付诸努力。A 型动机的人往往重视个人成就而不是成功或报偿本身,他们希望自己的工作可以得到信息反馈,了解工作结果及相关的奖惩。对此,麦克利兰总结了 A 型动机的人具有的性格特征:(1)自己设定挑战性的目标;(2)喜欢通过自己的努力解决问题,不依赖偶然的机遇坐享成功;(3)要求立即得到反馈,弄清工作的结果。

第二,麦克利兰运用心理学的"成就需要指数"研究了 A 型动机的人做事的动机和原因,并指出除生理需要以外,还存在成就需要、权力需要和社交需要。大量的实验表明,A 型动机的人往往是那些成就需要指数高的人。但这也不是说,取得巨大成就人士的成就需要指数都一定非常高。不同个人具有不同的性格特征,个人所处的文化环境也不尽相同。有人具有社会交往需要,有人则有权力需要,即对政治感兴趣,希望指挥和控制他人,希望控制向上和向下的信息渠道以便施加影响,掌握权力。对此,麦克利兰还进一步阐述了不同类型个人对不同需求的需要。如军队将领和政治家的权力需要更为强烈,而企业家或者经理的成就需要更为迫切。从社会文化领域分析个人需要的不同是麦克利兰激励理论的创新所在。

第三,"成就需要可以创造富有创业精神的人物"。根据企业组织和公共部门对成就需要型人才的需求,麦克利兰提出了如何激励成就需要型人才的理论,以便提供培养人才、提高组织效率、满足组织未来发展的方法。这种方法在企业的运用主要表现为培养"企业家精神"的训练。麦克利兰指出,为企业经理们举办的训练班至少有四项主要目标:(1)教会参加者用成就感强烈的人惯用的方式去思考、交谈和行动。(2)鼓励参加者为今后两年设定比较高但经过仔细推敲的目标,每隔 6 个月回访参加者以共同检查进展情况。(3)运用各种方法让参加者更好地认识自己,如向集体解释自己的行为,共同分析自己的心理、动机,从而打破旧有习惯和态度,重新认清自己的成就目标。(4)通过互相了解别人的希望,分享成功和失败,以及彻底改变周围环境和共同经历动感情的试验,让参加者增进团体意识和集体主义精神。麦克利兰认为,人的需要和动机是后天形成的,是由环境决定的,因而也是可以改变、可以培养的。通过类似企业家精神培训的训练,培养管理人员的积极性和创造性,从而为企业组织注入新鲜的活力。

第四,成就激励理论受到了一些批评。如有人认为人的动机很难定向塑造,也有人认为该理论缺乏具体操作方法等。但在企业组织中,成就激励理论关于企业管理人员的企业家精神培训已经历了很多年,也取得了一定的成功经验。一些大型跨国公司以及专门的培训公司,都采取了成就激励理论的理念,试图培养具有成就需要的人才,以适应现代社会发展的要求。从实践角度看,这对我国公共部门人力资源开发、培训和激励都具有借鉴意义。

(四)对早期内容型激励理论的评价

早期激励理论起源于工商企业的实践,以 20 世纪 50 年代为黄金期,出现了需求层次理论、"ERG"理论、成就激励理论、双因素理论等著名理论,并为人所周知。早期激励理论对当代激励理论的发展和实践作出了重大贡献,其意义表现在两方面:

(1)认识到激励对组织和员工的重要作用,并从需求层面研究具体的激励内容如何提高员工的工作积极性和效率。早期激励理论认识到,激励有助于企业吸引人才和实现组织目标,也能够对员工行为进行有目的的引导,提高员工的工作效率、业绩及其素质。无论是需求层次理论、成就激励理论还是双因素理论,都是内容型激励理论的重要体现,即对激励的内容进行挖掘和研究。通过这些内容研究,管理者可以借此了解员工工作的动机,从而服务于实践。

(2)早期激励理论是当今激励理论的成长基础[1],为当今激励理论的发展创造了条件。迄今为止,这些早期的激励理论还是激励研究领域的重要理论基础,在激励员工方面,最流行的仍是早期激励理论的解释。当今激励理论大都建立在这些早期激励理论的基础之上,并以此为基础进行了更有说服力的解释。了解早期激励理论是掌握激励理论的重要前提。

当然,早期内容型激励理论受到了来自各方面的批判,也未能完全经受深入的实践考验。其缺陷主要表现为:①偏重于对个人需求满足程度的研究,注重个人层次和物质形式激励,而对团队组织层次和非物质形式的激励研究不

---

① ［美］斯蒂芬·P. 罗宾斯. 管理学[M]. 黄卫伟,等译. 北京:中国人民大学出版社,1999:389.

够;②大部分理论都停留在理论层面,实践运用和经历实践考验的机会相对较少,其有效性受到怀疑。

二、当代过程型激励理论

早期激励理论侧重于对激励内容的研究,即研究行为产生的原因和动机,但并不能解释这些动机和行为是如何产生的以及与工作业绩、员工满意感之间的关系。管理人员不仅需要了解员工的动机,而且也需要掌握怎样使员工的动机导向组织所希望的行为。过程型激励理论就着重研究这方面的过程。从严格实践意义上说,麦克利兰的成就激励理论属于当代激励理论的一部分,但当代激励理论更着重于过程型激励理论的研究,因此可把成就激励理论归入到早期内容型激励理论(从麦克利兰研究开始的时间看,属于早期激励理论的阶段)。过程型激励理论主要包括期望理论、公平理论和强化理论等。

(一)弗鲁姆的期望理论

期望理论最早由托儿曼和勒温提出,美国心理学家弗鲁姆(Vroom)则将这一理论用于说明工作激励问题,率先提出了形态比较完备的期望理论模式,从而成为这一领域的开拓者之一。

弗鲁姆的效价——期望理论发展了早期期望理论的认知性,建立了动机——行为的过程范式。这一理论的前提是人类思维具有理性特征,组织中的个人从事某项活动或者以某种方式行事,是因为他预期如此行动可以获得所希望的结果或报偿,避免所不希望的结果或报偿。即"人都是决策者,既要在各种可供选择的行动方案中选择最有利的行为,又只能在备选方案的有利性和自己认识能力有限性的范围之内进行选择"[①]。人就是根据他对某种行为结果实现的可能性和相应奖酬的重要性的估计来决定是否采取某种行为。用公式可以表示为

激励强度(M)＝效价(V)×期望值(E)

激励强度,即动机的强度,它表明一个人为达到目标而愿意付出努力的程度。

效价,是指某人对目标价值的估计。对于同一个目标,不同的个人处于不同的环境之下有不同的偏好。如甲对 A 目标比较重视,愿意为 A 目标而努力工作;而乙对 B 目标相对比较重视,愿意为 B 目标努力工作。设想某项直接结果(报偿)是当事人渴望得到的,效价相当高,一般来说他定会采取行动或以

---

① 　卢盛忠,等.组织行为学——理论与实践[M].杭州:浙江教育出版社,1993:119.

一定方式行事去争取获得该结果。如果某人对某种结果越是向往和追求,这个结果对他的效价就趋向于+1,如果他对这个结果漠不关心或者无所谓,该效价就接近于0,如果他害怕这个结果的出现,其效价就趋向于-1。

期望值,是指某人对实现某一目标可能性的主观估计。弗鲁姆用期望值,即期望概率或预期概率来表示行为导致结果的可能性。它指的是职工个人心目中感觉到的可能性,取决于主观判断,并非实际概率或客观概率。例如,上级允诺下属完成某项任务后给予提升,这时下属必然先要判断这一允诺实际兑现的可能性如何,亦即上级说话是否算数(是否真诚)和上级是否握有足够的权力提升他,如果他认为这是完全可以实现的,有100%的可能,那么期望值为1。如果这位下属对上级的话不信以为真,其主观期望概率便很低,则期望值为0。

弗鲁姆的效价——期望理论认为:

(1)个人和环境的组合力量决定一个人的行为,即激励取决于人们所处的环境及其如何满足人们的需要。仅有个人或仅有环境是不可能决定一个人的行动的。

(2)人们决定他们自己在组织中的行为。即人可自己决定是否工作、是否留在原单位及工作中付出努力的程度。

(3)不同的人有不同类型的需要和目标,并非所有的人都要从他们的工作中得到同样的东西。

(4)人们根据自己对行为将导致其希望获得成果的预期做出决定。人们倾向于做他们认为将导致他们所希望回报的事情,而避免做那些他们认为将导致他们所不希望后果的事情。[①]

期望理论是一种认知型过程理论。它主张,预期的报偿或结果能够刺激行为。但并不需要对特定行为反复给以直接酬偿来诱导条件反射式的反应,间接经验和推断、联想同样可以在刺激与行为之间建立联系,在期望与结果之间建立联系。这种象征性的认知过程模型是描述人类行为的有力工具。

因此,这种期望理论又被称作“概率——价值理论”或“可能性——重要性理论”。需要再次强调的是,这里所谓的价值和概率,都是主观的和预期的,反映了职工个人心目中的感觉。弗鲁姆将期望理论视作表述行为——结果关系的理论。他以及其他行为科学家发现,个人偏好、要求以及个人的主观判断、感觉,对行为有很大影响。例如,对于物质刺激能否导致职工积极工作和取得成绩并获得精神上的满足,劳勒的研究表明关键因素在于职工自身的观念和

① 王祖成.世界上最有效的管理——激励[M].北京:中国统计出版社,2002:11.

判断,奖金发挥作用的前提条件是职工:(1)认为金钱很重要,(2)相信表现好定会受奖,(3)估计努力工作能够出成绩,(4)判断努力工作的所得大于所失(如失去休息机会),(5)在可供选择的行为方式中,好好干是最吸引人的方案。对此,弗鲁姆还指出,用物质刺激的方法去控制诱导职工做出成绩可能会削弱他们对工作的意义和兴趣的追求、发掘;正如用分数刺激学生的学习积极性,可能会削弱他们对知识的追求和探索自然及社会奥秘的兴趣一样。

(二)亚当斯的公平理论

公平理论是一种关于社会比较过程的理论,重点研究与他人比较时自己对自己的待遇感到公平的程度。1965 年,美国心理学家亚当斯(Adams)在《社会交换的不公平》一书中系统地提出了公平理论。在他之前,美国行为科学家劳勒等人也提出过公平感综合模型等公平理论。公平理论认为,人们是依据他们感觉到的重要性来决定各种投入和收益的轻重。人做出贡献或投入,便期望得到一定的收益。当将自己的境况与他人相比,认为自己的投入和收益的比率与他人的投入和收益的比率相等时,便会感到公平、"有利"而保持这种关系。否则就感到不公平、"亏损"而结束关系。感到不公平将导致个人内心的紧张,于是人们便会受激励通过提高或降低投入、改变收益、更换环境或改变参照者等来减少紧张。

亚当斯提出了一个简单公式:$\dfrac{O_r}{I_r} = \dfrac{O_p}{I_p}$。

大写字母 O 表示结果(Outcome),I 表示投入(Input),结果与投入的比值(Q/P)就是"公平指数"。小写字母 p 表示当事者,小写字母 r 表示参照者。亚当斯方程表明,只有当这个公式确立时,当事者才会感到公平,并认为分配是公平合理、令人满意的。倘若该公式左右两端不相等,则表示当事者对分配不满意,认为不公平。公平指数概念则表示,只有在当事者与参照双方的公平指数完全相等时,才会感到公平。同时,亚当斯方程也指出,具体的量不是产生公平与否的必要前提,公平指数才是衡量公平感的重要指标。

亚当斯的公平理论建立在这样一个理论前提基础之上,即把所有的社会交往都视为一种广义的交换过程。如员工以自己贡献的劳动和技能获得奖酬,就必然会把奖酬与贡献相比较,也会把自己的奖酬与别人的奖酬进行比较。因此,亚当斯公式中的参照者不是固定的,而是根据自己的需要随意确立的。如某位员工的投入与收益同自己部门的其他人员比是相对公平的,而跟其他部门的人员相比是不一致的。这就存在一个主观判断问题。按照亚当斯的理论,人们的心里都存在着一台"公平天平"。当他发现自己的公平指数小于参照者的公平指数时,心中的"公平天平"便向参照者方向倾斜,产生心态失衡,出现一种紧张感。他会急于消除紧张感,恢复心态平衡。亚当斯方程可以帮助分析人们在心态失衡后试图恢复心态平衡时的大致行动方向,因此它具有动态观察的特点。

心态失衡有两种:一种是觉得自己吃了亏而产生委屈感;另一种是感到自己占了便宜而产生的负疚感。前者更为敏感、普遍而重要,所以下面先分析如何消除委屈感。

按照亚当斯方程,产生委屈感的条件是:$\frac{O_p}{I_p} < \frac{O_r}{I_r}$。

要恢复公平感,便应将这不等式转化为等式。从数学角度看,要实现这一点,无非缩小方程右端(参照者方)的分子(O_r)或增大其分母(I_r),也可增加左端(当事者方)的分子(O_p)或减小其分母(I_p)。这四种策略从数学上说是等效的,当然同时采取其中两种或更多种,可能更为有效。但是这四种策略实际上并不容易奏效,因为所想改变的四种变量中,除I_p(自己的投入)外,其余都由外界而不由自己直接控制。对此,公平理论指出,管理者必须对员工的贡献(投入)给予一定的肯定,否则员工就会产生不公平的感觉。员工一般采取的做法分为以下几种:

(1)采取一定行动,改变自己的收支状况。如以减少业绩、罢工、旷工等相威胁要求增加工资报酬,或者以怠工、泡病号、推卸工作来减少自己的劳动投入。

(2)采取一定行动,改变别人的收支状况。如降低他人的收入,"自己拿不得,干脆谁也甭拿";或增加他人的支出,"谁拿得多,谁去干"。由此消除认知失调。

(3)通过某种方式进行自我安慰。如换一个比较对象,以获得主观上的公平感:与甲相比是吃亏了,但与乙相比,似乎还可以。这种"比上不足,比下有余"的情况可以获得相对公平感。

(4)在无法改变不公平现象时,可能采取发牢骚、制造人际矛盾、放弃工作等行为。

当员工产生不公平感觉时,管理者就有必要针对这些情况加以改进,否则就会影响组织效率和组织发展。

(三)强化理论

哈佛的斯金纳(B. F. Skinner)根据心理学的研究提出了强化理论。强化理论强调个人的外在行为,侧重于研究个人行为结果对行为的作用。强化是指对一种行为的肯定或否定的后果,会在一定程度上鼓励或防止这种行为的重复发生,是一种增加它前面的某种行为重复出现的次数的行为权变措施。

最早的强化概念是在生物学领域提出来的,运用于管理的"强化"概念主要指"随着人的行为之后发生的某种结果会使以后的这种发生的可能性增大"。强化是行为激励的重要手段之一,也是当代激励理论的重要组成部分。

强化分为四种现象(见表 7-3)。

(1)正强化

正强化是指通过出现积极的、令人愉快的结果而使某种行为得到增强或增加。

(2)负强化

负强化是指通过终止或取消令人不快的结果而使某种行为得到增强或增加。

(3)惩罚

惩罚即通过惩罚使行为变得不可能发生。

(4)消退

消退指当某种令人愉快的事件被取消后,会使某种行为发生的可能性减少。

表 7-3　强化的四种类型

	令人愉快或所希望的事件	令人不快或不希望的事件
事件的出现	正强化	惩　罚
	行为变得更加可能发生	行为变得更加不可能发生
事件的取消	消　退	负强化
	行为变得更加不可能发生	行为变得更加可能发生

强化理论归纳了强化的四种类型,并据此提出了关于工作动机的强化模型(见图 7-1)。

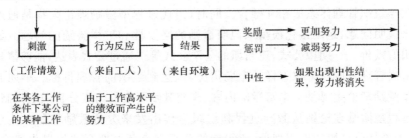

图 7-1　工作动机的强化模型

强化模型表明了强化理论的 3 个观点:

第一，人们在行为结果得到奖励后会继续保持这种工作行为，奖励会强化在类似情况下再次进行这种行为的可能性。

第二，人们在行为结果受到惩罚后会回避这种行为，即惩罚会减少以后再次发生这种行为的可能性。

第三，人们在行为结果既无奖励又无惩罚的情况之下，最终会停止这种行为。

强化模型是一种向后看的模型，即只有出现了行为结果才能对以后的行为产生影响。在实际管理中，主要还是以正强化为主。

在实际操作中，正强化与奖励容易混淆。奖励是被认为必需或令人愉快的事情。但只有引起某项所希望的行为出现频率增加的奖励才是强化措施。同样，负强化与惩罚容易混淆。虽然两者都是运用压制性措施来控制行为的，但负强化是用于增加希望的目标行为出现的次数，而惩罚则是用于减少不希望的目标行为出现的次数。"强化"要有权变要及时要有一定规模，而且在需求强烈时才有作用。有连续强化和间歇性强化。强化的原则是：(1)某种行为经过强化后，趋向于重复发生；(2)为激励人们按某种特定方式工作时，奖酬比惩罚更有效；(3)强化的一种重要形式是工作成绩的反馈，使本人了解自己的成果；(4)为取得好效果，奖酬应在所期望加强的行为发生后尽快提供；(5)应明确区分训练的需要和激励(强化)的需要；(6)应明确规定和表述期望获得的工作成绩；(7)奖酬的付给应循着所期望的行为目标的方向，并促使其向目标前进。

(四)对当代过程型激励理论的评价

当代过程型激励理论是在早期内容型激励理论的基础上发展起来的。早期的内容型激励理论从激励的内容和要素出发，忽视了激励作为组织的一个重要环节在整个组织环境中的作用。过程型激励理论将激励纳入组织管理体系中，与工作分析、绩效评估、奖惩、人事管理等都充分结合起来，体现出激励机制与组织管理体系的相互融合。同时，当代过程型激励理论大都是通过模型来说明问题，运用量化模型来说明激励的必要性和怎样激励的问题。如弗鲁姆的效价——期望公式、亚当斯的公平公式等。通过公式表达，能够清楚地分析出管理者应该采取怎样的激励措施，以达到组织的管理目标。早期的内容型激励理论主要是从丰富激励内容、改变激励要素的角度分析激励机制，当代过程型激励理论则从激励过程和组织运作出发来分析激励机制。从总体看，无论是弗鲁姆的期望理论、亚当斯的公平理论还是斯金纳的强化理论，都不是相互割裂的，而是相互联系、相互补充的，共同构成了组织激励管理体系，是当代激励理论的综合组成部分。

三、现代激励理论的新发展

20世纪90年代以后,西方学者主要对企业激励实践的效果开展了丰富的实证研究,并对企业主流激励理论的若干基本问题和理论模型进行了重新思考和拓展,从而推动和深化了对企业激励问题的理论研究。目前来看,现代激励理论出现了以下几个发展趋势①。

第一,激励和风险的正向关联。委托—代理理论认为,在非对称信息条件下,激励和风险分担的最优配置不可能同时达到,现实的选择只能在激励和风险之间寻求适度平衡。也就是说,外部风险越大,代理人的业绩越得不到准确评价,代理人的业绩型报酬方案的激励强度也就相应越低,反之,则越高。在很长一段时期内,该问题成为委托—代理理论研究的主要问题,经理报酬一直被认为是能够为激励和风险之间的交替关系提供最有力的证据。但是,经济学家对不同行业报酬的业绩敏感性和企业风险指标间关系的实证研究表明,事实并非如此。经济学家通过对农业分成制和特许经营的考察发现,风险和激励之间基本呈现正向关联关系。

第二,业绩型报酬方案的若干效应。委托—代理理论认为,代理人会对激励作出反应。在现实中,基于业绩评价的报酬方案在企业激励实践中广为推行。针对代理人的业绩型报酬方案(包括个体激励和团体激励)的执行效果,拉泽尔(Lazear)、贝克尔(Baker)和汉密尔顿(Hamilton)等人对此进行了深入考察,取得了一定研究成果。一是业绩型报酬方案的"产出效应"。20世纪90年代,经济学家运用计量经济学的基本方法,对企业业绩型报酬方案执行的实际效果开展了广泛的实证研究。当时的研究以企业经理人员的补偿型报酬为主要内容,包括三个方面:企业规模与报酬效应、经理报酬与企业绩效的敏感性和相对业绩比较的作用。二是业绩型报酬方案的"激励扭曲"效应。所谓激励扭曲,是指业绩型报酬方案的实施并未能引导代理人作出符合委托人期望的行为,反而会使其产生机会主义行为,例如,团队生产中的不合作行为、代理人之间的"相互拆台"行为等。

第三,跨越职业生涯的声誉机制。早期委托—代理理论对企业激励问题的研究是以委托人和代理人之间的一次博弈关系为前提的。20世纪80年代以后,经济学家将动态博弈理论引入到委托—代理理论研究中,论证了在重复

① 此问题根据黄再胜的"西方企业激励理论的最新发展"一文总结,资源来源于http://www.56.org.cn/newsview.asp? newsid=20040416

代理关系情况下,声誉机制对代理人的隐性激励作用。但是,由于代理人受生命周期或职业生涯的限制,声誉机制的隐性激励作用会伴随职业生涯的发展而不断弱化。因而罗森(Rosen)认为,声誉激励在职业生涯的早期很可能比职业生涯的晚期更有效。而要解决声誉机制如何跨越生命周期或职业生涯的时间因素限制,对处于职业生涯晚期的代理人也同样能够提供有效激励的问题,经济学家认为企业在设计业绩型报酬方案时,应该将代理人的收益和企业未来声誉紧密联系在一起,即在让代理人分享企业利润的同时,也应该使其成为企业声誉价值的剩余索取者。

第四,对竞赛理论合理性的反思。在非对称信息条件下,如果代理人各自的行为处于相同的外部环境之中,那么他们的业绩是相关的,则相对业绩比较能够有效地消除共同的"运气因素"干扰,从而增加业绩以及报酬方案的激励强度。相对业绩比较的一种典型形式是锦标赛制度(rank-order urnament)。

第五,重复博弈条件下团队生产的最优激励。经济学关注企业激励问题的另一个重要方面是团队生产中的"搭便车"问题。阿尔钦和德姆塞茨提出的"团队生产"理论和霍姆斯的"平衡预算"理论开创性地论述了团队生产中的激励问题。但总体而言,他们主要是着眼于团队成员的一次性博弈关系,从静态角度考察了由"搭便车"行为而产生的激励问题。汉密尔顿等人则认为,基于团队化生产的团队激励能够给团队成员带来各种非货币收益,如更多的社会交往、工作多样化和较低的收入风险等。这样,基于共同业绩评价的团队显性激励和团队成员之间"同伴制裁"等隐性激励有机结合、相互促进,共同构成了具有团队化生产的、长期的经济组织的最优激励安排。

第二节 公共部门激励机制与绩效管理

通过对早期激励理论和当代激励理论及现代激励理论新发展的了解,我们可以明确组织中个人行为的有效性受到组织结构、运作、领导方式、组织文化和组织职责等因素的影响。大部分管理学者都认为员工的工作积极性受到这种内部管理因素的影响。然而随着现代社会的发展以及激励机制在公共部门的运用和开展,管理人员逐渐认识到公共部门的激励机制更为复杂,各种政治、制度等环境因素都影响到公务员工作积极性和创造性的发挥。西方"政府再造运动"对政府内部机构体系进行了改革,如组织授权、决策与执行分离、奖惩制度与绩效评估挂钩等。这些做法既是绩效管理对提高组织效率的要求,也是公共部门逐步完善激励机制的表现。当然,公共部门激励机制与企业激励机制相比,具有一定的相似性和特殊性。随着公共部门绩效管理实践活动的展开,公共部门激励机制的建立面临着新的发展。

一、工作积极性与公共服务:公共部门激励机制建立的基点

何谓工作积极性?所谓工作积极性就是指组织中的工作人员有着想努力工作并干好工作的愿望。工作积极性一直是企业组织激励机制研究和建立的基础。企业以利润为直接导向,提高工作效率和经济效益是企业和个人得以生存的前提。一般认为,工作效率与工作积极性成正比关系。即工作积极性越高,其工作效率就可能越高,反之亦然。举个简单的例子:某人担任工厂中的一项工作,非常喜欢和愿意干好这项工作,即使发生加班之类的事情,也努力干好工作,这样他的工作效率就有可能维持在一个较好的状态;反之,如果是一个工作积极性不高的人从事这项工作,就可能懒洋洋地做事,也就无法维持较高的工作效率。鉴于工作积极性与工作效率之间的这种关系,很多管理者和研究者开始利用工作效率来衡量工作积极性的高低。足见,工作积极性是组织经济效益提高、组织整体氛围改善的重要表现。致力于提高工作人员的工作积极性是任何组织(包括企业组织和公共部门)发展的内部动力,也是其建立激励机制的基本前提。

公共部门同样如此。提高公务员的工作积极性是公共部门长期以来追求的目标之一,也是公共部门数次机构改革的重点之一。改变公共部门的官僚作风以及长期以来人浮于事的不良工作作风,提高公务员工作积极性,这已是世界范围内各国政府机构改革的出发点之一。但是,我们同时也应该看到,公共部门提高公务员工作积极性有其特殊的一面。美国的海尔·瑞尼概括了公共部门工作积极性特殊的原因和表现[①]:

第一,公共部门的产出没有经济市场,这样公共部门中衡量策动力和工作表现的指示器就出现了混乱。企业组织的产出可以用量化的方式来表达,如总销售额、总产量、总消耗量等,同时,企业组织直接以经济收益作为衡量企业效益的指标。而公共部门与市场机制是完全不一样的,既没有经济收益表现,也没有量化的计算方式。公共部门的产出——公共服务缺乏这种计量方法,无法精确到每个人的工作任务中,造成公务员工作积极性不高。

---

① 参见:[美]海尔·G.瑞尼.理解和管理公共组织[M].王孙禹,达飞,译.北京:清华大学出版社,2002:221.

第二,公共部门所追求的价值取向是多元的、矛盾的且抽象难懂。企业组织以经济收益为追求目标,现代企业组织则增加了企业社会责任等内容。总体来说,企业的价值取向相对较明确,也更容易为人们所理解。公共部门所追求的价值取向则是多元的,如服务、效益、社会公平、民主等。有时,这些价值取向甚至是矛盾的。如在提高公共部门效率的同时,就可能牺牲公平或者公共部门以公共服务为主,很难追求效益等矛盾的存在。

第三,公共部门执行的政治的和政府政策程序的过程复杂且变化无常,其中牵扯多种因素、利益,并且工作日程也在不断地变化。公共部门的决策机制是公共部门履行职能的工具,决策问题一直是影响公共部门效能、服务形象的重要因素。但公共部门的决策问题比较复杂,无论是决策程序还是决策内容上,都受到许多因素的影响。公务员工作积极性不仅仅是个工作态度问题,也是一个决策问题。

第四,外部监督机构和监督程序塑造了公共部门的骨架、规章及执行程序,包括工资、升迁和惩罚在内的文职机关的制度和有关雇员培训的章程。公共部门的特殊性在于要对社会公众负责,严格的外部监督机构和监督程序是为防止公务员权力滥用或误用。同时,也是监督公务员工作积极性的重要工具。企业组织的监督大都是内部性质的,而公务员受到内外部监督。

第五,外部的政治气候,如公众对税收、政府及政府雇员态度等。政治环境对公务员工作积极性的影响可能是正面的,也可能是负面的。

因此,公共部门与企业组织相比存在相似的一面,也存在一定的差异性。其共同点在于都力求工作人员工作积极性的提高,以便于提升工作效率和组织积极向上的氛围。但公共部门的工作积极性有其特殊性,这种特殊性将其区别于企业组织,进而归纳出公共部门建立激励机制另一基点,即公共服务。公共服务是公共部门的产出表现,也是公共部门工作的服务要求。提高公共部门工作积极性和公共服务的水平,是公共部门建立激励机制最重要的两个着眼点,是公共部门激励机制所追求的价值取向。这里有两方面原因:(1)提高公务员工作积极性是公共管理领域关注的内容。针对公共部门的各种官僚作风和效率低下,改善工作积极性就成为机构改革的内容之一。除了进行机构改革以外,建立和完善激励机制是公共部门通过良性、温和的方式提高工作积极性的重要手段。激励的目的就是为了提高效率和改善工作积极性,建立和完善公共部门激励机制直接以提高工作积极性为目标。(2)改善公共服务水平、提高服务质量是公共部门服务特性的表现,公共部门激励机制围绕工作积极性提高的同时,必须始终明确公共部门的本质特征——公共服务。美国的罗伯特·登哈特甚至提出了"新公共服务"概念,认为新公共服务是建立在公共利益基础之上的,建立在公共行政人员为公民服务并确实全心全意为他们服务之上的。① 这也表明,为了改善公共服务水平、提高服务质量,公共部门激励机制需要体现公共部门的服务特性,并致力于公务员公共服务水平的提高,以确保公务员良好的精神服务状态。

二、公共部门激励机制的构成与影响因素

公共部门激励机制的建立基础具有两重性,即工作积极性和公共服务。那么,公共部门激励机制又是怎样构成的呢? 简单来说,可以概括为以下几部分:

一是人—事匹配系统。人员与职务相匹配是管理学的基本要求。大量研究表明,人事匹配,寻找最合适的人做最合适的工作是提高工作效率和激发工作人员责任意识的重要环节。公共部门建立人事匹配的人力资源管理体系是其建立激励机制、合理使用人员的第一步。公共部门在实践过程中,经常出现诸如彼得定律的现象。所谓彼得定律,就是指"在实行梯层等级组织中,组织的每一个成员都趋向于晋升到他所不能胜任的层级"。公共部门充斥着大量不称职人员,不仅降低了组织效率、浪费了组织资源,而且没有做到人事匹配,无法调动广大公务员的工作积极性和责任意识。因此,公共激励机制的首要组成部分就是建立科学的人事匹配系统,认清公务员的个性、能力差异,使其能力与职务搭配,最大限度地调动其工作积极性。

二是目标系统。目标管理理论认为,管理者应确保人员具有一定难度的具体目标,并对他们工作完成的程度提供反馈。设定既定的个人目标,保证人员按照这个目标方向努力工作,从而为人员工作提供一种内部激励。目标系统的内容包括设定难度适中、个人能够接受的个人目标;建立人员参与的目标制定方式;设置有效的反馈体系等。目标系统是公共部门激励机制建立的有效手段。确定目标—反馈—修订目标,这个过程反映了人员心理内部对工作任务的认识。一般认为,具有高成就需要的人会比较认同目标系统,而大部分人都不会主动具有这种目标意识。公共部门的工作性质不同于一般企业组织,大部分都是管理人员,目标系统对其激励机制的建立应该具有较大的借鉴作用。

三是奖惩系统。奖惩系统是任何组织激励机制的重要组成部分,建立奖惩机制,使奖惩与绩效挂钩,敦促人员为获得奖励而主动提高工作积极性和改善工作态度。在企业组织,奖惩机制是相对行之有效的激励机制。公共部门

---

① [美]罗伯特·B.登哈特.公共组织理论[M].扶松茂,丁力,译.北京:中国人民大学出版社,2003:207.

长期以来实行功绩制(Merit System),但大部分情况下,由于官僚机构、部门利益等因素,实际业绩与奖惩并不存在严格的相互对比关系。也就是说,只凭资历来确定奖酬,干多干少一个样。这种情况对同一部门的公务员工作和发展来说都是不利的,直接影响到公务员的工作积极性。因此,公共部门激励机制建立的重要任务就是建立和完善科学、健康的奖惩系统,确保奖惩与绩效挂钩,逐步建立起绩效奖惩机制。

四是公平系统。公平观念是组织中个人感到公平与否的看法,对人员工作的动机、行为都有一定的影响。亚当斯的公平理论较为完整地提出了公平系统构建的内容,而在公共部门管理实践中还有待建立一套完整的公平系统,包括公平观念的树立、晋升系统的完善、绩效考核系统的科学公正、评估人员的素质等。公平系统是个相对主观的概念,涉及对公共部门各项制度的要求。但这也不是说公平系统就无操作可言。公共部门本身就是追求公平、公正的服务部门,致力于公平系统的构建,不仅有一定的组织基础(组织认同),也具有共同的社会基础(社会认同)。

五是授权系统。授权是西方国家行政改革的重要趋势之一,称之为组织授权或雇员授权,充分体现了授权赋予人员个人积极性和创造性发挥的空间。通过自上而下的授权,公务员个人会感受到自主能力发挥的空间,具有一定的灵活自由性,从而有助于其积极性的提高。一些国家的授权改革主要是建立执行机构,赋予这些执行机构较多的权力行使职责。应该说,授权是公共部门激励机制组成中改革较为彻底的一种方式,甚至会影响到组织机构的变革。授权的理念在现代社会已经越来越多地得到了认同。

公共部门激励机制的构成具有公共部门的本质特点,这也意味着在实际操作中,公共部门激励机制会受到多方面因素的影响①,具体表现在:

第一,对公共部门的领导和管理人员过分严格约束,会限制他们工作的积极性和能力的发挥。公共部门以公共服务为目标,需要受到社会大众和内部的严格监督。这固然是出于对权力滥用误用的防范,同时也大大扼杀了公务员创新的积极性。这就是彼得·盖伊斯提出的关于政府内部解制的问题。政府内部过多的管制,削弱了组织积极创新的能力;组织的监督和法规限制了公务员的权力,造成公务员工作积极性和自主性的降低。尤其在我国,不存在利益集团,非政府组织的力量较弱。这就导致即使在基层政府组织,也不存在相互沟通、加强其独立性、创新发展的现象。

---

① 参见:[美]海尔·G.瑞尼.理解和管理公共组织[M].王孙禺,达飞,译.北京:清华大学出版社,2002:222.

第二，公共部门中相对紊乱而且不连续的决策过程，使部门领导和公务员的使命感和他们对自身影响力的认识也受到了冲击。正如前面所说，决策是公共部门的主要职责，其影响力甚至是全社会性的。认识到公共部门决策任务的重要性以及对现行公共部门决策问题的了解，管理者和公务员都会感到一种压迫感，而不是责任感。责任感能够激励公务员发挥积极性和创造性，而压迫感只会遏制积极性和创新精神，阻碍公务员主动作出决策。

第三，许多公共组织是相对复杂的，并且具有约束性的结构，包括对激励手段的限制。企业组织有许多行之有效的激励手段，公共部门则相对来说限制比较多。由于部门利益、官僚体制等因素，公共部门往往不愿意主动进行改革。诸如授权等深刻的组织变革，对公共部门来说都意味着涉及人员、利益等方面的变化。在一些情况下，即使公共部门自愿进行改革，也会受到来自上层、外部以及制度等因素的影响。公共部门的组织结构一般而言是固定的，对各种激励手段乃至机构改革都有明确的约束，这些都造成了公共部门激励机制健全的障碍。

第四，个人和组织目标不明确；雇员对自己在组织当中的重要性缺乏认识；对未来的期望不稳定；社会团体和工作团体当中缺乏凝聚力——所有这些都是前面提到过的问题的后果。许多观察家认为，在公共组织中处于中下层的雇员常常发现自己被淹没在复杂的官僚机构和公共政策体系当中。他们工作在复杂的法规和约束之下，然而，这些法规和约束相互矛盾而且无法显示他们作为个人的重要性。

三、公共部门绩效管理对激励机制的要求

公共部门绩效管理是一项组织战略管理的手段，通过科学的绩效评估、绩效跟踪以及绩效反馈达到组织最佳的绩效结果。当然，绩效管理也不是单纯对绩效的管理，配套的沟通机制和激励机制都为绩效管理的成功实施提供了有利条件。可以说，建立激励机制也是公共部门绩效管理的直接要求。如果没有完善的激励机制，绩效管理就会在绩效评估阶段终结，也就无法调动人员继续实施绩效管理，甚至影响到公共部门人员对绩效管理的认同与支持。因此，激励机制对绩效管理而言有着举足轻重的作用和地位。尽管绩效管理不要求对绩效测评后的结果进行比较和利用，但在大多数组织都会比较和利用绩效评估后的结果，以提高人员对绩效管理重要性的认识。

在公共部门绩效管理实践操作中，公共部门的激励机制也发生了相应的变化，如要求更民主、公开、科学等。具体而言，像激励机制中的人事匹配系

统、目标系统、奖惩系统以及公平系统等都开始向较为科学公正的方向操作，如采用民主测评、网络公开、民主参与等操作方法。这里提供两种关于公共部门工作积极性和服务态度衡量的操作方法。

(一)确定公务员服务态度的衡量标准

企业组织往往采用工作效率的方法来衡量工作积极性，而工作效率并不一定能够反映服务态度和服务水平。公共部门激励机制建立的基点在于工作积极性和公共服务，绩效管理的实施为公共部门激励机制的建立提供了一些理念和操作方法。美国的海尔·瑞尼在《理解和管理公共组织》一书中给出了公共部门服务积极性的一套衡量标准和问卷调查方法(见表7-4)。

表7-4 公众服务积极性的衡量标准及调查问卷方法

衡量标准	问卷调查方法
是否为公众事务所吸引	政治是个污秽的词语(或相反的意见)
	制定公共政策中的付出与收获对我无吸引力可言
	我并不关注任何政客(或相反意见)
对公众利益负责	集体中发生的事情很难真正引起我的兴趣
	我无私地为我的集体服务
	对我来说，有意义的公众服务很重要
	公共部门的官员应造福集体，即使这种做法损害我个人的利益
	我认为为公众服务是每个公民的义务
同情心	我很少因下层穷人的困境而感到伤心(或相反意见)
	绝大多数社会工程都非常重要，必须实施
	看到别人的不幸，我很难装作漠不关心
	对我来说，爱国主义包括对他人的幸福生活负责
	我很少想到与我素不相识的人幸福与否(或相反的意见)
	日常琐事常常提醒我人们确是相互依存
	我不愿帮助那些需要帮助而不采取自救行动的人
	很少有我全心全意支持的社会工程
自我牺牲的精神	对我而言，改革社会比个人成就重要得多
	我认为责任应该先于个人
	对我来说，经济上的所得比行善重要
	我所做的大多数事业都比我自己重要
	即使没有报酬，为别人服务也使我心情很好
	我是少数能冒个人损失帮助他人的人
	我乐于为整个社会的利益做出巨大的牺牲

资料来源：詹姆斯·佩里(James L. Perry,1996)

表7-5　用于考察工作积极性的调查问卷的内容

1. 工作积极性标准(Patchen,Pelz 和 Allen,1965)

　　这种问卷调查是少有的直接考察工作积极性的方法之一。它提出了下面几个问题：

　　在工作的日子里,你经常感到时间过得很慢吗？

　　一些人日夜不停全身心地投入工作,而对另外一些人而言,工作只不过是几种兴趣之一,你怎么认为呢？

　　你会经常在没有要求之下而主动地做一些额外的工作吗？

　　与同单位做类似工作的同事相比,你认为自己工作更努力、较少努力,还是跟别人差不多？

2. 工作的投入程度标准(Lodahl 和 Kejner,1965)

　　这种标准考察的是职员对自己所从事工作的重要性的看法和觉得它是否有吸引力,关于罗达尔(Lodahl)和克纳(Kejnel)考察方法的内容,下面仅举几例：

　　我生活的满足感是否主要来自于工作

　　对我来说,最重要的事是否与工作有关

　　对待工作,我是否是一个完美主义者

　　我是否为工作而活着

　　我是否发自内心地投入工作

　　是否生活中的大部分事情都比工作重要

3. 内在积极性标准(Lawler 和 Hall,1970)

　　内在积极性指的是工作本身对积极性的影响,调查者的考察内容如以下几例：

　　工作做好时,我是否有成就感

　　出色的工作是否有利于我的自我发展

　　做好工作是否可以使我得到满足感

　　做好工作是否增加我的自尊心

4. 回报期望值(Rainey,1983)

　　像联邦雇员态度调查一类的调查活动,用类似于下面的一些关于回报期望值的问题来评估报酬制度,并作为职员的积极性的指针。问题如：

　　工作质量高,我就有希望获得更高的薪水

　　工作质量高,我就有希望获得提升

5. 同事对于某人积极性的评价(Guion 和 Landy,1972；Landy 和 Guion,1970)

　　这种考察方法是同事用下列的标准来评价某人的积极性：

　　团队精神

　　能否集中精神工作

　　独立性/自觉性

　　组织中的地位

　　工作进取心

　　能否坚持不懈

　　职业水准

（二）确定公务员工作积极性的衡量标准

工作积极性通常用工作效率来表示，公共部门的工作效率本身缺乏可衡量的标准。大量的公共部门产出表现为公共服务，具有不可测量性。但这也不是说公务员的工作积极性不可衡量。绩效管理本身就是一种可以用来测评公务员工作积极性的工具。美国的海尔·瑞尼在《理解和管理公共组织》一书中详细列出了公务员工作积极性的衡量标准（见表 7-5）。

公共部门绩效管理对其激励机制建立提出了更高的要求。在具体操作上，激励机制建立需要遵循绩效管理的原则，注重民主、高效、公正，以避免绩效评估带来的两极分化和某种不公平。因此，激励机制可以说是绩效管理的补充机制和支持机制，能够缓解绩效管理带来的矛盾和冲突，进而在公共部门中塑造具有工作积极性和服务积极性的新形象和新氛围。

第三节　我国非营利组织的激励机制

从本质上看，第三部门是社会稳定的桥梁，无论在构成上还是在功能上它都是双向和中性的。它一方面促使政府转变职能，加强专业管理和宏观管理职能，走出"无事不管、无所不包"困境，树立起政府精简高效的形象，为市场经济发展提供良好政策环境、促进社会良性发展；另一方面，第三部门让原本处于被动地位的公民获得一定自主权和决策权，强化了公民参与政治、表达利益的观念与热情，从而为社会稳定提供原始动力。非营利组织是第三部门中的公益机构，根据国际分类体系（ICNPO 体系）划分，非营利组织可划分为 12 大类：文化与休闲；教育与研究；卫生；社会服务；环境；发展与住房；法律、推促与政治；慈善中介与志愿行为鼓动；国际性活动；宗教活动和组织；商会、专业协会和工会等[①]。非营利组织的主要职责在于以志愿性活动解决涉及人类自身安全与发展的公共问题（环保、动物保护、教育、慈善等），而政府在解决这些问题上欠缺执行效率和应有责任，所以广泛承担公共责任的非营利组织就具有了强大支持动力和发展空间。

非营利组织是公共部门的重要组成部分，其激励机制有别于政府组织，也有别于企业组织，从而形成了非营利组织自身特色的激励机制，并为非营利组

---

① 周志忍，陈庆云.自律与他律——第三部门监督机制个案研究[M].杭州:浙江人民出版社，1999:10-11,16.

织实施绩效管理提供了一种思路。本节着重研究我国非营利组织激励机制的特殊性即非营利组织行使公共责任的特点,并阐述非营利组织激励机制的构成和运行,以此作为非营利组织运行绩效管理的基本环境和基本要求。

一、我国非营利组织的发展趋势和特点

20 世纪 70 年代以来,中国经历一场深刻社会经济变革,逐步建立了社会主义市场经济体制。与之相随的是,各种民间社团组织逐渐剥离政治功能,并随着市场经济体制的完善趋向于形成一股独立的社会力量。在传统计划经济体制下,社团仅仅是政府的一种附属物,其主导功能是政治功能;改革开放以来,伴随我国经济建设取得瞩目成就,各种社会问题层出不穷,不仅增加了政府管理负担,导致政府办事效率低下,也直接导致民众对政府信心的丧失。如此,各种以非营利为目标的社团组织的广泛兴起在改革开放进程中为适应这样的发展需要,就必须充分发挥解决实际社会问题、为人民服务的社会自治功能和社会稳定功能。这些新型非营利组织如学校、福利机构、图书馆等,在社会主义现代化建设中既体现出为人民服务的公共责任,也有助于社会实现加强自身治理、间接促进政府管理体制改革,并提高整个社会的效率的目的。在我国,这类以非营利为目标的民间社团组织可看成西方社会中的第三部门,即非营利组织。

我国市场经济体制不够完善,各种社会保障机制还不能覆盖全社会,市场自身缺陷又加剧了市场体制下多种社会问题的产生,作为适应这种情况而诞生的非营利组织通过为广大社会弱势群体提供低廉或免费服务,及时满足社会需求,为市场竞争提供了稳定的社会环境,并为进一步市场竞争创造人力、物力条件。我国是个以伦理组合的社会,重道德人伦乃中国人之根本。虽然对公共责任缺乏认识和理解,但对社会弱势群体提供援助却是共同认可的责任。非营利组织突破非正规渠道救济传统,为在全社会合法合理救济、援助提供空间,体现出社会责任分担的重大意义。现代非营利组织剥离了政治功能,但无论其活动所需资源以及获得合法性方面无不与政府栖息相关。同时,NGO 立足解决的社会问题也正是政府所要解决的。公民基于服务热情和奉献精神广泛参与社团活动,有助于扩大政治参与、提高政治社会化程度和协调政府公民之间矛盾、增进彼此沟通。可见,在中国,各种非营利组织提供的服务主要是出于对市场经济效率优先的补偿,并以公平保证、福利共享的形象服务公众。

二、非营利组织与公共责任

何谓公共责任？早在古希腊时期，亚里士多德就谈及公共责任与使用大量公共资金的关系，亦即公共责任与腐败、效率有密切的关系。亨廷顿指出，现代化在全世界提高了文明的物质水平，但并不一定提高了文明的道德和文化水平。在当今世界事务中存在着很多"大混乱"现象：法律秩序崩溃、国家管理不力、无政府状态、犯罪蔓延等。物质文明的进步迫切需要文明社会承担起更多社会责任以避免"文明让位于野蛮时代"的预言。现代社会，着眼于解决公共问题、实现公共利益，运用公共权力对公共事务施加管理的社会活动基本属于以政府为主导的政府管理（公共行政）范畴。对应地，政府在履行公共责任方面便具有天生优势：人们已习惯由政府凭借"权力"的"强制性"推动或"指导式"推动解决公共问题以提高整个社会的效率与公平。但政府在拥有公共权力和自由裁量权的同时，也增加了公共行政人员从事政治性行为的可能性，并不可避免地产生了三种伦理关怀类型：腐败、失效与权力滥用①。随着市场经济发展，社会日益开放化和多元化，政府责任在政府失灵的情况下无法全部兑现，于是以履行公共责任为目的的非营利组织便以其中介功能取得优先地位。从具体内容看，非营利组织的公共责任有五种基本类型：法律责任、政治责任、行政责任、道德责任和职业责任。相应地，非营利组织的公共责任机制就其形式看也由自律机制、法律机制、舆论机制、公众机制等构成，即非营利组织的工作必须对自己、对政府、对法律、对公众、对社会负责。强调公共部门的公共责任是历史发展到一定阶段的必然产物，是人类文明和社会进步的重要标志。

公共责任何在？公民乃国家组成部分，人人享有参与社会公共事务管理的权利与义务。公共事务具有公共性和复杂性，公民通过中介组织正当参与覆盖社会可持续发展的环境、发展、慈善等种种公共活动，不仅扩大了这些组织的生存空间，建立了国家与社会的协作关系，还能在全社会实现责任分担和利益共享。而在此中间，非营利组织更具备提供更有效公共服务、履行公共责任的相对优势。根据戴维·奥斯曼的分析，非营利组织在实行公平、防止剥削、提高社会凝聚力、提高个人责任心、加强社区、提高对他人福利等九个方面比公营部门和私营部门都更有实施效果。而之所以把非营利组织提到公共责

---

① ［美］特里·L.库柏.行政伦理学——实现行政责任的途径［M］，北京：中国人民大学出版社，2001：43.

任层次,理由如下:(1)非营利组织组成人员是非官方人员,通常是具有社会服务意识的社会公众通过善意的"泛道德化"参与(不排除企业和政府的市场化参与和行政化参与)解决大家共同关心的问题,其参与程度和广度具有"一体化参与"特征,不仅为参与者提供了广阔活动空间、使之充分表达自己,同时也有助于实现公益事业的扩大化、社会化、效率化[①],体现出公民主动参与管理社会事务的自治原则和责任意识,是以要对自己负责。(2)非营利组织合法化、高效化运行的前提在于遵守法律规范。作为非营利组织的存在前提,遵守法律规范、以组织化和制度化的操作实施管理是非营利组织加强自身合法性、促进社会合法性的重要基础。规制与发展乃相辅相成,现代社会任何组织都必须在法律框架内有组织地运作,是以非营利组织要对法律负责。(3)由于不以营利为目的,非营利组织更具公益性、服务性和社会性,与各种企业、行政组织有本质区别,其活动基金大部分来自善意募捐或拨款,其生存动力来源于组织成员间达成的共识——志愿服务,并构成了强烈的情感性承诺,能在全社会唤起服务奉献精神,是以要对公众负责。(4)非营利组织主要以社会弱势群体为服务对象。从社会支持理论看,任何社会形态都存在社会风险,如果风险犹如经济学中的"水桶效应",最容易在承受力最低的社会群体中爆发。对弱势群体救助不仅是人道主义原则要求,也是缓和社会阶层矛盾、促进社会全面进步的要求,是以非营利组织要对社会弱势群体负责。

　　文明社会不同于以官僚决策为主的公共行政,它重视效率,还强调在民主参与基础上形成公民自主处理事务、民主行政的良好氛围。因此,文明社会必须是推崇公共责任的社会;而非营利组织则以其独特使命成为文明社会合理行使公共责任的桥梁。非营利组织通过公民自主解决社会问题缓解社会冲突,为政府管理减轻压力以提高其办事效率,并在一定程度上降低了出现政府失灵现象的概率;不同于普遍意义上第三部门,非营利组织的强大公共责任感是鼓舞全社会参与公共事务管理的动力,为民主行政、社会稳定创造条件,并通过组织化的社会力量加强了市场(社会)自身解决问题的能力。现代社会孕育了非营利组织的成长,更需非营利组织发挥中介功能、促进非营利组织在公共责任履行中获得发展。

三、我国非营利组织存在的问题

　　由于中国目前仍处于社会转型期,还没有真正建立一套完整的社会主义

---

① 孙立平.动员与参与——第三部门募捐机制个案研究[M].杭州:浙江人民出版社,1999:173.

市场经济体制。这个体制转轨期导致的制度缺陷和体制真空给实践带来了困扰,也给中国社团组织发展带来一定盲目性。就非营利组织看,主要反映在以下几个方面:

第一,"非营利而营利"的尴尬。非营利组织本身是个公共服务组织,其服务对象是在市场竞争中失败或处于劣势的弱势群体,收取一定数额服务费或手续费,一是对服务成本的补偿,二是为避免"搭便车现象"。但这里所谓的"一定数额"根本没有具体标准,换言之,收费标准完全由非营利组织自行制定。此项权力一来给组织内部腐败提供了便利,二来非营利组织身处市场经济大背景,难免会利用权力进行营利活动。一旦非营利组织营利,那么公共责任就丧失了合理性基础,必然会对公众信念和"情感性承诺"乃至社会公益事业产生负面影响。

第二,"制度工具"困扰。至 1997 年中国县级以上的社团组织就达到 18 万多个[①],但这些组织多半长期依靠政府财政拨款,经费来源也较单一,并带有明显政治色彩,以满足党和政府需求为主要动力。因此,这些组织如完全脱离政府则根本无法在激烈的市场竞争中生存。当前,许多非营利组织承担着原本由政府部门履行的公共服务职能,如果一味依附政府、以满足政府和党的需要为目的,那么就失去了使用公共资金承担公共职能、服务社会的优势。

第三,资金问题。任何一个组织生存都需要一定的资源,对弱势群体救助需要大量资金。据 2000 年一份调查资料显示,我国 41.4% 的社团认为在诸多难以在短期内解决的困难中主要是缺乏资金,其次是缺乏活动场所与办公设备。行政权力控制资源配置、社会捐助又有限,这导致非营利组织资金来源单一,整个社会都被笼罩在国家的组织化网络之中[②]。非营利组织要在资金有限的情况下有效展开工作,就得形成市场竞争意识,确保资金保值增值。

第四,公益事业公益性的缺失。资金保值增值的途径是市场化运作的结果,非营利组织作为在市场经济条件下保障公平、追求正义的公益性机构,如何保证整个过程公平、防止不正当盈利是需要加以探讨的。同时,鉴于中国具体国情(人口多、资源缺乏、体制不完善),非营利组织对其服务对象和条件有严格规定,只有少数人能得到救助。在一份对 48 家利益代表类社团的调查中,只有 4 家社团是真正为弱势群体服务的,其余 44 家都是为中间群体和优势群体服务的,这显然在资源配置上偏离了公共责任与追求正义的原则。

---

① 转引自:王名,刘国翰,何建宇.中国社团改革——从政府选择到社会选择[M].北京:社会科学文献出版社,2001:4.

② 孙立平.动员与参与——第三部门募捐机制个案研究[M].杭州:浙江人民出版社,1999:19.

第五,制度规范不健全。非营利组织作为当代社会新生力量能在政府行为退出某些领域后保障社会有序性,其正常运行的组织基础是一套合理的制度规范,没有制度保障就没有组织化的社会力量来实现社会自主。而这对于实行"渐进式"改革的中国来说,要建立一整套适应现阶段社会发展需求的体制不仅有赖于理论创新的程度,更须借助社会实践推动的力量。在新旧体制过渡时期,缺乏有效制度①的支撑,必然表现为非营利组织运行失当乃至社会福利一定程度的损失。

四、我国非营利组织的激励机制

产生上述问题归根到底是由我国转型期的现实国情决定的,但在转型期这一现实环境无法改变之情况下,又该如何看待这些问题和矛盾呢,并怎样激励非营利组织为实现公共责任而工作呢?随着非营利组织在社会生活中发挥的作用越来越大,人们日益认识到非营利组织作为公共部门的组成部分,承担着重要的社会公共责任,相应地,非营利组织也有必要进行有效的管理,以实现高效运作、服务公众的目的。除了对非营利组织进行绩效评估以外,很重要的一方面内容就是根据非营利组织行使公共责任的特点,激励内部人员和外部人员为组织尽心工作、提高效率和服务水平,这也是非营利组织绩效管理的要求和目标。下面对非营利组织的激励机制进行分析。

第一,内部激励机制是非营利组织主要的激励机制。

我国现阶段的非营利组织除了行业协会、中介机构以外,主要发展的是一些公益性组织机构,如希望工程、幸福工程等。在这些公益性机构中,内部人员工作的主要动力还是一种强烈的社会责任感和道德情感。这是明显不同于政府或者企业组织的。政府目的在于服务社会公众,维系官僚机构,企业则导向利润最大化。非营利组织直接以服务弱势群体为目标,道德责任感促进了非营利组织机构成员长期无私奉献。应该说,当前我国非营利组织的主要资金来源越来越依靠捐助,非营利组织本身不具备资金保值增值的能力,当然还存在一个投资风险问题。因此对大部分非营利组织来说,其机构工作人员的收入与付出并不存在必然的关系,有些工作人员甚至是无偿工作的。激励这些人员积极工作的动力不是利润,而是强烈的道德情感。依靠这种道德情感,非营利组织尤其是一些公益性组织得以长期有效地运行下去。这种所谓的道

---

① "有效制度"就是能够保证社会达到最优的制度。参见:姚洋.制度与效率——与诺斯对话[M].成都:四川人民出版社,2002:120.

德情感则构成了非营利组织最主要的机制激励——内部激励机制。

内部激励机制或者说内部控制机制是道德规范的组成部分。很多政治学家都强调即使在政府部门,也需要构建一种道德规范机制。非营利组织作为公益组织和现实中存在的组织机构在发展过程中必然要面临责任和利益冲突,美国政治学家库珀在谈到公共组织责任冲突时建构了一个内部控制和外部控制相结合的模型,他认为培养一种由工作人员自己内心的价值观和伦理准则组成的内部控制以保证公共组织中符合道德规范的行为是在缺乏规则和监督机制情况下防止组织失效的有力途径①。公益机构的公共责任机制是一个有机系统,舆论监督、公众监督、自律机制等是其不可或缺的组成部分。非营利组织具有使用公共资金、维护社会正义之职能,因而也必须履行相应公共责任。在相当长历史时期内,政府部门及其行政官员既是公共权力行使者,也是公共责任履行者。非营利组织作为第三部门重要组成部分,其公共责任机制不同于"国家有责"理念,除了通行的法律责任、政治责任、职业责任以外,非营利组织负有严格道德责任——构成了非营利组织特有的公共责任内涵,即道德驱动下的公益行为。与此相适应,也导致了非营利组织具有不同于一般组织的激励机制,即对道德规范——内部控制的严格要求。

强调非营利组织内部激励一方面是为加强非营利组织服务宗旨——履行公共责任,提升其服务社会的形象以增强社会凝聚力;另一方面也是帮助非营利组织构建打破政府直接管制、向独立运行转化的基础。社会力量的强大取决于社会组织自身在资源占有和分配上的权力,我国现阶段利益结构分化使得新的社会阶层获得了权力和利益(财富、权力和声望)。非营利组织力量壮大主要反映在其声望的扩大,而这种声望与组织履行公共责任密切相连。中国"希望工程"的成功就是个典型例子。迄今为止,希望工程已成为全中国人知晓的扶助失学儿童工程,其工作之有效性、公益性以及责任性得到了全社会的认可和赞同,同时,希望工程中的一些负责人或捐赠者也获得了社会赞赏和名誉。这些成就不仅与希望工程组织化运作有关,更与其在实践中切实有效地履行扶助失学儿童的公共责任有关。非营利组织要加强自身影响力和感召力,必须要在履行公共责任的实践中作出表率。只有在大家都获得认可的前提下,非营利组织才能获得更多资源、提高工作能力、更好地实现为社会服务的目标。因此,非营利组织要加强自身在分配资源上的作用,就要在履行公共责任上加大工夫,或者说是个形象问题。这就要求非营利组织工作人员必须

---

① [美]特里·L.库柏.行政伦理学——实现行政责任的途径[M].北京:中国人民大学出版社,2001.

具备职业道德和以事业感、使命感和社会责任感为支撑的道德,加强自律监督的力度。自律监督本质上是德治的体现。如果非营利组织能在自律监督中充分展示社会主义国家对效率公平的合理处理,这不仅对全体社会成员有利,对全体社会组织的健康发展也有着正导向作用,因此,非营利组织对在全社会呼唤公共责任问题上责无旁贷。一位希望工程捐助者写信谈到,"我相信,我在为一个孩子带去希望,带去了信心的同时,也给我自己带来了希望,带来了信心"①。因此,希望工程获得的成功关键就在于从上至下的工作人员都具有令人信赖的责任感和道德素质,最终形成引起全社会共鸣的"道德力量"。

第二,健全的外部激励机制是非营利组织高效运转的前提。

美国政治学家库珀十分重视内部控制机制的重要性,但同时也认为,公共组织的高效运转最终还是要靠健全的外部机制来实现,如制度、规范等。非营利组织的激励机制也是如此。仅仅依赖工作人员的道德情感不足以长期支撑非营利组织的运行。诸如希望工程、幸福工程等公益性机构,不是短期存在的机构,而是一个需要长期运行的组织。作为组织,就必然需要规范和制度。我国一些成功的非营利组织已经建立了健全的激励制度,以防范资金滥用、服务态度差等问题。这些激励制度包括工资制度、晋升制度、奖惩制度等。

我国目前关于第三部门的法律制度很少,1998年10月国务院颁布的新《社会团体登记管理条例》是目前关于社会团体最重要的法律,所以我国政府对社团的管理主要局限在社团成立上,至于具体业务上的监督工作主要以直接行政管理为主,也就是说,政府对非营利组织的管理没有法律依据,使得一些非营利组织间接成为政府附属机关。解决这种混乱状况的唯一途径就在于完善法律机制,制定统一的法律,明确政府和非营利组织的关系:政府不包揽一切又不自由放任,缩小了政府工作范围,有助于提高政府办事效率;而非营利组织则能够在法律规定范围内自主行事,有助于加强自身依法办事能力,从根本上促使其运行合法化、规范化。同时,健全的法律环境也是非营利组织全面推进制度创新的外在条件。我国第三部门发展不完善,非营利组织的具体操作仅局限于救济、资助范畴,缺乏规范化,完善非营利组织的法律机制必然要实行和创新各种制度,如捐款制度、资金管理制度、救济对象管理制度等。

总之,非营利组织的激励机制具有自身特色,但也存在一个整体的法律框架。健全外部激励机制、促进内部激励机制的强化,这是非营利组织提高效能、更好服务社会的重要制度基础。

---

① 孙立平.动员与参与——第三部门募捐机制个案研究[M].杭州:浙江人民出版社,1999:182.

本章小结

1. 激励是激发和鼓励人朝着所期望的目标采取行动的过程,主要是指激发人员的工作积极性。工作积极性是组织行为学研究的主要命题,激励问题也是管理学研究的重要领域。在企业组织管理中,管理者为提高组织效益和员工个人业绩,就寄期望于寻找员工动机与激励之间的关系,使员工能够主动提高工作积极性和服务水平。

2. 西方"政府再造运动"对政府内部机构体系进行了改革,如组织授权、决策与执行分离、奖惩制度与绩效评估挂钩等。这些做法既是绩效管理对提高组织效率的要求,也是公共部门逐步完善激励机制的表现。当然,公共部门激励机制与企业激励机制相比,也具有一定的相似性和特殊性。随着公共部门绩效管理实践活动的展开,公共部门激励机制的建立面临着新的发展。

3. 非营利组织是公共部门的重要组成部分,其激励机制有别于政府组织,也有别于企业组织,从而形成了非营利组织自身特色的激励机制,并为非营利组织实施绩效管理提供了一种思路。

第八章　公共部门绩效评估

现代市场竞争体制下,许多行业的高级管理人员都清楚地认识到,"新的发展战略与竞争现实,需要新的测评指标",抓紧开发新指标系统和评估机制将成为企业立足市场的根基所在①。绩效评估是绩效管理的中心环节,有人甚至把绩效评估等同于绩效管理,足见绩效评估在绩效管理中的战略地位。所谓绩效评估(Performance Measurement),是指运用数理统计、运筹学原理和特定指标体系,对照统一的标准,按照一定的程序,通过定量定性对比分析,对项目在一定经营期间的经营效益和经营者业绩做出客观、公正和准确的综合评判。公共部门绩效评估就是根据管理的效率、结果、效益、公共责任和社会公众满意程度等方面的判断,对政府公共部门管理过程中投入、产出、中期成果和最终成果所反映的绩效进行评定和划分等级。目前,我国政府绩效评估无论在理论上还是实践上都还不够成熟,缺乏统一的评估方法和标准,实践的力度和效果很不平衡,对国外政府绩效评估的理念与实践也缺乏系统的介绍和研究。本章重点介绍公共部门绩效评估的功能、特点、存在的困境以及公共部门绩效评估的方法。

第一节　公共部门绩效评估的功能

公共部门绩效评估是公共部门绩效管理的核心环节,也是公共部门绩效管理功能的直接体现。从确定绩效管理主体、建立绩效计划到绩效信息收集,从绩效沟通机制、绩效激励机制到绩效反馈机制、绩效监督机制,最终都在功能上体现为绩效评估的有效操作。因此,公共部门绩效评估在公共部门绩效

---

① 　[美]罗伯特·G.埃克尔斯.绩效测评宣言书[A].//公司绩效测评[C].李焰,江娅,译.北京:中国人民大学出版社,2004:27.

管理中占据重要战略地位,也是近年来公共管理热门研究和实践领域的主题之一。

一、公共部门绩效评估的内涵

美国"国家绩效管理小组"在《美国公共服务:绩效评估的最佳实践》中指出,绩效评估是"测量达到既定目标的情况——包括将资源转化为公共物品及服务(产出)的效率、产出的质量(他们向顾客提供服务的质量和顾客的满意度)、结果(行为的实际效果与其预期目标相比较)及其在达成计划目标的过程中政府运作的效率——的一个过程。"这里,包含着三层意思:

其一,从绩效评估的目的来讲,实施政府绩效评估的目的在于提供一套适用于政府范围的以产出和结果为基础的责任机制、绩效和结果评估法规、战略规划和绩效指标要求的评价与管理系统[①]。

其二,从技术层面来讲,绩效评估可以看成一种手段,是"利用绩效管理、绩效标准、奖励和惩罚来激励公共组织。奖惩可以是财政性的,也可以是准经济性的,或者还可以是纯粹心理上的"[②]。

其三,从过程来讲,"包括了目标设定、目标达成以及结果评估的系统过程,代表了一个组织(政府)整合各种资源以接近目标的行为和程度。"[③]概括地说,公共部门绩效评估就是根据管理的效率、结果、效益、公共责任和社会公众满意程度等方面的判断,对政府公共部门管理过程中投入、产出、中期成果和最终成果所反映的绩效进行评定和划分等级[④]。

当然,绩效评估是与绩效指标紧密结合在一起的操作过程,合理的绩效指标设计能够导向有效的绩效评估。因此,绩效评估需要遵循一些原则,亦即绩效指标设计的原则。美国学者詹姆斯·Q. 威尔逊认为公共部门的绩效评估应包括责任、公平、回应、效率和成本等五个主题。1997 年,美国公共生产力研究中心出版《地方政府绩效评估简要指南》一书中,概括性地提出了政府绩

---

① 张安定,谭功荣.绩效评估:政府行政改革和再造的新策略[J].中国行政管理,2004(9):75-79.

② 戴维·奥斯本,彼得·普拉斯特里克.摒弃官僚制:政府再造的五项战略[M].北京:中国人民大学出版社,2002:46.

③ 张菡,马建臣.政府绩效评估的现实价值分析[J].北京航空航天大学学报(社会科学版),2003(1):34-37.

④ 蔡立辉.政府绩效评估的理念与方法分析[J].中国人民大学学报,2002(5):95-100.

效评估的生产力、效果、质量和及时性等四大主题标准①。根据公共部门绩效评估的标准,我们也可以这样定义公共部门绩效评估:政府组织、非营利组织以及公共企业等特定的社会组织在履行公共责任的过程中,在追求内部管理与外部效应、数量与质量、时间与效益、经济因素与伦理政治因素平衡的基础上,对其获得的公共产出进行评审。根据这个定义,可以了解公共部门绩效评估的若干特点:

第一,公共部门绩效评估指向公共服务和社会责任,体现出现代公共部门的服务导向和公共责任意识。公共部门绩效评估以绩效为本,谋求信息技术在公共部门与社会公众之间进行沟通与交流的广泛运用以及顾客通过公共责任机制对政府公共部门的直接控制,以服务质量和社会公众需求的满足为第一评价标准,蕴涵了公共责任和顾客至上的管理理念,从而有助于加强、改善公共责任机制,使政府在管理公共事务、提高公共服务和改善生活质量等方面更具有竞争力。具体地说,政府绩效评估包括两个方面:一方面,它作为政府公共部门内部管理的改革与完善措施,体现了放松规制和市场化的改革取向,是一种以结果为本的控制。另一方面,政府绩效评估作为改善政府公共部门与社会公众的关系、加强社会公众对政府信任的措施,体现了服务和顾客至上的管理理念②。从总体看,公共部门绩效评估是利用绩效信息和评估结果来体现公共服务和社会责任的工具,直接指向公共部门社会责任和服务意识的现代管理理念。这样既保证公务员对社会公众负责、对结果负责,又在保证政府管理质量的同时提高政府的行政效率与管理能力。

第二,公共部门绩效评估蕴涵了多重衡量标准,是个综合性范畴,包括了多重绩效指标体系的建立。一般认为,绩效评估内容包括经济测定、效率测定、效益测定三个方面。但也有不少学者提出了不同意见,认为还应包括责任、公正、企业家精神、卓越等内容。由于公共部门的特性以及技术上的困境等因素,目前实践中的绩效评估主要还是围绕经济测定、效率测定和效益测定三个方面来开展的。所谓经济测定涉及的是输入资源的成本,效率测定关注的是输入与产出间的比率关系,它是对组织过程的评价,而效益测定涉及的是组织目标的实现。这三方面不同的测评内容反映了公共部门绩效评估的不同功能。早期的绩效评估注重经济效益和节约成本,随着现代公共服务型政府意识的出现,公共部门服务质量、目标实现、沟通等都成为公共部门绩效评估

---

① 蔡立辉. 政府绩效评估的理念与方法分析[J]. 北京:中国人民大学学报,2002(5):95-100.

② A Brief Guide For Performance Measurement in Local Government. http://andromeda. rutgers. edu/~ncpp/cdgp/Manual. htm。

的重要内容。

　　第三,公共部门绩效评估并不是一个单一的行为过程,而是由阐明评估的要求与任务、确定评估目的和可量化的目标、建立各种评估标准、根据评估标准进行绩效评估、比较绩效结果与目标、分析与报告绩效结果、运用绩效评估结果改善政府管理等所组成的行为系统,是一个由许多环节所组成的综合过程(见图 8-1)。作为一个过程,绩效评估包括:(1)确定绩效评估项目。绩效评估项目的来源主要有:政府机关下达的任务;各组织内部自行确定的任务;接受委托确定的任务。(2)组织评估队伍。评估队伍一般要包括财会人员、管理人员、信息技术人员等。(3)收集审核被评价单位数据资料,进行定量评价,并参与定性评价,遵循规定的指标、权数、标准及方法,进行定量指标的计算和打分。(4)归纳、分析,撰写评价报告等程序①。在实际操作过程中,不同的部门会根据实际情况而各有侧重。如有些部门绩效管理刚刚启动,就可能着重于建立绩效指标体系;而有些部门原先的人事测评工作相对做得较好,就有可能重点抓评价绩效的环节,诸如此类。

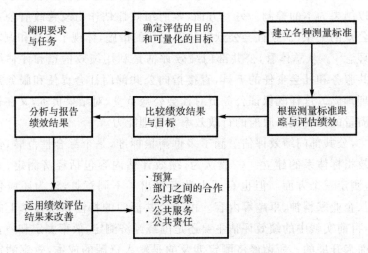

图 8-1　公共部门绩效评估过程

　　第四,公共部门绩效评估作为绩效管理的重要环节与公共部门绩效管理还是有不同之处的。绩效管理是"利用绩效评估得出的信息,帮助确定能被认同的绩效目标,进行资源的优化配置,告知管理者维持或者改变当前的政策或

---

　　① 孟秀转,孙强.绩效评估、绩效审计与绩效优化——需要我国信息化亟待解决的热点难题[J].中国管理传播网,2003(8).

计划,以实现这些目标,和报告实现这些目标的成效"的管理过程。从广义上讲,绩效评估几乎等同于绩效管理。但绩效评估究其本质还是绩效管理的部分内容。公共部门绩效管理是公共部门面临财政危机、公众信任、政府形象等问题的根本改革措施,虽然绩效管理源于企业管理实践,但对公共部门职能转换、角色转变以及服务形象改变都具有重要意义。作为一项全面的公共管理研究内容,绩效管理有着深刻的理论渊源和实践基础,对我国行政体制改革也产生了深远影响。绩效评估是绩效管理的重要环节。绩效评估的有效实施必须有赖于整个公共部门绩效管理改革的顺利推进和基础构建。

二、公共部门绩效评估的功能

公共部门绩效评估作为绩效管理的中心环节对公共部门绩效管理以及公共部门自身都起着重要作用。以下从两方面阐述公共部门绩效评估的功能。

(一)绩效评估对绩效管理具有基础性作用

从绩效评估在绩效管理中的地位和作用角度来看绩效评估的功能,体现为绩效评估对绩效管理具有基础性作用。

第一,绩效评估是绩效管理的中心环节,起承上启下的作用。

绩效管理的目标是提升组织和个人绩效,通过对绩效的科学有效管理,提高人员的工作积极性,进而提高组织效率和服务水平。因此,绩效管理需要建立一套机制来衡量绩效,并通过这套衡量机制来提高人员的工作积极性,以及据此作为奖惩、晋升、培训等机制的依据。绩效管理只有通过科学合理的绩效评估才能实现管理绩效、提高人员绩效和服务水平的目标,同时,绩效评估也是绩效管理实现预期目标的重要操作机制。绩效评估的理念、原则及其有效性直接影响到绩效管理实施的进程。举个例子,某个部门计划实施绩效管理,事先已做了充分的准备,包括信息收集、组织动员、预实施等。但在实际绩效管理过程中,其绩效评估工作缺乏合理性和科学性,出现了诸如评估人员不客观、评估指标不恰当、评估结果与奖惩不挂钩等现象。那么在接下来的环节中,绩效评估的结果及其有效性就受到了怀疑,受评人员对绩效管理就会逐渐产生抵触情绪,从而影响到绩效管理的进一步实施,绩效管理也就达不到激励员工、提高组织绩效和服务水平的目的。绩效评估是绩效管理的中心环节,起到承上启下的作用。它既是绩效管理的基础工程,是绩效管理顺利实施的中心步骤,也是绩效管理后续工作得以完成的前提。正是在这个意义上,绩效评估得以成为绩效管理实施中最受关注和研究最多的对象,也是目前绩效管理研究和实践较为深入的一个领域。

第二,绩效评估凸显绩效管理的价值取向①。

绩效管理源于现代企业管理应对信息技术变化和激烈市场竞争的需要,体现出现代企业的服务意识和竞争观念。公共部门绩效管理的价值取向与企业管理也有着相似之处,包括市场取向、社会取向、分权取向等不同的价值取向,而其中最根本的价值取向还是服务取向。这不仅是现代市场竞争需求,也反映了公共部门公共服务的本质属性。传统行政管理以过程为中心,以权力行政、命令行政为特征,追求内部管理效率,重点在于管制取向。绩效管理的引入为公共部门行政管理的理念带来了新变化。把社会公众当成顾客,强调服务和顾客至上的管理理念,以顾客为中心、以顾客的需要为导向,增强了公共部门对社会公众需求的回应力和对管理活动产出、效率与服务质量的重视。那么,绩效管理如何体现这种服务价值取向呢? 绩效评估赋予了绩效管理体现服务价值取向的能力。通过设定绩效指标、民众参与评估等方式,公共部门绩效管理逐步体现出按照顾客的要求提供服务、让顾客做出选择的原则和做法。如 1993 年 9 月,美国克林顿总统签署了《设立顾客服务标准》第 12862 号行政命令,责令联邦政府部门制定顾客服务标准,要求政府部门为顾客提供选择公共服务的资源和选择服务供给的手段。这种做法就体现出绩效评估过程中为民众参与评估提供了渠道,也凸显出绩效管理的服务价值取向。

(二)绩效评估是公共部门内部管理的重要机制

从绩效评估对公共部门自身管理及组织目标实现的角度看,绩效评估具有以下几种功能。

第一,绩效评估为公共部门管理提供了控制机制。

绩效管理通过预先设定绩效目标,再根据绩效评估,发现绩效管理实施过程中的问题,从而调整目标或整合资源或改进工作措施等。绩效评估为公共部门管理提供了一套相对严格、规范的控制机制。不同于传统的官僚管理,绩效评估提供了一套科学的绩效指标体系,并按照既定目标和实际绩效的差异评估结果,以此作为奖惩、晋升及培训的依据。如果发现绩效管理实施过程或者具体管理过程中存在问题,就可以通过评估及时纠正错误,使之导向组织目标所要求的方向。反之,绩效评估也能准确反映人员的工作状况和精神面貌,以便于形成有效的激励机制和奖惩机制。绩效评估为公共部门管理提供了一套科学的控制机制和反馈机制,使公共部门管理者能够随时掌握绩效信息情况和组织目标的实现进度,有利于管理者作出正确决策。

第二,绩效评估为公共部门管理提供了监督机制。

---

① 卓越.公共部门绩效评估[M].北京:中国人民大学出版社,2004:18.

　　绩效评估起到了监督公共部门行为的作用。一般情况下，我们将公共部门绩效评估的主体设定为四类：一是评估对象的直管领导；二是公民或者行政相对人；三是综合评估组织；四是其他评估主体，如评估对象自身、专门机构等。对绩效评估主体的归类有助于我们了解绩效评估的监督作用。从这些评估主体来看，绩效评估的主体是多样的，这也为公民和社会团体参与评估创造了条件，从而有助于对公共部门管理实施有效的监督。政府是一国之内拥有垄断强制力的组织。一般情况下，拥有垄断强制力的政府组织其行为的制约因素相对于一国之内任何其他形式的组织来说都要少。在这种优势地位下，若要保证一国政府职能的实施符合该国社会经济的发展需要，就必须为它设立一套完善的制衡机制①。在这套完善的制衡机制中，法律等强制性限制固然不可少，但严格、客观、以政府自身利益为核心的评估体系设置却更为重要。因为评估的存在促使政府必须按评估的标准而不是按政府自己任意的妄想去行事。同时，政府绩效评估为整个社会从外部监督政府作为提供了基准线。政府职能的实施除了需要自我约束、制约外，还需要有整个社会对它从外部进行的监督评判，因为舆论的评论、社会团体的监督以及广大民众的议论将从外部为政府行为的改进提供压力。

　　第三，绩效评估为公共部门管理提供了激励机制。

　　根据绩效评估的结果确定奖惩、晋升及培训的内容是绩效管理起到激励作用的重要体现。科学的绩效评估体系为公务员设定了心理预期，如获得怎样的绩效评估结果就能够获得怎样的奖励。这就会激励公务员向着组织预期的绩效目标努力工作和发挥积极性、创造性，并努力提高服务水平和改善工作态度。正如前面一章所讲，绩效管理本身就是一种激励机制。这种激励作用体现在绩效评估上。绩效评估为公共部门管理提供了激励机制。这种激励作用表现在两方面：一方面，绩效评估有助于激励公务员了解目前的绩效水平，主动改进绩效和服务水平；另一方面，政府绩效评估也是政府向公众展示工作效果的机会，展示成果若能赢得公众对政府的支持，就能得到公众的理解，进而提升政府形象。当然，绩效评估的激励作用也有赖于管理者制定相应的配套制度，使公众和公务员都能产生确定的心理预期。

三、公共部门绩效评估的困境

　　绩效评估是公共部门绩效管理过程中最富于技术特性的操作环节，也是

---

　　① 蒋容.中国政府绩效评估现状及其完善[J].黑河学刊,2003(9):15-17.

难度较大的操作手段。应该看到,绩效管理来源于企业管理,公共管理与企业管理有着本质差异。相应地,绩效评估也具有一定的操作困境。法国行政学家夏尔·德巴什认为,公共部门的总体利益性质、公共部门的垄断权、免费服务和公共部门费用混淆不清是公共部门绩效评估困难的基本原因。从公共部门和企业组织的差异来看,公共部门绩效评估存在困境是难免的,但这也不是无法克服的难题。

(一)绩效评估存在的困境分析

1.政府绩效评估的技术困境

第一,政府提供的许多公共产品具有不可测量性和不可计算性。政府绩效评估中涉及的目标、绩效指标、成本核算等,所有这一切都需要丰富的知识和运用这些知识的能力。而事实上,一方面,由于政府公共管理属性的多元化和政府管理目标的复杂化,导致了政府目标的抽象、笼统和难以量化。另一方面,政府产出具有垄断性、非营利性和不可分割性的特点,这种非商品性决定了其进入市场交易体系后很难形成反映生产机会成本的货币价格,诸如公共产品的物质产品(公共设施)和精神产品(公共道德)就难以分割,产出的价格和单位成本也不易衡量,且其投入也不易描述,要精确算出"投入—产出比"非常困难。

第二,政府部门绩效数据收集困难。政府部门绩效评估要求有大量客观、量化的绩效指标和数据,但实际上收集足够的数据是十分困难的。首先,统计数据需要一定的成本,而且这个成本往往是十分巨大的。美国联邦政府每年用于建立绩效测量系统的花费超过 1.6 亿美元。从 1979 年到 1985 年的 6 年间,雷纳评审小组共进行了 266 项调查,截至 1986 年底,评审共支出了 500 万英镑。其次,项目实施效果的显现有一定的滞后性,有些项目需要经过十年甚至更长时间才能见效,因此无法在年度计划或五年规划中体现。第三,对于跨部门工作任务的绩效结果数据收集困难,因为很难划分清楚结果的产生是基于哪一部门的行为,再加上政府内部各部门在职能划分上的交叉或重叠及由此引起的责任归属不清,使得政府工作的成效难以通过一套指标来加以衡量和判断。

2. 评估对象的"策略性"行为

现实中,评估对象为了符合上级要求,迎合指标,往往会采取一些"策略性"行为,导致人为地扭曲数据。比如,在制定绩效报告中巧妙地处理部门的计划和目标、报假数据、不计成本、突击治理等。同时,由于有些指标在一定程度上处于被评估者的控制之下,也很容易被"策略性"行为扭曲。在"雷纳评审"中,在评估对象的选择上,参加评估的对象完全由有关部门自愿选择,效率顾问只起批准和协调的作用。显然,这种自愿选择可能会导致有关部门为了避免得出的评估结论使管理者难堪或露丑,而选择一种"策略性"行为,即选择"安全"的评估对象①。这样做的结果是,虽然一定程度上避免被评估单位的防御性行为和不合作态度,并得到他们的响应,但是后果却是评估结果的不确定性和不可靠性。

　　再比如,警察巡逻的绩效。它的直接成果是增加人们在街上行走或财产的安全程度,它的产出和效率是巡逻的人数、次数和巡逻里程,这些都很难作为绩效衡量的确切指标。于是人们找到了三个替代指标:资源投入、服务水平、犯罪率。资源投入指标包括预算、支出和雇员的数量。服务水平指标包括巡逻的里程、罚款单的数量、作出反应的呼叫数量、逮捕数量和破获的犯罪数量。这些数据与警察巡逻的绩效比较接近,但有些指标在一定程度上处于被评估者的控制之下,所以很容易被扭曲。如警察机构可以通过增加逮捕的人数或者交通罚款单的数量来提高其"产出"。警察能够在周末晚上增加巡逻,逮捕更多的醉汉,以提高其服务水平。犯罪率指标同样可能使实际成果扭曲,比如,警察能够这样做,当减少严重犯罪对他们有利时,他们就尽量减轻案情,以达到较少的严重犯罪率;而当一个地方的犯罪率增高之后预算分配会增加时,他们就增加犯罪的严重程度②。因此避免对数据进行扭曲处理,防范评估过程中的"策略性"行为,是制定绩效指标和进行绩效评估特别要注意的问题。

　　3. 受到官僚主义的抵抗

　　政府内部存在的官僚风气追求的是稳定,然而政府绩效评估倡导的却是变化。政府绩效管理的一个重要目的在于以绩效评估为基础,通过评估来达到对以往工作的检查和评价,并以此为据设定今后的目标和配置资源。由于绩效评估的结果直接关系到个人或部门的切身利益,因此,一些绩效不甚理想的人或部门害怕自身利益受损,总是有意无意地抵制和阻挠绩效评估。这不仅表现为,在评估的设计过程中所呈现出的一系列盲目性、单向性和封闭性;更表现为,在实施过程中,一些政府部门和个人,由于害怕评估影响自身利益,或以人为本为借口,纷纷使评价指标"软化"来避免必要的量化评估,或以评价标准难以把握、评价困难为名来对绩效管理进行有意或无意的抵制。

　　与此同时,绩效管理也是一个长期的过程,在短时间它不可能带来显著的效益,故有些部门和领导也不愿意对此进行投入。GAO 调查显示:在航空部

---

　　①　黄文菊.英国公共部门绩效评估实践述评[J].中共南京市委党校南京市行政学院学报,2004(1):46-51.

　　②　余小平,孙志峰.在我国实行绩效预算的设想[J].财政研究,2004(2):16-18.

门只有 23％的机构人员认为其机构最高领导以改善绩效为使命,在森林部门中只有 40％的领导会十分重视负责项目的绩效。1998 年 10 月,OMB 局长 Franklin Raines 在提交白宫改革和监督委员会的报告中提到:"所有的机构战略计划不能只由负责撰写报告的人负责,必须由领导来负责和领导",但真正负责绩效报告的往往并非部门领导。

理论研究和相关实践都表明,对于政府绩效评估指标,人们很难达成共识,这使得政府绩效评估往往不是一个简单的技术过程,而很可能是一个政治妥协的过程,而这又跟权力配置的基本制度相关,这势必导致政府绩效评估在两个极端之间徘徊:不是束之高阁,就是严格使用。严格使用,势必引起各种各样的争议;束之高阁,势必引起各种各样的监管和督促不力的问题,从而使政府绩效评估流于形式。行政领导者在两者之间来回徘徊,绩效评估自然也呈现周期性强化和衰退的格局。

(二)解除公共部门绩效评估困境的路径探析

由于公共部门与企业组织存在本质差异,决定了公共部门绩效评估存在难以克服的困境。但这也不是说绩效管理及其绩效评估的实施是不可能的。许多公司和政府机关都取得了绩效管理实践的良好成绩。为此,美国会计总署(General Accounting Office)1983 年在对许多公司和地方政府实施绩效管理的做法进行调查后,确认了七项成功进行绩效改进和绩效评估的做法。这七项做法[1]是:

一是管理者要成为组织绩效的中心(A Focal Point for Productivity)。中心可以是一个人,也可以是一个群体。绩效中心的作用在于促使绩效管理制度化;收集和传递绩效信息;向高层管理者提供绩效数据。

二是高层的支持与承诺。这并不意味着行政首长仅仅阐述绩效的重要性,更重要的是,要求高层管理者定期地审查组织以及组织管理的绩效,促使组织成员要为绩效的改进负责。明确的高层支持可以使绩效改进具有合法性和有效性。

三是制定绩效目标和绩效规划。一个组织必须在绩效改进方面有明确的目的和目标。目标可以是宏观的,亦可以是具体的。要将总体的目标与实现目标的方法结合起来。尽管适应每个组织的规划可能千差万别,但规划本身是必要的,因为它向所有的组织成员阐明了目标,以及如何实现这些目标。

四是绩效衡量对组织要有意义。绩效衡量是绩效改进中重要的一个环节。绩效衡量并不一定要非常全面,但它必须是那些容易理解和计算,并且对

---

[1]   张成福,党秀云.公共管理学[M].北京:中国人民大学出版社,2001:281-282.

管理者和组织成员有意义的。

五是利用绩效规划和衡量体系使管理者负责任。除非得到运用，否则绩效规划和衡量体系没有任何价值。要通过阐明预期的绩效，比较现有绩效与预期绩效的差距，并运用这些信息评价管理者和组织的绩效等方法，促使责任的实现。每一个组织必须研制适合自己的绩效责任体系。

六是意识到绩效的重要性，并促使组织成员参与绩效改进。要促使组织成员认识到绩效的重要性，组织的成员必须要参与到组织绩效改进的进程中。

七是要连续不断地发现问题和寻找绩效改进的机会。要通过绩效评估，发现绩效管理存在的问题，并寻找机会加以改进。

以上提出的这些做法是针对绩效管理实施所提出的对策，而绩效评估作为绩效管理的重要内容理应遵循这些做法，以保证绩效评估沿着绩效管理要求的方向发展。同时，也应该看到，绩效评估毕竟不同于绩效管理，在具体操作中有着与绩效管理不同的具体要求。公共部门自身在职能、组织结构、人员等方面都存在较大差异，我们不可能寻找适合所有公共部门绩效评估实施的做法，只能在一个总体框架下探索解除公共部门绩效评估困境的路径：观念——制度——技术。

第一，从观念上突破传统政府管理的理念，加强公务员对绩效的认同。公共部门需要破除传统的一些官僚观念，将工作效率与工作绩效直接联系起来，并且认识到公共部门绩效的重要性。绩效管理与奖惩、服务体制、质量管理都存在紧密联系，公共部门引入绩效管理具有一定的必要性和可行性。其中关键的因素在于绩效管理带来公共部门绩效观念的变化，从不注重公共部门绩效到十分注重绩效及衡量绩效，充分体现了公共部门管理理念和工作观念的变化，对公共部门持续推进绩效管理和提高工作效率、服务水平都具有重要意义。作为公共部门，在内部实施绩效评估首先面对的也是观念上的障碍。因此，公共部门就需要从观念上突破传统政府管理的理念，加强公务员对绩效评估工作的认同。当然，观念的转变本身是一个相当长的过程，不是靠部门的动员大会、个别面谈等活动在短期内就可以改变的。同时，高层领导对绩效评估的态度也会影响人员的绩效观念。要从观念上建立正确的绩效评估思想，一是需要高层自上而下的推动，二是需要制度来完善。

第二，组织体制和组织结构的完善是绩效评估得以持续推进的必要条件。配套的组织制度能够保证绩效评估顺利进行，反过来，绩效评估工作也能促进制度完善。这样一个相辅相成关系使得公共部门在绩效评估工作中相当注重体制完善和制度建设。我国目前还处于体制转轨时期，对绝大部分公共部门来说，绩效管理和绩效评估还是崭新的管理方式，与绩效评估相适应的配套制度还没有完全建立起来。这一方面造成了我国公共部门绩效评估工作的制度障碍;而另一方面,这种制度空缺或者制度不完善的情况也为我们吸收国内外先进的绩效评估配套制度经验创造了有利条件。公共部门要开展绩效评估工作,不是简单地列几张绩效考核表,也不是短期内的工作,而是作为一个体制需要持续进行的长期工作。作为公共部门,不仅要借助专家智囊团的意见,加快制度完善和配套制度建设,还要在内部形成有效的沟通机制,促进自下而上对绩效评估制度建设的理解和支持。

第三,在技术上尽量避免人为主观因素对绩效评估的影响。可以开发设计一套绩效信息管理系统,也可以借助技术手段进行绩效评估,从而在公共部门中避免官僚体制、领导意图、部门利益等因素的影响。通过观察英美等国的绩效评估体制可以发现,在技术上加强绩效评估并不困难。绩效评估本身来源于企业组织,对技术手段的要求比较高,操作化程度也比较强。公共部门绩效评估的技术工作不仅可以借鉴企业的做法,也可以借鉴英美等国的经验。在各种配套制度及绩效指标设计问题上,技术手段都可以在一定程度上加以解决。当然,这里也存在一个经费问题。我国的公共部门应该在资金压力面前,加强绩效评估技术的改造,这就需要加大政策支持和社会支持的力度。

第二节　公共部门绩效评估的方法

绩效评估是企业组织在其管理实践中逐步探索出来的卓有成效的管理方法。在不同的企业组织中,绩效评估方法也显示出多元化的特征。公共部门引入绩效管理,实施绩效评估,不仅需要借鉴企业绩效评估的理念,更需掌握绩效评估的具体操作方法,以便于减少绩效评估实施的阻力,并有助于公共部门绩效评估向着科学化、规范化的方向发展。本节着重阐述在企业绩效管理基础上的公共部门绩效评估的各类方法,主要是绩效指标的设计,以此作为公共部门绩效评估的借鉴。

一、平衡计分卡

21世纪面临充满挑战的竞争环境,组织者需要一个组织战略和组织基础架构以使他们能够更加有效地制定和实施组织的战略。"平衡计分卡是一个非常强大的管理工具,尤其是适用于中国的平衡计分卡,可以用来帮助建立战略管理的基础架构"。通过这个基础架构,管理者能够"实施战略、从所得效果中学习以及明确组织战略的重点"①。企业组织的多年实践表明,平衡计分卡是作为现代组织所面临的许多挑战而产生的行之有效的工具,并在绩效评估领域发挥了重要作用。那么,究竟什么是平衡计分卡,它又是怎样发挥作用的呢?

（一）平衡计分卡的内涵

1990 年,哈佛大学会计学教授罗伯特·卡普兰(Robert Kaplarn)和波士顿公司的管理咨询师大卫·诺顿(David Norton)两人共同对 12 家公司进行了一项研究,以寻求新的绩效评价方法。这项研究的起因是人们越来越相信绩效评价的财务指标对于现代企业组织而言是无效的。卡普兰和诺顿经过多次研究讨论,开发了计分卡这种囊括整个组织各方面活动(包括顾客、内部业务流程、员工活动和股东利益)的绩效评价系统,即平衡计分卡。随后,平衡计分卡进入了广泛应用的阶段。《哈佛商业评论》在庆祝创刊 80 年之际,隆重评选出了"过去 80 年来最具影响力的十大管理理念",由现任哈佛商学院领导罗伯特·卡普兰教授与其同事大卫·诺顿教授发明的平衡计分卡名列第二。当时,世界 500 强中已有 80% 的企业在应用 BSC,足见其影响之广。

在实施平衡计分卡之前,企业绩效衡量的指标主要是通过财务指标来衡量。在过去的几百年间,财务指标系统取得了较大的成功和进展。但进入 21世纪后,企业的竞争环境发生了剧烈变化,许多人对绩效评价的财务指标开始产生怀疑和批评。这些批评包括:(1)有形资产不再是企业价值的首要驱动因素。企业员工的知识素质、顾客关系以及企业创新精神都将成为现代企业价值的体现。(2)财务指标是对企业过去成绩的评估,而这并不代表企业现在及未来的绩效会如何。财务成果只能代表过去的成绩,并不能预示未来的绩效,也不可能对未来绩效产生作用。(3)按照职能部门编制的财务报表抹杀了员工个人参与团队的积极性,对于那些跨职能部门的工作会缺乏积极性和参与性。而在现代组织中,大量工作是跨职能部门团队合作完成的,财务报表的绩效评估忽视了这种团队合作。(4)缺乏长远的思考。许多组织在面临资金问题时首先考虑的解决方法就是削减员工培训和发展支出,甚至裁员。这种做法符合财务指标衡量的标准,但从企业长期发展看,则可能丧失形成长期优势的最有价值的资源。传统的财务指标衡量引发了企业管理的许多问题,对企业员工绩效的提高也形成了某种障碍。由于几乎完全依赖于财务指标,管理者无法了解组织的整体情况,评价受到限制,也使得企业战略的实施受到许多

---

① 　[美]毕意文,孙永玲.平衡计分卡——中国战略实践[M].北京:机械工业出版社,2003:19.

障碍。在这种情况下,就产生了一种新的驱动绩效的评价指标体系——平衡计分卡。

平衡计分卡(Balanced Score Card,简称 BSC)是以信息为基础,系统考虑企业业绩驱动因素,多维度平衡评价的一种新型的企业业绩评价系统。同时,它又是一种将企业战略目标与企业业绩驱动因素相结合,动态实施企业战略的战略管理系统。它由四个部分组成:财务方面、客户方面、内部营运方面及学习和成长方面(见图 8-2)。

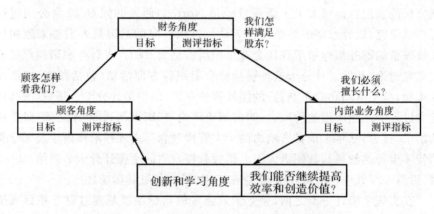

图 8-2　平衡计分卡与各种绩效测评指标的联系①

平衡计分卡为组织衡量绩效提供了四个基本维度。为了能使平衡计分卡在实践操作层面上得以更广泛的应用,很多公司针对这四个基本维度设计了符合自身特点的具体指标体系(见表 8-1)。当然,就企业组织来看,符合这四个维度的指标设计还是有着通用之处的。

(1)财务方面。财务指标是公司财务性业绩指标,能够综合地反映公司业绩,可以直接体现股东的利益。它一直被广泛地应用来对公司的业绩进行控制和评价,并在平衡计分卡中予以保留。常用的财务性业绩指标主要有利润和投资回报率。此外,还可以采用营业收入、销售成本和经济附加值(剩余收益)等。

(2)客户方面。客户是上帝,是实现公司财务目标永不枯竭的源泉。公司只有更好地满足客户需要,才能拥有更多的客户,创造出更好的经济效益。平衡计分卡中客户方面的指标主要有:客户满意程度、客户保持程度、新客户的获得、客户获利能力、市场份额等。

① ［美］罗伯特·卡普兰,大卫·诺顿.平衡计分卡:以测评推动绩效［A］.//公司绩效测评［C］.李焰,江娅,译. 北京:中国人民大学出版社,2004:121.

表 8-1　某半导体公司的平衡计分卡

财务角度		顾客角度	
目标	测评指标	目标	测评指标
生存	现金流	新产品	新产品的销售占比
成功	各分部的季度销售收		专有产品的销售占比
	入增长率和经营收入	灵活的供应	准时送货(由客户规定
繁荣	提高市场份额和权益		标准)
	回报率(ROE)	成为优先供应商	在关键客户采购额中
			的占比
			在关键客户处的排名
		顾客伙伴关系	合作工程项目的数量
内部业务角度		创新与学习角度	
目标	测评指标	目标	测评指标
技术能力	相对于竞争的生产	技术领先性	开发新一代产品所
	规律		需要的时间
卓越的制造水平	周期时间	制造过程中的学习	产品成熟过程所
	单位成本		需要的时间
	报酬率	产品重心	占销售额 8% 的产
设计	硅片效率		品所占的百分比
生产率	工程效率	产品上市时间	相对于竞争的新产
新产品引入	相对于计划的实际		品引入
	引入进度		

（3）内部经营方面。公司财务业绩的实现，客户各种需求的满足，以及股东价值的追求，都需要靠其内部的良好经营来支持。这一过程又可细分为创新、生产经营和售后服务三个具体过程。创新主要表现为确立和开拓新市场，发现和培育新客户，开发和创造新产品和服务，以及创立新的生产工艺技术和经营管理方法等。生产经营过程是指从接受客户订单开始，到把现有产品和服务生产出来并提供给客户的过程。售后服务过程是指在售出和支付产品和服务之后，给客户提供服务的活动过程。它包括提供保证书、修理、退货和换货，以及支付手段的管理等。

（4）企业的学习和成长方面。企业的学习和成长主要来自三个方面的资源：人员、信息系统和企业的程序。前面所述财务、客户和内部经营过程目标，通常显示出在现有的人员、系统和程序的能力与实现突破性业绩目标所要求的能力之间的差距。为了弥补这些差距,企业就要投资培训员工,提高信息系统技术,组织好企业程序,其中提高员工能力和激发员工士气显得尤为重要。反映员工方面的指标主要有:员工培训支出、员工满意程度、员工的稳定性、员工的生产率等[①]。

(二)平衡计分卡的功能

平衡计分卡的四个衡量维度体现了现代企业发展的综合要求,并对各个维度下需要衡量的指标进行了具体说明。通过对平衡计分卡在绩效评估方面作用的了解,我们可以得知,平衡计分卡是作为财务评价系统的补充而产生的,本身就是一套绩效指标的评估体系。作为评价系统的平衡计分卡在现代企业绩效评估过程中发挥了重要作用,但同时也应看到,平衡计分卡不仅仅是一种评价工具,也是"组织战略管理系统和沟通的工具"[②]。因此,平衡计分卡的作用主要体现在以下四方面:

第一,将财务指标与非财务指标相结合,体现出现代企业的价值观,综合反映了企业的业绩,并为企业未来发展提供了方向和可供借鉴的经验。传统的业绩评价系统以财务指标(如利润、投资回报率)为主,不能揭示业绩的动因或业绩改善的关键因素,忽视了对外部环境(如客户、市场)的分析,对企业未来发展缺乏一种远景规划和预测。平衡计分卡则通过财务、客户、内部经营、学习与成长等 4 个维度的测量,做到了财务指标和非财务指标的有机结合,实现了公司内部和外部之间、财务结果和这些结果的执行动因之间、公司现在的发展与未来发展之间的动态平衡。

第二,为现代企业价值观的实现提供了基本动力。传统的财务评价集中于利润分析,忽视了员工学习成长因素对企业发展的影响。平衡计分卡为企业绩效评估注入了新的因素,即学习成长因素和顾客因素。一方面,企业为员工个人提供了学习成长的机会,并把员工学习成长的程度纳入绩效评估的指标体系,使员工能够获得充分学习成长的机会,进而激励员工为自我成长和组织创新而努力学习;另一方面,注重顾客在企业组织管理和员工绩效测评中的作用,敦促员工主动寻找顾客需要和满足顾客需要,进而提高企业的综合服务水平和顾客满意感,使企业在现代竞争中立于不败之地。

---

① 马玉超,徐海霞.平衡计分卡的利弊分析与应用研究[J].沈阳师范大学学报(社会科学版),2004(3):26-29.

② [美]保罗·R.尼文.政府及非营利组织平衡计分卡[M].胡玉明,等译.北京:中国财政经济出版社,2004:13.

第三,平衡计分卡除了起到评价作用以外,其本质属性是组织的一种战略管理。随着平衡计分卡在许多组织的大规模运用,它不再是一种评价机制,更多的则上升为企业战略管理系统,成为企业战略管理的重要内容之一。通过平衡计分卡,企业组织得以克服一些所谓的"远景障碍"、"人员障碍"、"资源障碍"及"管理障碍",并从战略高度为企业发展提供了一套长远发展的思路。平衡计分卡以一种深刻而一致的方法描述了战略在公司各个层面的具体体现,从而具有独特的贡献和意义。在开发战略计分卡之前,管理人员缺乏一套被普遍接受的,用来描述战略的框架,而无法描述的东西是难以实施的。平衡计分卡通过战略图和计分卡来简单描述组织战略,成为一种新战略管理的运作体系,为组织实施战略管理提供了现实操作方法。从这个意义上来说,平衡计分卡对组织管理有着根本性的战略意义。

第四,平衡计分卡作为一种沟通工具对组织管理起到了重要作用。正如前面所说,平衡计分卡最初是作为绩效评估工具而产生的,随着组织实践而逐渐转化为战略,并能够根据平衡计分卡的内容向员工说明自己应该承担的责任、工作要求和目标,这即是平衡计分卡的沟通功能。传统的绩效指标过于笼统、模糊。员工对自己的绩效目标和绩效任务没有形成清晰的认识,也就无法为既定的绩效目标而努力工作。平衡计分卡突破了传统绩效指标的这种缺陷,能够通过绩效评价指标清楚地描述出所制定的组织战略,使之能为组织成员所理解和接受,并为之努力。因此,平衡计分卡对组织绩效管理的实施起到了一定的沟通作用。

（三）公共部门平衡计分卡的实施

政府与非营利组织开展绩效评价已有多年历史,在长期实践中也形成了许多关于公共部门绩效评估的做法。尤其随着西方政府再造运动的兴起,公共管理中的绩效评估成为政府改革的根本性措施。尽管它还存在着种种缺陷,但它反映了公共行政学中注重管理的技能与方法、注重管理结果和发展服务行政的公共管理发展趋势,改变了英、美等许多西方国家政府的行政架构、组织和服务供给模式,并以其所特有的政治功能和管理功能赢得了在西方国家方兴未艾的发展。平衡计分卡是私营组织绩效评价和战略管理的重要方法,实践证明,源于企业的平衡计分卡同样适用于公共部门,但也不可忽视这其中的差异。

首先,需要了解公共部门平衡计分卡的内容。相对于企业组织来说,公共部门具有公共服务和社会责任的最高目标,不以利润和经济收益为导向,缺乏传统的财务维度,致使平衡计分卡变得不完整。同时,公共部门的服务对象是社会公众,而不是一般意义上的顾客。随着服务型政府理念的兴起,公共部门的顾客意识得以加强。但这并不能从根本上改变公共部门缺乏顾客维度的情况。为此,我们就需要了解公共部门平衡计分卡的内容,以区别于公共部门与企业组织之间的差异(见图 8-3)。

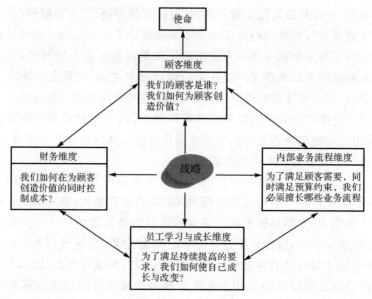

图 8-3 公共部门的平衡计分卡

(资料来源:[美]保罗·R.尼文.政府及非营利组织平衡计分卡[M].胡玉明,等译. 北京:中国财政经济出版社,2004:29.)

从图 8-3 中可以看出,公共部门平衡计分卡有以下几个特点:

第一,公共部门的平衡计分卡以维护社会稳定、实现社会公正、提供公共服务为最高宗旨,其改善绩效的最终目的仍在于完成公共部门的最高使命。公共部门借鉴企业组织的平衡计分卡操作方法,其直接目的在于改善政府绩效,改变公共部门长期以来机构臃肿、效率低下的状况。企业组织在提高组织绩效方面具有一贯的经验,值得公共部门在改进绩效方面去努力学习。但公共部门毕竟不同于企业组织,提高绩效的目的在于服务于更高的组织目标——社会公正、社会责任。企业组织改善绩效的最终目标是提高股东价值,其平衡计分卡的指标体系设计都导向企业经济效益和利润。公共部门则不然,始终承担着维护社会公平和正义的重要职责,并以提供公共服务为其重要产出之一。需要指出的是,公共部门的这种"使命"体现在平衡计分卡中并不是说通过指标设计可以在短期内实现这种最高目标,而是为了突出公共部门平衡计分卡不同于企业组织的这种特殊理念,使其能够指导公共部门平衡计分卡的实践。

第二,公共部门平衡计分卡实施的核心仍然是战略,围绕绩效管理和公共部门管理的战略实施平衡计分卡。通过对平衡计分卡历史的分析,可以了解平衡计分卡正在逐渐向组织战略靠拢。在组织应用平衡计分卡越来越多的现代社会,平衡计分卡更多地体现为组织战略的一部分,并为组织战略实施提供了现实途径和操作方法。"一旦制定了战略,平衡计分卡就成为有效的战略转化和执行的工具"①。从绩效评价工具到组织战略管理工具,平衡计分卡为公共部门实施战略管理和绩效管理创造了技术条件。

第三,提升了顾客维度,就充分体现了公共部门服务行政的特点,这为公共部门绩效管理效率的提高、服务理念的推广奠定了基础。传统的公共部门过于强调官僚行政的地位,缺乏服务行政的意识。绩效管理注重顾客理念的推广,平衡计分卡则在操作层面上实现了公共部门顾客理念的确立。"我们的顾客是谁? 我们如何为顾客创造价值?"这些问题将促进平衡计分卡为满足不同顾客群体需要而设计相应的顾客维度指标,使摆脱公共部门长期以来混乱的服务观念,进而提高公共部门绩效评估的有效性和绩效评估结果的实用性。

第四,财务维度居于弱势,平衡计分卡显得不完整。由于公共部门以公共服务和公共设施建设为主要输出产品,其绩效目标也往往模糊不清。一些公共项目的收益甚至可能会持续跨度几十年,公共产品的物质产品(公共设施)和精神产品(公共道德)难以分割,产出的价格和单位成本也不易衡量,要精确算出"投入——产出比"就非常困难。这些都直接导致了公共部门财务维度缺乏,成本计量在公共部门更显得匮乏。某些非营利组织也是如此,像我国的希望工程等资助项目,其产出完全是社会性的精神产品,很难计量成本和收益,也就无法用财务维度来衡量其管理的有效性。公共部门平衡计分卡财务维度的缺乏是其最重要的弱点,影响到公共部门绩效评估的过程和结果。

第五,作为使命导向型组织,公共部门绩效评估的有效进行有赖于公务员的技能、奉献精神、合作态度和服务理念。公共部门平衡计分卡注重员工学习成长的维度,将公务员的技能、奉献精神、合作态度、服务理念等要素都纳入了公共部门绩效评估的指标体系中,有助于公务员对公共服务和公共组织形成共识,并为构建良好的平衡计分卡奠定基础。

其次,了解公共部门平衡计分卡实施的具体操作步骤。不同的公共部门在操作步骤上可能会各有侧重,但基本步骤还是一致的(见表8-2)。

---

① [美]保罗·R.尼文.政府及非营利组织平衡计分卡[M].胡玉明,等译.北京:中国财政经济出版社,2004:30.

表 8-2　公共部门平衡计分卡实施的步骤

阶　段	操 作 内 容
计划阶段	·为运用平衡计分卡寻找理由 ·确定资源的需求与可用性 ·决定从何处着手构建第一个平衡计分卡 ·赢得高层领导的支持和保证 ·组建平衡计分卡实施团队 ·为团队成员和其他关键利益相关者提供培训 ·为平衡计分卡的实施制定一个沟通计划
准备阶段	·制定或确定组织的使命、价值观、远景与战略 ·绩效管理框架中明确平衡计分卡的角色 ·选择平衡计分卡的维度 ·讨论相关的背景材料 ·开展高层会谈 ·创建战略地图
实施阶段	·收集反馈信息 ·设计绩效评价指标 ·制定未来实施计划

　　最后,平衡计分卡作为形成指标、衡量绩效的重要管理方法在实际管理中发挥了重要作用,但也无可避免地存在一些问题。为了消除公共部门实施平衡计分卡过程中的障碍,需要创造多种条件以便成功实施平衡计分卡和顺利进行绩效评估。

　　美国著名的人力资源专家韦恩·卡肖指出:"多少年来,人事管理专家一直在煞费苦心地寻找一种'完美无缺'的绩效评估方法,似乎这样的方法是万灵丹,它能医好组织的绩效系统所患的种种顽疾,不幸的是这样的方法并不存在……"平衡计分卡也不例外,无论在企业组织管理实践中还是引入到公共部门绩效评估中都不可避免地存在一些问题。具体表现为:

　　第一,对平衡计分卡在评估绩效和实施组织战略方面的过高期望增加了管理者使用的难度。由于公共部门本身存在较大差异,任务分工也不像企业组织那么明确,加上各个层级的管理者对平衡计分卡的使用具有不同的理解,这就导致公共部门使用平衡计分卡往往达不到预期目标的状况。组织如果没有明确的战略目标,高层管理者缺乏分解和沟通战略的能力和意愿以及中高层管理者缺乏指标创新的能力和意愿,那么这个组织就很难实施平衡计分卡(BSC)。公共部门管理者大部分是从原来的官僚系统中转化而来的,对公共部门的组织战略目标及绩效评估都可能存在某种抵制。公共部门管理者的素质不同于企业管理者,传统官僚统治者强调政治素质,忽略了其科学管理素质、技能等方面的培养,而平衡计分卡的实施恰恰需要高层或者中层管理者具备极为优秀的管理素质,从而能够推进 BSC 在公共部门的成功实施。反之,如果公共部门缺乏对自身组织战略目标的认识,其管理者素质和组织制度也无法配套,那么平衡计分卡在公共部门推行就可能遇到严重阻碍。

第二,平衡计分卡的工作量大,部分指标难以进行量化,给管理者操作带来了困难。尽管平衡计分卡只是规定了四个重要的衡量维度,即财务维度、顾客维度、内部营运维度及学习和成长维度,但在组织管理实践中,这四个维度不是一纸空话,而是需要消耗大量精力和时间把它分解到各个部门,并找出恰当的指标。落实到最后,指标可能会多达 15~20 个。这就为管理者操作带来了不便。前面在提到指标体系设计时就指出,指标不可以设计过多,否则就会造成负担。因为过多的指标一方面不利于人员及时、准确地理解绩效指标和绩效目标;另一方面也为管理者考核与数据收集带来了困难,甚至造成资源浪费和精力消耗。同时,平衡计分卡的部分指标在实际操作中并不一定能够表现为量化指标,这在公共部门中显得尤为明显。如顾客维度中的客户满意程度和客户保持程度就很难量化,员工的学习与发展指标中也不可能以要求员工每月读几本书、每月参加几次培训的指标来衡量,因为学习与发展是个深层次的概念。

第三,针对企业组织与公共部门的差异,为公共部门平衡计分卡作了特殊说明,但公共部门平衡计分卡终归是由四个维度构成的,缺一不可。问题就在于这四个维度的权重分配。一般而言,企业着重财务维度,兼顾顾客维度和内部发展维度。当然,要对企业业绩进行评价,就必然要综合考虑四个层面的因素,这就涉及一个权重分配问题。公共部门以公共服务为其重要产出,在财务维度方面比较缺乏,其内部管理指标、顾客指标也都缺乏具体量化的指标。因此,作为公共部门不但要在不同层面之间分配权重,而且要在同一层面的不同指标之间合理分配权重,否则就可能会导致不同的评价结果,进而影响绩效评估的公平性和合理性。

平衡计分卡在国内外的企业组织中已得到了广泛应用,但对公共部门而言,它还是一个新生事物。管理者素质、技能培训、领导支持、技术工具等都成为公共部门引入平衡计分卡的重要问题。尽管公共部门平衡计分卡实施存在一些问题,但就公共部门绩效评估发展的现状看,绩效评估走向科学化、规范化已是毋庸置疑的趋势。因此,平衡计分卡在公共部门的实施需要具备一定的条件,以保证公共部门 BSC 克服以上障碍并顺利实施。美国的毕竟文和孙永玲根据我国企业实施平衡计分卡的情况总结出企业成功实施的六大要素,以此作为公共部门实施 BSC 的经验(见图 8-4)。美国的保罗·尼文(Paul R. Niven)也指出,公共部门实施平衡计分卡需要许多条件,如高层管理者支持、沟通、培训等。作者认为公共部门成功实施平衡计分卡的条件可以归纳为以下几点:

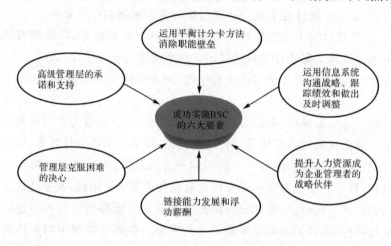

图 8-4　平衡计分卡体系成功实施的因素

一是树立绩效评估方法随环境变化而变化的观点[1]。传统评价方法的使用持续了很长时间,随着经济环境的变化,原有评价体系存在的基础发生了改变,如果组织改变了,而评价体系没有变,那么后者起码是无效,甚至可能对生产和管理起破坏作用。许多组织已经从以控制为导向的、职能分工的等级组织,转向快速的、高水平的、以团队为基础的组织策略,在这些公司中,传统的评价不仅不能支持新团队,反而会削弱他们。因此,当环境发生变化时,就需要对绩效评价体系加以重新审视,检查它是否依然符合客观环境、符合我们提高组织管理的要求。借鉴平衡计分卡法不仅是掌握一种具体的方法,还应当包括从观念上对评价方法的重新审视,形成一种新的理念,结合我们的各种环境因素,建立适应新经济时代的业绩评价体系。

① 马玉超,徐海霞.平衡计分卡的利弊分析与应用研究[J].沈阳师范大学学报(社会科学版),2004(3):26-29.

　　二是获得高层管理者的支持。这是任何管理学家都普遍支持的一个观点,也是成功实施平衡计分卡的必要条件。高级管理层必须参与制定战略并推动战略在基层的贯彻。如果没有管理层的参与,平衡计分卡项目则很容易流于失败。如果管理者没有与人员进行面对面的沟通,即使技术成熟,平衡计分卡也很难持续实施。在公共部门中,高层领导者的支持和认同对平衡计分卡的引入和实施都具有极为重要的意义。

　　三是要清楚认识建立平衡计分卡法的基础,循序渐进地引进平衡计分卡法。平衡计分卡法的出现和成功运用建立在两大基础上:一是西方国家长期以来严格、规范、科学的企业管理实践;二是管理理论的不断创新和发展。平衡计分卡法深受现代管理思想和理论的影响,从平衡计分卡法包含财务、顾客、内部营运过程和学习成长能力以及它们与企业战略紧密关系的强调,我们可以清楚地看到它绝不是短期内一蹴而就的管理手段,而是集成西方的现代管理理论成果。公共部门在实践运用中应该认识到平衡计分卡法的基础,循序渐进地引进平衡计分卡法,并根据公共部门自身的基础和条件逐步展开平衡计分卡法。

　　四是要建立 BSC 培训计划。平衡计分卡本身很简单,但这个工具却有着鲜为人知的复杂性。因此,公共部门需要设计相应的平衡计分卡培训计划,以确保公共部门平衡计分卡的有效、合理。根据保罗·尼文的观点,公共部门建立 BSC 培训计划需要与成年学习者合作,制定平衡计分卡培训目标,并开展培训需求评估。根据培训目标,管理者开始着手开展培训会,确定培训议程,通过多种形式的培训学习和案例教学,了解培训者的意愿,明确平衡计分卡的基本问题,以便在组织内部形成共识。

二、360 度绩效评估

　　平衡计分卡是从绩效指标设计的角度探讨绩效评估的方法,而 360 度绩效评估则是从评估主体角度寻找绩效评估的方法。进入 20 世纪 90 年代后,传统的目标管理考评体系受到了置疑,一些大型跨国企业纷纷采用一种新的绩效考评方法来代替传统的目标管理考评。这种新的绩效考评方法即 360 度绩效评估。20 世纪 90 年代初,据美国财富杂志统计,世界 500 家大公司中,超过 60% 的公司使用 360 度绩效评估方法。那么,360 度绩效评估方法究竟有着怎样的功能吸引着这些大公司呢?它对公共部门绩效评估又能产生怎样的借鉴作用呢?

360 度评估和管理体系是美国通用公司杰克·韦尔奇 1982 年发明的。他从尊重人性的角度出发，认为人的个性是难以改变的，管理者的首要任务就是识别和发掘人才，在充分尊重人的个性的基础上，把最合适的人安排在最合适的位置上，然后在工作中帮助下属设计职业生涯，让下属工作时尽量走效率最高、阻力最小的成功之路。绩效管理的职责是改善个人和组织绩效，以成本和效率作为衡量绩效的重要标准。随着绩效管理实践的开展，管理者们也逐渐认识到绩效管理在改善个人绩效和组织绩效的同时也必须为员工创造实现自我价值的平台。通过上级与下级之间的沟通，尽量为下级提供完成工作所需要的各种信息和资源。每完成一项工作，都让下属感到有成就感，使其工作在相互理解、相互包容的轻松氛围里，让每个员工尽量释放他的热情、发挥他的最大能量，在实现自我价值的同时，为企业创造最好的效益，这就是现代绩效管理的精髓所在。

360 度绩效评估主要应用于企业管理，具体内容分为六大步骤[①]：(1)负责考评的管理者从员工的 3～6 名同事那里听取意见(通过考评表)。(2)负责考评的管理者从 3～6 名员工的下属中听取意见(通过考评表)。(3)负责考评的管理者让员工自我评估。自我评估包括雇员的背景档案、去年的工作表现、工作才能以及其他评估(通过考评表)。还要发给每人一张空白表格，员工要总结他自己这一年来的工作成就和表现。(4)负责考评的管理者仔细阅读这些上交上来的表格，并根据这些表格对员工的工作表现做出合理的评估。在对员工的工作表现进行评估时，经理主要看 14 项标准(定向成就、人际交往、概念思维、分析思维、主动性、决策力、专业知识、合作精神、客户凝聚力、质量意识、组织义务、领导才能、发展力及适应力)。考评结果出来后，负责考评的管理者需将所有同事和下属的评估表格全部销毁。(5)管理者与员工面谈，并将这些评估报告与员工一起商议，进而探讨雇员的业绩目标、评估标准以及权重和未来事业发展计划。(6)这些评估和计划被简要地写在一张单独地表格上，其中包括员工、管理者及管理者上司的意见。这些表格被保存在人力资源部经理办公室的文件里。

以对某公司一名中层经理的 360 度考评为例(见表 8-3)。

---

① 赵进，董洪年，耿浩. 360 度考评法及其应用[J]. 人才开发，2004(5):38-40.

表 8-3　对公司一名中层经理的 360 度考评的具体方案

同级别的评估

被评估经理的姓名：

评估的时间段：从（　）到（　）（日/月/年）

请根据被评估经理在评估阶段的表现客观地回答下列问题：

1）你认为此人在被评估阶段中最主要的贡献是什么？

2）为保持有效性还应采取哪些措施？

3）为增加有效性应减少哪些措施？

4）哪些新措施能够在未来 12 个月中提高他/她的作用？

5）此人在评估期间的表现有没有遭到过其他人的反对？为什么有？为什么没有？

6）在你看来，该经理在评估期间是否具备团队精神？

7）他的哪些技术还有待提高？

8）此人是否能够满足客户的需要？请解释。

9）他是否应改变他的做法，以便在将来的 12 个月中更好地满足他人的要求？请解释。

下属的评估

被评估经理的姓名：

评估的时间段：从（　）到（　）（日/月/年）

请根据被评估经理在评估阶段的表现客观地回答下列问题：

1）在评估阶段你的现任经理是如何帮助你表现良好的？

2）在评估阶段你是如何帮助你的现任经理完成他或她的业绩目标的？

3）你希望你的现任经理在以后的 12 个月中做哪些事情，以便使你更加发挥你的
作用？

4）你希望你的经理少做些什么？

5）其他评估。

自我评估

姓名：　　　　　　　　　　评估日期：

评估的时间段：从（　）到（　）（日/月/年）

下面的问题能够帮助你理清你的思路，为讨论做好准备。根据你去年一年的工作表现，请准备一份档案。该档案须在_____之前交给评估经理。

A.背景

1）职业背景（雇用日期，职位）

2）学历/培训背景（公司培训和外部培训）

3）关于你背景的其他因素（可选择）

B.去年的工作表现

1）表现与客观情况相比

2）表现与现有责任相比

3）重要成就

续表

4)重要长处

5)为取得最大的成功还需提高哪些方面?

C.工作作用

1)简要叙述工作责任

2)简要叙述第二职业

3)受到了什么挫折?

4)你最喜欢做什么?

5)你认为在你的主要活动中哪些需要修改、补充或采纳?

6)你认为这项工作本身的范围是否应该重新考虑?

7)你认为在下一段时间内哪些应该作为主要目标和任务? 列出新目标,优先顺序及达到这种目的的方式。注意必需的培训和课程。

8)你还需要什么支持、特殊技能和经验以做好你的工作?

9)你认为你在哪些工作上取得了进步?

10)我该怎样才能帮助你更好地工作并达到你的目标?

D.其他评估

主管副总评估(1分为最低分,7分为最高分)

项目＼评分	1分	2分	3分	4分	5分	6分	7分
定向成就							
人际交往							
概念思维							
分析思维							
主动性							
决策力							
专业知识							
合作精神							
客户凝聚力							
质量意识							
组织义务							
领导才能							
发展力							
适应力							

[资料来源:赵进,董洪年,耿浩.360度考评法及其应用[J].人才开发,2004(5)]

360度绩效评估法具有典型的优点,表现为:

第一，通过全面测评能够获得对被考评人的全面意见。360度绩效评估是一种全面评估的方法，能获得对被考评人全面而系统的意见。传统的目标管理考评无论绩效指标设计得有多完善，倘若绩效信息来源不明确，也就无法发挥其作用。作为管理者，一般只有10％左右的时间能够看到他的下属工作，双方缺乏相互沟通和了解。360度绩效评估使管理者能够对被考评人及其绩效形成正确的观点和认识，从而有助于树立公平观念和激励员工。

第二，能够对被考评人做出客观、公正的评价。传统的绩效评估原则、目标都由管理者制定和测评，管理者的素质和公正性在传统绩效评估中显得尤为重要。但并不是每位评估者都是客观公正的，一些人为因素会影响评估者的评估工作。作为员工，如果没能与管理者搞好关系，其评估结果就可能会很不好。反之，与管理者搞好关系的，即使个人绩效表现不好，也可能取得较好的评估结果。360度绩效评估克服了这个难题，以同事和下属的考评为基础进行自我评估，使管理者能对员工形成较为客观的评价。

第三，为员工自我价值的实现和发展创造了条件。正如360度绩效评估的发明者杰克·韦尔奇所言，管理者的任务是发掘人才，组织要为人员提供自我价值实现的渠道。360度考评法是作为发展人才的工具而设计的。通过自我评估，个人可以发现自己的优缺点，从而找到自己的努力方向，并根据自己的缺点，有计划和有针对性地对自己进行培训。而组织通过360度考评，也能制定出更具有针对性和有效性的培训发展计划。

第四，有助于形成团队精神和良好的组织文化。传统的绩效评估带来组织内部人员之间的相互竞争，竞争固然能够激励员工积极向上，但过度竞争则会导致组织涣散和缺乏向心力。这些对组织长期发展而言都是极为不利的。360度绩效评估以自我评估为基础，避免了评估过程中的各种主观因素，是较为客观、公正的评估，使员工更容易接受评估结果，从而鼓励人们一起工作、互相支持。在一些组织中，员工还能对上司的工作进行评估，这也是员工参与公司管理的一种体现，有利于调动员工的积极性和创造性，从而能够形成一个具有较强战斗力和很高凝聚力的团队。

第五，相应地减轻了管理者考评的负担。传统的绩效评估以管理者考评为主，负责绩效评估的管理者面临技术、素质、环境等各方面的压力，还要面对考评结果带来的各种争议。因此，管理者的考评工作并不好做。引入360度绩效评估后，管理者的考评工作内容得以简化，只需要对被考评人的评估进行总结，大约80％的评估工作在这之前已经为管理者做好了。同时，建立在自我评估基础上的评估能够减少评估结果的争议性，这就大大减少了管理者的工作负担和心理压力。

　　基于 360 度绩效评估的上述优点,现代企业组织开始接受和广泛应用这种新的绩效评估方法,并在公共部门中得以逐渐应用。西方国家行政改革以绩效管理为突破口,注重绩效评估方法的应用,在公共管理实施中推行各种企业绩效评估方法,其中就包括 360 度绩效评估。应该说,360 度绩效评估在企业和公共部门的实施方法和步骤都是相似的,只是操作环境不同,并不存在像平衡计分卡在企业和公共部门的那种重大差异。因此,360 度绩效评估作为绩效评估的方法引入公共部门对公共部门如何实施科学、客观、公正的绩效评估提供了方法借鉴。当然,公共部门 360 度绩效评估与企业组织相比也存在着一些差异,主要体现为评估主体多元化,除了自我评估以外,根据公共部门的性质,还增加了中介组织评估、综合评估组织评估、社会评估的内容(见图 8-5)。

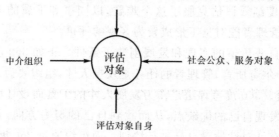

图 8-5　公共部门 360 度绩效评估

　　公共部门运用 360 度绩效评估方法其意义是不言而喻的。通过全面系统的评估,不仅了解了社会公众对公共部门绩效的评价,也能在自我评估的基础上形成正确、客观的认识。既体现出公共部门公共服务、社会参与的性质,同时避免了绩效管理过程中绩效评估结果带来的不正当竞争。当然,360 度绩效评估方法终究还是来源于西方国家的企业实践,这导致其在我国企业的应用中会出现某些问题,更何况 360 度绩效评估方法在公共部门的应用还处于起步阶段,也就难免存在一定的局限性。第一,我国公共部门的公务员文化不同于西方,也不同于企业。公务员的职责是执行公务,在传统行政官僚体制之下,公务员之间的层级级别管理较为严格。上下级之间不可能形成类似 360 度绩效评估的沟通机制,下级公务员也不可能对管理者进行评估或者批评。即使评估是匿名形式的,公务员在一般情况下也不会轻易表达出自己的真实想法。公共部门的权力体制、官僚集团和部门利益等特殊因素,制约了 360 度绩效评估发挥正常作用,会严重影响 360 度绩效评估的结果和效用;第二,公务员不同于一般企业组织中的员工,作为权力体制结构中的公务员,具有一定的权威意识和官僚观念。360 度绩效评估要求组织中的人员具有知识型的特征,即具有较强的责任心和使命感,能够积极地参与到公司的管理中去,从而实现自己的职业生涯发展计划和获得较高的成就感。公务员在这方面的素质还显得比较缺乏。

综上所述,360度绩效评估方法是公共部门有效实施绩效管理和绩效评估的重要方法,但就公共部门的现状看,将360度绩效评估引入公共部门还需要一个渐进的过程。在观念、组织制度和人员素质方面,都有待改进。

三、其他的绩效评估方法

平衡计分卡设计出绩效评估的指标体系,规定了绩效评估具体应该衡量的内容,使绩效评估有了基本操作方向;360度绩效评估明确了绩效评估的各类主体,减少了评估管理者的负担,以保证绩效评估的客观、公正。绩效评估除了绩效指标与评估主体以外,其中最重要的内容就是对绩效结果进行分析和评价,以便形成简单明了的结果,使员工和管理者都能一目了然,并能直接将这些结果加以利用。那么,如何对绩效结果进行分析评价呢? 对绩效结果的分析评价是传统绩效评估的主要内容之一,也逐渐形成、完善了许多绩效考评方法。

(一)员工与员工之间的比较

对绩效评估结果进行横向比较——员工与员工之间的比较是组织一贯的做法,对激励员工努力工作、改进绩效具有一定的意义。衡量比较的方法主要有排序比较法、两两比较法、强迫分配法等。

1. 排序比较法

排序评价法是一种古老而简单的考评方法,它类似于学校里的"学生成绩排名单"。这种方法根据某一指标,将全体员工的绩效按从好到坏的次序进行排列。排序评价法简单、直接,而且它要求考核者区分不同水平的绩效。其操作方法是:

第一步,将需要进行评价的所有员工名单列举出来,然后将不是很熟悉因而无法对其进行评价的员工名字划去;

第二步,运用像表8-2那样的表格来显示:在被评价的某一特点上,哪位员工的表现是最好的,哪位员工的表现又是最差的;

第三步,再在剩下的员工中挑出最好和最差的。

依此类推,直到所有必须被评价的员工都排列到表格中为止。表8-4是一份绩效排序评价表。

表 8-4　绩效排序评价表

交替排序法的工作绩效评价等级

评价所要依据的考评要素：_____

　　例如，针对你所要评价的每一种要素，将所有 10 名员工的姓名都列举出来。将工作绩效评价最高的雇员姓名列在第 1 行的位置上；将评价最低的雇员姓名列在第 10 行的位置上。然后将次最好的雇员姓名列在第 2 行的位置上；将次最差的雇员列在第 9 行的位置上。将这一交替排序继续下去，直到所有的雇员都被排列出来。

　　评价等级最高的员工

1._____　　　6._____
2._____　　　7._____
3._____　　　8._____
4._____　　　9._____
5._____　　10._____

评价等级最低的员工

　　当被考核的人较多的时候，排序法就会比较费时费力，其效果也不一定好。同时，对于工作性质差异的工作或者跨职能部门的人员，排序法就失去了相互比较的意义。对于某个公共部门来说，排序法会比较适合，但如果公共部门内部工作内容差异太大，则不一定适合。如同一部门的科长与处长工作内容差异很大，就很难比较。对于公共服务性质的操作部门，如行政审批中心的工作人员就会相对适合。可见，排序法适应于工作内容简单的基层人员，对管理层的适用性则较低。

　　2.两两对比法

　　两两对比法是将所有的被考核者就某一考核指标，与其他每一个人一一做比较，最后将被考核者按绩效高低排列，如表 8-5 所示。这种方法实质上是将全体被考核者看成一个有机系统，有助于全面评价所有人的工作。

　　但是，这种方法受到被考核者人数的制约，当有大量员工需要考核时，这种方法显得复杂和浪费时间。例如，当被考核者的人数为 n 时，按照一一对比的原则，总共需要配对比较 $n(n-1)/2$ 次。如果对 6 个员工进行评价，考核者需要配对比较 15 次，而当需要考核的员工为 12 个时，则配对比较要增加到

66次。因此,这种方法一般适用于10人左右的绩效评价。表8-5就是两两对比法的例子。

表 8-5　两两对比法例子

比较者\被比较者	A	B	C	D	E
A		＋	－	－	＋
B	－		－	－	＋
C	＋	＋		＋	＋
D	＋	＋	＋		＋
E	＋	＋	－	＋	
对比结果	较好	最好	差	中	中

3. 强迫分配法

强迫分配法类似于一种正态分布效应,最初是用于考核军官绩效而设计出来的一种方法,现在企业界和公共部门被广泛应用。所谓强迫分配法,就是根据事物呈正态分布规律,把考核结果预定的百分比分配到各部门,然后各部门根据自己的规模和百分比来确定各个档次人数的方法。

如某部门规定上半年度考核结果为优秀的人数比例为15％,良好的为30％,合格占40％,不合格占15％。通过强制分配优秀、良好、合格和不合格的比例,可以避免考核者的主观因素渗入到评价过程中造成的宽松或严格等主观误差,适用于规模较大,工种繁多的组织。目前在许多公共部门都采用这种强制分配名额的方法,相对公平、简单。但这种方法也存在一个问题,即平均主义。正态分布的结果是良好、合格的比例较大,容易形成平均主义,也就造成考核结果的不公正。同时,对于那些整体绩效较高的组织,如果强制分配合格与不合格的比例,就意味着带来不公正;而某些整体绩效较差的组织则容易乘机占到好处,虽然同为"优秀",但其实际绩效水平可能差很多,不利于创造团队合作的气氛。

(二)员工与工作标准之间的比较

员工与工作标准相比较属于一种纵向比较,其结果更具客观性和公正性。一般来说,员工与工作标准相比较的方法有考核清单法、量表评价法、关键事件法、行为差别测评法、评语法等。

1. 考核清单法

考核清单法具体可以分为简单清单法和加权清单法两类：

简单清单法，是考核者结合工作说明书和与工作绩效优劣相关的典型行为，拟订考核清单条目，然后逐条对照被考核者的实际状况，将两者一致的地方，打勾即可。下面是一份预先拟就的绩效考核清单中的一部分：

- 工作不认真，疏忽操作规则（　　）
- 严格遵循操作规则，并推动和改进操作规范（　　）
- 工作勤奋，有时能超额完成工作任务（　　）
- 工作懈怠，不能按时完成任务（　　）
- 与同事关系和睦，能主动关心和帮助他人（　　）
- 脾气暴躁，经常与同事吵架（　　）
- 能力强，对所从事的工作得心应手（　　）
- 对所做的工作勉强胜任（　　）

……

考核清单涉及员工工作的各个方面和各种情况，考核者只要照单勾出即可，简便易行。关键在于管理者是否能够找出与工作相关的各种事件，以便于准确说明人员工作和绩效的情况。

加权清单法是在简单清单法的基础上建立的。正如上面所列的绩效考核清单，对于不同部门的工作人员来说，每个指标和要素对人员绩效的影响是不一样的。因此，为了考核的精确性，应对所涉及的考核要素赋予权数，在评分时，乘以权数，则可使其得分更符合实际。

2. 量表评价法

量表构建要先通过员工获得关键事件和行为，然后将行为分为几个维度，并评定关键行为代表什么等级的工作表现。然后将关键行为列成一张表。上级阅读这些行为并评价员工在多大频率上有这些行为，方法是用5级评分制，从1到5依次表示员工表现该种行为的百分比从小到大。评估完每个员工的具体行为后，对每个维度的所有行为的得分求和，得到该维度的总分。将每一个维度的得分求和得到该员工的整体得分。如表8-6就是量表评价法的典型例子。

量表评价法简便易行，操作起来很方便。但在考核的过程中容易出现趋中误差，考核者一般倾向于给出中间等级的分数，回避极端等级。而且由于各考核者对考核要素的理解不同，往往会影响考核的客观性。

表 8-6　员工绩效考评量表

员工姓名＿＿＿＿＿＿＿　　职务＿＿＿＿＿＿＿　　考评日期＿＿＿＿＿＿＿

工作部门＿＿＿＿＿＿＿　　工号＿＿＿＿＿＿＿　　评 估 人＿＿＿＿＿＿＿

工作绩效维度	绩效等级				
	最差:1分	差:2分	中:3分	良:4分	优:5分
工作质量					
工作数量					
工作纪律					
设备维护与消耗					
创新意识与行为					

考评意见:　　　　　　　考评人签名:　　　　　　最差:不能完成任务

员工意见:　　　　　　　员工签名:　　　　　　　差:勉强完成任务

人力资源部审核意见:　　负责人签名　　　　　　中:基本完成任务

　　　　　　　　　　　　　　　　　　　　　　　良:完成任务较好

　　　　　　　　　　　　　　　　　　　　　　　优:完成任务特别杰出

3.关键事件法

关键事件法是管理实践中运用较为普遍的方法,对公共部门绩效评估具有一定的借鉴意义。关键事件法在应用的时候一般采用日记法。日记法就指上级在平时不断地(如每天结束的时候)对员工的表现做详尽记录,每一位需要考核的员工都有一本"工作日记"或"工作记录",上面记载的是日常工作中员工突出的、与工作绩效密切相关的事件,既可以是极好的事件,也可以是极坏的事件。关键事件的记录者一般是员工的主管,在记录时,主管应着重对事件或行为的记载,而不是对员工的评论。

关键事件法的优点是,其一,关键事件法是以员工在整个考核期的行为为基础,避免了考评中的近期化误差;其二,关键事件法依据的是员工的日常事实记录,使考核中考核者的许多主观误差得到了控制。但关键事件法也有其不利的方面。首先,什么是关键事件,不同的主管有不同的界定;其次,给每个员工做"工作日记"会耗费主管许多时间;其三,它可能使员工过分关注主管到底写了些什么,对"工作日记"产生恐惧和抵触,不利于考核的实施。

4.行为差别测评法

行为差别测评法是先通过一个类似于关键事件法的工作分析程序,获得大量的描述句,描述从有效到无效的整个行为系列,然后通过整理,根据相似性对项目进行分组,每一组项目具有一个概括性的描述,并将这些描述句作为"绩效标本"。之后,将这些"绩效标本"安排在问卷中,并发放给抽样产生的20位在职者和其上司,对问卷涉及的有效和无效行为的信息进行分析。最后据此制作测评表。

5.评语法

评语法是公共部门中普遍应用的一种方法,它赋予"考核内容"和"考核要素"以具体的内涵,使每一分数有对应的描述,从而使评价直观、具体和明确。但评语法只是在总体上对员工绩效进行评定,不能用作人事管理的依据。在部分情况之下,评语法受到管理者主观因素的影响,并不一定具有客观公正性。

(三)员工与目标之间的比较

员工与目标之间的比较主要是指目标管理法(MBO),也是目前管理实践和理论研究方面较为深入的一种方法。目标管理法是由美国加州克莱蒙特研究生院著名的管理专家彼得·德鲁克博士于1954年在《管理的实践》一书中提出来的。自此以后,目标管理成为美国和欧洲私营企业所熟悉和广为采用的管理方式,并在全世界推广。

所谓目标管理法,就是通过使主管人员和下属共同参与制定双方同意的目标,使组织的目标得到确定和满足。这些目标是详细的、可测量的、受时间控制的,而且结合在一个行动计划中。在以双方确定的客观绩效标准为中心的绩效测评期间,每一进步的取得和目标的实现是可以测量和监控的。

目标管理是一种严格按照组织既定的目标进行管理的方法,目标管理法的评价重点主要集中于结果而非行为,通俗地讲,衡量一个员工或管理者是否称职,就看他对总目标的贡献程度。实行目标管理的目的在于通过各级目标的制定、考评、鉴定、实现,激发全体成员的创造性和工作热情,使其发现自己在组织目标中的价值和责任,从中得到满足感,并在工作中实行"自我控制",从而更好地为实现组织的总目标做出自己的贡献。为此,有学者列出了目标的八大作用:

(1)目标提供了绩效标准,引导管理者注重组织活动及组织成员努力的方向。

(2)目标提供了与组织活动相关的计划和管理控制的基础。

(3)目标为决策提供了指导,并且证明了所采取行动的合理性,它们减少了决策中的不确定性,防止了可能招致的批评。

(4)目标影响组织结构,组织所要努力达到的目标影响着组织构成的方式。

（5）目标有助于加强员工对于组织活动的投入，使组织注重有目的的行为，为激励和奖励系统提供了基础。

（6）目标表明了组织到底是什么样的，使员工明确组织的真正实质和组织内外成员的特点。

（7）目标可以作为考评变革和组织发展的基础。

（8）目标是组织目的和政策的基础。

目标管理法利用目标对绩效评估的作用，对员工绩效起到衡量、反馈的积极作用。就绩效评估看，目标管理的一般程序为：设定组织的目标→设定部门的目标→讨论部门的目标→设定员工的个人目标→工作表现回顾→提供反馈。

目标管理法的核心在于将组织的目标首先分解为部门的目标，再分解为员工的目标。员工对于完成目标的方式和进度有很大的自主权。考核非常客观，而且考核内容和工作相关。但是，目标的设定因人而异，每个员工目标的难度都不同，其具体的工作环境和条件也不同，而且每个员工的能力和完成该目标所需要付出的努力也不同，这样就很难对不同的员工进行比较，而且并不是所有的工作都可以设定明确的目标[①]。

综上所述，绩效评估方法具有多样性，从绩效指标设定、评估主体确定到绩效结果分析，都存在许多较为科学的方法。公共部门对这些绩效评估方法并不是都可以拿来使用，而是要根据本部门的实际情况加以灵活应用。

第三节　我国公共部门绩效评估的现状与发展趋势

公共部门绩效评估就是运用科学的方法、标准和程序对公共部门提供公共产品与服务的过程和结果开展客观评价，以此形成对公共部门持续改进绩效的预期，从而进一步提升公共部门的治理能力和提高公民满意度。从总体而言，我国公共部门绩效评估起步较晚，相应的绩效评估机制、绩效评估技术以及绩效评估理念和评估能力等方面还存在诸多问题。随着 2004 年全国各地"效能革命"的推进，公共部门绩效评估逐步走向实践层面多元化发展，并在地方政府政府实践中探索我国公共部门绩效评估模式，实践效果显著。近十几年来，伴随互联网＋、云计算和大数据技术的迅猛发展，我国公共部门绩效

---

① 冯侠圣.绩效系统的原理、应用、案例［M］.广州：南方日报出版社，2003：156.

评估的机制创新和技术创新取得了卓越成效,推动了我国公共部门绩效评估制度化、规范化、数字化发展,成为公共治理创新的重要内容之一。

一、我国公共部门绩效评估的制度环境

作为功能性环节,公共部门绩效评估主要承载着技术价值。然而,正如本书第一章中指出,公共部门与私营部门在目的、功能、价值方面的根本差异决定了公共部门绩效评估不仅仅要从技术维度考量其方法的适用性和有效性,更需要深入分析公共部门绩效评估的制度环境及其对评估机制、评估手段、评估结果应用、绩效改进等方面的综合影响。

党的十六大报告中明确指出,要"进一步转变政府职能,改进管理方式,推行电子政务,提高行政效率,降低行政成本,形成行为规范、运转协调、公正透明、廉洁高效的行政管理体制"。2012年,党的十八大报告也指出的深化行政体制的改革的重要任务,"要按照建立中国特色社会主义行政体制目标,深入推进政企分开、政资分开、政事分开、政社分开,建设职能科学、结构优化、廉洁高效、人民满意的服务型政府"。同时,还要"创新行政管理方式,提高政府公信力和执行力,推进政府绩效管理"。2015年,国务院启动了《推进简政放权放管结合转变政府职能工作方案》,提出"简政放权、放管结合、优化服务","在深化行政管理体制改革,建设法治政府、创新政府、廉洁政府和服务型政府方面迈出坚实步伐,促进政府治理能力现代化"。通过重新定位政府职能和优化公共服务,全面提升政府管理绩效水平。2017年,习近平总书记在十九大报告中明确指出应"深化机构和行政体制改革","转变政府职能,深化简政放权,创新监管方式,增强政府公信力和执行力,建设人民满意的服务型政府"。2020年,党的第十九届中央委员会第五次全体会议中进一步指出,要"以满足人民日益增长的美好生活需要为根本目的","坚持和完善社会主义基本经济制度,充分发挥市场在资源配置中的决定性作用,更好发挥政府作用,推动有效市场和有为政府更好结合"。这实际上对公共部门绩效评估的理念、宗旨、导向都产生了深远的影响,也构成新时代公共部门绩效评估新的制度环境,对公共部门绩效评估的发展演进有着重要意义。总体而言,我国现阶段公共部门绩效评估的制度环境特征中集中表现为以人民为中心的公共治理转型。

坚持以人民为中心是中国新时代治国理政的重要发展思路,也是发展社会主义民主政治、培育法治社会和维护公共利益的主要实践,深入反映了中国现代化道路的发展方向。按照以人民为中心的思路引领,治国理政的全部活动都需深入贯彻人民的利益与诉求,也是公共治理进步与发展的根本动力,更

对当前公共部门绩效评估的评估理念、评估动力、评估维度等方面都产生了深刻影响。

其一，从评估理念的角度看，以人民为中心的治理理念重塑了公共部门绩效评估的基本价值，在中国语境下进一步阐释和拓宽了"以公民为中心"的公共部门绩效评估的价值导向。公共部门绩效评估不仅要坚持效率原则，推动政府管理和公共服务供给的高效运行，另一方面，公共部门绩效评估要始终维护民主公平的社会价值，以此确保公共部门绩效评估的正义性。在中国悠久历史传统中，人民的定义出现更早，也是理解中国政治社会结构的关键要素。在社会主义国家政治体制之下，根据宪法规定，中华人民共和国的一切权力属于人民。"人民"这一概念包含了具有平等法律身份的人口，也蕴含着民主政治发展和公平正义的公共价值。因而，以人民为中心的治理理念结合基本社会价值和民主政治观念，重塑了公共部门绩效评估的基本价值，也是新时代中国政府管理体制改革的重要价值导向。

其二，从评估动力的角度看，以人民为中心的治理转型的根本动力来自于人民。这就决定了公共部门绩效评估的动力并非政治领导要求或官员个人晋升动机。随着现代政府部门面临的外部资源要素结构、经济社会技术环境、人民对公共产品和公共服务需求的复杂变化，来自政府部门或政治结构的内部动力已不足以维系公共部门绩效评估的持续动力。作为外部环境中最核心的要素，人民的态度评价、经济利益、文化意识及其相关的诉求才是评价公共部门绩效的根本动力，是政府能否以积极的态度主动实施以提升治理能力和解决社会问题的公共部门绩效评估的关键。因此，公共部门绩效评估的起点在于以人民为中心的外部环境诉求变化，采取适应诉求变化的评估策略有利于更好地反映人民根本利益，是公共部门持续改进绩效水平的动力基础，为公共部门绩效评估提供了以人民为中心的激励机制，也为政府管理体制改革深入发展创造了良好条件。

其三，从绩效评估维度的角度看，以人民为中心的治理理念充分强调以人民为绩效评估主体、人民需求满足程度为绩效评估标准、人民参与为绩效评估过程的公共部门绩效评估机制。如何对公共部门绩效开展测量与评估是一个较为晚近的研究话题。如何促进公共部门绩效的持续改进，关键在于建立民主、科学、公正的公共部门绩效评估体系。以人民为中心的治理理念从人民利益与需求角度明确了公共部门绩效评估的评估导向、评估主体、评估指标、评估运行等内容，建立起新时代以人民为中心的公共部门绩效评估指标体系，把人民满意作为判断公共部门绩效的主要标准，也为有效衡量现阶段公共部门的绩效和公共产品与服务的质量奠定了良好的制度基础。确立以人民为中心的公其部门绩效评估维度,这不仅仅是公共部门绩效评估理念的变化,也是公共部门绩效评估制度化发展的现实需要。

改革开放以来,中国政府改革的总体目标就是"瘦身健体",具体化为优化政府职能和组织结构,精简政府机构和规模,提升政府管理能力,提高行政效率和效能[①],以持续提高行政效率和效能为主要任务的公共部门绩效评估不仅是优化政府职能的重要环节,也是现代政府管理能力的直接体现。以人民为中心的治理理念和治理转型确立了我国现阶段公共部门绩效评估的整体制度环境。但与此同时,我们也应看到,作为后市场经济国家,我国具有自身的特点。同时,近十几年来互联网新兴技术、云计算和大数据的发展,经济社会发展需求发生的重大变化,政府管理现代化的改革任务加重,这些特点与趋势一方面表明当前我国政府管理体制改革仍存在诸多障碍,另一方面也对公共部门绩效评估体制机制建设产生了重要影响。主要表现在以下三方面。

第一,政府与市场的界限有待明晰化,以此确立公共部门绩效评估的战略导向。

政府和市场是人类社会两种最基本的组织形式,也是推动、控制和影响社会发展的两股强大力量。实践已经证明,充分发挥市场机制在配置资源中的基础性作用,实行公开、公平、公正竞争,经济活动才能富有活力、更有效率,才能更快地更多地创造社会财富,从而提高我国的综合国力。同时,也要看到实行市场经济体制,并不意味着减少政府的责任和作用。"任何国家,即使是堪称最民主的国家也需政府行使公共管理职能"[②]。我国正处于经济体制转轨、经济结构战略性调整和经济快速发展的时期,尤其需要政府担当起应负的责任,把职能真正转变到经济调节、市场监管、社会管理、公共服务上来,为经济活动创造良好的宏观环境。但正是因为我国市场经济体制发展还不够成熟,政府与市场的关系不够明晰,导致政府还不能完全脱离繁杂的行政事务。在市场经济条件下,"自由交换与公平竞争是最重要的行为准则,每个社会个体或组织都在市场规则下,依据各自的价值目标借助交换的方式来实现有竞争的利益分配。政府自然也不例外"[③]。如果政府与市场关系界定不清,不仅有可能导致盲目的市场化,使得政府行为利益趋向化,并有可能进一步损害到市场经济主体的利益;也有可能无法明晰政府的真正职责,从而影响政府提供公共产品与公共服务的有效性。近年来,政府就如何明晰政府职责和厘清与市

① 潘小娟.中国政府改革七十年回顾与思考[J].中国行政管理,2019(10):25-32.
② [美]迈克尔·罗斯金.政治学[M].北京:华夏出版社,2002:76.
③ 尹廷.当前地方政府绩效管理与政府行为价值选择的扭曲[J].天中学刊,1999(6).

场的关系方面开展了卓有成效的改革。2019年10月,国务院第66次常务会议通过了《优化营商环境条例》。该条例规定,国家持续深化简政放权、放管结合、优化服务改革,最大限度减少政府对市场资源的直接配置,最大限度减少政府对市场活动的直接干预,加强和规范事中事后监管,着力提升政务服务能力和水平,切实降低制度性交易成本,更大激发市场活力和社会创造力,增强发展动力。同时,优化营商环境应当坚持市场化、法治化、国际化原则,以市场主体需求为导向,以深刻转变政府职能为核心,创新体制机制、强化协同联动、完善法治保障,对标国际先进水平,为各类市场主体投资兴业营造稳定、公平、透明、可预期的良好环境。因此,进一步明晰政府在社会主义市场经济发展过程中的职责,才能有助于确立公共部门绩效评估的战略目标导向。

第二,公平与效率的关系有待统一,以此确立公共部门绩效评估的评估标准。

社会主义市场经济体制自身发展的价值取向是实现效率与公平的统一。当前,我们进入了中国特色社会主义进入新时代,是决胜全面建成小康社会、进而全面建设社会主义现代化强国的关键时期。党的十九大报告指出,随着社会主要矛盾的变化,"我们要在继续推动发展的基础上,着力解决好发展不平衡不充分问题,大力提升发展质量和效益,更好满足人民在经济、政治、文化、社会、生态等方面日益增长的需要"。但是,我们仍处于并将长期处于社会主义初级阶段,还必须大力发展社会生产力,提高经济、社会、文化的发展水平和发展质量。因此,对政府而言,不仅面临着提高经济发展水平的重要任务,也面临着增强社会效益和提高人民满意感的重要职责。这实际上也对公共部门绩效评估的标准如何兼顾公平和效率准则提出了更高的要求。其一,承载着"社会正义最后一道防护线"的公共部门必须秉着公平正义原则提供基本的均等化的公共产品与公共服务。2017年,我国发布了《"十三五"推进基本公共服务均等化规划》,明确指出基本公共服务均等化是指全体公民都能公平可及地获得大致均等的基本公共服务,其核心是促进机会均等,重点是保障人民群众得到基本公共服务的机会,而不是简单的平均化。享有基本公共服务是公民的基本权利,保障人人享有基本公共服务是政府的重要职责。推进基本公共服务均等化是促进社会公平正义、增进人民福祉、增强全体人民在共建共享发展中的获得感的主要路径,也是衡量公共部门绩效的重要标准。其二,由于资源的稀缺性和公共部门使用公共资源的责任性,都要求公共部门在市场经济条件下同样要追求社会效益和节约公共资源,并保证公共部门高效率地运转。公共部门如何经济地、高效地使用公共资金,如何促进地方经济社会增长以及如何高效地提供公共服务是现阶段公共部门管理改革的重点任务之一。因此,效率是衡量公共部门绩效的主要标准,体现了公共部门有效使用公共资源和推动经济社会增长的责任。公共部门绩效评估标准是要确保公平与效率的持续统一,以此真正服务于我国高质量发展的要求。自"放管服"改革以来,各级地方政府积极探索简政放权和优化服务的方式,以此提高公共部门效率和提升公共服务的质量。"最多跑一次""不见面审批"等改革都是公共部门探索公平与效率相统一的积极尝试,但从可持续性、覆盖面等角度看,公共部门绩效评估还需深入探讨公平与效率在绩效评估维度中展现的关系,尤其是指标设计与权重指数方面,只有科学合理的设计才能促进公平与效率的统一。

第三,管理与服务理念有待更新,以此确立公共部门绩效评估的价值导向。

政府除了政治统治的职能以外,还有社会管理、社会服务和社会平衡职能,即要服务于整个社会或人民大众①。包括信息和商业服务、市政服务、慈善服务、卫生服务等等。在社会主义市场经济条件下,政府转变职能,就要充分利用契约在整合社会关系中的重要作用,改变那种重审批轻监督、重管理轻服务、重制裁轻保护、重行政命令轻契约整合的现象。一方面政府要培育代表企业利益的中介组织,把社会可以自我调节、管理和自律的职能交给中介组织;把市场主体的经营权和投资决策权交给市场主体,切实把主要精力放在搞好宏观调控和创造良好的市场环境上来。另一方面,政府也要做好自己的服务管理工作,做好社会的"裁判员"。但就我国现实情况看,政府与市场关系界定并不十分明确,而且政府本身无法克服传统体制之下的弊病,如官僚主义、形式主义、办事拖拉等。传统的公共行政强调政府管制,因此长期以来,公共部门就形成了官僚体制下的一些通病,缺乏服务意识。随着社会主义市场经济的发展,公共部门的服务理念逐渐增强,也因此相应地采取了一些措施,如透明行政、服务行政等。作为公共部门,政府的职责是双重型的,既是社会的管理者又是社会的服务者,因此就有必要更新公共部门的管理与服务理念,促使公共部门管理有效和服务优化。"放管服"改革的推进,在很大程度上有助于政府部门厘清管理与服务的管理,树立新的管理理念与服务理念。同时,管理与服务理念的进一步更新,方能明确公共部门绩效评估的价值导向,从而为科学的公共部门绩效评估奠定基础。

总之,以人民为中心的公共治理转型对我国公共部门绩效评估的制度环境产生了重要影响,也对评估理念、评估机制、评估手段、评估指标与绩效改进等方面有着深远影响。传统的行政管理体制改革集中于人员精简、组织结构

① 俞友康,韦留先.建设服务型政府——理论与实践的思考[J].体制改革,2004(3).

调整以及组织的自我更新,以人民为中心的公共治理转型所需求的政府不再是一个简单的管理型政府,而是一个能够与市场经济发展、人民的需求紧密相连的高绩效、高服务品质的政府。现代公共部门发展不仅与时代、环境紧密相连,而且更注重与社会、人民诉求的沟通与协调。伴随公共部门绩效评估制度环境变迁,一方面公共部门绩效评估的重要性愈加凸显,另一方面公共部门绩效评估的评估理念、评估机制、评估维度等方面也将面临诸多改革的挑战。

二、我国实行绩效评估的可行性及障碍

　　政府绩效管理是已经被西方发达国家行政改革实践证明了的,在减轻财政压力、回应民众民主诉求、提高政府服务意识方面富有成效的管理方式[①]。英国 1979 年在政府机关中制定和实行了“效率评审计划”,1991 年又在此基础上推出了“市民宪章”运动,其重要内容之一,就是建立了公务员绩效评估制度,从而将单纯提高内部管理效率,推进到改进政府的公共服务效能;1987年,澳大利亚的中央机构进行大部制改革,引入了市场竞争机制,改进行政绩效,注重财税制改革,强调对改革的评估及反馈、增强决策的透明度;1993 年,美国高举“重塑政府”的旗帜,力求创造“少花钱多办事的政府”,彻底地改变了政府工作的理念,把私营部门的市场化理念引进政府以保证政府高效运转。可以说,西方发达国家的绩效管理实践在具体操作上都获得了显著的成功,并极大地推动了现代服务型、高效型政府的建立。我国是社会主义发展中国家,随着市场经济的发展,政府管理体制存在的问题日益凸现,迫切需要进行改革。西方国家的绩效管理在理论上具备了一定的基础,在实践上也取得了一些成功经验,这对我国当前行政管理体制改革必将产生一定的借鉴作用。尽管源于西方发达国家企业管理的政府绩效管理在理念和实践上都存在着一些缺陷和问题,尤其以经济行政为指导思想的管理理念对我国政府管理体制产生了强烈的冲击。为此,我们一方面需要从本国国情的实际,借鉴西方发达国家绩效管理的成功经验;另一方面,也要对绩效管理本身展开探讨,争取建立真正的服务型政府,而不是纯利益导向的经济政府。

　　(一)我国实行绩效评估的可行性

　　西方发达国家行政改革的成功实践为我国行政管理体制改革提供了借鉴经验,而我国的基本国情也决定了绩效评估在政府管理模式中有运行的空间。

　　第一,宏观上,市场经济的发展要求我国公共部门注重效能建设、降低行

　　①　徐双敏.我国实行政府绩效管理的可行性研究[J].中南财经政法大学学报,2003(5):41-47.

政成本、提高行政机关的效率,为全面建设小康社会提供制度保障。

目前,中国已初步建立了社会主义市场经济体制,进入了高质量发展的重要阶段,可以说,政府改革的必要性和迫切性已凸现。而政府实行绩效管理作为政府改革的重要组成部分,必须被提到议事日程。一方面我们有英美等西方发达国家公共部门绩效管理的实践经验可供借鉴;另一方面,面对政府财政赤字居高不下的现实压力,以及行政管理体制改革的困境,实行政府绩效评估是必然的。在传统的改革理念中,政府是凌驾于社会之上的、封闭的官僚机构。在计划经济时期,我们评价政府的标准以及关心的重点都在于政府的性质和政府的权威,即立足于建立一个代表人民根本利益的政府,使人民的利益能够通过拥有绝对权威的政府得到整合。在这种情况下,处于绝对权威的政府是无需评估其绩效的,也没有这个必要性。但随着社会主义市场经济的发展,社会的自主性扩大了,对政府的要求也随之改变了。传统的官僚政府、几乎没有效率可言的政府根本无法适应社会事务扩大的需求,也无法适应日益激烈的国际竞争。当前,我们的政府面临的事务以及需要应对的危机变得更加复杂,这些都对当前我国政府制定政策和执行政策的能力提出了更高的要求,即要求政府也必须讲求效率、效益。中国作为一个经济处在转型期的发展中国家,转变政府职能还只是工作的第一步,接下来就必须关注政府绩效评估机制的建立。或者说,应该在推进政府转变职能的同时,就研究建立政府绩效考评机制,以之促进政府职能转变,促进经济体制的完善。现在我们政府的行政效率极低、机构臃肿、冗员充斥,这是我国财政负担过重的根源之一;行政效率低还突出地表现在过多、过滥的审批程序的存在。虽然我国于 2003 年颁布了行政审批制度,标志着我国在行政管理体制改革上迈出了一大步。但就政府本身而言,如何降低行政成本、提高行政效率、提升服务质量,这是关系到政府在操作层面上如何持续保持高效率的主要问题之一。建立科学的政府绩效管理机制,不仅是政府降低行政成本、提高服务质量的重要管理机制,也是从根本上保证政府高绩效运行和公务人员高素质的一个重要机制。

第二,微观上,绩效评估在技术上的操作有助于公共部门转变观念,提高行政效率。

绩效管理是面向组织效益的全方位管理,以绩效评估作为重要方式,在公共部门中倡导顾客导向和效率意识,并将绩效与考核能动地结合起来,以促进公共部门服务的优质化和高效化(见表 8-7、图 8-6)。

表 8-7　公共部门绩效管理方法的特殊性

一般的绩效管理	公共部门的绩效管理
一年一次	持续不断
单纯的评估	评估与发展
对个人性格的肤浅评估	对行为的详尽考察
与组织流程松散联系	与组织计划紧密相连
笼统的目标	具体的目标

注:公共部门的绩效管理有其特殊性,需要兼顾公民利益和政府权威,为了提高政府绩效,公共部门的绩效评估方法必须与一般企业的评估方法有差异,以保证公务人员的积极性能够得到充分发挥,从而转变公共部门的观念,提高效率。

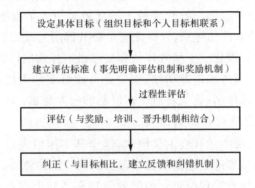

图 8-6　公共部门绩效管理的流程图

注:绩效管理是全方位的考核,其核心在于评估,目标、评估、奖惩三者相紧密联系就是以"经济行政"为指导思想的全方位绩效管理。

在具体实践中,各个国家的公共部门绩效评估都有不同的技术操作方法,但基本的技术原则还是一致的,这些原则包括顾客导向、标杆管理、竞争效率意识等等。这些技术原则的价值表现在:

(1)"顾客导向"为公共部门提高服务意识提供最基本的思路。我国长期处于计划经济体制之下,政府部门的权力优先意识和官僚主义作风一直严重影响着公共部门的形象和具体运作。新公共管理提倡的"顾客导向"从根本上否定了政府的优先权,而是把社会大众作为市场经济中的顾客,因此作为公共部门不仅要清楚地了解顾客的需求,也要尽可能满足顾客的需求,提供他们所需要的服务。这样,才能在供给和需要之间取得平衡,才有可能做到绩效管理。为此,我们的公共部门工作人员首先面临的就是服务理念的转变。既要通过以德行政的推行,将服务行政的精神植入行政组织和行政人员①,也要提高顾客意识,能动地促进服务行政意识地推广。

(2)"标杆管理"促进公共部门的竞争意识。标杆管理是一种追求卓越的管理模式,并将之学习转化,以提高组织绩效的管理工具②。严格意义上,绩效管理和标杆管理有本质的区别,但随着政府绩效管理的推进,企业中的标杆管理也作为一种促进绩效的重要手段引入绩效评估中。我国公共部门机构众多,各个部门的组织结构和利益倾向都存在一定差异,标杆管理不仅能够以政府各个部门之间为实施对象,也能以竞争者为对象,从而促进组织正常的竞争,以提高公共部门的绩效。这种绩效评估对我国公共部门开展正常竞争,促进部门间的合作有着极大的意义。

(3)绩效评估对公务员考核机制产生正激励作用,有助于整个组织形成公平的竞争氛围。公共部门绩效管理最大的优势是引入了市场机制,建立了以"四E"为基础的绩效评估体系,以保证整个公共部门施政过程的公正、透明和廉洁。同时,绩效管理建立了绩效评估和奖惩机制挂钩的体制,大大改变了传统行政体制下公务员考核的被动性,使公务员能够主动为提高组织绩效而努力,因而具有正激励作用,这是对传统官僚制的一大超越。

(二)我国实行绩效评估的障碍

我国是一个发展中的社会主义国家,这个基本国情决定了在我国政府实行绩效管理,不论是理论上还是现实中都会遇到一定的障碍。

首先,政府的绩效管理与企业的绩效管理在本质上存在不同。政府行政行为具有非营利性、垄断性、公益性等特点,作为公共部门,政府根本没有利润可言。而绩效评估的导向很大程度上是要将绩效和利润相挂钩。作为企业,它可以毫无疑问地将利润和效率放在第一位,从而有效地建立起绩效评估机制。但政府就不可能这样:一方面,政府的服务宗旨是全心全意为人民服务,强调行政工作的利润会导致服务行政的淡化;而另一方面,现实中的政府也不是完全没有利益趋向的,片面追求效率的结果则很容易引发诸如过度集权、行政命令和工作方法简单粗暴、"一刀切"以及弄虚作假等负面效应。我国行政管理体制改革还处于尝试阶段,关于公平和效率的关系还不能真正理清,因此政府的绩效评估在实践中就会遭遇障碍。

其次,政府是否能对绩效评估的结果负责任以及改进的可能性有多大,这是需要提出疑问的。绩效管理最大的特色是将组织整个环节都纳入到评估体

---

① 李传军.服务行政模式对官僚制的借鉴与超越[J].公共行政,2004(2):26-28.
② 张成福,党秀云.公共管理学[M].北京:中国人民大学出版社,2001:278.

系中,以评估的结果作为改进工作的基础。因此,其前提条件就是公共部门能够对评估结果负责,并逐步改进。对于企业来说,出于利润需要,改进工作的可能性很大。但公共部门则不同,绩效评估的结果往往要求有关部门负起责任。而这项责任暗含着职位变动、部门利益、薪酬等相关因素,有时甚至与政府部门的形象密切相关。所以,政府对绩效评估的结果能够负起多大的责任值得我们思考。尤其是我国长期处于官僚体制之下,保守、官僚主义之风在公共部门还普遍存在,这导致一些机关主动承担责任、改进工作的可能性下降。

最后,政府绩效评估会对既得利益产生冲击。任何一项改革都有可能冲击到旧体制下的既得利益群体,绩效管理的引进同样如此。在市场经济条件下,政府绩效管理主要通过缩小政府管理人员规模、降低行政管理的成本、改革行政管理系统(公务员系统、政府采购制度、预算系统)、改革政府机构文化、提高服务质量、提高政府机构实际工作的效率(再造基本工作程序,以更低成本获得更高政府生产力)等途径实现。这样,绩效评估就会涉及到机构调整、人员削减、职位变动、薪酬等与政府机构和政府管理人员利益密切相关的因素,由此就产生了一个内在矛盾,即政府绩效评估的目标与政府机构和政府管理人员的既得利益相冲突的矛盾。这个矛盾解决不好,不仅会影响政府部门工作人员的积极性,也会从根本上导致政府绩效管理实施的失败。

三、完善我国公共部门绩效评估的对策建议

绩效评估作为绩效管理的主要程序在公共部门绩效管理中发挥着重要作用。鉴于我国行政管理体制改革存在的问题及我国实施绩效管理、开展绩效评估的可行性,我们有必要针对我国目前绩效评估存在的问题提出一系列对策建议,以供参考。

第一,明确政府绩效评估的定位和价值取向。

政府绩效评估的目的主要不是为了评出谁先进和谁落后,更不是为了惩罚某些单位的领导人和工作人员,而是为了通过评选活动的开展,找出人民群众对政府提供的公共管理和公共服务的意见和建议,找出本机关在管理中存在的问题,找出不同政府机关在相互联系中存在的问题,找出影响政府效能的因素,最后找出改进政府部门工作的办法,以更好地增强政府对人民利益的代表性、回应性和责任性。把政府绩效评估作为进一步做好政府工作的一个环节来定位,是做好绩效评估工作的保证。政府绩效评估的价值取向决定了评估绩效的标准,只有寻求政府绩效评估合理的价值取向,才能建立科学的绩效评估标准。效率和公共责任是政府绩效评估最基本的两个价值取向。政府公

共部门在社会竞争中提供公共服务,既有助于提高效率、打破垄断和降低成本;又以严明的绩效目标和绩效管理保证其在竞争中对公众负责、提高服务质量。在这两个方面中,公共责任和顾客至上是第一位的,效率则是第二位的,效率只有用来满足公众的需要和实现公共利益时才有意义①。

第二,要使用科学和合理的评估技术和方法。

应建立评估模型、合理确定指标体系和指标的权重,评估指标体系应是切实可行的,具有实际操作性的。在我国,政府从中央到地方有五个层级。不可能也不必要建立完全统一的绩效标准。应根据管理职能和管辖范围,运用统一的原则和要求,结合各个部门的实际,分别制定具体标准。负责宏观调控的综合决策部门与负责提供公共服务的执行部门要有不同的标准,中央和省级政府与基层政府要有不同的标准,政府机关内部各个级别也要有不同标准②。

在评估方法上,一是坚持定量分析和定性分析相结合。定量分析可以避免因用价值判断代替事实分析而带来的片面,当一些结果是无法用数量表示时,采用定性分析。所选取的评估指标应具有代表性、独立性和可获得性。③所谓代表性就是要反映政府部门的本质或主要特征,并具有一定的可比性;所谓独立性,指测度指标相对独立,指标之间不能兼容或重复;所谓可获得性,即指标最好能够量化,并且指标数据相对完整。二是定期检查修改评估方法。没有一种评估方法是完美无缺的,由于管理不是自然科学,要寻求一种完整地反映政府活动结果评估方法是不可能的,我们所能做的是希望有一种利用最佳替代办法的近似法。因此常常修改和完善评估绩效的方法是有意义的,尤其是在实践中暴露出评估方法有缺点的时候。

第三,保证设计与评估主体的多元化。

绩效评估的设计以及评估主体的多元化是保证政府公共部门绩效评估有效性一个基本条件。设计主体是指参与绩效评估的指标体系、评估技术与方法、评估程序等方面设计的组织和个人。评估主体是指根据政府提供公共物品和公共服务的质量,对政府绩效作出评价的组织和个人。政府工作在内容上的多样性和目标上的复杂性决定了政府绩效工作的设计及评估主体应该是一个多元的结构。

无论是学者,还是行政人员、政治家和民众,都各有其局限性,都不能独立

① 蔡立辉.西方国家政府绩效评估的理念及其启示[J].清华大学学报(哲学社会科学版),2003(1):77-84.

② 中国行政管理学会联合课题组.关于政府机关工作效率标准的研究报告[J].中国行政管理,2003(3):8-16.

③ 唐任伍,唐天伟.2002年中国省级地方政府效率测度[J].中国行政管理,2004(6):64-68.

完成政府绩效评估设计的任务,但另一方面,又都各有所长,有自身特定的评估角度,有不可替代的比较优势,能为政府绩效评估设计做出自己的贡献。因而,应建立一种理论与实务的新型整合机制,以取得整体优势。首先,要实现人员上的整合,在政府绩效评估中合理界定和安排各自的角色;其次,要拓展各种制度化和非制度化的渠道。建立畅通的沟通渠道,在理论家、实践工作者内部及其相互间建立网络式的互动关系,促进他们的相互信任与合作。建议组建一个由政府办公室、监察、人事、编制、统计等部门和学术界专家组成的咨询性机构,推动政府绩效管理的研究与实践。

根据国外经验,应该逐步建立多重评估体制,既包括政府机关(或部门)自我评估、上级评估、党的组织部门和权力机关(人大)主持的评估,也包括行政管理和服务对象的评估、社会(含舆论)评估和专家评估,通过这样一个"360度"的绩效评估,产生"鱼缸效应"。在这个多元的结构中,如何做到评估主体的科学配比,是保障评估有效性的一个关键点。科学匹配的原则是:代表性、适宜性、广泛性、公正性和经济上的合理性。

第四,完善政府绩效评估的激励机制。

部门领导的重视程度对于绩效评价的实施至关重要。通过奖惩机制来督促部门领导重视本部门绩效,使部门领导和政府工作人员共同参与绩效改进,部门领导要定期了解和审查政府的管理绩效和成果,并和每一位政府工作人员一起为政府的绩效改进而努力,切实负起自己应承担的责任。利用绩效目标和评估标准使管理者负责任,并促使责任得到落实。如果绩效评价的结果与部门利益、领导利益不相关,领导很难提高对部门绩效的重视程度。应当通过公布绩效排名结果将部门绩效与部门下一年度预算挂钩、与领导政绩考核相挂钩,并规定部门领导对本部门绩效负有直接责任。

第五,推进政府绩效评估的制度化和规范化。

目前我国只制定了机关绩效管理的制度,诸如社会服务承诺制、效能监察制、行风评议制等,有的地方逐渐开始政府绩效评估的实践,但远未达到法制化的高度。我国不论是在理论框架、还是在方法体系和操作程序上都处于一种制度短缺状态,立法保障是开展政府绩效评估的前提和基础,通过制定法律法规,借助法的力量推动政府绩效管理及评估,用制度来保证绩效管理建立和推行,也是我国行政管理现代化的迫切需要。建议在修改政府组织法时将"政府绩效与政策评价"内容纳入其中,让绩效管理和评估成为对政府机构的法定要求。

本章小结

1.绩效评估(Performance Measurement),是指运用数理统计、运筹学原理和特定指标体系,对照统一的标准,按照一定的程序,通过定量定性对比分析,对项目在一定经营期间的经营效益和经营者业绩做出客观、公正和准确的综合评判。公共部门绩效评估就是根据管理的效率、结果、效益、公共责任和社会公众满意程度等方面的判断,对政府公共部门管理过程中投入、产出、中期成果和最终成果所反映的绩效进行评定和划分等级。

2.绩效评估是公共部门绩效管理过程中最富于技术特性的操作环节,也是难度较大的操作手段。应该看到,绩效管理来源于企业管理,公共管理与企业管理有着本质差异。相应地,绩效评估也具有一定的操作困境。为了解决这个困境,我们遵循观念——制度——技术这一路径来解决问题。

3.绩效评估有许多方法,如平衡计分卡,是以信息为基础,系统考虑企业业绩驱动因素,多维度平衡评价的一种新型企业业绩评价系统;360度绩效评估;其他评估方法等。

4.我国公共部门目前实施绩效评估的主要群体是政府部门,因此又被称为政府绩效评估。我国的政府绩效评估起步较晚,技术也不够成熟,绩效理念和管理素质方面还存在许多缺陷。随着2004年全国各地"效能革命"的展开,政府绩效评估逐步推行,并在实践中探索我国政府绩效评估方法等,取得了一定效果。但从整体上,我国公共部门绩效评估还处于起步阶段,需要借鉴西方国家公共部门绩效评估的方式、方法,以逐步完善我国的政府绩效评估制度。

第九章　中国公共部门绩效管理的实践

中国公共部门绩效管理改革实践起步较晚,以 20 世纪 90 年代初期的效能监察和 21 世纪初期的目标责任制、效能革命为主要标志,公共部门绩效管理逐渐在地方政府及各类职能部门中铺展开来,并以良好的实践效果推动了地方治理能力与治理创新的发展。例如浙江省温州市政府的"效能革命"、浙江省杭州市综合考评委员会办公室的公民导向的综合考评、福建省厦门市思明区的"公共部门绩效评估系统"、北京市政府的市级国家行政机关绩效管理体系、浙江省湖州市委组织部的干部考核机制创新等项目均以公共部门领域的绩效管理创新获得了中国地方政府创新奖。这也表明,公共部门绩效管理正在成为中国公共管理创新的主要路径之一。通过公共部门绩效管理创新,现代政府的公信力和执行力持续提升,推动了国家治理体系和治理能力现代化。

第一节　中国公共部门绩效管理实践的发展进程

建立高效运转的行政管理体制一直是我国政府管理体制改革的重要目标。改革开放以来,为建立"办事高效,运转协调,行为规范的行政管理体系",我国持续开展了行政管理体制改革。90 年代末和 21 世纪初期,随着市场经济体制改革的深入发展,一方面对政府管理体制改革提出了新的要求,如何进一步转变政府职能和提高政府绩效成为市场经济发展的现实需求;另一方面,西方发达国家新公共管理改革的理论和实践开始影响我国关于政府管理体制改革的理念,借鉴和引进国际流行的新的管理机制、管理技术和工具以努力提高政府效能的探索变得更为普遍。因此,在变革观念,转变职能,调整组织结构,改革行为方式的同时,自 20 世纪 90 年代以来,以结果导向、责任型政府、服务型政府为导向的公共部门绩效管理以多样地方式逐渐得以推进,并受到各级政府的高度重视,成为当前政府管理创新的重要实践,并走出了一条具有中国政治与行政特色的公共部门绩效管理道路。

Richard M. Walker, Jiannan Wu (2010)研究发现,中国的公共部门绩效管理虽然显示出渗透有西方国家绩效管理原理的痕迹,但也充分反映了中国地方政府的本质和结构,即追求对下级政府的控制[①]。换言之,中国公共部门绩效管理体制受到了国际做法的影响,并通过制度创新使其适应了中国的环境。这一适应的过程,也使中国公共部门绩效管理通过适应性创新取得了成功实践,具有鲜明的中国特色,也推动了公共部门绩效管理在发展中国家的应用,且显具价值。国内学者包国宪、文宏、王学军(2012)还从公共价值的角度提出了政府绩效管理学科体系的构建问题,认为政府绩效管理是公共管理一级学科中以政府及部门组织绩效为专门研究对象,并侧重工具的应用性学科。在公共治理能力新背景下,公共部门绩效管理"不仅通过完善制度规则及构筑激励机制去驱动政府改革实践,实现民主与效率、责任与公平等价值维度的融合与平衡,而且需要注重公众的价值需求在政府及公共部门管理中的主导地位。充分调动公众的积极性,鼓励公众在相互尊重及分享中寻求有效的解决方案,从而创造出更多的公共价值"[②],这一判断实质上是以中国政府管理体制改革和政治系统特点为基础的研究结论,体现了中国公共部门绩效管理的实践方向与价值判断。

从我国公共部门绩效管理实践发展进程看,总体上经历了四个发展阶段。

一、第一阶段:20 世纪 80 年代中期到 90 年代初期

改革开放以后,尽管受到市场经济因素的影响,但我国行政管理体制主要仍以传统行政体制为主,这一阶段绩效评估并没有真正在中国行政部门中开展。即便如此,传统人事行政对政府部门及其人员的业绩考评也是有相关制度规定和具体要求的。如 1984 年到 1986 年,我国着手起草了《国家行政机关工作人员条例》,树立了干部人事管理中的公开、竞争、效率等观念。1993 年 8 月 14 日,正是颁布了《国家公务员暂行条例》,明确了公务员考核的依据、标准、程序及配套措施[③]。作为绩效评估的前身,这一阶段的考评办法主要从两

---

① Richard M. Walker, Jiannan Wu. Future Prospects for Performance Management in Chinese City Governments. Administration & Society. 2010,42(1S):34-55.

② 包国宪,文宏,王学军. 基于公共价值的政府绩效管理学科体系构建[J]. 中国行政管理,2012(5):9-104.

③ 参见:竺乾威. 公共行政学[M]. 上海:复旦大学出版社,2003:216-220.

个方面展开。

一是在"目标责任制"①的旗帜下实施,这一时期目标责任制的实施具有自愿性质,中央没有提出统一要求,也没有相应的规范和实践指南。目标责任制在我国始于80年代中期,是国际流行的"目标管理"(MBO,Management by Object)技术在我国的变通应用。从技术的角度看,目标管理中的绩效评估与现代意义上组织绩效评估有着明显的不同:组织目标分解具体到各个岗位,目标完成情况的考核是岗位任职者对组织目标的贡献,而不是组织绩效状况的系统评估。不过在我国,目标责任制更多采取"首长目标责任制"的形式,而首长的目标责任与所在政府层级或部门的目标责任基本一致。因此,首长目标完成情况的考核与组织绩效评估又有很大的相似之处。1988年的中国城市目标管理研究会成立时,共有13个大中型城市参加,表明此时的目标责任制已经运用得比较普遍。作为一个必要的环节,绩效评估随着目标责任制的实施而运用到政府的各个部门和层级,然而这段时间缺少详实的记录与整理,难以对其进行系统的分析评价与借鉴。但这一时期的目标责任制考评办法为后期很多地方政府实施公共部门绩效管理奠定了坚实基础,如青岛的目标责任制考评、杭州的综合考评模式,都在很大程度上延续了早期目标责任制的做法,因而具有重要意义。

二是1989年开始的效能监察。效能监察在我国始于1989年。效能监察就是对效能的监督检查活动,其主体是党和政府的纪检和监察部门,对象是党政机关和国有企事业单位,内容是管理和经营中的效率、效果、效益、质量等。1989年12月举行的第二次全国监察工作会议提出:行政监察机关的基本职能"既包括效能监察,又包括廉政监察"。在地方政府层面上,1994年,如福建省按照中纪委监察部的部署开始开展行政效能监察工作。从效能监察入手,目的在于把监督的关口前移,加强事前、事中监督,做到防范在先,使纪检监察工作紧贴改革和经济建设中心,更好地为经济建设服务。效能监察的意义在于提出了公共部门"效能"的概念,这一概念与绩效概念自然是不同的,但在内容上覆盖了效率、效果、效益、质量等维度,拓宽了传统意义上政府部门工作成效的范围。同时,效能监察涉及范围较广,对于普及公共部门效能观念起到了较好的作用,也有大量地方政府从效能改革入手,致力于提升地方政府效能,为发展公共部门绩效管理奠定了基础。

---

① 周志忍.公共组织绩效评估:中国实践的回顾与反思[J].兰州大学学报,2007(1).

二、第二阶段：20 世纪 90 年代中期到 90 年代末期

20 世纪 90 年代中后期，伴随市场经济体制改革的深入发展，中国行政管理体制改革也进入到纵深发展阶段。各级政府都非常重视提高行政效率和完善公共服务质量，而这一阶段也是绩效评估在中国发展的鼎盛阶段，各级地方政府不断探索绩效评估的新形式，政府改革和创新的努力再加上国内外良好经验的影响，各种类型和方式的组织绩效评估相继出现，呈现出了百花齐放的态势，而绩效管理作为政府行政体制改革工具的作用也得到了充分的发挥。在 90 年代，主要的绩效管理方式包括：

第一，社会服务承诺制与组织绩效评估。社会服务承诺制度源于 1991 年英国的"公民宪章"运动。1994 年 6 月，山东省烟台市针对广大市民反应强烈的城市社会服务质量差的问题，借鉴我国香港地区社会管理部门的做法，率先在烟台市建委试行"社会服务承诺制"①。1996 年 7 月，在总结烟台市社会服务承诺制度经验的基础上，中宣部和国务院纠风办决定"把宣传和推广社会服务承诺制度，作为今年下半年加强行业作风和职业道德建设，推进社会主义精神文明建设的一项重点工作"。随后，社会服务承诺制度在全国范围和多种行业普遍推开。

第二，目标责任制的应用。与 80 年代相比，90 年代中期的目标责任制具有两个明显特征：一是自上而下的系统推进；二是关注焦点转向经济增长。中央和上级机关制定各项数字化的经济增长目标，以指标和任务的形式分派给下级单位，形成一个目标的金字塔结构；这些指标、任务的完成情况是评价考核政绩的主要依据，下级单位与官员的升迁、荣辱都和上级单位下达指标的完成情况挂钩。这一时期的目标责任制实则为经济目标责任制，迅速推动了我国经济的快速增长②。1993 年，根据中央关于深化干部人事制度改革的精神，河北省委组织部开始探索在河北建立和实行干部实绩考核制度。1994 年 4 月，在总结政府系统实行有限目标管理责任制的基础上，省委下发了《关于建立县（市、区）党政主要领导干部激励和约束机制的试行办法》③。1999 年开始，青岛市委、市政府借鉴发达国家的有益经验和现代企业管理的先进模式确立了督察工作与目标绩效评估相结合、考绩与评人相结合的新的督察

①　刘旭涛.政府绩效评估：制度、战略与方法[M].北京：机械工业出版社，2003：186.
②　刘旭涛.政府绩效评估：制度、战略与方法[M].北京：机械工业出版社，2003：190.
③　张冉然，张曙霞，刘刚.青岛模式和福建的探索[J].瞭望新闻周刊，2004(7).

模式。

　　第三，以市民为评价主体的绩效评估制度。过去政府的绩效评估都是政府自身的评价，以内部评估为主。内部评估主体使政府在绩效信息获取上有一定优势，但是自己评价自己容易导致评估流于形式，达不到绩效评估的真正目的。90 年代末，我国地方政府几乎相当普遍采纳了外部主体参与评价的方式，公民被作为评价主体开始参与到公共部门绩效管理中。1999 年 10 月，珠海市正式启动"万人评议政府"活动，一个由人大代表、政协委员、新闻记者、企业代表组成的 200 人测评团，明察暗访，并用无记名方式对被测评单位作出"满意"或"不满意"的评价 。之后珠海市又连续大规模地开展这种评价政府活动。类似的活动也在我国其他地方广泛开展，如 1998 年沈阳市的"市民评议政府"、2000 年起每年一次的杭州市"满意不满意评选活动"和 2001 年起每年一次的南京市"万人评议政府"等。

三、第三阶段：21 世纪初期的前十年

　　进入 21 世纪，我国政府的施政理念发生了新的变化。随着客观环境的变化和实践的深入，诸要素的相对重要性和整合方式相应发生了变化，目标考评也开始向绩效评估的侧重点转移①。新施政理念要求政府治理模式的转型，作为行政管理体制改革的重要组成部分，2000 年以后，公共部门绩效管理开始引起中央层面的重视。2005 年，温家宝在《政府工作报告》中首次提出，要"加紧研究建立科学的政府绩效评价体系和经济社会发展综合评价体系"。2007 年党的十七大报告指出，"要提高政府效能，完善政府绩效管理体系；建立以公共服务为取向的政府业绩评价体系，建立政府绩效评估机制。"2008 年通过的《关于深化行政管理制改革的意见》中指出，"要推行政府绩效管理和行政问责制度，建立科学合理的政府绩效评价指标体系和评价机制。"2008 年 2月，在中共中央政治局集体学习会上，胡锦涛要求"加强公共服务部门建设，推进以公共服务为主要内容的政府绩效评估和行政问责制度"。党的十七届二中全会通过的《关于深化行政体制改革的意见》明确提出，要"推行政府绩效管理和行政问责制度，建立科学合理的政府绩效评估指标体系和评估机制"。特别在中央政府层面，2008 年颁布实施了《国务院工作规则》，要求国务院及各部门实行绩效管理制度②。在中央政府的重视鼓励之下，加之各项关于公共

---

①　周志忍.效能建设：绩效管理的福建模式及其启示[J].中国行政管理，2008(11)：42-47.

②　参见：伍斌.政府绩效管理[M].北京：北京大学出版社，2017：106.

部门绩效管理制度规定的出台,这一时期我国公共部门绩效管理进入了发展的第三阶段,地方政府也开始积极探索绩效管理创新与实践,并付出了巨大努力。其主要实践特点是:

第一,探索科学的政府绩效评估指标体系。响应高层领导"构建科学的政府绩效评价体系"的要求,学术界和实践界付出巨大努力,构建能体现科学发展观的评价体系:"绿色 GDP""小康社会"评价指标等学术研究,走出象牙塔并逐步在实践中得以体现①。特别是提出科学发展观以后,根据"经济调节、市场监管、社会管理、公共服务"这四项政府职能定位",以政府职能转变为依据,各级地方政府更加积极地探索政府绩效评估指标体系的构建问题,使其在引导我国地方政府提高执政能力和执政水平方面发挥关键性的作用②。

如桑助来的课题组提出了由 3 个一级指标、33 个二级指标构成的比较系统的"地方政府绩效评价指标体系"。如国家人事部《中国政府绩效评估研究》课题组设计了一套中国地方政府绩效评估指标体系。该评估指标体系由职能指标、影响指标和潜力指标,包括 3 个一级指标、11 个二级指标和 33 个三级指标构成。2002 年,厦门市思明区政府开发了"公共部门绩效评估系统",该系统由评估主体、评估维度和评估指标构成,评估维度主要包括基本建设、运作机制和主要业绩三个方面。2003 年,北京市政府建立了区县经济社会协调发展绩效综合评估小组,确定了经济运行、社会发展、可持续发展和综合评价四大方面 13 项具体指标③。

第二,逐步确立了公共服务导向和行政问责导向的绩效管理制度。中央文件和有关制度规定对公共部门绩效管理制度的明确化,推动了这一时期地方政府绩效管理制度的构建和实践的推广。一方面,新施政理念和治理模式转变不仅明确了公共部门绩效管理的地位,而且带来评估模式、实施机制、关注重点和覆盖范围的重大变化,并形成了各具特色的中国地方政府绩效管理模式,如青岛模式、杭州模式、福建模式、甘肃模式等。尽管由于公共部门绩效管理基础薄弱加之缺乏顶层设计,以及实施的时间较短,这些模式大都处在试验和完善阶段。但地方政府绩效管理实践类型的丰富化和普遍化,为公共部门绩效管理的制度化、规范化、战略化发展奠定了基础;另一方面,随着地方政府绩效管理的推进,绩效评估导向发生了重要变化,逐渐由效率导向转向公

① 周志忍.公共组织绩效评估:中国实践的回顾与反思[J].兰州大学学报,2007(1).
② 崔述强,王红,崔萍,闫明,陈明.中国地方政府绩效评估指标体系探讨[J].统计研究,2006(3):28-30.
③ 范柏乃,朱华.我国地方政府绩效评价体系的构建与实际测度[J].政治学研究,2005(1):84-95.

共服务导向和行政问责导向。这一时期,很多地方政府的绩效评估维度与评估指标覆盖了公共服务内容、公众满意度与安全感等内容,并建立了绩效评估结果与行政问责相匹配的制度,进一步完善了我国公共部门绩效管理体系。

四、第四阶段:2010 年以来至今

随着社会主义市场经济体制的转型升级和公共服务型政府的建设推进,从结果导向到政府服务流程再造、学习型组织的发展和公共部门战略管理,公共部门绩效管理已然被认为是管理创新的重要制度设计。2011 年,国家颁布的"十二五"规划纲要中再次强调,要推行政府绩效管理制度。2012 年十八大报告中又指出,"要创新行政管理方式,提高政府公信力和执行力,推进政府绩效管理。2013 年,党的十八届三中全会首次提出了"国家治理体系和国家治理能力现代化"的重要命题,国内学者胡鞍钢(2014)指出,国家治理能力就是实现国家治理目标的实际能力,这里包含三层意思:一是国家治理目标的多样化;二是国家治理的实际能力,即如期实现国家目标,这就需要目标一致法量化检验国家治理绩效;三是运用国家制度的治理能力。他继而还提出,国家治理,既要降低国家社会治理成本,又要降低基层社会管理成本,既要获得宏观社会效益最发话,又要获得微观社会效益最大化①。因此,在国家治理体系和国家治理能力现代化的新背景下,提高国家治理绩效为公共部门绩效管理的战略性发展提出了新的要求,也是近几年来公共部门绩效管理理论和实践发展的新趋势。这一阶段,无论是国家层面还是地方政府层面,公共部门绩效管理都发生了重大变化,呈现更加制度化、规范化的态势,其主要特点如下:

第一,公共部门绩效管理实践模式趋向成熟。2010 年以前,公共部门绩效管理的实践探索与发展模式主要在于地方政府部门。2010 年以后,中央政府层面与地方政府层面陆续正式推进了绩效管理工作,以试点的方式探索中国公共部门绩效管理的模式。2011 年 6 月 10 日,国家监察部印发了《关于开展政府绩效管理试点工作的意见》,选择部分国务院部门和地方开展绩效管理工作试点,明确了试点工作分两个层面进行:第一层面是国务院部门,探索部门推行政府绩效管理的新路子,为此选择了在国土资源部、农业部、质检总局开展机关工作绩效管理试点;在发展改革委、环境保护部和财政部分别开展节能减排政策落实情况和财政预算支出专项绩效管理试点;第二层面是地方政府,重点围绕建立健全领导体制和工作机制、完善绩效考评指标体系、创新评

---

① 胡鞍钢,等.中国国家治理现代化[M]. 北京:中国人民大学出版社,2014:86-89.

估手段、强化结果运用等进行实践探索，为提高地方政府绩效管理水平积累经验，为此选择了工作基础比较好的北京市、吉林省、福建省、广西壮族自治区、四川省、新疆维吾尔自治区以及杭州市、深圳市，开展地方政府绩效管理试点①。根据试点工作的要求，各级政府各部门积极探索绩效管理新做法，完善绩效评估指标体系，逐步完善了绩效管理制度，如杭州市于2015年8月27日通过了《杭州市绩效管理条例》，各种绩效管理模式逐渐走向成熟。

第二，公共部门绩效管理的信息化、数字化手段运用广泛。与发达国家实施公共部门绩效管理建立信息化的绩效信息系统和绩效预算系统相比，我国各级政府部门之前没有很好地注重绩效信息采集、动态追踪、监测等绩效管理技术，一方面是因为信息化技术采用不够，另一方面则是与预算、成本、业绩等相关的绩效信息采集困难有关。近几年来，随着互联网＋和大数据技术的发展，信息化已经进入智慧化发展新阶段，"系统化的智慧"、"体系化的融合"、"统一标准化"的应用发展阶段②，使中国在新时期能够与国际信息技术发展相接轨，并迅速对公共管理形成了新的挑战。智慧治理随之带来的政府治理创新，对中国公共部门绩效管理影响深远。一方面，互联网＋和大数据技术使政府管理更为透明，"政府绩效不再仅仅是一个经济的范畴，这种考核和评价方式通过社会调查、民意测验等方法，定期评估社会公众对政府工作的满意程度，最终最为对政府绩效评价的依据，并且，大众传媒的普及与介入，导致了这种评价的鱼缸效应——政府和公共部门活动无时无刻不受到大众的审视和评判"③。另一方面，绩效信息追踪与监测更为便捷。大数据技术以海量的动态数据集合为公共部门绩效管理提供了原始的绩效信息，信息获取、挖掘、分析技术趋向完善，数字化的绩效评估技术为公共部门绩效管理发展提供了有效的技术支持。地方政府部门的绩效信息采集与分析技术大大提高，并构建了绩效信息系统，为进一步应用绩效信息和提高政府治理绩效提供了平台。当然，也存在一个显著的问题，即政府间绩效信息壁垒尚未完全解除，也缺乏绩效信息系统的顶层设计，使信息共享和综合应用难度较大。

① 蔡立辉，吴旭红，包国宪.政府绩效管理理论及其实践研究[J].学术研究，2013(1):32-40.
② 毛光烈.智慧城市建设实务研究[M].北京:中信出版社，2013:3-4.
③ 王强.政府2.0—新常态下的政府治理创新[M].北京:中国人民大学出版社，2015:92-93.

第二节　目标责任制的典范——青岛模式

在公共部门绩效管理研究中，一些学者倾向于一个观点，即绩效评估指标来自于组织目标的分解。围绕组织目标的绩效评估指标，能在最大程度上实现结果导向和满足组织的战略目标。西奥多·波伊斯特研究公共与非营利组织绩效考评时提出，管理者一方面需要增强目的和目标之间的紧密联系，另一方面也需要增强绩效指标之间的联系。加强对以结果为导向的考评和以仙姑目标为基础的绩效监控室很重要的。"在一些案例中，目标本身就被定义为用来对结果进行跟踪考评的指标"，"有时候，目标和指标的设立是建立在对现有绩效标准与服务标准进行绩效改进的基础之上的"①。他认为，要保证考评效果，就必须围绕组织的目标。而在围绕目标的绩效管理设计研究之前，著名管理学家德鲁克早在 1954 年就在《管理实践》中第一次明确提出了目标管理（MBO，Management by Objective）的概念，提出了目标管理和自我控制的主张，并设计了"制定目标、实现目标的过程、对成果进行检查和评价"这三阶段的目标管理操作框架，同时探讨了目标管理在政府机关中的应用。为了更好地实现对目标的管理与控制，后继的管理学家们对目标的设定标准、协调、控制、监督等程序都进行了更为丰富而多元的研究，推动了目标管理在绩效评估中的应用，进而为目标责任制的诞生奠定了理论和实践基础。

中国地方政府于 20 世纪 80 年代初期开始推行目标责任制。1982 年，国家劳动人事部下发《关于建立国家行政机关工作人员岗位责任制的通知》，1984 年中共中央组织部、劳动人事部又联合下发《关于逐步推行机关工作岗位责任制的通知》，开始在全国推行机关岗位责任制②。此后，地方政府探索了"目标管理责任制"的考核方式，以"责任书"的方式落实上级总目标，并成为较为普遍的一种做法，随之也带动了关于目标责任制的研究。根据知网CNKI 数据搜索显示，从 1987 年开始，我国关于目标责任制的相关文献呈缓慢发展态势，90 代中后期以后则具显著增加趋势。这期间到，以山东省青岛市的目标责任制最为典型，并逐渐探索出一条以目标责任制为基础的绩效管

---

① ［美］西奥多·波伊斯特，肖鸣政 等译.公共与非营利组织绩效考评：方法与应用［M］.北京：中国人民出版社，2005：75.

② 杨宏山.超越目标管理：地方政府绩效管理展望［J］.公共管理与政策评论，2017（1）：55-61.

理路径,也成为了一个独具特色的中国地方政府绩效管理模式。

一、青岛市以目标责任制为基础的绩效管理主要实践

1998 年,为贯彻落实科学发展观,加强党的执政能力建设和先进性建设,创建富有时代特征、中国特色的高绩效党政机关,青岛市委、市政府以创建高绩效机关为目标实施了目标责任制为基础的绩效管理制度,通过党政机关绩效管理以推动经济社会发展的内在运行和建立相应的激励机制。2000 年,实施了以"转变职能、规范审批、政务公开、依法行政、效能监督"为重点的"五项工程",要求向海尔等持续成功的大企业学习,并提出了目标管理、全面质量管理理念和技术在机关管理的应用。2002 年以深化"五项工程"为重点,提出建设学习型、创新型、竞争型、服务型机关的目标,突出政府部门服务社会和促进发展的能力,并开始学习研究平衡记分卡在党政机关的运用。2003 年,正式将目标管理拓展为目标绩效管理,注重结果导向的目标管理机制构建,进一步丰富了政府管理绩效的内涵。2005 年初,根据青岛市城市发展战略目标,相应确定了"创建高绩效机关,做人民满意公务员"机关建设目标,将平衡记分卡方法运用于机关绩效评价,极大地提升了党政机关的绩效管理水平①。青岛市也以"科学民主的目标化决策机制、责任制衡的刚性化执行机制、督查考核的制度化监督机制、奖惩兑现的导向化激励机制"为核心目标的绩效评估体系作为政府目标管理的典范而受到广泛关注②。其主要做法包括以下内容③:

(一)实施公共部门的战略管理:制定党政机关的使命、价值观、愿景、战略

青岛市目标责任制的绩效管理以建立明确的发展愿景和组织战略为基础,指明了绩效考核的目标。2006 年 2 月 28 日,青岛市委、市政府制定下发了《关于深入开展"创建高绩效机关做人民满意公务员"工作的意见》,对全市开展创建高绩效机关工作的指导思想、目标任务、内涵要求、工作格局都进行了明确规定,首次提出了构建"施政成本低、法制意识强、管理绩效高、服务品质优"的机关治理模式,明确了公共部门的使命、价值观、愿景和战略。其中,公共部门的使命是:创建高绩效机关、做人民满意公务员,为全国机关建设乃

---

① 中共青岛市委市直机关工作委员会.高绩效机关之路——青岛市的实践[M].北京:人民出版社,2008:4-5.

② 杜世成.提高执政能力的一条有效途径——青岛市实施目标绩效评估的实践与思考[J].求是,2005(24).

③ 参见:中共青岛市委市直机关工作委员会.高绩效机关之路——青岛市的实践[M].北京:人民出版社,2008:258-270.

至全球管理理论与实践做出贡献；核心价值观是：坚持经济、效率、效益、公正的价值取向；愿景是：践行"施政成本低、法制意识强、管理绩效高、服务品质优"的治理模式，率先建成高绩效机关；战略是：以加强执政能力建设和先进性建设为根本，以强化处室建设为重点，以提高工作效率和服务质量为核心，以深化绩效管理为关键，以开拓创新为动力，以机关文化建设为基础，全方位推进高绩效机关创建工作。这也是国内地方政府学习美国《政府绩效与结果法》的绩效管理战略模式的率先尝试，在中国地方政府实施战略管理，并按照公共部门发展战略开展责任落实和绩效评价工作。

（二）运用平衡计分卡：明确绩效管理的战略导向

为推进公共部门战略管理的实施，顺利实现对组织发展目标的绩效评估与管理，青岛市探索了平衡计分卡这一重要的战略管理与绩效管理技术方法。2006年，在《关于深入开展"创建高绩效机关做人民满意公务员"工作的意见》中，明确指出"引入和施行以绩效管理为主，兼容目标管理、全面质量管理、标杆管理和平衡计分卡等先进管理手段和方法"。在实施中，青岛市政府部门通过领导推动、学习培训、部署推动等方式，按照平衡计分卡的步骤建立了公共部门战略目标，为各部门的各项战略目标配备资源，全力推进战略执行体系建设，确保将组织战略能转化为真正可操作的行动。其具体步骤是：（1）制定战略地图。在战略目标的指引下，确定政府部门的战略主题，以平衡计分卡的四个维度分解战略目标层，形成了战略目标明确，工作任务既有内在逻辑一致性又协同兼顾的战略执行体系。（2）确定指标与行动方案。围绕战略目标将其分解为关键指标，进而确定各类指标值与关键流程，确保指标可量化、可完成、可操作，为各职能部门及其人员建立操作流程与行为准则。尤其是关键指标，关键指标直接关系到战略目标的实现程度，是衡量组织绩效与可持续发展能力的重要指标。青岛市按照平衡计分卡的四个维度，分别对不同部门、不同岗位设定了具体的量化指标，并进行指标与行动方案的优先排序，确保关键指标的优先完成。同时，还对指标进行责任分解，确保每项工作、每项指标、每项流程都能得以具体落实，也能确保绩效指标的信息得以随时监测与反馈，这就在更大程度上贯彻了绩效管理的思想。（3）将组织与战略相链接。根据青岛市机关工委的重点工作安排和指标分解，各处室都制定了本部门的工作重点和指标分解，指标落实到岗位、到个人，建立了从管理者到被管理者、从高层到基层、从组织到个人、上下目标一致的指标体系。这一系统性的目标体系体现了各部门之间的协同性，让战略具体化为每个人的工作，使公职人员在履行职责过程中充分感受到个人与组织战略目标的联系性，从而起到个人激励的重要作用；（4）将战略变成持续的流程。青岛市开发了在线平衡计分卡系统，通过网络化技术对战略执行实施动态化管理。一方面能够对战略实施绩效进行有效的信息收集,另一方面定期的战略反馈能监测使绩效信息监测成为了可能。

（三）完善内部流程：强化绩效考核

平衡计分卡的实施对公共部门完成各项指标的业务流程设计提出了新的要求,所有业务流程必须能够精准地匹配各项职责与目标,这样才能更有效地完成组织目标。为此,青岛市根据党工委工作总体战略,在分析组织的关键成功因素后,将工作重点、目标任务层层分解,依据各处室的工作职责,按照重点工作名称、责任人、流程图、时限表、检查标准等内容,编制梳理改进工作的计划目标、实施监督、评估考核、追踪反馈等基本程序和环节,优化再造工作流程,并建立起相应的关键绩效考核体系。在绩效考核体系建设过程中,重视制度建设和信息化建设等工作,坚持绩效问责、服务承诺、工作标准化、管理规范化、信息数字化,这些配套措施的建立与完善进一步提高了工作效率,改进了服务质量。

二、青岛模式的主要特点

青岛模式是目标责任制的典范,其理论基础结合目标管理理论,构建政府绩效评估体系,使政府绩效评估一方面具有实践的可行性,另一方面符合政府管理的基本目标。其基本特点是：

首先,绩效评估目标设定和内容得到扩展。青岛市按照科学发展观的要求,确定全市创建高绩效机关的使命、价值观、愿景、战略,其中战略主题由经济绩效、政治绩效、文化绩效、社会绩效和党的建设五方面构成,突出了社会职能和公共服务,体现了我国建设格局的变化,使新一代领导集体提出的新施政理念通过目标责任制得以贯彻落实。

其次,绩效目标制定过程的科学化和民主化。青岛市在绩效目标制定过程中,引入了服务对象、专家、人大代表等的审议程序,使绩效目标制定真正建立在科学、民主的基础之上。

再次,建立起了严密的目标层次体系和目标网络。青岛市目标管理绩效考核委员会通过目标的层层分解,把各项重要决策、工作目标和部署转化为具体的、可量化的考核指标,通过政府各部门相互协调将责任、权力和利益也进行层层分解,明确责任领导,责任部门和责任人,自上而下地构筑起"一级抓一级,一级对一级负责"的责任体系。

最后,重视评估结果的利用。使绩效考核与干部考核紧密挂钩,实行单位主要领导政绩评定与本单位考核结果直接挂钩的办法,将考核结果量化到每一位市管领导干部。青岛做法的本质就是将目标责任制和绩效评估有效的结合起来，以此来达到提高政府效率的目标。

三、对目标责任制绩效管理模式的思考

从本质上来说，目标管理、目标责任制与绩效管理存在本质区别。基于目标管理的目标责任制主要是上级政府将确定的经济发展和其他目标任务层层下达，直至最终落实到基层及干部身上。因此，青岛的目标责任制绩效管理模式是以上级党委、政府为考核主体，目的是为确保管理责任的贯彻落实。这种模式的特征大致表现为：一是以经济增长为导向；二是逐层分解目标任务；三是责任与利益相链接；四是重大任务"一票否决"[①]。这些特征也决定了目标责任制与公共部门绩效管理是不同的。公共部门绩效管理是通过制度设计来构建包括责任、合法性、效率和公正在内的综合目标体系，以提升公共服务质量和政府工作效率。换言之，目标责任制在更大呈上体现的是上级主管部门的目标任务导向，而不是社会发展对公共部门的需求导向。根据美国学者简·埃里克·莱恩的理论，政府改革的组织与实施目标要么是公共资源配置，要么是公共部门资源再分配。政府部门改革的主要目标有三个：(1)效率；(2)平等；(3)节约。在改革政府配置与管制部门时，效率往往是主要目标；而在改革政府再分配角色时，平等是其目标。不同国家的政府部门组织形式不同，就目前公共部门改革的动力而言，主要包含四个基本目标：(1)责任；(2)合法性；(3)效率；(4)公正。政府部门改革的关键问题找到能以尽可能最好的方式促进这四个目标的一整套制度[②]。

青岛实行目标责任制管理确实取得了较好的效果，尤其在落实上级部门设置的目标任务方面，目标的层层分级得以具体化和落实执行，绩效信息监测能都明确到部门与个人，极大地提升了部门及其人员的工作积极性与工作效率。至上而下、层层落实的目标责任制符合中国纵向权力配置的结构性特征，领导目标的具体化和标准化，使目标完成情况与考核奖惩相挂钩，激励了地方官员的群体性动力，也促进了地方政府间的竞争。国内学者周黎安将其称之为"官员晋升锦标赛"。基于目标责任制的考核机制刺激了地方政府间、部门之间的竞争，推动了经济社会发展。然而，很显然的是，基于目标责任制的考

① 杨宏山.超越目标管理：地方政府绩效管理展望[J].公共管理与政策评论,2017(1):55-61.
② 简·埃里克·莱恩.公共部门：概念、模型与途径[M].北京:北京经济科学出版社,2004:132.

核并不能满足公共部门绩效管理的条件,这种模式也存在一些问题。如目标集合的科学性与公正性无法完全体现,地方政府往往会以行动导向为基础,关注可量化、更容易得到奖励激励的政策目标,这就会导致目标集合以外的东西通常被忽视,比如公共服务支出、公民满意度、中间成本等。另一方面,杨宏山(2017)指出,目标责任制致使社会管理趋于行政化。至上而下的责任承诺的契约化管理方式,往往使下级在这种层级任务分解与落实的管理机制中出于被动地位,会出现基层政府任务负担过重的现象。一些乡镇还将责任落实到社区或村委会,这就使得基层社会管理会出现行政化的趋势,这也不利于社会管理。因此,目标责任制在实践中还有待进一步完善制度设计、权责划分和激励措施。

第三节 综合性的效能建设——福建模式

在中国地方政府绩效管理实践中,纪检部门一直承担着纪律作风、机关效能检查等工作职能,从而成为中国特色政府绩效管理的重要内容之一。作为中国公共部门绩效管理的起始做法,效能监察以综合性的绩效评估独树一帜。在各地开展行政效能监察实践的过程中,以福建省的综合性效能建设最为突出和典型,且一直具有延续性和可持续性。现阶段已发展成为以综合性效能建设为基础、以省级政府层面为主的政府绩效评估体系,这也是中国当前公共部门绩效管理中显具特色的一种模式,也为中国省级政府层面的绩效管理机制建设提供了有益的经验借鉴。

一、福建省综合效能建设的实践进程

从 1994 年的行政效能监察开始,福建省的综合效能绩效评估也经历了较长时间的探索与实践。主要可以分为四个阶段:

（一）第一阶段：行政效能监察

效能监察始于 1989 年,是一项具有中国特色的行政机关监督检查制度。所谓效能监察,就是"纪检监察机关及受纪检监察机关委托的组织,在政府的领导下有计划、有目的地针对行政管理的效率、效能以及国有企业生产经营管理的质量、效果、效率、效益等情况开展的监察监督活动"①。效能监察是由纪检部门作为评价机构与评价主体而开展的公共部门绩效评价,其监督检查的指标包括了效率、效果、效益、质量等维度,属于外部绩效评估一种制度设计。在价值导向上,效能监察结合了效能与纪律两个导向,更强调公共部门的秩序性、纪律性以及完成上级部门任务的程度,要求公共部门向着勤政、良政的目标发展。

　　进入 90 年代以后,行政效能监察在中国地方政府开展了较为普遍的实践。福建省也于 1994 年按照中纪委监察部的部署实施行政效能监察工作。以纪检部门为评价主体的行政效能监察一方面不能很好地确定政府效能的内容,政府效能覆盖的内容更为复杂;另一方面是仅仅依靠监督检查,不能实现对政府效能准确的评估,评估手段不够规范化、制度化。与此同时,效能监察的结果运用机制也缺乏规范性。

　　(二)第二阶段:效能建设

　　为了改善行政效能监察工作,1989 年漳州市纪检监察机关及受其委托的组织,在漳州市政府的领导下有计划、有目的地针对漳州市行政管理的效率、效能以及国有企业生产经营管理的质量、效果、效率、效益等情况进行检查监督的"效能建设"活动,同时,进行着力改变机关作风、提高效率、提升对企业和公民的服务质量和水平的"勤政建设"活动②。吸取漳州市效能建设试点的成功经验,以综合治理为目的,2000 年 3 月福建省委、省政府下发了《关于开展机关效能建设工作的决定》,开始在全省范围内普遍开展效能建设工作,成立专门的福建省机关效能建设领导小组,负责统筹规划。国内学者周志忍认为,"效能建设"这一概念是福建首创的,具有独特的实践渊源和经验基础。在实施初期,效能建设的工作重点是基本制度建设与受理投诉。随着效能建设的深入发展,其重心开始转向改革运作机制,以审批制度改革为突破口,建立行政服务中心,优化行政流程,提高机关效能。此后,我国各地政府也都进入了效能建设的普遍探索时期。效能建设中,政府效能评价的主体从外部监察转向内部建设,以优化管理要素配置和改进行政运作机制为中心内容,这也是省级政府层面致力于效能评价的率先尝试,具有先行意义。

　　(三)第三阶段:省级机关的政府绩效评估

　　以效能建设为基础,2004 年福建省在第九次福建省机关效能建设领导小组会议上正式提出了要建立对地级和部门工作实际进行评估的制度,之后省

①　周志忍.效能建设:绩效管理的福建模式及其启示[J].中国行政管理,2008(11):42-47.

②　张丽娜.地方政府绩效评估比较:福建、贵州和甘肃[J].改革,2010(7):153-158.

委办公厅、省政府办公厅印发了《关于开展政府及其部门绩效评估工作的意见》并进行试点。在试点的基础上，福建省从 2005 年开始在 9 个设区市政府和 23 个省政府组成部门全面开展了绩效评估。成立了以省长为组长，省纪委书记、常务副省长、省委组织部部长、省政府秘书长为副组长的机关效能建设领导小组，并在纪检监察机关设立办公室，具体负责绩效评估的组织实施、协调指导和综合反馈①。这也标志着省级政府层面绩效评估体系的正式建立。

福建省的省级政府绩效评估机制设计主要以指标考核和公众评议两块内容为主。其中，省直机关绩效评估指标包括"业务工作实绩"和"行政能力建设"两类，业务工作实绩类的具体指标由各单位根据部门职能职责及年度工作任务自行设定，报省效能办审核，占 60％权重。行政能力建设类指标包括"科学民主行政、依法行政、高效行政和廉洁行政"四个一级指标，占 40％权重。除指标考核以外，福建省还建立了每年开展两次的公众评议活动，中期评议占评议总分值 30％，年终评议占 70％②。公众评议是政府绩效评估的重要补充依据。在开展绩效评估的基础上，福建还探索建立奖惩机制，把绩效评估结果作为评价政府、部门及其领导人工作实绩的重要依据，与干部使用、评先评优、物质奖励挂钩。

（四）第四阶段：以机关效能建设为核心的政府绩效管理

2005 年以后，福建省政府持续推进了省直机关绩效评估工作，积累了绩效评估方面的经验。随着实践的演进，单纯绩效评估已不能满足行政管理体制改革发展需要。因此，福建省积极探索政府绩效管理工作，以权力制约、能力建设和激励问责为核心举措，建立起以绩效目标、绩效责任、绩效运行、绩效评估、绩效提升为基本框架的政府绩效管理制度。从"绩效考评到绩效评估再到绩效管理"，福建省正式进入了政府绩效管理发展的新阶段。2010 年，福建省迎来机关效能建设十周年，在"深化机关效能建设，构建服务型政府理论研讨会"上，专家学者对福建省的效能假设和绩效管理工作从理论上加以总结，认为福建省是我国第一个在全省范围内实施绩效管理的范例，在建立服务型政府过程中迈出了关键一步③。2011 年，福建省被中央纪委、监察部列为地方及政府绩效管理试点省份。同年 5 月，福建省出台了 2010 年度政府及其部

---

① 吴建南、阎波.地方政府绩效评估体系的路径选择——福建的分析[J].中国行政管理,2008(2):25-29.

② 张丽娜.地方政府绩效评估比较:福建、贵州和甘肃[J].改革,2010(7):153-158.

③ 全国政府绩效管理研究会,兰州大学中国地方政府绩效评价中心.中国政府绩效管理年鉴(2012)[M].北京:中国社会科学出版社,2013:341-343.

门绩效管理情况的通报,并出台了绩效管理方案。

　　作为省级政府层面的政府绩效管理模式,福建省一直贯穿始终的做法是以机关效能建设为核心,各项绩效管理工作都围绕机关效能建设,这也使其成为不同于其他地方政府绩效管理实践的特色所在。2014年1月1日,全国首部机关效能建设地方性法规——《福建省机关效能建设工作条例》正式实施。《条例》对效能制度、绩效管理、效能督查、效能投诉、效能问责等机制制度,以及行政审批制度改革、加强电子政务建设、行政服务中心标准化建设等都作了明确规定,为机关效能建设的深入开展提供法制保障[①]。将机关效能建设由政策规定上升为法律规范,实现了效能建设法制化、"马上就办"常态化、行政服务标准化、绩效管理科学化、效能制度体系化、效能问责规范化,这也奠定了福建省效能建设的绩效管理模式的法制基础,也是推动这一绩效管理模式持续发展的关键所在。

二、福建省综合效能建设模式的主要特点与经验借鉴

　　福建省政府绩效评估体系的路径选择,实际上是在效能监察和效能建设的基础上开始对原有政府绩效评估体系进行较为系统的完善,体现出了路径依赖的特征。尤为重要的是,在福建省政府绩效评估体系的演变过程中,纪检监察活动一直起到了比较关键的作用[②]。福建省成立了以省长为组长的机关效能建设领导小组,并在纪检监察机关设立办公室,具体负责绩效评估的组织实施、协调指导和综合反馈;省直各部门和各设区市都成立了工作小组,形成了绩效评估工作的组织体系。以纪检监察机关为主要评估机构的政府绩效管理模式,不仅具有当前中国政府治理的一些特征,也对符合反腐倡廉的时代主题,对于政府机关提高效能和保持纪律性具有重要意义。

　　福建模式的主要特点是:第一,绩效评估领导小组职责明确。绩效评估领导小组召集了省级各部门的相关领导,各部门能够及时收集和反馈绩效评估信息和绩效评估结果。第二,确定较为系统的政府绩效评估指标体系,包括评估目标、评估维度、评估指标设计以及评估主体确定等。从通用指标到具体部门的指标,在指标设计上综合考虑了所有情况,适合政府管理的具体操作。第三,在具体指标设计上,采取定性考核与定量测评相结合的指标模式。第四,实现评估,主体多元化。第五,综合运用多种评估方法。福建省通过

---

　　①　福建出台全国首个机关效能建设法规[J].领导决策信息,2014(8):20-21.
　　②　周志忍.效能建设:绩效管理的福建模式及其启示[J].中国行政管理,2008(11):42-47.

上述三种办法采集数据和信息，然后进行综合评价，形成评估结果，反馈给被评估单位并在一定范围内进行通报。第六，采取了试点评估、逐步开展的办法。采用试点的做法能较好地协调矛盾。福建省坚持试点评估，以几个效能建设先进单位为第一轮试点，为绩效评估在全区的推广积累了经验。

福建省在实施政府绩效评估时侧重于三个方面，一是绩效方案的设计，二是试点工作的展开，三是评估结果的运用。其绩效评估的做法完整地体现了政府绩效评估理念，无论在流程操作还是绩效评估体系设计方面都为未来绩效管理的实践创造了条件，并以服务型政府为导向构建了新型绩效型政府，为我国政府管理体制改革提供了经验借鉴。

第四节 公民导向的实践——杭州模式

20世纪90年代末到21世纪初期，中国地方政府进入了一个重视"建立以市民为评价主体的绩效评估制度"的新时期。这一时期，很多地方政府开始从目标责任制的考核方式转向引入公民这一重要的评价主体，并开展了较为普遍的实践。其中，较为典型的是杭州的公民导向绩效评估实践和南京的万人评议政府实践。而杭州的公民导向绩效评估机制经过十几年的探索尝试和不断完善，如今已成为公民导向的政府绩效管理的典范，在中国地方政府创新实践中颇具典型。2012年，杭州市"公民导向的综合考评"获得了"第六届中国地方政府创新奖"提名奖，以公民导向为显著特征的绩效管理创新获得了学术界和实践管理界的认可。

一、杭州公民导向绩效管理实践的发展进程

从总体而言，杭州公民导向的绩效管理机制并非是一蹴而就的，也经历了较长实践的探索与完善。杭州市公民导向的绩效管理实践整合了"自下而上"和"自上而下"两种绩效评估模式，为我国地方政府绩效管理提供了一条可资借鉴的途径。从其发展演进过程看，总体上经历了四个发展阶段。

（一）第一阶段：目标责任制考核

杭州市综合考评起源于90年代的目标责任制考核，基本上参考了当时国内的普遍做法，具有两个明显的特征：一是在考核方式上依靠自上而下的系统

推进,二是在考核内容上主要关注经济增长①。从 1992 年开始实行目标责任制开始,杭州市的目标责任制可以分为三个阶段②:

1. 起步阶段(1992—1997)。1992 年,邓小平同志南方讲话后,由于机关干部工资福利较低,部分机关干部"下海"经商办企业,给机关干部队伍的稳定带来了一定的影响。为了把推进机关工作与调动机关工作人员积极性有效地结合起来,杭州市在市级机关范围内开始推行目标管理责任制。具体的方法是:每年年底或次年年初,市级机关按系统召开各单位负责人会议,由参会人员将本单位一年的工作情况在会上进行介绍,参会人员根据介绍的情况进行投票,选出先进单位。考核结束后,对先进单位进行表彰,给所有参评单位发放目标责任制考核奖。当时,对于先进单位的表彰,主要以精神鼓励为主,先进荣誉未同物质奖励挂钩。各单位在目标考核奖金额度上未拉开差距。

2. 发展阶段(1998—2003)。经过几年的实践,实施目标管理对推进机关部门的工作,确保完成市委、市政府提出的工作目标任务,起到了积极的作用,也使机关干部收入有了一定的提高。但是,这一考核办法存在的目标完成情况与奖罚不够紧密、激励作用不足、考核流于形式、考核目标设置不够科学等问题日益暴露。为进一步完善考核办法,有效发挥目标考核的激励作用,1998年,在学习宁波市目标考核办法的基础上,结合杭州实际,提出了具有杭州特点的目标管理考核办法,并以市委办公厅、市政府办公厅名义正式下发了《关于进一步完善市级机关目标管理责任制工作的通知》(市委办〔1998〕57 号)。这一考核办法主要在以下三个方面作了重大调整:一是对考核内容作了调整,对每个市直单位设置职能目标和共性目标两部分;二是对考核的方法作了调整,取消了系统投票的考核方式,改为由市目标办联合系统牵头单位,采取平时考核和年终考核相结合,按项评估、以项计分、综合平衡的百分制考核方法;三是把考核结果与奖惩挂钩,适当拉开奖金的额度。由此,我市的目标管理工作步入了基本成型的阶段。这一考核办法的出台,标志着杭州市政府目标管理考核工作进入了进入了基本成型的阶段,从而有利于营造政府部门自我管理的良好氛围,提高自我管理能力③。

3. 深化阶段(2004—至今)。2004 年以来,根据市委、市政府领导关于进一步深化完善目标管理工作要求,杭州市机关目标管理工作在目标设置、考核

① 伍斌.政府绩效管理[M].北京:北京大学出版社,2017:72.

② 来源:浙江大学课题组"国内外政府绩效评估模式与杭州市直单位综合考评模式的比较研究",2005 年。

③ 伍斌.政府绩效管理[M].北京:北京大学出版社,2017:76.

办法等方面进行了新的探索：一是按照"突出重点、分类管理"的要求，对目标
设置进行了调整，将工作目标分为三类，并把"满意不满意"评选活动中征集到
的群众意见的整改工作纳入了目标考核的内容。二是按照"干在实处、走在前
列"的要求，2005年又在目标设置中增设了创新、创优工作目标。三是研究
目标考核与群众评议相结合的办法。现阶段杭州的综合考评模式也仍然吸纳
了目标考核制中的具有杭州特色与优势的做法，其中目标考核占总考核的
45％权重，主要是对市直单位按绩效指标、工作目标和绩效管理工作等进行
考核。

与过去的目标责任制相比，现阶段的目标考核已有机融入到杭州综合考
评体系中，一改变了考核价值取向单一的方式，目标考核不仅包括上级部门下
达的工作任务，也覆盖了社会诉求、公共服务等目标；二是目标统一由杭州市
综合考评办下达，克服了多头考核的缺陷，有利于目标集合统一和执行一致；
三是目标管理程序化、规范化。现阶段的目标考核在目标设定方面，一方面要
求的是具体量化，确实难以量化的，也应提炼出能够反映工作质量和成效的结
果性描述。另一方面，考评办在目标管理方面建立了目标管理办这一机构并
规定了严格的程序规范，由准备、申报、审核、反馈、公示、下达等明确、规范的
程序构成，各单位还能在"数字考评"系统目标中查询各自的关键指标、职能指
标和重点工作目标，实现了目标管理与绩效管理的有机整合。

（二）第二阶段：基于公民导向的满意评选

2000年初，市委市政府通过调查研究，发现制约杭州发展主要有两个因
素。一是发展空间问题，二是机关作风问题。第一个问题通过撤市建区解决，
第二个问题，必须下决心，用猛药。少数机关大局观念淡薄、部门利益至上、形
式主义严重、工作落实不力、办事效率低下、服务意识不强、服务质量不高等问
题还没有从根本上得到解决，"门难进、脸难看、话难听、事难办"的现象还不同
程度地存在。继续采用原有的一些方法和思路来解决机关作风问题，将难以
收到预期的效果。当年，杭州决定在市直机关开展"满意评选"活动。

从2000年10月开始，杭州市首次"满意评选"活动在市级54个单位全面
展开。评选的主要内容是各单位的全局观念、服务宗旨、服务质量、办事效率、
勤政廉洁、工作业绩等六个方面。杭州市专门成立了满意不满意评选活动领
导小组办公室负责全面工作。活动的评价主体包括四大层面，一是市党代会
代表、市人大代表和市政协委员层面；二是企业层面；三是市民层面；四是市直
机关互评。据统计，共发出选票5969张，回收5787张，回收率达到96.96％。
共征集到各方面意见10701条，约18万字，梳理后为2650条。

2001年度的评选和第一次相比，活动的各方面都有了新的变化，整个评

价系统渐趋完善。这次共有 85 个单位参与评选,产生 9 个平均满意率最高的单位和 3 个平均不满意率较高的单位。参加投票评选的共有 9 个层面、8919 个单位和个人,发出选票 8919 张,回收 8848 张,回收率为 99.2%。评选中征收到意见和建议有 6242 条。

2002 年度的评选活动与 2001 年相比,对部分投票层面进行了调整,增加社区、乡镇、街道层面,参评人数大幅度增加,特别是市民所占的权重增加明显,从 10% 提高到 20%,真正体现群众评议、群众满意。同时考虑到前两次评议存在的同一个单位"高满意率与高不满意率并存"的现象,此次评选采取单指标赋分值的方法。

2003 年度的评选活动较前 3 次又有了较大的改进。在投票层面上,取消了市直机关的互评,增加了区、县(市)的部委办这一层面;在统计和计算方法上采用了差别权重,根据参评单位的分类,分别设置各投票层面权重,对各投票层面采用随机抽样统计,根据参加评选单位的分类,设置不同的评选系数;在满意单位和不满意单位产生方法上,所有单位一条线排列,设置达标线(综合得分 72 分),低于达标线并处于末位的单位为"不满意单位"。2004 年度评选活动基本沿用 2003 年度的办法,其中达标线设置为综合得分 70 分。

从五年的实践来看,"满意评选"主要呈现出以下的特征和趋势:

1. 评价主体结构趋向多元,群众主体地位充分体现

从 2001 年开始,参评层面扩大为 9 个。参评主体既包括了市党代表、人大代表、政协委员、老领导和专家学者等直接参政议政群体,又包括了省、市、区县各级部门代表,并进一步突出了市民和企业代表的评价主体地位,已初步形成了一个多元化、多维度的评价主体结构模式。市民代表的参与人数从 2000 年的 4000 人增加到 2002 年的 10000 人,同时,2002 年将区、县(市)的部委办局、街道、乡镇和城区社区作为一个投票层面纳入评选主体,并于 2003 年取消了市直属各单位领导班子成员投票层面,充分体现了"满意评选"面向基层、面向群众的鲜明特征。

2. 评价对象划分清晰可比,评分权重设置渐趋合理

评价对象的划分根据"细化分类,增进可比"的原则进行调整。2000 年的评价对象是 54 个行政执法和行风评议为主的部分市级机关;2001 年的评价对象分为评选单位和评议单位两大类,同时,根据参评单位的不同职能任务,将参评单位分成政府部门、审判机关、检察机关和党群及其他部门两类;2003 年将评价对象分为评选单位、评议单位和征求意见单位,其中,评选单位分为政府部门——社会服务相对较多单位,政府部门——社会服务相对较少单位,人大、政协机关、党群及其他部门三类。同时,2003 年根据评选单位的分类,

分别设置难度系数。政府部门——社会服务相对较多单位为 1.05,政府部门——社会服务相对较少单位为 1.00,人大、政协机关、党群及其他部门为 1.00。难度系数的设置,增进了各参评单位的可比性。鉴于各类参评单位的社会服务性质、社会服务对象存在差异,为更客观反映评价实际,2003 年根据参评单位的分类,采用差别权重,分别设置各投票层面的权重

3. 评价主体参与度高,民情民意表达渠道通畅

社会各界和人民群众参与评选的积极性较高。2001 年选票回收率高达 99.2%,比 2000 年的 96.96% 提高了 2.26 个百分点。从 2001 年至 2004 年,选票回收率一直保持在 99% 左右的高位。五年来,共征集到社会各界和人民群众对市直单位的意见建议 35714 条。各市直单位都能够逐条对照检查,分解任务,明确责任,抓好整改。同时,市委、市政府通过对意见建议中反映的问题进行梳理、提炼,上升为解决社会热点、难点问题的决策依据。通过"满意评选",民情民意表达渠道更加通畅,政府回应社会公共需求的措施手段更有实效。

4. 满意率(含比较满意率)逐步提高,群众满意度持续保持在较高水平

评选活动开展以来,社会各界和群众对市直单位的满意度逐渐提高。2000 年满意率为 22.84%,2001 年满意率为 36.24%,2002 年采用 5 点量标后,满意率和比较满意率达到 67.55%,2003 年、2004 年的满意率和比较满意率连续保持在 67.85% 的水平。

5. 机关作风改善明显,机关业绩逐步体现

通过"满意评选",市直单位的机关作风建设明显加强,服务质量和办事效率大大提高,机关行政人员的精神面貌焕然一新。2001 年,6295 个接受调查的人中,认为杭州市机关作风"明显好转"和"有所好转"的占 95.15%;2002—2004 年,接受调查的一万多人中,认为杭州市机关作风"明显好转"和"有所好转"的分别占 98.25%、96.36% 和 95.55%。经过 2000—2002 年的三年实践,评选活动的作用已经超出了机关作风建设这个领域,对于各项工作都有不同程度的促进作用。评选工作已经不再是单纯评价机关作风,而是转向为评价综合绩效。2003 年的评选方法作出了相应调整,把评选工作与年度目标考核、"96666"投诉电话和"12345"市长公开电话两个电话的投诉查处情况挂起钩来,这 4 个方面按照 95:3:1:1 的比例,计算出最终得分。评选办法的调整体现出评选活动的综合作用,"满意评选"不仅要评机关作风,而且要评工作业绩。

6. 奖惩措施得力到位,压力与动力相辅相成

2000—2002 年,"满意评选"采用了淘汰制。由于"四难"问题是机关作风的"顽症",是制约发展的"瓶颈",治"顽症"必须用"重典",淘汰制比较符合当

时的实际。2003 年开始采用"淘汰制＋达标制",在坚持淘汰制的同时,设置一条达标线,得分在达标线以下的,采用公示的办法以示告诫,其中得分最低的一个单位,评定为不满意单位。2003 年的达标线确定为 72 分,每年根据情况滚动确定。设置一条达标线,可以使排位靠后的单位追有目标、赶有方向,从而激发起这些单位争先创优的原动力。通过 2003 年的调整,把激励机制和约束机制有机地统一起来,使压力和动力相辅相成,促进市直单位不断提高综合绩效。

（三）第三阶段:公民导向的综合考评

以目标责任制考核为基础,以满意评选为路径,在不断深化、完善和优化的创新尝试中,2005 年杭州市正式决定将目标责任制考核与满意评选进一步结合,对市直单位实行综合考评,形成了目标考核、社会评价、领导考评"三位一体"的综合考评体系。2006 年,为推动政府部门创新,鼓励政府创新创优,再次增设了以专家为主体的第三方评价的"创新创优"评价,从而形成了"3＋1"综合考评体系,并一直延用至今。杭州的"3＋1"综合考评做法是"公民导向、注重绩效"的重要地方政府实践创新,其主要做法与特点在于:

第一,建立了专门的综合考评机构,为绩效评估工作的专业化、规范化和制度化提供了组织保障。建立专门的考评机构,能够有效保证综合考评工作的客观、公正,树立考评权威性,提高考评公信度。设立专门机构评估综合绩效,可以使评估主体更专业化,评估办法和评估体系更规范化,综合考评工作进一步制度化。从杭州市考评办的组织建构来看,是对原有的目标管理办公室、满意评选办公室和机关效能监察室的有效整合;从考评办的人员构成来看,既包括了计算机、法律、公共管理等各类专业人员,又包括了具有一定政府管理经验的复合型人员,从而为建立一支专业化水平较高的综合考评队伍提供了人力资源保证。

第二,建立了考评主体多元化的考评机制,确保考核结果公正公平。杭州市综合考评最为典型的特点是重视社会评价。其中,社会评价占总考核的50％权重,突出了社会公众在公共部门绩效评估中的作用,目的是优化公共服务,强调地方政府的服务导向与责任导向。与此同时,目标考核占 45％权重,领导考核占 5％权重,创新创新则采用"竞赛制＋淘汰制"的方式以加分项目体现。由此,杭州市综合考评建立起了以社会公众为主的外部评价、内部考核、自上而下的评价以及第三方独立评估等为主体的多元评估体系,这在中国当前地方政府绩效评估中也是较少的一种综合应用实践,并为推动综合考评向绩效管理转型奠定了良好的制度基础。

第三,定量与定性指标相互补充,考评指标的定性量化特征明显。从综合考评指标体系构成来看,目标考核主要延用市级机关目标管理考核的方法,侧重的是组织的定量分析和绩效评估,弥补了社会评价中存在的信息不够对称等问题,基本奠定了综合考评的定量指标框架。社会评价侧重的是群众的定性分析和满意评价。普通公众对机关具体运作的了解程度也许各不相同,但他们可以感受到机关工作对其生活的影响,机关办事效率的高低,办事人员作风的优劣。社会评价可以弥补量化指标的不足,使综合考评更加科学全面,更符合"以人为本"的理念。从领导考评的指标设置来看,主要是在传统的5分评定模式基础上,运用了标准打分组的办法,很好地把传统的模糊定性转变为有形的量化模糊定性分类,从而有效克服了定性评价的随意性和主观色彩浓重的现实问题。考评的定性量化具备可操作的参照标准,提高了打分的科学性、准确性,提高了考评的可信度。

第四,探索现代网络信息技术在综合考评中的应用。2009年,杭州市考评办启动了"数字考评"系统建设,运用网络和信息技术强化综合考评的日常管理,使绩效信息获取、采集、分析与监测更加便捷化,也有助于实现部门之间的互联互通和协调运用。进入"数字考评"系统的各单位的绩效目标不仅可以随时查看指标内容,还能查看各项指标的实施进度。实施进度为考评办和指标所负责的单位监督检查指标完成情况提供了平台,也为公众监督政府部门的绩效提供了渠道。

(四)第四阶段:全面推进政府绩效管理阶段

"杭州综合考评深植于杭州本土,探索出了一条与其他地区不同的政府绩效管理路径",这一考评机制"基本承载了政府绩效管理的大部分功能,但还不是严格意义上的政府绩效管理,而是介于绩效评估和绩效管理之间的一种管理方式"①。到目前为止,杭州的公共部门绩效管理实践仍是在"综合考评"的名义下实施的,以杭州市综合考评办为主管机构。与此同时,综合考评的制度设计、管理方式与科学的绩效管理机制要求相比,还存在很多差距。2011年6月,杭州市被确定为全国政府绩效管理试点城市,为杭州深化公民导向绩效管理创新实践提供了发展机遇,这也标志着杭州公民导向绩效管理实践进入了新的发展阶段。

从综合考评到绩效管理,体现了地方政府对作为一种治理方式的公共部门绩效管理的新认识,也对公共部门绩效管理在提升公共服务质量、提高政府治理能力与公信力等方面的作用发挥提供了新的挑战。随着国家政府层面对绩效管理观念与认知的深入发展,以全国政府绩效管理试点城市为契机,杭州

---

① 伍斌. 政府绩效管理[M]. 北京:北京大学出版社,2017:105.

市以绩效管理为发展方向,以综合考评工作为基础,进一步探索实施了杭州市政府绩效管理。其主要做法包括:

第一,建立以绩效为导向的绩效评估指标体系。按照政府绩效管理的要求,杭州市综合考评于2012年开始重新设计以绩效为导向的指标体系,对目标责任制时期的"职能目标"、"共性目标"等一类指标进行了修正,建构了"绩效指标和工作目标"这两大类指标。一是绩效指标,考核内容包括杭州综合考评办每年以文件下达给市直各单位的关键指标(市委、市政府确定的涉及本部门的相关国民经济和社会发展定量指标)、职能指标(市直单位法定职责履行情况相关绩效指标)、重点工作目标(适用于市直各单位的部分综合性绩效指标,包括依法行政、电子政务、行政效率和简报信息质量等指标);二是工作目标,考核内容包括重点工作目标(省委省政府对杭州市的重点考核目标、市委市政府确定的重点工作任务、市政府为民办实事项目、重点专项工作、跟踪督办社会评价意见整改目标)、部门协作目标(由有关部门牵头、多部门协作配合的,事关全市、有明确年度目标任务、适用于量化考核的阶段性工作目标,由若干专项组成)、诉求回应目标(信访和"12345"办理、社会评价意见整改、效能投诉处理、公共服务窗口评价、建议提案办理)和自身建设目标(领导班子建设、党风廉政建设、目标绩效管理、财政绩效评价、机构编制评估)①。2013年以后至今,杭州市综合考评一直沿用了这套指标体系,公民诉求、财政绩效、工作效率、内部建设等评估维度都能在不同程度上得以体现,逐渐实现了绩效考核的多维度发展。

第二,政府绩效管理的规范化、常规化与法制化。公共部门绩效管理最重要的功能是体现为日常工作绩效的测评与管理,而非年终一次的绩效评估工作。在这个意义上,要发挥公共部门绩效管理的效用就必须建立健全绩效管理机制,以确保政府绩效管理的规范化、常规化、法制化。杭州市为推进政府绩效管理制度建设,在机构设置、规章制度、长效机制等方面进行了积极探索。

一是2012年8月,原有的综合考评机构——杭州市综合考评委员会增挂"杭州市绩效管理委员会工作办公室",负责全市综合考评和绩效管理日常工作,形成了综合考评、效能建设、绩效管理新"三位一体"的职能架构。同时,考评办还设置了杭州市绩效评估中心和杭州市综合考评资讯中心,前者负责绩效管理研究,承担综合考评社会评价和绩效评估的具体工作,负责综合考评数据的采集、统计、分析和绩效信息库建设工作,承担杭州考评网以及考评管理系统的日常信息维护和管理。后者负责开展综合考评工作宣传、展示,具体承

---

① 资料来源:杭州市综合考评之考评体系:http://kpb.hz.gov.cn/showpage.aspx? id=223

担市民之家"杭州综合考评"展示厅的日常工作;通过考评窗口采集民情民意,受理社会公众对机关工作的评价、建议;负责公共服务窗口服务评价数据的采集和信息发布;承担 85253000 社会评价专线电话的接听、处理工作。杭州市绩效管理机构的设立与完善使绩效信息采集、过程管理、监督检查、绩效结果运用等过程有机联合,绩效管理机制趋向完善。

二是 2015 年 8 月 27 日,杭州市十二届人大常委会第十三次会议审议通过了《杭州市绩效管理条例》,经浙江省第十二届人民代表大会第二十三次会议批准后,10 月 14 日,杭州市正式颁布了《杭州市绩效管理条例》。该条例的颁布实现了政府绩效管理"于法有据、依法管理"、绩效管理机构"职责法定",标志着政府管理法治化建设方面走在了全国前列①。《杭州市绩效管理条例》共七章,由总则、绩效管理规划和年度绩效目标、过程管理、年度绩效评估、结果运用、绩效问责、附则构成,按照绩效管理的基本流程和机制设计进行了较为全面的规范,确保绩效管理运行的常规化、制度化,不仅在地方政府部门树立了绩效观念,也为开展绩效管理奠定了坚实的基础。

第三,持续推动"公民导向"机制的完善。以满意评选为基础、公众评价为主体的杭州政府绩效管理实践深入推动了"公民导向"机制的完善与发展,一方面继续开展社会各层面为主体的满意评价,将其作为政府绩效评估的重要组成部分,无论在满意评价的程序还是结果利用方面,都逐渐建构起了更为完善、更为有效的评估机制,公众满意成为杭州政府绩效管理的主要评价标准。另一方面,杭州市综合考评办于 2016 年起承担了"公述民评"面对面问政活动的主体。"公述民评"是杭州市于 2009 年开始实行的一项公民参与政府管理的措施,综合考评办(绩效办)作为"公述民评"问政活动的主体,制定了《杭州市"公述民评"面对面问政办法(试行)》,使"公述民评"能作为考核政府绩效的重要依据,有力提升了政府社会公共事务管理和城市治理能力,也成为公众参与政府绩效管理的主要平台之一。以 2017 年为例,"公述民评"问政主题主要来源于 2016 年综合考评的 17677 条社会评价意见,主要涉及"放管服"改革、城市管理、公共服务、市场监管等方面。杭州市综合考评办还通过杭州网、杭州考评网、"绩效杭州"微信公众号三大平台,开展问政主题征集活动与投票,最后确定了 20 个备选主题。此后,将进入"治理诊断、电视现场问政、意见整改落实"阶段。"公述民评"问政与英国公共部门绩效管理改革中的"雷纳评审"在程序上相似之处,但比雷纳评审更具公民导向性,也是现阶段中国地方政府持续推动公民参与绩效管理的重要制度设计,具有较好的社会影响。

---

① 伍斌.政府绩效管理[M].北京:北京大学出版社,2017:117.

二、杭州综合考评实践的主要特征

（一）整合了"自上而下"和"自下而上"两种评估模式

目标管理是当前开展较为广泛的绩效管理模式，特点是将目标任务分解落实到各工作部门，并对目标完成情况进行评估考核；效能监察是针对机关和公务员行政管理工作的效率、效果和工作规范等情况进行监察，是纪检监察部门依法对机关效能进行的评估活动。以上两种评估模式都属于"自上而下"的组织内部考核。满意评选活动即"公众评议政府"活动，属于近年来方兴未艾的"自下而上"的评估模式，是对"自上而下"评估模式的有效补充。杭州市直单位综合考评模式正是建立在原有的目标管理、满意评选和效能监察的基础上，具有良好的"先天"条件，并在机构建设、指标设置、监督管理等方面进行了有效的资源优化重组，充分显现出"1＋1＞2"的效果。两种评估模式的整合，既保证了组织考核的有效度，同时又通过民情民意表达渠道的制度化建设，进一步提升了综合绩效评估的公信度，对于"自上而下"评估的信度缺失和"自下而上"评估的效度缺失都是一剂补助良方。

（二）推进了绩效评估从"重结果"向"过程与结果并重"转化

原来的目标管理和满意评选都相对比较注重评估结果，特别是满意评选活动的结果导向尤为明显。结果固然重要，运用更为重要。评估结果的运用直接关系到评估的价值实现，正如 Lyle Wray，Jody Hauer 所言："如果不能将公众的参与结果运用于公共服务明确、持续地改善，就不要奢望公众能够积极参与"。如果过于注重将评估结果与奖惩措施挂钩，忽略了过程管理对绩效改进的重要作用，是对评估目的和意义的根本偏差，因此，有必要从传统的考评方式转移到综合绩效的评估和管理，管理重心适当前移，从单纯的"重结果"向"过程与结果并重"转化。杭州市综合考评办公室的成立顺应了这种转变的契机。加强目标任务完成情况的过程督查、加大机关和公务员行政作为的效能监督以及重视社会评价公众意见的整改和反馈等各种过程管理措施和手段的不断完善，必将使考评对象的注意力从结果向过程转移，从而有效促进各部门在行政行为中提高成本意识、优化资源配置，最终使综合考评达到"全面质量管理"的效果。

（三）考评维度体现创新创优，绩效导向进一步明确

综合考评充分体现了创新创优这一评估维度。在综合考评指标体系中，引入了绩效评估的理念和方法，对创新目标实行绩效考核，进一步激励市直单位创新创优，提高整体工作水平和绩效。创新目标绩效考核程序包括申报、立

项、申请验收、检查核实和公示,最终由市考评办组织专家组,对各单位创新目标完成情况进行绩效评估,写出绩效评估报告,根据"创新工作目标得分＝1.5分×难度系数×评估系数"计算最终得分。创新目标绩效考核在难度系数和评估系数设置上,绩效导向特征明显。在难度评估标准设定方面,根据创新目标内容、执行难度和创新程度,由专家组对创新目标难度分三个档次作出评估。

（四）综合考评计算机系统初步成型,管理信息化程度进一步提高

综合考评工作涉及面广、业务环节多、工作量大、时效性高、操作要求细致,从目标制定到最终结果公布共九个业务环节。各目标考评单位每月都有大量的考评数据需要向市综合考评委员会办公室报送,而考评办需要对考评数据进行审核、汇总、监督、统计、计分等操作。同时,按照综合考评工作的要求,在考评过程中,要将相关信息公布给公众,并提供一个公共评论、监督考评工作的平台,利用信息化手段来进行管理已经成为综合考评工作顺利开展的必要保障。

目前,杭州市综合考评管理系统和门户网站建设已初步完成。该系统能够实现对全市综合考评工作的从目标制定、报送、审核、监督、考核的全过程管理,能够利用计算机技术实现考核数据的汇总、分析及运用,同时在互联网上初步构建起综合考评委员会办公室的门户网站,向社会公众介绍考评工作及各部门的工作目标完成情况,采集社情民意,接受社会监督。

三、对杭州综合考评模式的思考

近年来,杭州综合考评模式适应治理能力现代化的发展需要,以政府绩效管理为目标,探索地方政府绩效管理的机制构建,加强了政府绩效管理法制化建设,政府绩效被纳入公共部门日常管理工作内容,公民参与绩效考核成为实质性过程,有力地树立了公共部门的绩效文化,培育了绩效观念。但无论是综合考评自身还是逐渐走向绩效管理的综合考评,仍存在不少发展困境。一是部门壁垒导致绩效信息共享的障碍。尽管设置了杭州市综合考评办和绩效评估中心统一负责绩效绩效信息采集工作,但由于部门职责交叉以及部门壁垒的存在,绩效信息共享与联动机制很难建立一个整体。这一发展困境会随着大数据技术与互联网＋的发展而凸显出来,直接考验着绩效管理中的过程管理、绩效监测、反馈机制等难题。二是组织绩效与个人绩效如何挂钩的问题。综合考评模式实质上是组织绩效评估机制,然则组织绩效的获得是个人绩效发展的结果。这里就涉及两个问题,一个是个人绩效的测量与评估机制如何

构建,以岗位职责为基础还是以单位的目标考核为基础,组织绩效落实到个人能够实现? 还有一个问题是鼓励个人绩效的激励机制构建问题。三是政府绩效评估的技术局限。从杭州综合考评体系现状看,信息技术与评估技术的结合度还有待提高,比如被考核对象的绩效信息获取的及时性与真实性、绩效评估过程中的互动性、大数据在绩效评估中的作用等,这些不仅是技术带来的绩效管理挑战,也是未来公共部门绩效管理发展的重要方向。

因此,杭州综合考评的绩效管理实践在未来发展方面还有很多可提升的空间。首先是进一步建立引导社会公众参与公共政策制度与公共事务治理绩效评价的机制,运用绩效管理的工具发挥公众在公共治理治理的作用,这不仅是杭州市综合考评可持续机制的源泉,也是提高政府治理能力的现实需要。其次是政府绩效评估与权力、责任清单建设的有机匹配。绩效信息采集需要建立在打破部门壁垒、信息共享基础之上,而绩效评估指标也应与部门及人员的权责相对应,权、责、评有机整合。通过绩效管理,能最终追到责任部门与责任人、追到职责权限的合法性,这才是现代政府一体化管理与政府绩效管理的真正要求,也是落实"最后一公里"的关键点所在。最后,加强大数据技术与平台的应用。要避免绩效评估中主观判断的不良影响,就要重视运用大数据技术,建立绩效信息的大数据平台,可以帮助公共部门进行绩效数据的海量挖掘与回归分析,从而有助于得出绩效原始信息之间的相互关系、找到影响绩效结果的关键因素,也可以对绩效过程进行更为实时、动态的监测管理,并提出改善公共服务与政府绩效的策略。杭州具备大数据技术平台的基本硬件,网络环境良好,未来发挥大数据在公共部门绩效管理中的功能也将是大势所趋。

第五节　第三方评价政府绩效的多维模式

在中国地方政府绩效管理实践进程中,从效能监察到目标管理,从绩效评估到绩效管理,其主要进展体现在评估主体机构的建立与完善、绩效评估制度的构建、评估指标体系的完善等方面。而在评估主体多元化发展方向,为消除政府内部评价的各种弊端,开展第三方评价不仅需要地方政府实施的勇气与魄力,还有赖于第三方评估机构的可信度。进入21世纪后,随着中国地方政府绩效管理的持续推进,第三方评估政府绩效模式逐渐盛行起来。以甘肃省为开端,地方政府积极主动转变思维方式,加强与高等院校的合作,推动了第三方评价政府绩效的完善发展。

一、第三方评价政府绩效的甘肃模式

位于中国西部的甘肃省是中国率先开展第三方评价政府绩效的地方政府。2004 年,甘肃省为进一步转变政府工作作风,为企业创业和发展营造一个规范严明的法制环境、诚实守信的信用环境、优质高效的服务环境和宽松和谐的创业环境,围绕树立科学发展观和提高地方政府行政能力这个主题,将全 14 个市、州政府及省政府 39 个职能部门的绩效评价工作,委托给兰州大学中国地方政府绩效评价中心具体负责组织实施。甘肃省的这次时间完善了评价方式,拓宽了评价主体范围,而且针对省级、市级职能部门的不同分别建立了科学的指标体系①。2005 年 3 月,兰州大学中国地方政府绩效评价中心向社会公布了评价结果,发布了《甘肃省非公有制企业评价政府绩效结果报告》。这一举措被媒体称作"兰州试验",它开创了第三方评价政府绩效的先河,形成了中国地方政府绩效评价的"甘肃模式"。甘肃省政府开创了政府绩效外部评价的新形式,也成了为我国政府绩效评估领域的新探索。

"甘肃模式"的形成有其特定的背景,是基于甘肃省在西部大开发背景下发展非公有制经济的现实需要,因此是基于对西部区域特征的理性思考基础上所产生的。为更好地发挥非公有制企业的积极性,让其能够参与到公共政策制定过程中,就需要开展具有公信力的绩效评估活动,这也是改善政府与企业、政府与社会、政府与公民之间关系的重要路径。为确保达到这样的绩效评估结果,甘肃省采取了第三方学术专业机构的公正公开的政府绩效评估②。甘肃省第三方评价的主要内容是:

(1)围绕树立科学发展观和提高地方政府行政能力的主题,为企业创业和发展营造一个规范严明的法制环境、诚实守信的信用环境、优质高效的服务环境和宽松和谐的创业环境,对全省 14 个市、州政府及政府 39 个职能部门的工作绩效进行评价。

(2)评价主体以各地有代表性的非公有制企业为主,并结合兰州大学中国地方政府绩效评价中心的专家意见得出评价意见。

(3)评价指标体系按市、州政府和省政府所属职能部门两类评价对象分别

---

① 包国宪. 绩效评价:推动地方政府职能转变的科学工具——甘肃省政府绩效评价活动的实践与理论思考[J]. 中国行政管理, 2005(7).

② 包国宪,董静,郎玫,等. 第三方政府绩效评价的实践探索与理论研究——甘肃模式的解析[J]. 2005(7):59-67.

设置。每套评价指标体系分别按企业、上级政府、专家三类评议主体分别设计。根据两类评价对象和三类评价主体，共设计了四套指标体系和两套调查问卷。市、州政府绩效评估指标体系的一级指标由"职能履行、依法行政、管理效率、廉政勤政、政府创新"等5个评价指标构成。二级指标则具体包括"经济运行、投资环境、市场监管、公共服务、行政许可、行政审批、行政监督、组织效率、服务效率、廉政建设、工作作风、观念创新、制度创新、管理创新"等14个指标。省属职能部门绩效评价指标体系的一级指标由"职能发挥与政策水平、依法行政、政风与公务员素质、服务质量"等4个评价指标构成，二级指标包括"职能发挥、政策水平、行政许可、行政审批、行政监督、部门风气、公务员素质、服务效率、服务水平"等9个指标构成①。

（4）市州政府和省政府职能部门绩效用综合绩效指数来衡量。该指数由非公有制企业、省政府评议和专家委员会构成，其权重分别为60%、20%、20%。

甘肃用第三方来独立评价政府绩效的举措具有开创性的意义，一方面，政府能将评价自身的工作委托给学术机构，表明政府相信公众能够为政府绩效作出科学公正的评价，政府与民间的相互关系走向成熟。另一方面，民间第三部门机构形成为一种新的评估力量，以制度化、组织化的形式参与政府绩效评价，作为公民参政议政的切入点，有利于和谐社会的建设。甘肃政府绩效评估模式主要在于评估主体的变化，政府仅仅是被评估的对象，适当派出部分工作人员参与评价过程。甘肃实施绩效评估的主要推行者从政府转向了第三方机构，第三方机构不再是简单的评估主体，而成为绩效评估实施者和组织者，其角色发生了根本转变。根据有效治理理论，公民参与主持政府业绩评价对于和谐社会的形成和政府责任心增强都有一定作用。

二、第三方评价政府绩效的"广东试验"

近十几年来，依托高等院校的绩效评估研究平台，以高校为主的第三方评价逐渐盛行起来。2007年，广东省普通高校人文社会科学重点研究基地的研究机构——华南理工大学政府绩效评价中心公布了独立第三方评地方政府整体绩效年度报告，被称之为"破冰之举"及"广东试验"。此后，华南理工大学政府绩效评价中心每年都公布广东省市、县两级政府整体绩效评价报告，并出版

---

① 参见：包国宪，董静，郎玫，等. 第三方政府绩效评价的实践探索与理论研究——甘肃模式的解析[J]. 兰州大学学报（社会科学版），2005（7）：59-67.

了《中国地方政府整体绩效评价红皮书》,这也标志着中国第三方评价整体政府绩效的先行先试。与此同时,广东省还建立了广东省政府绩效管理研究会,该研究会是经广东省民政厅批准成立的全国首家研究省级政府绩效管理的民间组织,主要开展政府整体(部门)绩效评价、财政支出绩效评价、法治政府绩效评价等第三方绩效评估工作。第三方评价政府绩效的"广东试验"推动了全国政府绩效管理领域的研究与实践发展,高等院校科研机构与公共部门的合作也开始变得更为紧密。

广东省第三方评价政府绩效主要采用的评估技术方案,每年也会因为受到评估目标、统计源变化等影响而进行细微变化。2010 年"市县两级地方整体绩效评价指标维度与结构"由 5 个一级指标构成,包括"促进经济发展、维护社会公正、保护生态环境、节约政府成本、实现公众满意"。其中,促进经济发展指标覆盖"人口及素质、经济增长、增长质量、经济结构、收入与生活质量、市场竞争环境、经济发展潜力、经济发展过程"等领域层内容,据此设计了 13 个具体指标;维护社会公正指标覆盖"政府形象及开放、收入分化程度、基本公共服务供给、民主法制建设、文化道德建设、政府行政能力、重大公共事件"等领域层内容,据此设计了 14 个具体指标;保护生态环境指标覆盖了"环保投入、大气保护、森林和植被保护、水资源保护、能源消耗、原材料消耗、环保意识、重大环境事故"等领域层内容,据此设计了 10 个具体指标;节约政府成本指标覆盖了"有形成本、无形成本、机会或失误成本、成本效益与控制、成本透明度"等领域层内容,据此设计了 6 个具体指标;实现公众满意指标覆盖了"个人及家庭生活、社会及自然环境、政府服务和形象、公共政策及执行、政府总体表现"等领域层内容,据此设计了 14 个具体指标[①]。根据该指标体系,华南理工大学政府绩效评价中心评定出广东省 21 个地级以上市域测量结果和 121 个县域测量结果。与此同时,还依据公民主观评价结果,构建了幸福指数,并对影响公众幸福指数的因素进行了研究分析。2012 年,该研究中心还开展了全国性的幸福指数评价,建立了狭义的幸福指数评价指标体系。第三方评价政府绩效的"广东试验"成为学术研究与公共管理合作评估政府绩效的示范,其评估技术方案、指标体系构建和幸福指数评估对于推动公共部门绩效管理研究与实践具有重要意义。

① 郑方辉,尚虎平.2011 中国地方政府绩效评价[M]. 北京:新华出版社,2011:19.

三、第三方公共服务质量评估的"象山实践"

政府的主要职能是提供公共产品与公共服务。换言之,政府部门绩效管理在很大程度上是公共服务的绩效管理。随着服务型政府目标的确立,公共服务供给的效益与质量成为公众日益关心的一个重要问题。

近年来党中央和国务院就发展公共服务和建设服务型政府出台了一系列政策文件,有效推动了国家公共服务体系建设工作的开展。党的十八大报告指出,"推动政府职能向创造良好发展环境、提供优质公共服务、维护社会公平正义转变","着力提高教育质量","推动实现更高质量的就业"。党的十八届三中、四中和五中全会就打造服务型和法治政府进行了具体部署,突出强调要"完善发展成果考核评价体系","政府要加强发展战略、规划、政策、标准等制定和实施,加强市场活动监管,加强各类公共服务提供","加快建设职能科学、权责法定、执法严明、公开公正、廉洁高效、守法诚信的法治政府"。2014 年,习近平总书记提出"四个全面"的战略布局,描绘了深化重要领域改革的宏伟蓝图。贯彻落实党的十八大和习近平总书记系列重要讲话精神,提高公共服务质量,开展公共服务质量评估,满足人民群众公共服务需求,在新形势下尤为迫切。

为更好地建设服务型政府,找准补齐公众服务领域短板,2016 年浙江省象山县委托浙江大学公共服务与绩效评估研究中心,在国内率先开展了全县域公共服务质量第三方评估活动。从公共部门绩效管理到公共服务质量评估,这对于新时期丰富公共部门绩效的内涵具有重要意义,也代表了地方政府管理者治理理念的重要转型,对于推动地方政府治理能力现代化具有重要的现实意义。

(一)公共服务质量评估的主要做法

(1)评估内容。公共服务质量评估内容在主观方面,主要包括民生性、经济性和综合管理服务的满意度评估,其中,民生性公共服务方面主要包括公共教育、就业创业、社会保险、民政服务、医疗卫生、住房保障、文化惠民、平安象山、法律服务和便民设施等服务类型;经济性公共服务方面主要包括经济转型升级、行政审批、招商引资、创新创业、金融支持、市场监管、人才政策、经济基础设施建设、环境保护和现代服务业支持等服务类型;在客观指标评估方面,涉及民生性、经济性服务共 22 大类 151 项客观指标测评,实现每项服务内容倒推部门责任。

(2)评估对象。确定涵盖全县 91 个县级机关部门(含参公性质的群团组织)和 18 个镇乡(街道);调查对象包括政府和党群机关工作人员,公民、企业、社会组织等,实现评估部门和调查对象全覆盖。

(3)评估方法。公共服务质量公众满意度方面主要采用问卷调查、电话调查、网络调查、座谈会和舆情分析等方法进行评估,对公共服务覆盖率、服务人口比例、服务质量达标情况等进行分析,回收纸质问卷 5310 份、网络问卷 278 份,召开座谈会 38 场;公共服务质量客观指标完成情况以县统计局及有关部门提供的数据为依据进行评估。

(4)评估结果。客观指标采用功效系数法计算,主观指标以"系数加乘法"计算。按照公众导向原则,两者按照 40% 和 60% 的权重折算,评出优秀、良好、合格、不合格单位,综合评分前三位的年底颁发"象山县优质公共服务奖";评估结果末位的,对主要负责人进行戒勉谈话。

(5)主要成果。形成评估总体报告、短板分析、区域比较、网络舆情分析等报告,建立象山县公共服务质量评估数据库,形成象山县公共服务指标体系,梳理建立象山县公共服务清单,打造成为可复制可推广的公共服务质量评估"象山样本",争创全省公共服务清单建设试点县。

(二)公共服务质量评估的效果

通过一年来的探索和创新,基本形成了具有象山特色的公共服务质量评估模式,并取得了显著的成效。

第一,形成了完整的压力传导机制。根据评估结果,推动公共服务涉及职能部门服务质量改善,并注重持续跟踪评估,对收集到的社会评价意见,分解落实到相关单位,确定整改重点,形成意见整改机制,推动公共服务评估进入"执行—评估—改进—再评估—再改进"的良性循环,实现服务质量共建共治共享。

第二,建立了有效的问责体系。制定机关干部考核与公共服务评估结果挂钩办法,与机关岗位对责、绩效对账、领导干部绩效考核相结合,与各单位目标管理考核、评先评优挂钩,形成纵向到边、横向到底的绩效问责体系,进一步激发干部干事创业热情。

第三,提供了科学的决策依据。通过数据统计分析,查找出公共服务薄弱环节,引导各地各部门精准发力,把公共资源投入到急需的领域,提升公共服务水平。评估结果成为安排财政预算、调整机构编制、完善政策措施的重要依据。通过公共服务数据库建设,一方面将象山县各委办局、各所辖地区的经济社会综合数据采集交换,为各部门提供更广泛的信息共享支持以及为政府和这些接入部门提供全面的共享服务;另一方面将已有的调研数据(如教育、医疗、住房、劳动就业、社会保障、收入分配、食品药品安全、人口、社会治安等领域的各类文字型或者数字型数据)保存到公共服务数据库之中。同时,以公共服务数据库建立的指标体系为基础,整合来自各委办局和各所辖地区的、经过审核、转换、处理的数据资源以及往年各地区的调研数据资源,可实现对经济社会信息的统一和集中存储,确保数据的唯一性和准确性,为今后象山县部门绩效考核以及公共服务、公共决策提供基础的数据支持。

　　第三方公共服务质量评估的象山实践借助于高等院校科研机构平台,建立公共服务质量评估体系,运用大数据技术构建公共服务数据库,为地方政府决策提供科学依据。客观评估—行政问责—科学决策的制度设计,使公共服务质量评估具有更高的决策价值,也是中国地方政府提高治理能力的重要实践。

参考文献

1. Ammons David N. Municipal Benchmarks: Assessing Local Performance and Estalblishing Community Standards[M]. Sage,1996.
2. Allard, C. K. Command, Control and the Common Defense[M]. Yale University Press,1990.
3. Aucoin. Administrative Reform in Public Management: Paradigms, Principles,Paradoxes and Pendulums[J]. Governance,1990. 3:115-137.
4. Ammons David N. Municipal Benchmarks: Assessing Local Performance and Estalblishing Community Standards[M]. Sage,1996.
5. A Brief Guide For Performance Measurement in Local Government. National Center for Public Productivity,http://andromeda. rutgers. edu/ ～ncpp/cdgp/Manual. htm.
6. Bozeman, B. All Organizations are Public: Bridging Public and Private Organizational Theories[M]. San Francisco:Jossey-Bass,1987.
7. Bryson. , M. Strategic Planning for Public and Nonprofit Organizations:A Guide to Strengthening and Sustaining Organizational Achievement[M]. San Frandsco:Jossey-Bass,1988.
8. Barara Berman. Involving the Public in Measuring and Reporting Local Government Performance[J]. National Civic Review ,2008(Spring):3-10.
9. Conway, W. E. The Quality Secret: The Right Way to Manage[M]. Nashua,N. H. :Conway Quality,1992.
10. Drabek, T. E. Human System Responses to Disaster:An Inventory of Sociological Findings[M]. New York:Springer-Verlag,1986.
11. Diana Goldsworty. Setting Up Next Steps[M]. London: Her Majesty's Stationery Office,1991.
12. Evan M. Berman. Productivity in Public and Nonprofit Organization Strategies and Techniques[M]. Thousand Oaks,CA:Sage Publications,1998.

13. Ernst & Young Quality Improvement Consulting Group. Total Quality: An Executive's Guide for the 1990s [M]. Homewood. : Dow Jones-Irwin,1990.

14. Friedman. M. Results Based Decision Making and Budgeting. Discussion Materials[M]. Fiscal Policy Studies Institute,1996.

15. Gilmor, R. S. and A. A. Helly. Who Makes Public Pulicy[M]. Chatham House,1994.

16. Ian C. Davies. Evaluation and Performance Management in Government [J]. Evaluation,1999,5(2):150-159.

17. June Axinn, Herman Levin. Social Welfare:A History of the American Response to need [M]. An Imprint of Addision Wesley Longman, Inc. ,1996.

18. Karen O,Conner,Larry J. Sabato. American Governments:Continuity and change[M]. An Imprint of Addision Wesley Longman, Inc. ,1997.

19. Louis Kloot, John Martin. Strategic Performance Management: A Balanced Approach to Performance Management Issues in Local Government[J]. Management Accounting Research, 2000. 11:231-251.

20. Miller, G. J. Productivity and the Budget Process. In M. Holzer (ed.), Public Productivity Handbook[M]. New York:Dekker,1992.

21. P. C. Smith, M. Goddard. Performance Management and Operational Research: A marriage Made in Heaven? [J]. The Journal of the Operational Research Society,2002,53(3):247-255.

22. Rolf H. Theen and Frank L. Wilson. Comparative Politics-An Introduction to Seven Countries[M].Prentice-Hall,2001.

23. Robert B. Denhart, Janet Vinzant Denhart. The New Public Service: Serving Rather than Steering[J]. Public Administration Review, 2000,60 (6): 549-559.

24. Richard M. Walker, Jiannan Wu. Future Prospects fore Performance Management in Chinese City Government[J]. Administration& Society, 2010,42(1S):150-159.

25. Susan E. Jackson Randall S. Schuler. Managing Human Resources Through Strategic Partnerships[M].北京:清华大学出版社,2004.

26. Sanderson, Ian. Performance Management, Evaluation and Learning in "Modern" Local Government[J]. Public Administration,2001,79(2):297-314.

27. Steffen Bohni Nielsen, Nicolaj Ejler. Improving Performance? Exploring the Complementarities between Evaluation and Performance Management [J]. Evaluation,2008,14(2):171-192.

28. Sabine Kuhlmann. Performance Measurement in European Local Governments: a Comparative Analysis of Reform Experiences in Great Britain, France, Sweden and Germany[J]. International Review of Administrative Sciences, 2010(76):331-345.

29. Theodore H. Poister, Gregory Streib. Performance Measurement in Municipal Government: Assessing the State of the Practice[J]. Public Administration Review,1999,59(4):325-335.

30. Theodore H. Poister, David W. Pitts, Lauren Hamilton Edwards. Strategic Management Research in the Public Sector: A Review, Synthesis, and Future Direction[J]. The American Review of Public Administration, 2010,40(5):522-544.

31. [美]阿奇·B.卡罗尔,安·K.巴尔霍尔茨(乔治亚大学). 企业与社会——伦理与利益相关者管理[M]. 五版. 黄煜平,等译. 北京:北京机械工业出版社,2004.

32. [美]阿里·哈拉契米. 政府业绩与质量测评——问题与经验[M]. 张梦中, 丁煌,等译. 广州:中山大学出版社,2003.

33. [美]B.盖伊·彼得斯. 政府未来的治理模式[M]. 吴爱明,夏宏图,译. 北京:中国人民大学出版社,2001.

34. [美]彼得·F.德鲁克. 经理们真正需要的信息[A].//李焰,等译. 公司绩效测评[C]. 北京:中国人民大学出版社,2004.

35. [美]保罗·R.尼文. 政府及非营利组织平衡计分卡[M]. 胡玉明,等译. 北京:中国财政经济出版社,2004.

36. [美]毕意文,孙永玲. 平衡计分卡——中国战略实践[M]. 北京:机械工业出版社,2003.

37. 包国宪,文宏,王学军. 基于公共价值的政府绩效管理学科体系构建[J]. 中国行政管理,2012(5).

38. 包国宪. 绩效评价:推动地方政府职能转变的科学工具——甘肃省政府绩效评价活动的实践与理论思考[J]. 中国行政管理, 2005(7).

39. 包国宪,董静,郎玫,等. 第三方政府绩效评价的实践探索与理论研究——甘肃模式的解析[J]. 2005(7).

40. 陈振明. 政府再造——西方"新公共管理运动"述评[M]. 北京:中国人民大

学出版社,2003.

41. 陈芳.绩效管理[M].海口:海天出版社,2002.

42. 陈宝胜.中国公共部门绩效管理发展趋势研究[J].经济与管理,2007 (10).

43. 蔡立辉.政府绩效评估的理念与方法分析[J].中国人民大学学报,2002 (5).

44. 蔡立辉,吴旭红,包国宪.政府绩效管理理论及其实践研究[J].学术研究, 2013(5).

45. 蔡立辉,吴旭红,包国宪.政府绩效管理理论及其实践研究[J].学术研究, 2013(1).

46. 蔡立辉,吴旭红,包国宪.政府绩效管理理论及其实践研究[J].学术研究, 2013(1).

47. 崔述强,王红,崔萍,等.中国地方政府绩效评估指标体系探讨[J].统计研究,2006(3).

48. [美]戴维·奥斯本,彼得·普拉斯特里克.摒弃官僚制:政府再造的五项战略[M].谭功荣,刘霞,译.北京:中国人民大学出版社,2002.

49. [美]戴纳·盖恩斯·鲁滨逊,詹姆斯·C.鲁滨逊.绩效咨询[M].李元明,吕峰,译.天津:南开大学出版社,2001.

50. [美]戴维·奥斯本,彼得·普拉斯特里克.美国政府改革手册:战略与工具[M].北京:中国人民大学出版社,2004.

51. 邓国胜.公益项目评估——以"幸福工程"为案例[M].北京:社会科学文献出版社,2003.

52. [美]丹尼尔·A.雷恩.管理思想的演变[M].北京:中国社会科学出版社,2000.

53. [美]达尔·E.福赛斯.美国政府的管理绩效[M].南京:江苏人民出版社,2014.

54. 杜世成.提高执政能力的一条有效途径——青岛市实施目标绩效评估的实践与思考[J].求是,2005(24).

55. [美]E.S.萨瓦斯.民营化与公私部门的伙伴关系[M].周志忍,译.北京:中国人民大学出版社,2002.

56. 冯侠圣.绩效系统的原理、应用、案例[M].广州:南方日报出版社,2003.

57. 傅志明.论组织绩效管理[J].生产力研究,2003(6).

58. 樊洪,戴良铁.公共部门绩效管理系统再造[J].上海市经济管理干部学院学报,2004(4).

59.[美]弗雷德里克·泰勒.科学管理原理[M].北京:机械工业出版社,2009.

60.范祥伟.英国公共管理与文官制度改革新论[M].台北:华泰总经销,2008.

61.范柏乃,朱华.我国地方政府绩效评价体系的构建与实际测度[J].政治学研究,2005(1).

62.福建出台全国首个机关效能建设法规[J].领导决策信息,2014(8).

63.甘峰.中国加入WTO与政府改革——发达国家政府改革经验[M].杭州:浙江大学出版社,2002.

64.[美]海尔·G.瑞尼.王孙禺,达飞,译.理解和管理公共组织[M].北京:清华大学出版社,2002.

65.何增科.公民社会与第三部门[M].上海:社会科学文献出版社,1999.

66.黄萍.政府绩效评估指标体系的构成与选取[J].河南省政法管理干部学院学报,2004(5).

67.黄世虎.对当前我国政治沟通的几点思考[J].政治文明,2004(7).

68.黄再胜.西方企业激励理论的最新发展.http://www.56.org.cn/newsview.asp.newsid=20040416

69.黄文菊.英国公共部门绩效评估实践述评[J].中共南京市委党校南京市行政学院学报,2004(1).

70.何宇青.西方政府部门绩效考核:企业管理方法的导入何调适[J].无锡商业职业技术学院学报,2005(1).

71.侯琦.信息不对称对我国政治沟通的影响及对策[J].观察与思考,2004(11).

72.[美]海尔·G.瑞尼.理解和管理公共组织[M].北京:清华大学出版社,2002.

73.胡鞍钢,等.中国国家治理现代化[M].北京:中国人民大学出版社,2014.

74.[加]加里斯·摩根(Gareth Morgan).驾驭变革的浪潮[M].孙晓莉,译.北京:中国人民大学出版社,2002.

75.姜晓平,马凯丽.我国公务员绩效考核的困境及其对策分析[J].社会科学研究,2005(1).

76.蒋容.国政府绩效评估现状及其完善[J].黑河学刊,2003(9).

77.[英]简·埃里克·雷恩.公共部门:概念、模型与途径(第三版)[M].北京:经济科学出版社,2004.

78.凯瑟琳·纽科默,等.迎接业绩导向型政府的挑战[M].广州:中山大学出版社,2003.

79.[美]克里斯托弗·迈耶.正确的绩效测评如何有助于团队成功[A].//李

焰,等译.公司绩效测评[C].北京:中国人民大学出版社,2004.

80.[英]理查德·威廉姆斯.组织绩效管理[M].北京:清华大学出版社,2002.

81.[美]罗纳德·克林格勒,约翰·纳尔班迪.公共部门人力资源管理:系统与战略[M].孙柏英,潘娜,游祥斌,译.北京:中国人民大学出版社,2001.

82.[美]罗伯特·B.登哈特.公共组织理论[M].扶松茂,丁力,译.北京:中国人民大学出版社,2003.

83.[美]罗伯特·卡普兰,大卫·诺顿.平衡计分卡:以测评推动绩效[A].//公司绩效测评[C].北京:中国人民大学出版社,2004.

84.[美]拉塞尔·M.林登.无缝隙政府——公共部门再造指南[M].汪大海,等译.北京:中国人民大学出版社,2002.

85.刘旭涛.政府绩效管理:制度、战略与方法[M].北京:机械工业出版社,2003.

86.刘韬编.绩效考评操作实务[M].郑州:河南人民出版社,2002.

87.刘禹.中日公务员考核制度比较与分析[J].成都教育学院学报,2005(1).

88.卢盛忠,等.组织行为学——理论与实践[M].杭州:浙江教育出版社,1993.

89.卢新海.政府信息化与政府绩效[J].湖北社会科学,2004(3).

90.李绥州.应用行政管理[M].广州:暨南大学出版社,2000.

91.李向东,李永红.中美公务员制度之比较[J].陕西省经济管理干部学院学报,2001(2).

92.李纬纬.我国公共部门人力资源绩效考核分析[J].甘肃行政学院学报,2005(1)

93.李红卫,徐时红.绩效考核的方法及关键指标的确定[J].经济师,2002(5).

94.李咏梅.论我国公共政策实施中的障碍及其对策分析[J].南京医科大学学报(社会科学版),2004(4).

95.李传军.服务行政模式对官僚制的借鉴与超越[J].公共行政,2004(2).

96.李静芳.对地方政府绩效评估的价值取向分析[J].行政论坛,2004(47).

97.李蜜.论地方行政审批制度改革的困境与出路[J].行政与法,2003(11).

98.廖冰,冯明,纪晓丽.基于人力资源战略的绩效考核体系设计[J].科学管理研究,2005(2).

99.[美]罗伯特·B.登哈特.公共组织理论[M].北京:中国人民大学出版社,2003.

100.蓝志勇,胡税根.中国政府绩效评估:理论与实践[J].政治学研究,2008(3):107-115.

101. [美]麦克尔·巴泽雷.突破官僚制:政府管理的新愿景[M].孔宪遂,王磊,刘忠慧,译.北京:中国人民大学出版社,2002.

102. [美]迈克尔·罗斯金.政治学[M].林震,等译.北京:华夏出版社,2002.

103. [美]马克·G.波波维奇.创建高绩效政府组织[M].孔宪遂,耿洪敏,译.北京:中国人民大学出版社,2002.

104. 马玉超,徐海霞.平衡计分卡的利弊分析与应用研究[J].沈阳师范大学学报(社会科学版),2004(3).

105. 孟秀转,孙强.绩效评估.绩效审计与绩效优化——需要我国信息化亟待解决的热点难题[N].中国管理传播网,2003-8-28.

106. 毛光烈.智慧城市建设实务研究[M].北京:中信出版社,2013.

107. [英]诺曼·弗林(Norman Flynn).公共部门管理[M].曾锡环,等译.北京:中国青年出版社,2004.

108. [美]尼古拉斯·亨利.公共行政与公共事务[M].张昕,等译.北京:中国人民大学出版社,2002.

109. 倪星,李晓庆.论政府绩效评估的价值标准与指标体系[J].科技进步论坛,2004(9).

110. [澳]欧文·E.休斯.公共管理导论[M].北京:中国人民大学出版社,2001.

111. [英]Pam Jones.绩效管理[M].上海:上海交通大学出版社,2003.

112. [美]帕特里夏·基里,史蒂文·梅德林,休·麦克布赖德,劳拉·朗迈尔.公共部门标杆管理[M].张定淮,译.北京:中国人民大学出版社,2002.

113. 全国政府绩效管理研究会,兰州大学中国地方政府绩效评价中心.中国政府绩效管理年鉴(2012)[M].北京:中国社会科学出版社,2013.

114. [美]Susan E Jackson,Randall S Schule.人力资源管理——从战略合作角度[M].范海滨,译.北京:清华大学出版社,2005.

115. [美]史蒂文·科恩,罗纳德·布兰德.政府全面质量管理[M].孔宪遂,等译.北京:中国人民大学出版社,2002.

116. [美]斯蒂芬·P.罗宾斯.管理学[M].黄卫伟,等译.北京:中国人民大学出版社,1999.

117. 世界500强企业管理标准研究中心.工作分析与职位说明[M].北京:中国社会科学出版社,2004.

118. 舒放,王克良.国家公务员制度教程[M].北京:中国人民大学出版社,2001.

119. 孙耀君.西方管理学名著提要[M].南昌:江西人民出版社,2005.

120. 孙立平. 动员与参与——第三部门募捐机制个案研究[M]. 杭州: 浙江人民出版社,1999.

121. 孙小平. 乡镇政权建设的问题与对策[J]. 乡镇经济,2002(7).

122. 孙柏瑛. 社会管理与政府能力建构[J]. 南京社会科学,2012(8).

123. 宋效红,黄艳. 浅析绩效考评中存在的问题[J]. 经济管理,2004(10).

124. 桑助来. 政府绩效评估研究[M]. 北京: 中国人事出版社,2005.

125. 尚虎平. 政府绩效评估中"结果导向"的操作性偏误与矫治[J]. 政治学研究,2015(3).

126. [美]托马斯·R. 戴伊. 自上而下的政策制定[M]. 鞠方安,吴优,译. 北京: 中国人民大学出版社,2002.

127. [美]托马斯·R. 戴伊. 自上而下的政策制定[M]. 北京: 中国人民大学出版社,2002.

128. [美]特里·L. 库柏. 行政伦理学——实现行政责任的途径[M]. 北京: 中国人民大学出版社,2001.

129. 唐兴霖,刘国臻. 试论我国社会中介组织的状况、问题和对策[J]. 公共行政,2002(6).

130. [美]吴量福. 运作、决策、信息与应急管理:美国地方政府管理实例研究[M]. 天津: 天津人民出版社,2004.

131. 王名,等. 中国社团改革——从政府选择到社会选择[M]. 上海: 社会科学文献出版社,2001.

132. 王璞. 人力资源管理咨询事务[M]. 北京: 机械工业出版社,2003.

133. 王诗宗. 公共政策:理论与方法[M]. 杭州: 浙江大学出版社,2003.

134. 王祖成. 世界上最有效的管理——激励[M]. 北京: 中国统计出版社,2002.

135. 王名,刘国翰,何建宇. 中国社团改革——从政府选择到社会选择[M]. 北京: 社会科学文献出版社,2001.

136. 王名. 非营利组织管理概论[M]. 北京: 中国人民大学出版社,2002.

137. 王学栋,杨跃峰. 西方政府再造的政治理论[J]. 公共行政,2003(5).

138. 王志卫,周恩毅. 浅议中高层管理者绩效评估指标的设计[J]. 西安建筑科技大学学报,2004(1).

139. 王国剑. 社会转型时期政治沟通初探[J]. 重庆邮电学院学报(社会科学版),2004(1).

140. 王雁红,詹国彬. 顾客导向型政府及其对我国政府改革的启示[J]. 武汉理工大学学报(社会科学版),2003(6).

141. 王强. 政府 2.0-新常态下的政府治理创新[M]. 北京：中国人民大学出版社，2015.

142. 魏娜. 公民参与下的民主行政[J]. 公共行政，2002(5).

143. 吴建南，温挺挺. 政府绩效立法分析：以美国《政府绩效与结果法案》为例[J]. 中国行政管理，2004(9).

144. 吴建南，阎波. 地方政府绩效评估体系的路径选择——福建的分析[J]. 中国行政管理，2008(2).

145. ［美］威廉姆·T. 格雷姆，斯蒂芬·J. 巴拉. 官僚机构与民主——责任与绩效[M]. 上海：复旦大学出版社，2007.

146. 伍斌. 政府绩效管理[M]. 北京：北京大学出版社，2017.

147. 夏大慰，等. 政府规制：理论、经验与中国的改革[M]. 北京：经济科学出版社，2003.

148. 邢以群. 管理学[M]. 杭州：浙江大学出版社，1997.

149. 徐双敏. 我国实行政府绩效管理的可行性研究[J]. 中南财经政法大学学报，2003(5).

150. 俞正梁. 全球化时代的国际关系[M]. 上海：复旦大学出版社，2000.

151. 俞友康，韦留先. 建设服务型政府——理论与实践的思考[J]. 体制改革，2004(3).

152. 姚先国，柴效武编著. 公共部门人力资源管理[M]. 北京：科学出版社，2004.

153. 姚洋. 制度与效率——与诺斯对话[M]. 成都：四川人民出版社，2002.

154. 余凯成，等. 人力资源管理[M]. 大连：大连理工大学出版社，1999.

155. 阎树森. 日本公务员制度研究[M]. 北京：国家行政学院出版社，2001.

156. 岳剑波. 信息管理基础[M]. 北京：清华大学出版社，1999.

157. 于芳. 绩效考核指标的制定原则[J]. 现代情报，2003(1).

158. 尹廷. 当前地方政府绩效管理与政府行为价值选择的扭曲[J]. 天中学刊，1999(6).

159. 杨宏山. 超越目标管理：地方政府绩效管理展望[J]. 公共管理与政策评论，2017(1).

160. ［美］詹姆斯·威尔逊. 美国官僚政治[M]. 张海涛，等译. 北京：中国社会科学出版社，1995.

161. ［美］詹姆斯·S. 菲什金. Deliberative Democracy[A].//协商民主[C]. 上海：上海三联书店出版，2004.

162. ［美］朱莉·费希尔. NGO 与第三世界的政治发展[M]. 邓国胜，赵秀梅，译.北京:社会科学文献出版社,2002.

163. 朱立言,张强.美国政府绩效评估的历史演变[J].湘潭大学学报(哲学社会科学版),2005(1):3.

164. 张成福,党秀云.公共管理学[M].北京:中国人民大学出版社,2001.

165. 张泰峰.公共部门绩效管理[M].郑州:郑州大学出版社,2004.

166. 张蔺,马建臣.政府绩效评估的现实价值分析[J].北京航空航天大学学报(社会科学版),2003(S1).

167. 张安定,谭功荣.绩效评估:政府行政改革和再造的新策略[J].中国行政管理,2004(9).

168. 张宏海.公共部门绩效管理与评估研究[J].社会科学论坛,2014(1).

169. 张丽娜.地方政府绩效评估比较:福建、贵州和甘肃[J].改革,2010(7).

170. 张冉然,张曙霞,刘刚.青岛模式和福建的探索[J].瞭望新闻周刊.2004(7).

171. 周志忍.当代国外行政改革比较研究[M].北京:国家行政学院出版社,1999.

172. 周志忍,陈庆云.自律与他律——第三部门监督机制个案研究[M].杭州:浙江人民出版社,1999.

173. 周志忍.公共组织绩效评估:中国实践的回顾与反思[J].兰州大学学报,2007(1).

174. 周志忍.效能建设:绩效管理的福建模式及其启示[J].中国行政管理,2008(11).

175. 周耀烈.创新思维与创造力开[M]发.杭州:浙江科学技术出版社,2001.

176. 周志忍.当代国家行政改革比较研究[M].北京:国家行政学院出版社,1999.

177. 郑楚宣,刘绍春.当代中西政治制度比较[M].广州:广东人民出版社,2002.

178. 卓越.公共部门绩效评估[M].北京:中国人民大学出版社,2004.

179. 曾志柏.英国地方政府绩效管理及其对中国的借鉴意义[J].云南行政学院学报,2003(6).

180. 臧乃康.论政府绩效[J].福建论坛(经济社会版),2004(6).

181. 中国行政管理学会课题组.加快我国社会管理和公共服务改革的研究报告[J].中国行政管理,2005(2).

182. 中国行政管理学会联合课题组.关于政府机关工作效率标准的研究报告[J].中国行政管理,2003(3).

183. 中共青岛市委市直机关工作委员会.高绩效机关之路——青岛市的实践

[M]. 北京：人民出版社，2008.

184. 赵进，董洪年，耿浩. 360 度考评法及其应用[J]. 人才开发，2004(5).

185. [美]詹姆斯·P. 莱斯特，小约瑟夫·斯图尔特. 公共政策导论[M]. 北京：中国人民大学出版社，2004.

186. 郑方辉，廖鹏洲. 政府绩效管理：目标、定位与顶层设计[J]. 中国行政管理，2013(5).

187. 郑方辉，尚虎平. 2011 中国地方政府绩效评价[M]. 北京：新华出版社，2011.

188. 竺乾威. 公共行政学[M]. 上海：复旦大学出版社，2003.

后　记

　　建立高效运转的行政管理体制一直是我国政府管理体制改革的重要目标。改革开放以来，为建立"办事高效，运转协调，行为规范的行政管理体系"，我国持续开展了行政管理体制改革。20世纪90年代末和21世纪初期，随着市场经济体制改革的深入发展，一方面对政府管理体制改革提出了新的要求，如何进一步转变政府职能和提高政府绩效成为市场经济发展的现实需求；另一方面，西方发达国家新公共管理改革的理论和实践开始影响我国关于政府管理体制改革的理念，借鉴和引进国际流行的新的管理机制、管理技术和工具以努力提高政府效能的探索变得更为普遍。因此，在变革观念，转变职能，调整组织结构，改革行为方式的同时，自20世纪90年代以来，以结果导向、责任型政府、服务型政府为导向的公共部门绩效管理以多样地方式逐渐得以推进，并受到各级政府的高度重视，成为现代政府管理创新的重要实践，并走出了一条具有中国政治与行政特色的公共部门绩效管理道路。

　　近年来，伴随互联网＋、云计算、大数据技术迅猛发展和公共治理数字化推进，公共部门绩效管理的机制创新和技术创新取得了卓越成效，推动了我国公共部门绩效管理制度化、规范化、数字化发展，也成为了公共治理创新的重要内容之一。党的十八大报告指出，深化行政体制的改革的重要任务是"要按照建立中国特色社会主义行政体制目标，深入推进政企分开、政资分开、政事分开、政社分开，建设职能科学、结构优化、廉洁高效、人民满意的服务型政府"。同时，还要"创新行政管理方式，提高政府公信力和执行力，推进政府绩效管理"。2015年，国务院启动了《推进简政放权放管结合转变政府职能工作方案》，提出"简政放权、放管结合、优化服务"，"在深化行政管理体制改革，建设法治政府、创新政府、廉洁政府和服务型政府方面迈出坚实步伐，促进政府治理能力现代化"。2017年，习近平总书记在十九大报告中明确指出应"深化机构和行政体制改革"，"转变政府职能，深化简政放权，创新监管方式，增强政府公信力和执行力，建设人民满意的服务型政府。"2022年，习近平总书记在党的二十大报告中再次指出要"转变政府职能，优化政府职责体系和组织结构,推进机构、职能、权限、程序、责任法定化,提高行政效率和公信力"。本书的修订再版正是在新时代背景下基于以人民为中心的公共治理转型继续深入探讨公共部门绩效管理的理念、价值、评估机制、技术创新等内容,以期通过公共部门绩效管理创新推动公共治理能力现代化发展。

　　本书在第一版基础上重点修订了第一章、第八章和第九章。首先对公共部门绩效管理的理论框架进行了更为系统的梳理,从公共行政机构责任的角度充重构了公共部门绩效观念的演进及其理论框架。其次是深入阐释了当前公共部门绩效评估制度环境的要素,将其归纳为以人民为中心的公共治理转型,从而解释新时代中国特色社会主义发展背景下公共部门绩效评估理念、制度和技术的更新。最后是总结了近年来中国地方政府绩效管理实践的典型模式,概括总结了青岛模式、福建模式、杭州模式和甘肃模式,展现了我国当前地方政府为提升绩效水平和治理能力所作的重要创新,也为我国公共部门绩效管理持续发展提供了有益的经验借鉴。

　　本书修订提写分工情况如下:胡税根负责第二章西方国家公共部门绩效管理的理论和实践、第三章公共部门绩效管理的基础、第四章公共部门的绩效指标、第五章公共部门绩效管理的开发与设计、第六章公共部门绩效管理的实施与运作、第七章公共部门绩效管理与激励机制的撰写;翁列恩负责第一章导论:公共行政机构的责任与绩效、第八章公共部门绩效评估、第九章中国公共部门绩效管理的实践的撰写。

　　本书的修订再版与重印是在浙江大学出版社傅百荣编辑的大力支持下完成的,在此表示衷心的感谢!

胡税根于浙江大学紫金港校区

2023 年 4 月